"十三五"卫生高等职业教育校院合作"双元"规划教材

供临床医学类及相关专业用

医学生物化学

第 5 版

主　编　付达华　孙厚良

副主编　刘庆春　刘荣相　贾艳梅　韦　岩

编　委（按姓名汉语拼音排序）

付达华（漳州卫生职业学院）
贾艳梅（山西医科大学汾阳学院）
李俊涛（肇庆医学高等专科学校）
李丽娟（乌兰察布医学高等专科学校）
刘庆春（南阳医学高等专科学校）
刘荣相（黔东南民族职业技术学院）
刘艳艳（菏泽医学专科学校）
欧阳满（江西医学高等专科学校）

邵旻玮（贵阳护理职业学院）
孙厚良（重庆三峡医药高等专科学校）
韦　岩（菏泽医学专科学校）
熊　书（重庆三峡医药高等专科学校）
徐建永（广州卫生职业技术学院）
周治玉（毕节医学高等专科学校）
朱　江（哈尔滨医科大学大庆校区）

北京大学医学出版社

YIXUE SHENGWUHUAXUE

图书在版编目（CIP）数据

医学生物化学 / 付达华, 孙厚良主编. — 5版. —北京：北京大学医学出版社, 2019.10（2024.9重印）

ISBN 978-7-5659-2086-8

Ⅰ. ①医… Ⅱ. ①付… ②孙… Ⅲ. ①医用化学—生物化学—高等职业教育—教材 Ⅳ. ①Q5

中国版本图书馆CIP数据核字(2019)第240475号

医学生物化学（第5版）

主　　编：	付达华　孙厚良
出版发行：	北京大学医学出版社
地　　址：	（100191）北京市海淀区学院路 38 号　北京大学医学部院内
电　　话：	发行部 010-82802230；图书邮购 010-82802495
网　　址：	http://www.pumpress.com.cn
E-mail：	booksale@bjmu.edu.cn
印　　刷：	北京信彩瑞禾印刷厂
经　　销：	新华书店
责任编辑：韩忠刚　崔玲和　　责任校对：靳新强　　责任印制：李　啸	
开　　本：	850 mm×1168 mm　1/16　　印张：18.75　　字数：532 千字
版　　次：	2019 年 10 月第 5 版　2024 年 9 月第 6 次印刷
书　　号：	ISBN 978-7-5659-2086-8
定　　价：	52.00 元

版权所有，违者必究

（凡属质量问题请与本社发行部联系退换）

修订说明

《国务院办公厅关于深化医教协同进一步推进医学教育改革与发展的意见》要求加快构建标准化、规范化医学人才培养体系，全面提升人才培养质量。《国家职业教育改革实施方案》指出要促进产教融合育人，建设一大批校企"双元"合作开发的国家规划教材。新时期的卫生职业教育面临前所未有的发展机遇和挑战。

本套教材历经 4 轮建设，不断更新完善、与时俱进，为全国高职临床医学类人才培养做出了贡献。第 3 轮教材入选教育部普通高等教育"十一五"国家级规划教材 15 种，第 4 轮教材入选"十二五"职业教育国家规划教材 17 种。

高质量的教材是实施教育改革、提升人才培养质量的重要支撑。为深入贯彻《国家职业教育改革实施方案》，服务于新时期高职临床医学类人才培养改革发展需求，北京大学医学出版社经过前期广泛调研、系统规划，启动了第 5 轮"双元"数字融合高职临床医学教材建设。指导思想是：坚持"三基、五性"，符合最新的国家高职临床医学类专业教学标准，结合高职教学诊改和专业评估精神，突出职业教育特色和专业特色，重视人文关怀，与执业助理医师资格考试大纲要求、岗位需求对接。强化技能训练，既满足多数院校教学实际，又适度引领教学。实践产教融合、校院合作，打造深度数字融合的精品教材。

教材的主要特点如下：

1. 全国专家荟萃

遴选各地高职院校具有丰富教学经验的骨干教师参与建设，力求使教材的内容和深浅度具有全国普适性。

2. 产教融合共建

吸纳附属医院或教学医院的临床双师型教师参与教材编写、审稿，学校教师与行业专家"双元"共建，使教材内容符合行业发展、符合多数医院实际和人才培养需求。

3. 知名专家审定

聘请知名临床专家审定教材内容，保证教材的科学性、先进性。

4. 教材体系优化

针对各地院校课程设置的差异，部分教材实行"双轨制"。如既有《人体解剖学与组织胚胎学》，又有《人体解剖学》《组织学与胚胎学》，便于各地院校灵活选用。按照专业教学标准调整规范教材名称，如《医护心理学》更名为《医学心理学》，《诊断学基础》更名为《诊断学》。

5. 职教特色鲜明

结合最新的执业助理医师资格考试大纲，教材内容体现"必需、够用，针对性、适用性"。以职业技能和岗位胜任力培养为根本，以学生为中心，贴近高职学生认知，夯实基础知识，培养实践技能。

6. 纸质数字融合

利用二维码技术打造融媒体教材，提供拓展阅读资料、音视频学习资料等，给予学生自主学习和探索的空间及资源。

7. 课程思政融入

全面贯彻党的教育方针，落实立德树人根本任务，将课程思政全面融入教材。坚持中国化时代化马克思主义人民至上的立场，运用系统观念，守正创新，传承精华，守护人民生命健康安全，建设中国特色高质量医药卫生类职业教育教材体系。

本套教材的组织、编写得到了多方面大力支持。很多院校教学管理部门提出了很好的建议，职教专家对编写过程精心指导、把关，行业医院的临床专家热心审稿，为锤炼精品教材、服务教学改革、提高人才培养质量而无私奉献。在此一并致以衷心的感谢！

本套教材出版后，出版社及时收集使用教材院校师生的质量反馈，响应《关于推动现代职业教育高质量发展的意见》，按职业教育"岗课赛证"融通教材建设理念及时更新教材内容；对照《高等学校课程思政建设指导纲要》《职业教育教材管理办法》等精神要求，自查自纠，在修订时深入贯彻党的二十大精神，更新数字教学资源；力争打造培根铸魂、启智增慧，适应新时代要求的精品卫生职业教育教材。

希望广大师生多提宝贵意见，反馈使用信息，以臻完善教材内容，为新时期我国高职临床医学教育发展和人才培养做出贡献！

"十三五"卫生高等职业教育
校院合作"双元"规划教材审定委员会

顾　　　问　王德炳（北京大学医学部）

　　　　　　文历阳（卫生职业教育教学指导委员会）

主 任 委 员　刘玉村（北京大学医学部）

副主任委员　（按姓名汉语拼音排序）

　　　　　　陈地龙（重庆三峡医药高等专科学校）　　潘岳生（岳阳职业技术学院）

　　　　　　范　真（南阳医学高等专科学校）　　　　沈国星（漳州卫生职业学院）

　　　　　　蒋继国（菏泽医学专科学校）　　　　　　周争道（江西医学高等专科学校）

秘 书 长　　王凤廷（北京大学医学出版社）

委　　　员　（按姓名汉语拼音排序）

　　　　　　陈袅袅（贵阳护理职业学院）　　　　　　邱志军（岳阳职业技术学院）

　　　　　　郭家林（遵义医药高等专科学校）　　　　宋印利（哈尔滨医科大学大庆校区）

　　　　　　黎　梅（毕节医学高等专科学校）　　　　孙建勋（洛阳职业技术学院）

　　　　　　李金成（邵阳学院）　　　　　　　　　　孙　萍（重庆三峡医药高等专科学校）

　　　　　　李　玲（南阳医学高等专科学校）　　　　吴　勇（黔东南民族职业技术学院）

　　　　　　林建兴（漳州卫生职业学院）　　　　　　闫　宫（乌兰察布医学高等专科学校）

　　　　　　刘　军（宜春职业技术学院）　　　　　　杨　翀（广州卫生职业技术学院）

　　　　　　刘其礼（肇庆医学高等专科学校）　　　　赵其辉（湖南环境生物职业技术学院）

　　　　　　宁国强（江西医学高等专科学校）　　　　周恒忠（淄博职业学院）

前　言

原卫生部《医药卫生中长期人才发展规划（2011—2020）》提出"强化基层医疗卫生人才队伍建设""建立一支适应基本医疗卫生制度需要的基层医疗卫生人才队伍"，全国医学院校高等职业教育教材即顺应此形势而编写，旨在提高医学高等职业教育质量。

本教材的编写以"行业双标"（国家执业助理医师资格考试大纲、助理全科医师规范化培训大纲）为根本依据，以国家执业助理医师资格考试大纲生物化学部分所列知识点为主要教学内容，在教学案例的选择上以临床常见案例为主，并适当增加了部分临床生物化学的内容。同时兼顾未来职业成长和基层医疗工作所需，最终培养胜任基层医疗工作的医学生。因此，在教学内容上，以静态生化（物质的结构与功能）、动态生化（营养物质代谢）和部分组织器官生化（肝胆生化、血液生化）为主，同时考虑到基层医疗实际所需，保留了"水和无机盐代谢""酸碱平衡"两章。出于将来职业成长所需和生物化学学科的系统性，保留了"遗传信息的传递与表达""细胞信号转导"两章。

本教材能满足三年制高职高专临床医学专业生物化学课程教学之需，也适用于三年制高职高专医学影像技术、护理、助产、医学检验技术等专业生物化学课程教学。

本教材的编写得到了各参编院校的大力支持，在此表示诚挚的谢意。

鉴于各编者能力和水平所限，编写时间紧迫，尽管所有编写人员尽了最大努力，对于本教材仍存在的错漏之处，我们诚挚地希望使用本教材的老师和同学们提出宝贵的意见和建议，以期日后改进和提高。

付达华　孙厚良

目 录

第一章 绪论 1

第一节 生物化学研究的主要内容 1
一、人体的物质组成、结构与功能 1
二、物质代谢及其调节 2
三、遗传信息的传递与调控 2

第二节 生物化学发展简史 2
一、叙述生物化学阶段 3
二、动态生物化学阶段 3
三、分子生物学阶段 4

第三节 生物化学与医学的关系 4
一、生物化学是医学各学科相互联系的共同语言 4
二、生物化学推动了医学各学科的发展 5

第二章 蛋白质的结构与功能 6

第一节 蛋白质的分子组成 7
一、蛋白质的元素组成 7
二、蛋白质的基本组成单位——氨基酸 7
三、蛋白质分子中氨基酸的连接方式 9
四、生物活性肽 10

第二节 蛋白质的分子结构 11
一、蛋白质一级结构 11
二、蛋白质的空间结构 11
三、蛋白质结构与功能的关系 15

第三节 蛋白质的理化性质 18
一、蛋白质的两性电离与等电点 18
二、蛋白质的胶体性质 18
三、蛋白质的变性 19
四、蛋白质沉淀 20
五、蛋白质的紫外吸收与呈色反应 20

第四节 蛋白质的分类 21
一、按分子组成分类 21
二、按分子形状分类 22
三、按功能分类 22

第三章 核酸的结构与功能 25

第一节 核酸的化学组成 25
一、核酸的基本成分 26
二、核酸的基本结构单位——核苷酸 27
三、体内重要的游离核苷酸 28

第二节 DNA 的分子结构与功能 29
一、DNA 的一级结构 29
二、DNA 的二级结构——双螺旋结构 30
三、DNA 的高级结构 31
四、DNA 的功能 32

第三节 RNA 的分子结构与功能 32
一、tRNA 32
二、rRNA 33
三、mRNA 34

第四节 核酸的理化性质 35
一、核酸的一般性质 35
二、核酸的紫外吸收 35
三、核酸的变性、复性与分子杂交 35

第四章 维生素 39

第一节 概述 39
一、维生素的定义 39

二、维生素的命名与分类　40

三、维生素缺乏病发生的原因　40

第二节　脂溶性维生素　40

一、维生素 A　40

二、维生素 D　42

三、维生素 E　43

四、维生素 K　44

第三节　水溶性维生素　44

一、维生素 B_1　45

二、维生素 B_2　45

三、维生素 PP　46

四、维生素 B_6　47

五、泛酸　48

六、生物素　49

七、叶酸　50

八、维生素 B_{12}　51

九、维生素 C　52

第五章　酶　56

第一节　概述　57

一、酶促反应的特点　57

二、酶的分子组成　58

三、酶的命名与分类　59

第二节　酶的结构与催化作用机制　60

一、酶的活性中心　60

二、酶催化作用机制　60

三、酶活性的调节　62

第三节　酶在体内的几种特殊存在形式　62

一、酶原与酶原激活　62

二、同工酶　63

第四节　影响酶促反应速度的因素　64

一、底物浓度　64

二、酶浓度　65

三、温度　65

四、pH　66

五、激活剂　66

六、抑制剂　67

第五节　酶与医学的关系　69

一、酶与疾病的发生　69

二、酶与疾病的诊断　69

三、酶与疾病的治疗　70

四、酶在医学上的其他应用　70

第六章　糖代谢　73

第一节　概述　74

一、糖的生理功能　74

二、糖的消化与吸收　74

第二节　糖的分解代谢　75

一、糖酵解　75

二、糖的有氧氧化　79

三、戊糖磷酸途径　84

第三节　糖原的生成与分解　86

一、糖原生成　86

二、糖原分解　87

三、糖原生成与分解的生理意义　88

四、糖原生成与分解的调节　88

第四节　糖异生作用　89

一、糖异生概念　89

二、糖异生的途径　90

三、糖异生的意义　91

第五节　血糖及糖代谢紊乱　92

一、血糖的来源与去路　92

二、血糖水平的调节　93

三、糖代谢紊乱　94

第七章　生物氧化　98

第一节　概述　99

一、生物氧化的概念、特点和方式 99
二、参与生物氧化的酶类 100
三、生物氧化过程中 CO_2 的生成 101

第二节 线粒体生物氧化体系 102
一、呼吸链的组成 102
二、呼吸链成分的排列顺序 105
三、呼吸链电子传递过程和水的生成 106
四、胞质中 NADH 的氧化 107

第三节 生物氧化过程中能量的生成、储存和利用 108
一、高能化合物 108
二、ATP 的生成方式 109
三、高能化合物的储存与利用 111

第四节 非线粒体氧化体系 112
一、微粒体中的氧化酶 112
二、过氧化物酶体中的氧化酶类 112
三、超氧化物歧化酶 113

第八章 脂质代谢 115

第一节 概述 115
一、脂质的组成与分布 116
二、脂质的生理功能 116

第二节 三酰甘油的代谢 117
一、三酰甘油的分解代谢 117
二、三酰甘油的合成代谢 123
三、多不饱和脂肪酸的重要衍生物 125

第三节 类脂的代谢 126
一、磷脂代谢 126
二、胆固醇代谢 128

第四节 血脂与血浆脂蛋白 131
一、血脂的组成与含量 131
二、血浆脂蛋白的分类与功能 131
三、血浆脂蛋白代谢紊乱 133

四、高脂蛋白血症与动脉粥样硬化 133

第九章 氨基酸代谢 136

第一节 蛋白质的营养作用 136
一、氮平衡与蛋白质的生理需要量 136
二、蛋白质的营养价值 137
三、蛋白质的消化与吸收 137
四、蛋白质在肠中的腐败作用 138

第二节 氨基酸的一般代谢 139
一、氨基酸代谢概况 139
二、氨基酸的脱氨基作用 139
三、α- 酮酸的代谢 141

第三节 氨的代谢 142
一、体内氨的来源 142
二、体内氨的转运 143
三、体内氨的去路 143

第四节 个别氨基酸代谢 146
一、氨基酸的脱羧基作用 146
二、一碳单位的代谢 148
三、含硫氨基酸的代谢 148
四、芳香族氨基酸的代谢 150

第十章 核苷酸代谢 154

第一节 嘌呤核苷酸的代谢 155
一、嘌呤核苷酸的分解代谢 155
二、嘌呤核苷酸的合成代谢 156

第二节 嘧啶核苷酸的代谢 161
一、嘧啶核苷酸的分解代谢 161
二、嘧啶核苷酸的合成代谢 161

第十一章 血液生化 165

第一节 概述 166
一、血液的基本成分 166

目 录

　　二、非蛋白含氮化合物　166

　　三、不含氮的化合物　167

第二节　血浆蛋白质　168

　　一、血浆蛋白质的分类　168

　　二、血浆蛋白质的特点　169

　　三、血浆蛋白质的功能　170

第三节　血细胞的代谢　172

　　一、成熟红细胞的代谢特点　172

　　二、血红素的生物合成　173

　　三、血红蛋白的气体运输功能　176

第十二章　肝的生物化学　181

第一节　肝在物质代谢中的作用　182

　　一、肝在糖类代谢中的作用　182

　　二、肝在脂质代谢中的作用　182

　　三、肝在蛋白质代谢中的作用　183

　　四、肝在维生素代谢中的作用　183

　　五、肝在激素代谢中的作用　184

第二节　肝的生物转化作用　184

　　一、生物转化的概念与生理意义　184

　　二、生物转化的反应类型　184

　　三、生物转化的特点　187

　　四、影响生物转化作用的因素　187

第三节　胆汁与胆汁酸代谢　188

　　一、胆汁　188

　　二、胆汁酸代谢　188

第四节　胆色素代谢　191

　　一、胆红素的生成　191

　　二、胆红素在血液中的运输　192

　　三、胆红素在肝中的转变　192

　　四、胆红素在肠道中的转变　194

　　五、血浆胆红素与黄疸　195

第十三章　水和无机盐代谢　198

第一节　水代谢　199

　　一、水的功能　199

　　二、水的摄入与排出　200

第二节　电解质代谢　201

　　一、电解质的功能　201

　　二、体液电解质的含量及分布特点　202

　　三、钠、氯代谢　203

　　四、钾代谢　203

第三节　钙、磷代谢　204

　　一、钙、磷的分布与功能　204

　　二、钙、磷的吸收与排泄　205

　　三、血钙与血磷　206

　　四、钙、磷与骨的关系　206

　　五、钙、磷代谢的调节　207

第四节　微量元素及镁代谢　209

　　一、微量元素代谢　209

　　二、镁代谢　211

第十四章　酸碱平衡　213

第一节　体内酸碱物质的来源　214

　　一、酸性物质的来源　214

　　二、碱性物质的来源　214

第二节　酸碱平衡的调节　214

　　一、血液缓冲系统及其缓冲作用　215

　　二、肺对酸碱平衡的调节作用　216

　　三、肾对酸碱平衡的调节作用　216

第三节　酸碱平衡失调　219

　　一、酸碱平衡失调的基本类型　220

　　二、酸碱平衡的常用生化指标及意义　221

第十五章　遗传信息的传递与表达　225

第一节　DNA的生物合成　226

　　一、DNA复制　226

二、DNA 损伤（突变）与修复　230

　　三、逆转录　233

第二节　RNA 的生物合成　234

　　一、RNA 转录体系　235

　　二、转录的过程　236

　　三、转录后的加工与修饰　237

第三节　蛋白质生物合成　240

　　一、蛋白质生物合成体系　241

　　二、蛋白质生物合成过程　244

第十六章　细胞信号转导　251

第一节　细胞通讯与信号转导基本特征　252

　　一、细胞通讯方式　252

　　二、信号转导的基本特征　253

第二节　信号分子与受体　254

　　一、信号分子　254

　　二、信号转导受体　256

　　三、受体的作用特点　258

第三节　主要信号转导途径　258

　　一、膜受体介导的信号转导途径　258

　　二、细胞内受体介导的信号转导途径　262

　　三、信号转导异常与疾病　264

自测题参考答案　267

中英文专业词汇索引　280

主要参考文献　284

第一章 绪 论

思政之光

 学习目标

掌握：
生物化学的概念。

熟悉：
生物化学研究的主要内容。

了解：
生物化学发展的3个阶段，生物化学与医学的关系。
通过中国科学家合成牛胰岛素的故事，树立民族自豪感和四个自信。

 案例导入

万某，男性，49岁，农民，身体一直很好。在家人多次建议下前往某市一家三级乙等医院体检中心进行体检。万某因不知该检查哪些项目，遂咨询体检科医生。医生建议做以下体检项目：①心电图、B超；②血压、血糖、血脂；③肝功能、肾功能；④骨密度；⑤甲胎蛋白、癌胚抗原、前列腺特异性抗原。

请分析：
1. 以上体检项目中，有几项属于生物化学领域？生物化学与临床医学有何密切关系？
2. 血糖、血脂等为何能反映机体的健康状况？

生物化学（biochemistry）是运用化学、生物学、物理学等的原理与方法，从分子水平研究生物体的化学组成和生命活动过程中化学变化及其规律的学科，也称生命的化学，简称生化。生物化学研究的对象是生物体，其中，医学生物化学的研究对象是人体，主要从分子水平上阐明人体的物质组成、结构与功能，物质代谢及其调节，遗传信息的传递与调控，以期阐明疾病的发生、发展与转归的化学机制，为疾病的诊断、防治做出贡献。

第一节 生物化学研究的主要内容

一、人体的物质组成、结构与功能

细胞是人体的结构和功能单位。组成细胞的化学物质主要包括水、无机盐、糖类、脂质、蛋白质、核酸等，此外还有维生素、激素等物质。其中蛋白质、核酸、多糖是结构和功能较为

复杂的大分子物质，相对分子质量一般都在 10^4 道尔顿（Dalton）以上，它们都是由各自的基本结构单位按一定的排列顺序和连接方式形成的聚合物。这些大分子物质是生命的物质基础，故称为生物大分子。研究生物大分子（特别是蛋白质和核酸）的结构、功能、表达调控及相互作用，探讨生命现象本质的学科称为分子生物学（molecular biology），是生物化学的延伸和发展，全面推动了生命科学的发展。对生物大分子的研究重点是其空间结构、功能及分子间的相互作用。

二、物质代谢及其调节

新陈代谢（metabolism）是生命的基本特征之一，包括物质代谢和能量代谢。生物体必须不断地与外界环境进行物质交换，从外界环境摄取营养物质和水等，同时排出代谢废物，以维持内环境的相对稳定。据估计，以 60 岁计算，一个人的一生中与外界环境交换的物质约相当于 60 000 kg 水、10 000 kg 糖类、1600 kg 蛋白质以及 1000 kg 脂质，还有其他小分子有机物和无机盐类。正常的生命过程有赖于正常的新陈代谢，若新陈代谢发生紊乱则会引起疾病。

物质代谢包括合成代谢和分解代谢两个方面，二者在生物体中是同时发生、协调进行、互为依赖的。合成代谢是指将结构简单的代谢物 [如乙酰辅酶 A（acetyl-CoA）等] 或构件分子（如氨基酸、核苷酸等）转变成结构复杂的较大分子（如胆固醇、脂肪酸等）甚至是生物大分子（如蛋白质、核酸等）的过程。通过合成代谢，生物体将从外界摄取的营养物质转变成自身的组织成分。合成代谢需要消耗能量 [能量通常由腺苷三磷酸（ATP）提供]，同时也是生物体内储存能量和建造组织的过程。分解代谢是指将结构复杂的大分子物质（主要是糖类、脂质、蛋白质这三大营养物质）降解为结构简单的小分子物质的过程。通过分解代谢，机体可以获得能量及许多重要的中间代谢物，还会产生许多代谢终产物（如尿素、尿酸等，将排出体外），同时使组织不断更新。合成代谢与分解代谢是一对矛盾的统一体，两者相互依存，如合成代谢所需要的能量及部分前体分子来自分解代谢，而有些被分解的物质则由合成代谢产生。

机体的物质代谢和能量代谢能有条不紊地进行，依赖于机体的精确调节。物质代谢受神经、激素等多种方式的调节作用，细胞信号转导参与多种物质代谢及其相关的生长、增殖、分化等生命过程的调节。深入研究细胞信号转导机制是生物化学的重要课题之一。

三、遗传信息的传递与调控

繁殖是生命的又一基本特征。生物体在繁衍后代时，将遗传信息传递给子代。脱氧核糖核酸（deoxyribonucleic acid，DNA）是遗传信息的载体，是遗传的主要物质基础，基因是 DNA 分子中可表达的功能片段。核糖核酸（RNA）是遗传信息的传递者，通过转录获得 DNA 分子中的信息。蛋白质是基因表达的产物，是遗传信息的体现者。分子生物学除研究遗传物质的结构与功能外，更重要的是研究遗传信息传递过程的机制及基因表达调控的规律。重组 DNA 技术、聚合酶链反应（polymerase chain reaction，PCR）技术、RNA 干扰、基因组学、蛋白质组学等新理论和新技术推动着遗传信息表达及调控研究的发展。

遗传信息传递涉及遗传、变异、生长、分化等诸多生命过程，也与遗传病、恶性肿瘤、免疫缺陷病、心血管病等多种疾病的发病机制有关。研究遗传信息传递及其调控将有助于人类对这些疾病的理解及治疗。

第二节　生物化学发展简史

近代生物化学的研究始于 18 世纪，主要从欧洲开始，19 世纪已取得许多进展，如发现某些代谢过程，成功获得血红蛋白结晶，发现细胞色素，从无机物合成尿素等。1903 年，德国化学家 C. A. Neuberg 首次使用"生物化学"这一名词，从而使该学科成为一门独立的学科得

以迅速发展。现在生物化学已成为生命科学领域的基础学科和带头学科，其原理和技术已应用于生命科学领域的各学科中，医学领域的各学科无不广泛地应用到生物化学的理论。

我国古代劳动人民对生物化学的发展做出了重要的贡献，在酶学、营养学、医药等方面都有不少创造和发明。

酶学方面：公元前 21 世纪，我国劳动人民已掌握了酿酒技术。相传夏禹时期的仪狄发明了酿酒。公元前 12 世纪，已能制酱。上述例子表明，我国劳动人民早在 4000 多年前就已学会了利用生物体内一类很重要的活性物质——酶，这显然是酶学的萌芽时期。

营养学方面：《黄帝内经·素问》记载"五谷为养，五畜为益，五果为助，五菜为充"，将食物分为 4 大类，分别以"养""助""益""充"表明营养价值。这在近代营养学中也是配制平衡膳食的原则。

医药方面：东晋时期，葛洪著《肘后备急方》中载有用海藻酒治疗瘿病（地方性甲状腺肿）的方法。而欧洲直到公元 1170 年才有用海藻及海绵的灰分治疗此病的记载。唐代，"药王"孙思邈首先用富含维生素 A 的猪肝治疗"雀目"（夜盲）。

近代生物化学发展经历了叙述生物化学、动态生物化学和分子生物学 3 个发展阶段。

一、叙述生物化学阶段

从生物化学起始研究开始至 20 世纪初期，生物化学主要研究生物体的物质组成及结构，描述其组成成分的理化性质及在体内的含量和分布。19 世纪，德国化学家 J. V. Liebig 提出了著名的"燃烧"学说，指出动物通过呼吸获得氧（O_2），氧化分解摄入的食物获得能量；还将食物分为糖、脂质和蛋白质三大类主要成分，同时提出了物质在体内可进行合成和分解两种化学过程。19 世纪 40 年代，德国植物学家 M. J. Schleiden 和动物学家 T. Schwann 提出了细胞学说，认为细胞是一切生命体的基本结构单位，是进行化学反应的场所。1926 年，J. B. Sumner 第一个成功制备了脲酶结晶，首次证明酶是蛋白质，终于揭开了"酶的化学本质是蛋白质"的事实。20 世纪初，德国化学家 H. E. Fischer（图 1-1）证明了蛋白质是多肽，并采用化学方法合成了二肽、三肽及多肽（含 18 个氨基酸）；发现了酶的特异性，验证了他早在 1894 年提出的酶催化作用的"锁钥学说"；合成了糖及嘌呤。因为生物化学做出的卓越贡献，他被誉为"生物化学的创始人"，于 1902 年获得第二届诺贝尔化学奖。

图 1-1　德国化学家 H. E. Fischer

二、动态生物化学阶段

大约从 20 世纪 20 年代开始，生物化学进入了一个蓬勃发展的阶段。20 世纪 30 年代末，由于同位素示踪技术的应用，科学家详细阐明了无氧时葡萄糖的分解途径——糖酵解的酶促反应顺序。G. Embden 和 O. Meyerhof （获诺贝尔奖，1922 年）对此贡献巨大。1926 年，O. H. Warburg（获诺贝尔奖，1931 年）发现了呼吸作用关键酶——细胞色素氧化酶。1932 年，H. A. Krebs（图 1-2）和

图 1-2　德国生物学家 H. A. Krebs

K. Henseleit 发现了尿素循环反应途径。1937 年，H. A. Krebs 又揭示了三羧酸循环机制，他于 1953 年获得诺贝尔奖。1941 年，F. A. Lipmann（获诺贝尔奖，1953 年）发现辅酶 A 及其作为中间体在代谢中的重要作用，并提出了生物能过程中的 ATP 循环学说。在此阶段，体内各种主要物质代谢转变的酶催化途径已基本研究清楚。

知识链接

科学之家

1957 年，美国科学家 Arthur Kornberg 首次在大肠杆菌中发现 DNA 聚合酶，这种酶被称为修复聚合酶，又称 DNA 聚合酶 I（DNA polymerase I, Pol I），并因此与其导师共享了 1959 年的诺贝尔生理学或医学奖。Kornberg 家族是"科学之家"，妻子是他的实验助手，两个儿子科研成绩斐然。次子 Thomas Bill Kornberg 是旧金山加州大学生物化学教授，长子 Roger David Kornberg 更是由于其在真核生物转录酶结构研究中的卓越成绩获得了 2006 年诺贝尔化学奖。

三、分子生物学阶段

自 20 世纪 50 年代开始，新方法和新技术的应用使生物化学研究产生飞跃，开始研究 DNA、RNA、蛋白质等生物分子的结构与功能关系，从分子水平上阐明生命现象，此即分子生物学阶段，产生了许多标志性进展。1944 年，O. T. Avery 与其同事通过肺炎双球菌转化实验，直接证明 DNA 是遗传的物质基础，揭示了基因的本质。1949 年和 1950 年，F. Sanger（获诺贝尔奖，1958 年、1980 年）和 P. Edman 分别发明了蛋白质测序方法，F. Sanger 还于 1977 年发明了双脱氧链终止法测定核酸序列。1951 年，L. Pauling（获诺贝尔奖，1954 年）和 R.B.Corey 采用 X 射线衍射技术发现了蛋白质的 α 螺旋结构。1953 年，J. D. Watson 和 F.H.Crick 建立 DNA 双螺旋结构模型（获诺贝尔奖，1962 年）。1957 年，Arthur Kornberg 在大肠杆菌中发现 DNA 聚合酶，因此获 1959 年诺贝尔生理学或医学奖。1968 年，F. H. Crick 提出了遗传信息传递的中心法则。1964 年，R. W. Holley、H. G. Khorana 和 M. W. Nirenberg 阐明遗传密码及其在蛋白质合成中的作用（获诺贝尔奖，1968 年）。1973 年，P. Berg、H. Boyer 和 S. Cohen 首次在体外将重组 DNA 分子形成无性繁殖系——DNA"克隆"（获诺贝尔奖，1980 年）。1985 年，K. Mullis 发明了 DNA 体外扩增技术——聚合酶链反应（获诺贝尔奖，1993 年）。1997 年，克隆羊多莉诞生。1998 年，A.Z.Fire 和 C.C.Mello（获诺贝尔奖，2006 年）发现 RNA 干扰机制。2003 年，人类基因组计划宣布，人类基因组序列图绘制成功。基因组学、蛋白质组学等新理论相继诞生。生物芯片技术随之面世，针对核酸、蛋白质的分析速度大为提升。分子生物学进入了飞速发展阶段。

第三节　生物化学与医学的关系

一、生物化学是医学各学科相互联系的共同语言

基础医学、临床医学和预防医学是现代医学科学的三大支柱，基础医学是临床医学和预防医学的基础。基础医学各学科主要是从器官、细胞和分子水平揭示人体正常及异常的结构与功

能。临床医学各学科则研究疾病发生、发展机制及诊断和治疗。而生物化学为医学各学科从分子水平上研究正常或疾病状态时人体结构与功能，乃至疾病预防、诊断与治疗，提供了理论与技术，极大地促进了现代医学的发展，给临床医学带来全新的理念。生物化学与临床实践的结合、疾病发病机制的探讨及诊疗的需要，也促进了生物化学的发展，产生了医学生物化学的许多领域，如病理生物化学、生化药理学、医学分子遗传学等。可以说，当前医学已进入分子水平时代。美国著名生物学家、1959 年诺贝尔生理学或医学奖获得者 Arthur Kornberg 在哈佛大学医学院建校 100 周年时说"所有的生命体都有一个共同的语言，这个语言就是化学"，即"生命的化学语言"。

 知识链接

克隆羊多莉

克隆羊多莉诞生于 1996 年 7 月 5 日，1997 年首次向公众披露。克隆技术被《科学》杂志评为 1997 年世界十大科技进步的第一项。在培育多莉羊的过程中，科学家采用了体细胞克隆技术，从一只成年绵羊身上提取乳腺细胞，然后把这个体细胞的细胞核注入另一只绵羊的抽去了细胞核的卵细胞中，最终新合成的卵细胞在第三只绵羊的子宫内发育形成了多莉。它证明了一个哺乳动物的特异性分化的细胞也可以发展成一个完整的生物体。多莉的诞生引发了公众对于克隆人的想象，在受到赞誉的同时也引来了争议。

2003 年 2 月，兽医检查发现多莉患有严重的进行性肺病，于是对它实施了安乐死。绵羊通常能活 12 年左右，而多莉只活了 6 岁，它的早夭引起了人们对克隆动物是否会早衰的担忧。

二、生物化学推动了医学各学科的发展

生物化学不仅是联系医学各学科之间的桥梁，也是产生新的学科领域的生长点。例如，随着细胞信号转导途径的不断发现，肿瘤发生及发展的机制不断被阐明，肿瘤学的理论不断被完善；没有从分子水平阐明化学递质及受体的结构和功能，就没有完善的神经-体液调节理论；重组 DNA 技术使分子医学家能迅速将疾病相关基因进行"克隆"，揭示疾病的发病机制，为疾病的诊断和治疗提供新的策略；基因诊断（gene diagnosis）和基因治疗（gene therapy）技术的发展，为从源头上预防和治疗遗传性疾病提供了可能；由于生物化学与分子生物学在医学上的应用日益广泛，使医学进入了基因水平研究。基因信息传递不仅涉及遗传、变异、生长、分化等诸多生命过程，也涉及遗传病、肿瘤、心血管病等多种疾病的发生、发展与转归的问题。当前迅速发展的基因诊断和基因治疗就是医学与生物化学、分子生物学、分子遗传学相结合的成果。

（付达华）

第二章数字资源

思政之光

第二章

蛋白质的结构与功能

学习目标

掌握：
蛋白质的元素组成特点，氨基酸的结构特点及分类，肽键与肽链，蛋白质一级结构与空间结构的概念，蛋白质的等电点和变性。

熟悉：
蛋白质结构与功能的关系，蛋白质胶体性质和沉淀，蛋白质的生理功能。

了解：
蛋白质的分类，分子病和构象病。
通过三鹿奶粉事件、山东疫苗案件等公共事件，树立关注公共安全及公众健康的职业精神。

案例导入

某患者，女性，46岁。因发热、间歇性四肢及关节疼痛5个月余就诊。体格检查：T37.8 ℃，R22次/分，贫血貌，轻度黄疸，肝、脾略大。实验室检查：血红蛋白75 g/L，白细胞总数$6×10^9$/L，白细胞分类正常。网织红细胞计数0.12；血清铁21 μmol/L，次亚硫酸氢钠试验阳性；血红蛋白（Hb）电泳产生一条带，与HbS同一部位。红细胞形态：镰型。诊断：镰状细胞贫血。

请分析：

1. 镰状细胞贫血与血红蛋白异常有关，分析蛋白质的分子组成上有什么元素组成特点和氨基酸的种类？

2. 以血红蛋白为例，试分析蛋白质涉及哪些分子结构？

3. 结合本章所学，解释镰状细胞贫血的生化机制。

蛋白质（protein）是一类由20种α-氨基酸通过肽键互相连接而成的高分子含氮有机化合物。它们具有特定的空间构象和生物学活性，是生物体的基本组成成分。机体蛋白质分布广泛，几乎所有的器官和组织都含有蛋白质，约占人体固体成分的45%。蛋白质种类繁多，人体的蛋白质种类高达10万种以上，是构成人体特异形态、结构和生命活动的最基本物质基础。蛋白质功能复杂多样，一切生命活动都是通过蛋白质来实现的。

第一节　蛋白质的分子组成

一、蛋白质的元素组成

元素分析表明，所有蛋白质都含有碳、氢、氧、氮4种元素，大多数蛋白质含有硫，有的蛋白质还含有少量磷、铁、铜、锌、锰、钼、硒和碘等。各种蛋白质的含氮量很接近，平均约为16%，即每克氮相当于6.25（100/16）克蛋白质。由于蛋白质是体内的主要含氮化合物，因此，根据蛋白质元素组成这一特征，常用定氮法来推算生物样品中蛋白质的含量，即

每克样品中含氮量 ×6.25 = 每克样品中蛋白质含量（g）。

> **考点提示**
> 蛋白质的元素组成

二、蛋白质的基本组成单位——氨基酸

蛋白质经过酸、碱或酶的作用，最终的水解产物都是氨基酸（amino acid），因此，氨基酸为构成蛋白质的基本单位。

> **考点提示**
> 蛋白质的基本组成单位

（一）氨基酸的结构特点

构成天然蛋白质的氨基酸有20种，它们在结构上各不相同，但具有共同的结构特征，即分子中的氨基（–NH_2）或亚氨基（=NH）都连接在与羧基（–COOH）相邻的α碳原子上，所以称为α-氨基酸。除甘氨酸外，其余19种氨基酸的α碳原子均为不对称碳原子（又称手性碳原子），因此，氨基酸都有两种不同的立体构型，即L-构型和D-构型，天然蛋白质中的氨基酸都属于L-α-氨基酸。氨基酸的通式结构如下：

$$\begin{array}{c} NH_2 \\ | \\ R-C^*-COOH \\ | \\ H \end{array} \begin{cases} *-\text{手性碳原子} \\ R-\text{氨基酸侧链基团} \end{cases}$$

（二）氨基酸的分类

氨基酸的分类方法有多种，其中最常用的是根据氨基酸R侧链结构与性质的不同，将20种氨基酸分成4类。

1. 非极性疏水性氨基酸　非极性疏水性氨基酸指含有如烃基、吲哚环或甲硫基等非极性的R侧链的一类氨基酸，包括甘氨酸、丙氨酸、缬氨酸、亮氨酸、异亮氨酸、苯丙氨酸、脯氨酸、色氨酸和甲硫氨酸。

2. 极性中性氨基酸　极性中性氨基酸指含有羟基、巯基或酰胺基等极性R侧链的一类氨基酸，包括丝氨酸、苏氨酸、半胱氨酸、酪氨酸、天冬酰胺和谷氨酰胺。

3. 酸性氨基酸　酸性氨基酸指R侧链含有羧基，在生理状态下带负电荷的一类氨基酸，包括天冬氨酸与谷氨酸。

4. 碱性氨基酸　碱性氨基酸指R侧链含有氨基、胍基和咪唑基，在生理状态下带正电荷的一类氨基酸，包括赖氨酸、精氨酸与组氨酸。

组成蛋白质的20种编码氨基酸的结构特征列于表2-1。

表 2-1　组成蛋白质的 20 种编码氨基酸

名称	缩写	相对分子质量	等电点	结构式
1. 非极性疏水性氨基酸				
甘氨酸 glycine	Gly（G）	75.05	5.97	H—CH—COOH | NH₂
丙氨酸 alanine	Ala（A）	89.06	6.00	CH₃—CH—COOH | NH₂
缬氨酸 valine	Val（V）	117.09	5.96	(CH₃)₂CH—CH—COOH | NH₂
亮氨酸 leucine	Leu（L）	131.11	5.98	(CH₃)₂CH—CH₂—CH—COOH | NH₂
甲硫氨酸（蛋氨酸）methionine	Met（M）	149.15	5.74	CH₃—S—CH₂—CH₂—CH—COOH | NH₂
异亮氨酸 isoleucine	Ile（I）	131.11	6.02	CH₃—CH₂—CH—CH—COOH |　　| CH₃　NH₂
脯氨酸 proline	Pro（P）	115.13	6.30	环状结构 (吡咯烷-2-羧酸)
苯丙氨酸 phenylalanine	Phe（F）	165.09	5.48	C₆H₅—CH₂—CH—COOH | NH₂
色氨酸 tryptophan	Trp（W）	204.22	5.89	吲哚环—CH₂—CH—COOH | NH₂
2. 极性中性氨基酸				
丝氨酸 serine	Ser（S）	105.06	5.68	CH₂—CH—COOH |　　| OH　NH₂
苏氨酸 threonine	Thr（T）	119.08	5.60	CH₃—CH—CH—COOH |　　| OH　NH₂
天冬酰胺 asparagine	Asn（N）	132.12	5.41	H₂N—CO—CH₂—CH—COOH | NH₂
谷氨酰胺 glutamine	Gln（Q）	146.15	5.65	H₂N—CO—CH₂—CH₂—CH—COOH | NH₂
酪氨酸 tyrosine	Tyr（Y）	181.09	5.66	HO—C₆H₄—CH₂—CH—COOH | NH₂
半胱氨酸 cysteine	Cys（C）	121.12	5.07	CH₂—CH—COOH |　　| SH　NH₂

(续表 2-1)

名称	缩写	相对分子质量	等电点	结构式
3. 酸性氨基酸				
天冬氨酸 aspartic acid	Asp（D）	133.60	2.77	HOOC—CH$_2$—CH(NH$_2$)—COOH
谷氨酸 glutamic acid	Glu（E）	147.08	3.22	HOOC—CH$_2$—CH$_2$—CH(NH$_2$)—COOH
4. 碱性氨基酸				
赖氨酸 lysine	Lys（K）	146.13	9.74	H$_2$N—(CH$_2$)$_3$—CH$_2$—CH(NH$_2$)—COOH
精氨酸 arginine	Arg（R）	174.14	10.76	H$_2$N—C(=NH)—NH—(CH$_2$)$_2$—CH$_2$—CH(NH$_2$)—COOH
组氨酸 histidine	His（H）	155.16	7.59	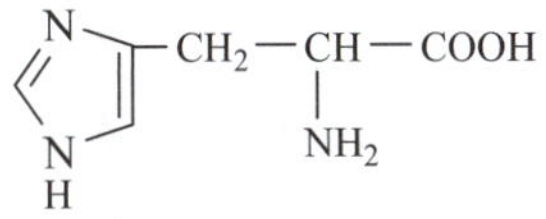 (咪唑基)—CH$_2$—CH(NH$_2$)—COOH

三、蛋白质分子中氨基酸的连接方式

（一）肽键

组成蛋白质的基本单位为氨基酸，氨基酸之间以肽键（peptide bond）连接，一个氨基酸的羧基与相邻的另一个氨基酸的氨基脱水缩合形成的化学键称为肽键（酰胺键）。肽键为共价键，是蛋白质分子中的主键，天然蛋白质分子中的肽键都由 α- 羧基和 α- 氨基脱水缩合而成（图 2-1）。

> **考点提示**
> 肽键

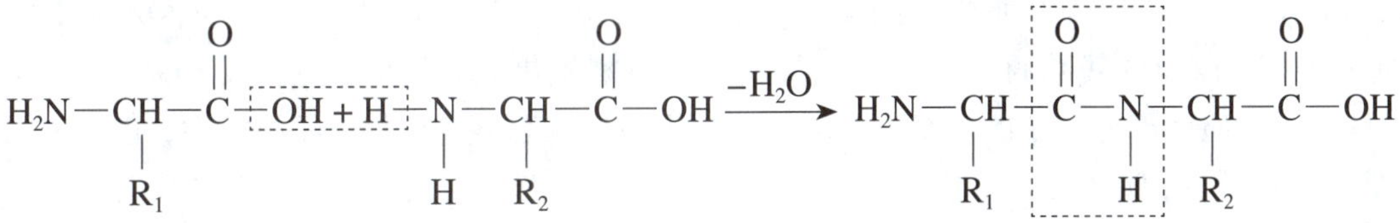

$$H_2N-CH(R_1)-C(=O)-[OH + H]-N(H)-CH(R_2)-C(=O)-OH \xrightarrow{-H_2O} H_2N-CH(R_1)-[C(=O)-N(H)]-CH(R_2)-C(=O)-OH$$

图 2-1 肽键的生成

（二）肽键平面

X射线衍射分析法证实肽键中的 C−N 键长为 0.132 nm，介于 C—N 单键（0.149 nm）和 C=N 双键（0.127 nm）之间，因此，具有部分双键性质，不能自由旋转。肽键中的 C、O、N、H 4 个原子和与它相邻的两个 α 碳原子总是处在同一个平面上（Cα_1-CO-NH-Cα_2），该平面称为肽键平面或肽单元。而肽键平面中与 α 碳原子相连的单键可以自由旋转，这样肽键平面可以围绕 Cα 旋转、卷曲、折叠。相邻两个肽键平面的夹角取决于碳原子两侧单键旋转角度。这就是以肽键平面为基本单位的自由旋转形成空间结构的基础（图 2-2）。

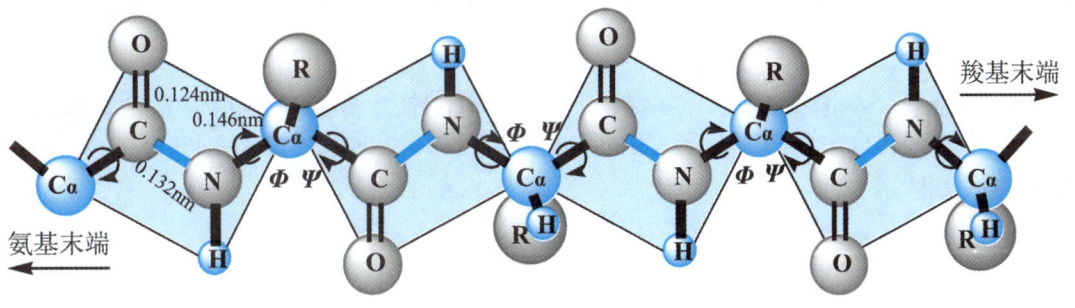

图 2-2 肽键平面与多肽链肽平面示意图

(三)肽

氨基酸之间通过肽键互相连接而形成的化合物称为肽(peptide)。两个氨基酸形成的肽称为二肽，三个氨基酸形成的肽称为三肽，以此类推。一般将十肽以下称为寡肽，十肽以上者称多肽(polypeptide)或称肽链。由于肽中的氨基酸互相结合时已脱水，因此肽中的氨基酸称为氨基酸残基。肽链中含自由 α-氨基的一端，称氨基末端或简称为 N 端，习惯上书写在左侧，并用 H_2N- 或 $H-$ 表示；含自由 α-羧基的一端，称为羧基末端或简称为 C 端，书写在右侧，用 $-COOH$ 或 $-OH$ 表示，因此，肽链具有方向性(图 2-3)。

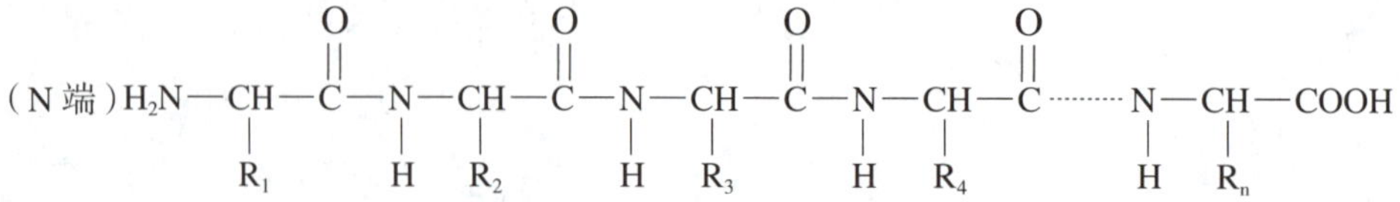

图 2-3 肽链的结构

肽链也可用中文或英文代号来表示，如图 2-4 所示。

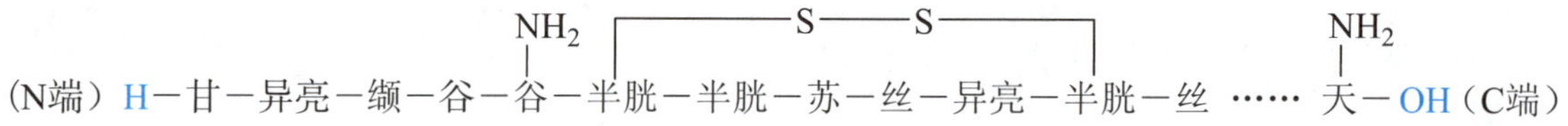

图 2-4 多肽链的简写

四、生物活性肽

生物体内具有重要生理功能的游离肽称为生物活性肽。如谷胱甘肽(GSH，图 2-5)，GSH 分子中半胱氨酸残基的 $-SH$ 具有还原性，自身被氧化成氧化型谷胱甘肽(GSSG)，从而保护体内蛋白质或酶分子中的巯基不被氧化而处于活性状态；它还具有亲核特性，能与外源性的致癌剂或药物等毒物结合，保护核酸或蛋白质免受毒物损害。临床常用 GSH 作为解毒、抗辐射或治疗肝病的药物。

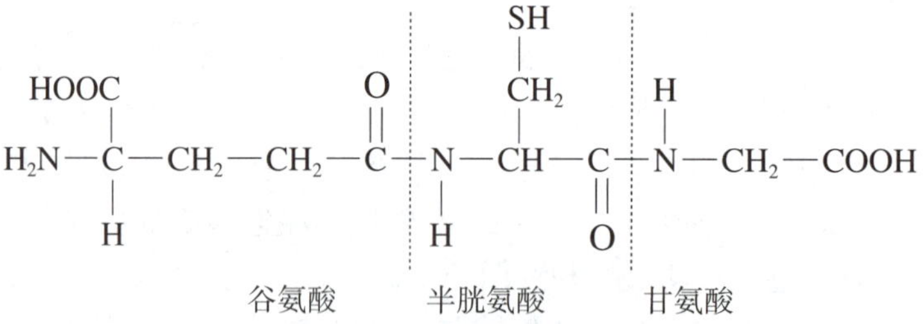

图 2-5 谷胱甘肽的化学结构

体内还有许多肽类激素，如催产素(9 肽)、加压素(9 肽)、促甲状腺素释放素(3 肽)等，以及在神经传导中起信号转导作用的脑啡肽(5 肽)、强啡肽(17 肽)、P 物质等，都是重要的生物活性肽。

第二节 蛋白质的分子结构

蛋白质是生物大分子，由成百上千个氨基酸残基构成，并具有三维空间结构，因而能执行复杂的生物学功能。在研究中，一般将蛋白质结构分为一级、二级、三级和四级结构。一级结构也称为蛋白质的基本结构，二、三、四级结构统称为空间结构或空间构象（conformation），它们是蛋白质特有性质和功能的结构基础。但并非所有的蛋白质都有四级结构，由一条肽链形成的蛋白质只有一级、二级和三级结构，由两条或者两条以上肽链形成的蛋白质才可能有四级结构。

一、蛋白质一级结构

蛋白质一级结构是指蛋白质分子中氨基酸残基的排列顺序及二硫键所在位置。这种顺序由 DNA 分子中的核苷酸序列决定，如人胰岛素的一级结构（图 2-6）。

考点提示
蛋白质一级结构

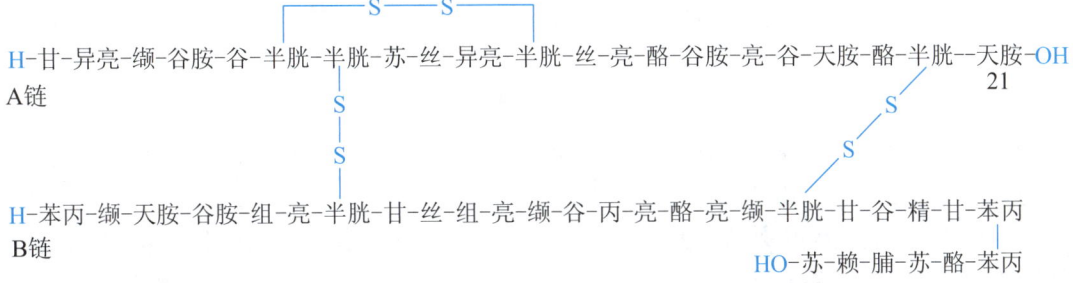

图 2-6 人胰岛素的一级结构

体内种类繁多的蛋白质，其一级结构各不相同，一级结构是蛋白质空间构象和生物学功能的基础。但随着蛋白质结构研究的深入，人们已认识到蛋白质一级结构并不是决定蛋白质空间构象的唯一因素。

二、蛋白质的空间结构

天然蛋白质分子的多肽链并非呈线形伸展，而是折叠和盘曲构成特有的比较稳定的空间结构。蛋白质的生物学活性和理化性质主要决定于空间结构的完整，因此，仅测定蛋白质分子的氨基酸组成和它们的排列顺序并不能完全了解蛋白质分子的生物学活性和理化性质。

蛋白质的空间结构包括二级、三级和四级结构。

（一）蛋白质二级结构

蛋白质二级结构（secondary structure）是指多肽链中主链原子在各局部空间进行盘曲、折叠形成的空间结构，而不涉及各 R 侧链的空间位置。由于两个 α 碳原子所连的两个单键可自由旋转，因此可形成蛋白质分子二级结构的不同形式，即 α 螺旋、β 折叠、β 转角和无规则卷曲等。

1. α 螺旋（α-helix） α 螺旋指多肽链主链原子围绕中心轴盘曲形成的结构。最常见为右手螺旋。其结构特点如下（图 2-7）。

（1）多肽链以 α 碳原子为转折点，通过其两侧单键的旋转，以肽键平面为基本折叠单位，形成稳固的右手螺旋。

（2）多肽链呈螺旋形上升，螺旋每旋转一周包含 3.6 个氨基酸残基，每一个氨基酸残基上升高度为 0.15 nm，螺旋每上升一圈的高度（螺距）为 0.54 nm（3.6×0.15 nm）。

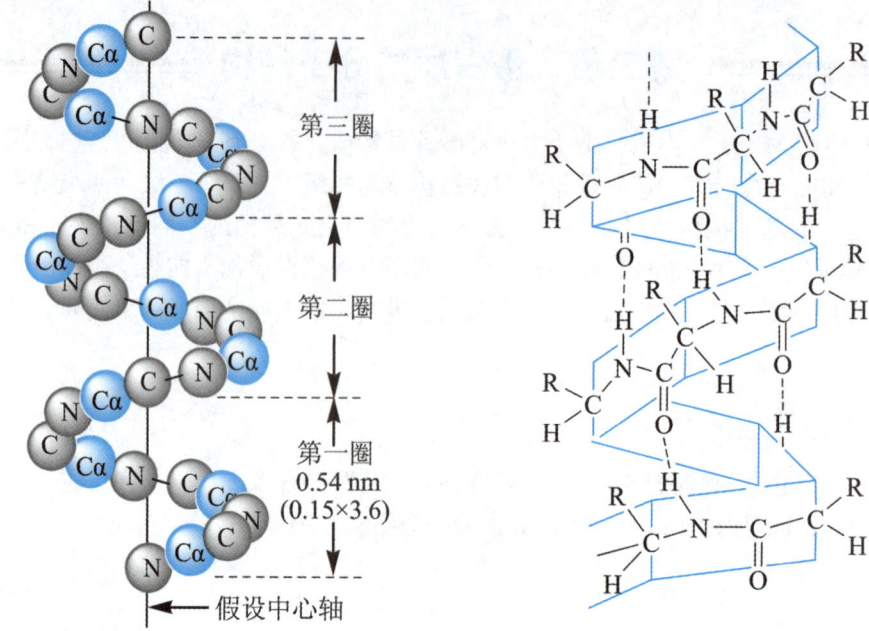

图 2-7 α 螺旋结构示意图

（3）每个肽键的亚氨基（-NH）氢与第四个肽键的羰基（-C=O）氧之间形成氢键，氢键方向与螺旋的长轴平行，维持螺旋的纵向稳定。

（4）R 基团均伸向螺旋外侧，其大小及电荷均对 α 螺旋的形成及稳定性产生影响。较大的 R 侧链（如异亮氨酸、色氨酸）集中的区域，由于空间位阻的作用，可影响 α 螺旋的形成。酸性与碱性氨基酸集中的区域，因同性电荷相斥，不利于 α 螺旋形成。脯氨酸是亚氨基酸，形成肽键后不能参与氢键形成，加上 α 碳原子位于五元环上，其两侧单键难以旋转，也难以形成 α 螺旋。

考点提示
蛋白质二级结构——α 螺旋

2. β 折叠（β-pleated sheet） β 折叠是指多肽链主链以每个肽键平面的 Cα 为旋转点折叠成折纸状的结构（也称 β 片层）。两条以上的 β 折叠结构互相并行排列，其结构特点如图 2-8。

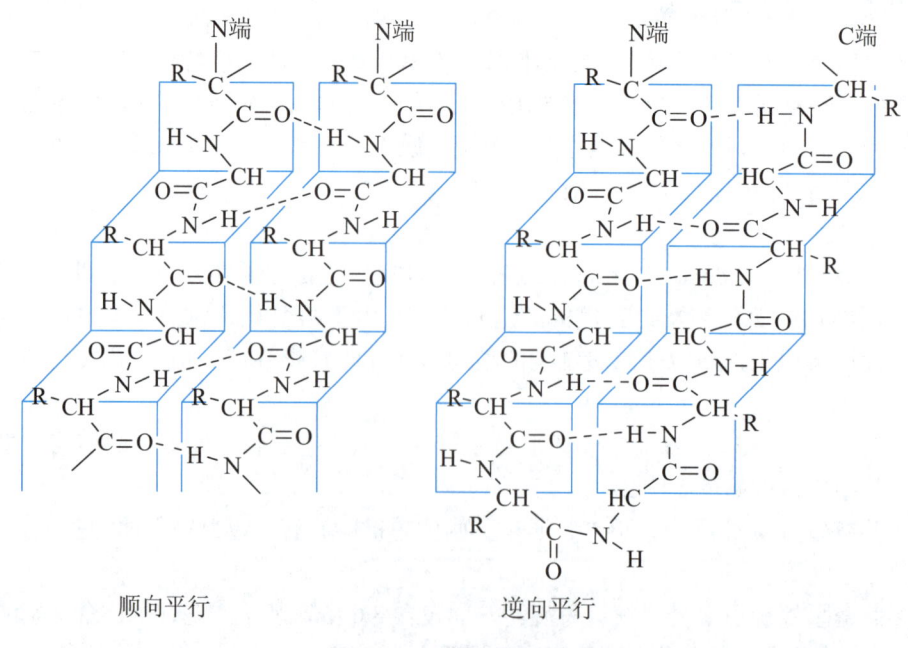

顺向平行　　　　　　　　逆向平行

图 2-8 β 折叠结构示意图

（1）β折叠是多肽链中较为伸展的结构。在β折叠结构中，两条或多条伸展的肽段或肽链侧向聚集，各肽键平面以C_α为旋转点形成110°的夹角，依次折叠形成锯齿状。

（2）维持β折叠结构稳定的因素是相邻肽段或肽链中肽键的 –NH 和 –C=O 之间形成的横向的氢键。

（3）当并行排列的两条肽链走向相同（即两条链的N端、C端都在同一侧）时，称顺向平行；反之，称为反向平行。反向平行的构象更为稳定。

（4）R基团交错位于锯齿状结构的上方和下方。

3. β转角（β-turn）和无规则卷曲 β转角是指蛋白质分子中肽链进行180°回折，这种回折处的结构称为β转角。β转角一般由4个氨基酸残基组成，第二个氨基酸残基常为脯氨酸残基，其他常见的有甘氨酸、天冬氨酸、天冬酰胺和色氨酸残基。在此种回折中，第一个氨基酸残基的羰基氧与第四个氨基酸残基的亚氨基氢之间形成氢键（图2-9）。无规则卷曲是指一些不易描述、没有确定规律性的肽链结构。

4. 模体 在许多蛋白质分子中，可发现2~3个具有二级结构的肽段，在空间上相互接近，形成一个有规则的二级结构组合，称为超二级结构，也称为模体（motif）。目前已知的二级结构组合形式有3种：αα、βαβ、βββ（图2-10）。每个模体总有其特征性氨基酸序列，并发挥特殊的功能。如锌指（zinc finger）结构由3个肽段组成，1个肽段是α螺旋，另2个肽段是反向平行的β折叠。该模体形似手指，具有结合锌离子的功能。Zn^{2+}可稳固模体中的α螺旋结构，使其能镶嵌于DNA的大沟，故含锌指结构的蛋白质能与DNA或RNA结合。

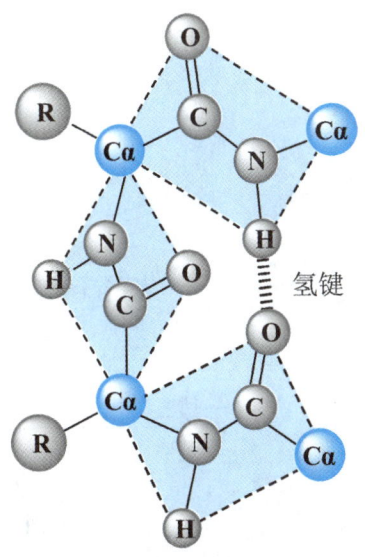

图2-9　β转角结构示意图

αα 组合

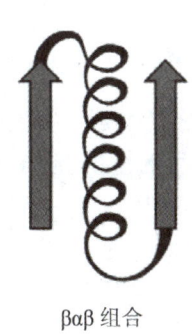
βαβ 组合

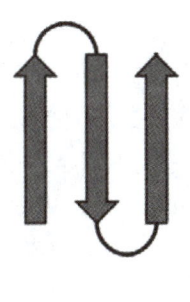
βββ 组合

图2-10　蛋白质超二级结构示意图

（二）蛋白质三级结构

1. 三级结构 蛋白质三级结构（tertiary structure）是指肽链中所有原子在三维空间的排布位置，包括多肽链主链及R侧链构象。即在蛋白质分子二级结构基础上，多肽链进一步折叠、盘曲和缠绕形成的结构。

具有三级结构形式的蛋白质多肽链具有以下特点。

（1）稳定蛋白质三级结构的化学键和作用力是各种次级键。主要有疏水键、氢键、离子键与范德华力等（图2-11），其中以疏水键最为重要。所有的次级键都是非共价键，键能很弱。

考点提示

蛋白质三级结构的概念

（2）在盘曲、折叠所形成的特殊空间构象中，疏水基团多聚积在分子内部，亲水基团则多分布在分子表面。

（3）经过多肽链的盘曲、折叠，在分子表面或局部可形成能发挥生物学功能的特殊区域，称为结构域。如肌红蛋白球状分子中，有一个"口袋"状空隙，可嵌入一个血红素分子，它是结合氧的部位。

（4）盘曲、折叠的多肽链分子在空间可形成棒状、纤维状或球状。

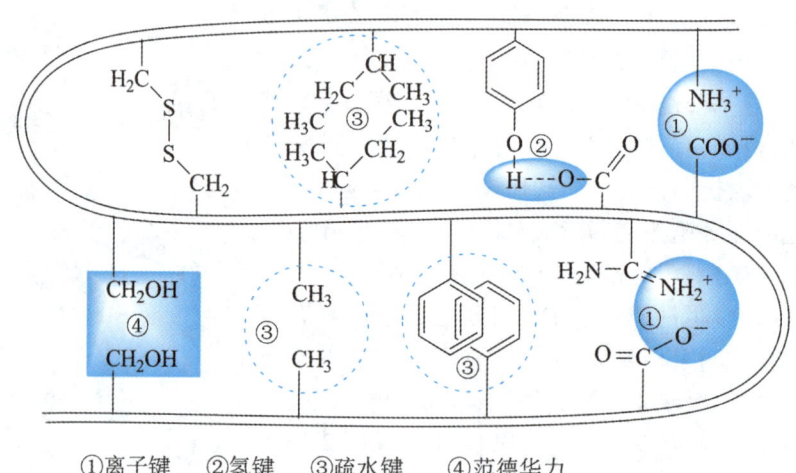

①离子键　②氢键　③疏水键　④范德华力

图 2-11　维系蛋白质三级结构的主要化学键

由一条肽链组成的蛋白质只要具有完整的三级结构即具有生物学活性，如核糖核酸酶能水解 RNA，肌红蛋白具有储存 O_2 的功能。这类蛋白质的最高级结构是三级结构。

2. 结构域　分子量较大的蛋白质可折叠形成多个结构较为紧密且稳定、能独立行使其功能的区域，称为结构域（structural domain）。一般每个结构域由 100~300 个氨基酸残基组成，有独特的空间结构，并承担不同的生物学功能。结构域与分子整体以共价键相连，一般难以分离，这是它与蛋白质亚基的区别。

（三）蛋白质四级结构

有的蛋白质由 2 条或 2 条以上的多肽链组成，每条具有独立三级结构的多肽链称为亚基（subunit）。蛋白质分子中各亚基之间的空间排布和相互作用，称为蛋白质四级结构（quaternary structure）。在四级结构中，各亚基间的聚合力主要是氢键和离子键。构成四级结构的几个亚基可以是相同的，也可以是不同的。含有四级结构的蛋白质，单独存在的亚基没有生物学活性，只有完整的四级结构才表现出生物学活性。

血红蛋白（Hb）为两种不同亚基构成的四聚体（$\alpha_2\beta_2$），分子中含有两条 α 链及两条 β 链。每个亚基含 20 多个疏水氨基酸残基，构成一个疏水"口袋"，内含血红素辅基（图 2-12）。4 个亚基通过 8 个离子键相连，形成血红蛋白的四聚体，具有运输 O_2 和 CO_2 的功能。但每一个亚基单独存在时，虽可结合氧且与氧亲和力增强，但在体内组织中难释放 O_2，失去了血红蛋白原有的运输 O_2 的

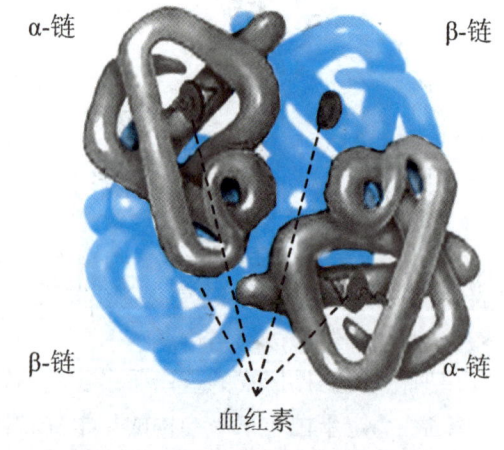

图 2-12　血红蛋白的四级结构模式图

> 考点提示
> 蛋白质四级结构的概念

作用。蛋白质的一、二、三、四级结构如图 2-13 所示。

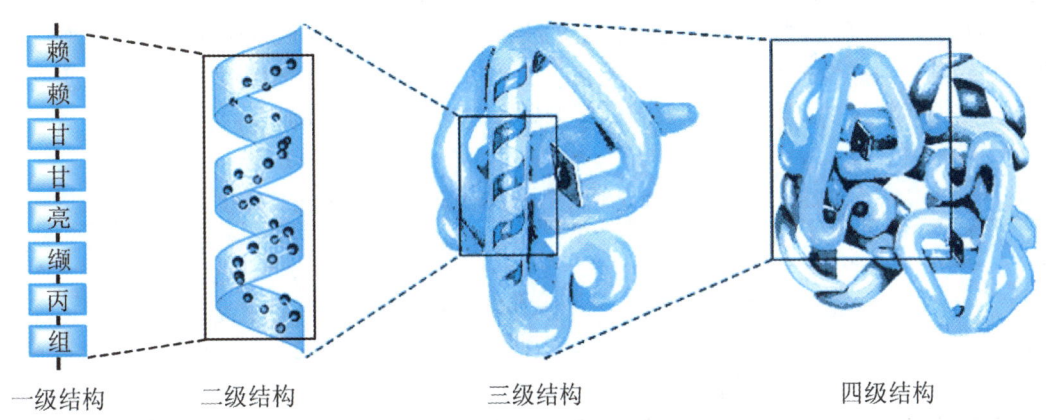

图 2-13　蛋白质一、二、三、四级结构模式图

三、蛋白质结构与功能的关系

各种蛋白质因其氨基酸的种类、数量及排列顺序不同，分子的空间构象也不相同，这造就了生物界蛋白质种类及功能的多样性。而这些功能都与其特异的一级结构和空间构象有关。可以说，蛋白质的分子结构决定了它的生物学功能。

（一）蛋白质一级结构与功能的关系

1. 相似的结构表现出相似的功能　如垂体前叶分泌的促肾上腺皮质激素（ACTH）和促黑激素（α-MSH、β-MSH）共有一段相同的氨基酸序列（图 2-14），因此，ACTH 也有促进皮下黑色素生成的作用，只不过作用较弱。又如神经垂体释放的催产素和加压素都是 9 肽，其中仅有 2 个氨基酸不同，其余 7 个是相同的（图 2-15），因此，催产素和加压素的生理功能有相似之处，即催产素兼有加压素样作用，而加压素也兼有催产素样作用。

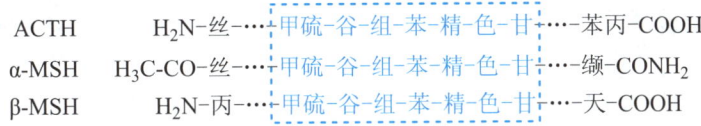

图 2-14　ACTH、α-MSH 和 β-MSH 一级结构比较

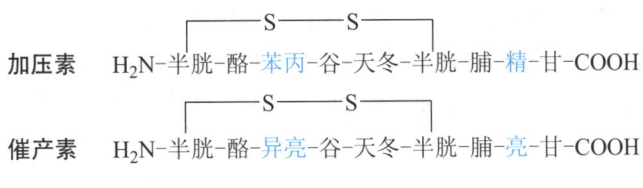

图 2-15　加压素和催产素一级结构比较

2. 不同的结构具有不同的功能　上述催产素和加压素，尽管有相似的结构，从而有相似的功能，但它们的结构毕竟不完全相同，因而生理功能就有很大差别。催产素对子宫平滑肌的收缩作用远比加压素强，而对血管壁的加压效应和抗利尿作用只有加压素的 1% 左右。因此，催产素和加压素这两种生理活性物质是说明"相似的结构表现出相似的功能""不同的结构具有不同的功能"的典型例子，充分体现了蛋白质一级结构与功能的关系。

3. 一级结构变化与分子病　分子病是指由于基因（DNA）的突变，导致其编码的蛋白质分子的氨基酸序列异常而引起的遗传性疾病。例如，镰状细胞贫血患者的血红蛋白，其 β 亚

基的第 6 位氨基酸残基由正常的谷氨酸变成了缬氨酸（表 2-2），仅此一个氨基酸之差，就导致了血红蛋白分子空间构象和功能的变化，继而造成红细胞形态由正常的双凹圆盘变为镰刀形（图 2-16），这种镰状细胞在通过毛细血管时极易破碎，产生溶血性贫血。可见，血红蛋白正常的一级结构对其发挥正常的生理功能多么重要。现已发现多种遗传性疾病都是由于基因突变、表型蛋白质特定的一级结构及空间构象发生改变和功能丧失所致。

表 2-2　正常人与镰状细胞贫血患者血红蛋白遗传信息的比较

正常人	DNA mRNA HbA（β亚基）	……TGT GGG CTT CTT TTT…… ……ACA CCC GAA GAA AAA…… N 端…苏 - 脯 - 谷 - 谷 - 赖……
镰状细胞贫血患者	DNA mRNA HbS（β亚基）	……TGT GGG CAT CTT TTT…… ……ACA CCC GUA GAA AAA…… N 端…苏 - 脯 - 缬 - 谷 - 赖……

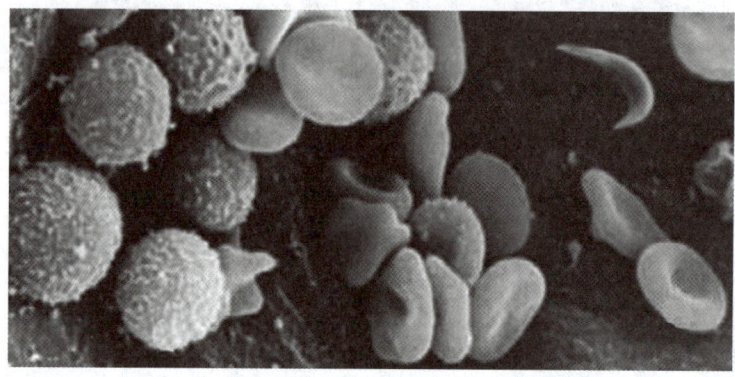

图 2-16　正常红细胞与镰状细胞的显微形态

（二）蛋白质空间构象与功能的关系

蛋白质分子一级结构决定其空间构象，而蛋白质分子具有的特定空间构象与其发挥特定的生理功能有着直接的关系。如蛋白质的一级结构不变，而空间构象发生改变也可导致其功能的变化。

1. 蛋白质构象与酶活性　牛核糖核酸酶是由 124 个氨基酸残基组成的单链蛋白质，分子内 4 个二硫键和次级键（氢键、疏水键、离子键等）共同维系其空间结构的稳定。用尿素（破坏氢键）和 β- 巯基乙醇（破坏二硫键）处理牛核糖核酸酶，使其二级、三级结构遭到破坏，但不影响肽键，此时该酶活性丧失殆尽。当用透析方法去除尿素和 β- 巯基乙醇后，松散的多肽链可重新卷曲折叠，巯基氧化又形成二硫键，恢复酶的天然构象，此时酶又逐渐恢复原有的活性（图 2-17）。这充分证明，核糖核酸酶的催化活性依赖其完整的空间构象。

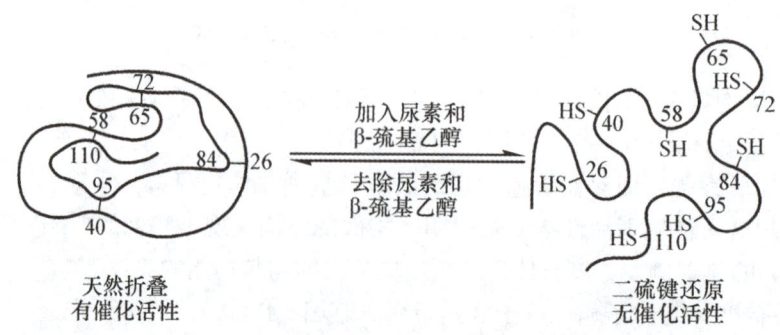

图 2-17　牛核糖核酸酶空间结构与功能的关系

2. 蛋白质构象与别构效应　蛋白质构象并非固定不变。生物体内某些小分子物质与蛋白质分子特定部位作用，使其构象改变而生物学功能也随之改变，这种现象称为别构效应（allosteric effect）或变构效应。具有这种作用的蛋白质（或酶），其分子内多有功能活性部位及调节部位两部分，后者一般称为别位。当某种小分子物质特异地与某种蛋白质（或酶）分子的别位结合时，即能触发该蛋白质（或酶）的构象发生一定变化，从而导致其功能活性的改变（增强或减弱）。具有变构作用的蛋白质或酶称为别构（变构）蛋白或别构（变构）酶。凡能引起蛋白质（或酶）发生此种构象变化的物质，称为别构效应剂。蛋白质（或酶）的变构作用在生物体内普遍存在，这对物质代谢的调控及生理功能的调节是十分重要的。

血红蛋白（hemoglobin，Hb）是最早发现具有别构作用的一种蛋白质，其主要功能为运输氧和二氧化碳。Hb 的运氧功能是通过构象变化来完成的，Hb 是由两个 α 和两个 β 亚基组成的四聚体，每个亚基都含有一个血红素，每个血红素分子中含有的铁（Fe^{2+}）都能与 1 分子 O_2 结合，故每分子 Hb 可结合 4 分子 O_2。Hb 有两种可互变的天然构象：紧密型（T 型）和松弛型（R 型）。T 型结合氧的能力较弱，R 型的氧亲和力比 T 型高数百倍。在肺部毛细血管，氧分压高，当 Hb 的一个 α 亚基与 1 分子 O_2 结合后，使其相邻亚基的空间构象也随之改变，即触发 Hb 由 T 型转变为 R 型，与 O_2 的亲和力加强，易于与 O_2 结合。在组织的毛细血管，氧分压低，而 CO_2 和 H^+ 的浓度高。当 CO_2 或 H^+ 与 HbO_2 结合后，可使 Hb 由 R 型变为 T 型，从而促进 HbO_2 释放 O_2，供组织利用。Hb 的这种别构作用极有利于它在肺部与 O_2 结合及在周围组织释放 O_2。Hb 分子 Fe^{2+} 与 O_2 结合或脱氧过程中不发生电子得失现象，故不属于氧化还原反应。Hb 即通过氧合、脱氧而完成运氧功能。

$$Hb + O_2 \xrightleftharpoons[脱氧]{氧合} HbO_2$$

3. 蛋白质构象与疾病　生物体内蛋白质多肽链的正确折叠对其正确构象的形成和功能的发挥至关重要。若蛋白质发生错误折叠，尽管其一级结构不变，但蛋白质构象发生改变，仍可影响其功能，严重时可导致疾病的发生，人们将此类疾病称为蛋白质构象疾病。如有些蛋白质错误折叠后相互聚集，形成抗蛋白水解酶的淀粉样纤维沉淀，产生毒性而致病，这类疾病包括人纹状体脊髓变性病、阿尔茨海默病（Alzheimer disease）、亨廷顿病（Huntington disease）和疯牛病等。

知识链接

朊病毒蛋白构象与疾病

疯牛病由朊病毒蛋白（prion protein，PrP）引起。朊病毒蛋白存在两种结构形式：一种为正常细胞膜相关的细胞朊病毒蛋白（cellular PrP，PrPC），另一种为朊病毒颗粒相关的羊瘙痒病朊粒蛋白（scrapie prion protein，PrPsc）。两者一级结构完全相同，但分子构象具有较大差异。在 PrPC 中，α 螺旋结构含量较高，而 PrPsc 中 β 折叠结构含量较高。两者高级结构的不同使得它们在物理、化学性质以及生物学特性上产生很大差异。目前能区分这两种不同结构蛋白质的方法之一是根据它们对蛋白酶 K 抗性的差异。PrPsc 能够抵抗该酶的消化，而 PrPC 则不能。疯牛病发病的分子机制是生理性 PrPC 转变为病理性 PrPsc，导致生物化学性质改变。PrPsc 水溶性差，对蛋白酶不敏感，构象不稳定，易形成聚集状态，当在中枢神经细胞中堆积时，最终破坏神经细胞。根据脑部受破坏的区域不同，发病的症状也不同，如果感染小脑，则会引起运动功能的损害，导致共济失调；如果感染大脑皮质，则会引起语言、记忆力及行为能力的下降。

第三节 蛋白质的理化性质

蛋白质是由氨基酸组成的高分子化合物,其理化性质一部分与氨基酸相似,如两性电离、等电点、紫外吸收、呈色反应等,也有一部分又不同于氨基酸,如胶体性质、变性等。

一、蛋白质的两性电离与等电点

蛋白质和氨基酸一样属于两性电解质。除 N 端的氨基、C 端 α- 羧基可解离外,R 侧链中某些基团,如赖氨酸残基的 ε- 氨基、精氨酸残基的胍基和组氨酸残基的咪唑基、天冬氨酸残基的 β- 羧基和谷氨酸残基的 γ- 羧基,均可解离成带正电荷或负电荷的基团,其电离过程与带电状态取决于溶液的 pH。

> **考点提示**
> 蛋白质的等电点

在某一 pH 条件下,蛋白质解离成正、负离子的数量相等,净电荷为零时,此时溶液的 pH 称为该蛋白质的等电点(isoelectric point, pI)。当溶液 pH 大于蛋白质 pI 时,蛋白质分子带负电荷;而当溶液 pH 小于蛋白质 pI 时,蛋白质分子带正电荷(图 2-18)。

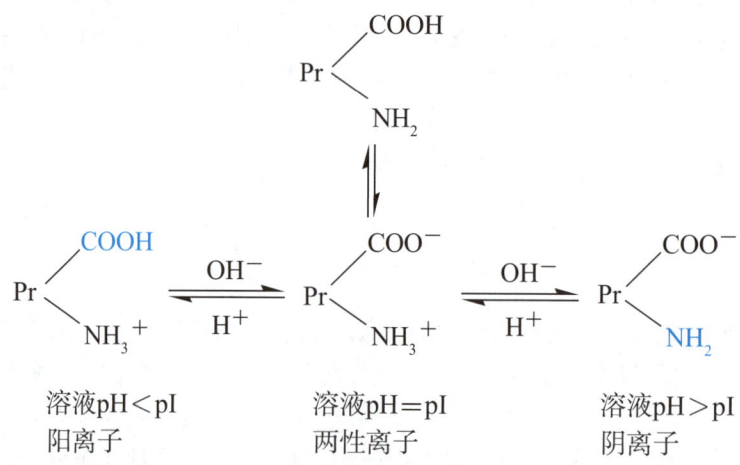

图 2-18 蛋白质的两性电离与等电点

体内各种蛋白质的等电点不同,但大多数接近于 pH 5.0。所以在人体体液 pH 7.4 的环境下,大多数蛋白质解离成阴离子。少数蛋白质含碱性氨基酸较多,其等电点偏于碱性,被称为碱性蛋白质,如鱼精蛋白、组蛋白等。也有少量蛋白质含酸性氨基酸较多,其等电点偏于酸性,被称为酸性蛋白质,如胃蛋白酶和丝蛋白等。

由于蛋白质能电离形成带电颗粒,带电颗粒在电场中向电荷相反方向移动的现象称为电泳。在同一 pH 溶液中,由于各种蛋白质所带电荷性质和数量不同,分子量大小和分子形状不同,它们在同一电场中移动的速度不同。利用这一性质将不同蛋白质分离的技术称为蛋白质电泳技术。

二、蛋白质的胶体性质

蛋白质是一类高分子化合物,相对分子质量为 $10^4 \sim 10^7$,颗粒直径已达到胶粒(1~100 nm)的范围,故蛋白质具有胶体性质,蛋白质溶液黏度大,溶液中蛋白质分子扩散速度慢。同时蛋白质分子中的亲水基团(如 $-NH_3^+$、$-COO^-$、$-CO-NH_2$、$-OH$、$-SH$ 等)多位于颗粒表面,能吸引水分子在其周围形成一层水化膜,所以蛋白质溶液是亲水胶体。

蛋白质分子表面的水化膜和同种电荷是蛋白质溶液稳定的两个主要因素。蛋白质颗粒表面形成水化膜，将蛋白质颗粒分隔开，从而阻止蛋白质颗粒的相互聚集沉淀。蛋白质在非等电点的溶液中，表面带有相同电荷，同种电荷相斥，也能防止蛋白质颗粒聚集沉淀。若去除蛋白质表面的水化膜和电荷两个稳定因素，蛋白质极易从溶液中析出（图2-19）。

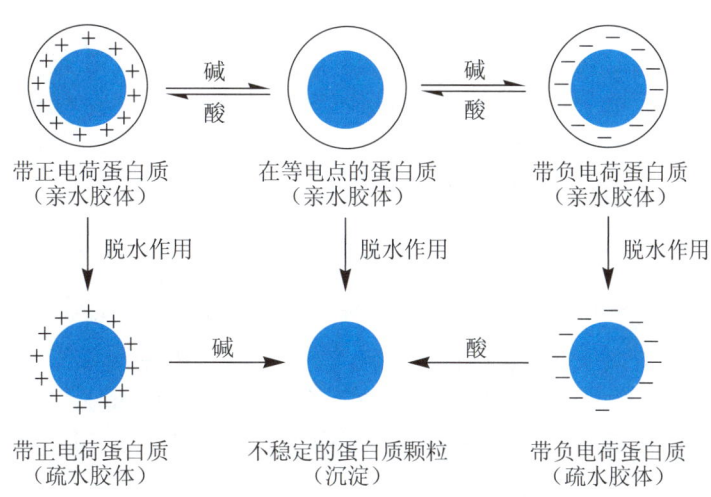

图 2-19　蛋白质胶体颗粒的沉淀

与小分子物质比较，蛋白质分子颗粒大，不能透过半透膜，在分离及纯化蛋白质过程中，可利用蛋白质的这一性质，将混有小分子杂质的蛋白质溶液放于半透膜制成的囊内，置于流动水或适宜的缓冲液中，小分子杂质皆易从囊中透出，囊内保留了纯化的蛋白质，这种方法称为透析（dialysis）（图2-20）。

蛋白质不能透过半透膜的性质对维持生物体内体液平衡起着重要作用。如血浆中蛋白质不能透过毛细血管壁，所形成的胶体渗透压有利于组织水分的回流，当血浆蛋白质含量降低时（如急性肾小球肾炎、慢性肝炎等），血浆胶体渗透压降低，组织中水分回流障碍，而发生水肿。

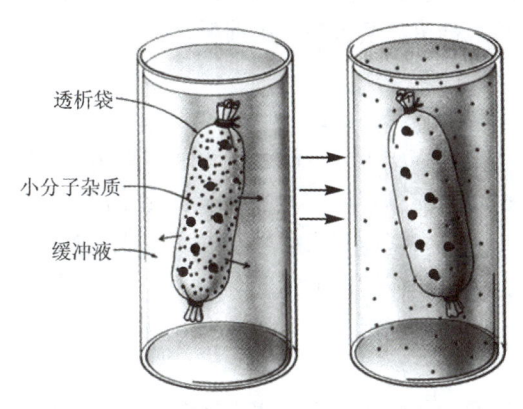

图 2-20　透析示意图

三、蛋白质的变性

蛋白质在某些理化因素作用下，次级键断裂，严格的空间结构遭到破坏，从而改变其理化性质与生物学活性，这种现象称为蛋白质的变性（denaturation）。一般认为，蛋白质变性其本质是次级键（氢键、离子键、疏水键等）的破坏，也包括二硫键的断裂，只有空间构象的改变，并不涉及一级结构的变化。

常见的引起蛋白质变性的化学因素有强酸、强碱、乙醇、丙酮等有机溶剂，重金属盐，生物碱试剂，十二烷基磺酸钠（SDS）等；物理因素有高温、高压、紫外线照射、超声波、剧烈振荡等。温和变性剂引起的蛋白质变性，去掉变性因素后，可恢复天然构象（图2-17）。

蛋白质变性后，由于空间构象受到破坏，位于内部的疏水基团暴露，使蛋白质的亲水程度降低，水化膜丧失，溶解度下降，黏度增加，易于沉淀，易被蛋白酶水解，丧失原有生物学活性。

考点提示

蛋白质的变性

蛋白质变性这一性质在临床医学上有着广泛的应用，如消毒及灭菌、加热醋酸法检测尿蛋白等。反之，在保存生物制品（如酶、疫苗、白蛋白、丙种球蛋白等）时，要注意防止蛋白质变性。

四、蛋白质沉淀

蛋白质从溶液中析出的现象称为蛋白质沉淀。如前所述，稳定蛋白质溶液的两个因素是蛋白质颗粒表面的水化膜和电荷。若无外加条件，不致互相凝集。若用物理或化学方法除掉这两个稳定因素，如将蛋白质溶液的 pH 调到等电点，再加入脱水剂除去蛋白质水化膜，即可使蛋白质沉淀。先使其脱水，再调节 pH 到等电点，同样可使蛋白质沉淀（图 2-18）。常用的蛋白质沉淀方法有以下几种。

（一）盐析

高浓度的中性盐可以破坏蛋白质的水化膜，中和其所带的电荷，引起蛋白质沉淀的过程称为盐析。常用的中性盐有硫酸铵、硫酸钠、亚硫酸钠等。不同蛋白质亲水程度和带电荷多少不同，盐析时所需要中性盐的浓度也不同，故调节盐的浓度可将蛋白质分段沉淀。如血清球蛋白多在半饱和硫酸铵溶液中析出，而清蛋白（白蛋白）则在饱和硫酸铵溶液中析出。盐析法一般不引起蛋白质变性，是分离及纯化蛋白质的常用方法之一。

（二）有机溶剂沉淀

能与水任意混溶的有机溶剂，如乙醇、甲醇、丙酮等，对水的亲和力很大，能破坏蛋白质的水化膜，同时改变溶液的介电常数，降低蛋白质的电离，使蛋白质沉淀。在等电点时加入这类溶剂更易使蛋白质沉淀析出。如操作在低温条件下进行，缓慢加入有机溶剂沉淀，可保持蛋白质不变性。

（三）某些酸类沉淀

有些酸（如苦味酸、钨酸、鞣酸、三氯乙酸、磺柳酸等化合物的酸根）可与蛋白质的阳离子结合成不溶性的蛋白质盐沉淀。沉淀的条件为 pH＜pI。

这些沉淀剂常引起蛋白质发生变性。临床上常用这类方法沉淀蛋白质，如血液样品分析中无蛋白质血滤液的制备。

（四）重金属盐沉淀

重金属离子（如 Pb^{2+}、Hg^+、Ag^+、Cu^{2+} 等）可与蛋白质的阴离子结合，形成不溶性蛋白质盐沉淀。临床上利用蛋白质与重金属盐结合形成不溶性沉淀这一性质，用于误服重金属盐中毒的患者的早期抢救。给患者口服大量乳制品或鸡蛋清，然后再用催吐药将结合的重金属盐呕出以解毒。

（五）加热凝固

加热使蛋白质变性，疏水基团暴露，在等电点时，可加速凝聚而形成凝块。这是因为变性后，伸展的肽链结构互相纠缠、聚合在一起而形成凝块。如鸡蛋煮熟后使本来流动的蛋清变成固体状。

五、蛋白质的紫外吸收与呈色反应

组成蛋白质的肽键及侧链上的某些基团对一定波长的光有特征性吸收，同时也可与某些试剂反应而呈色。这些常被用于蛋白质的定性及定量分析。

（一）蛋白质的紫外光谱吸收特征

蛋白质在紫外光范围有两处吸收峰：一是 280 nm 处有最大吸收值，这是由色氨酸残基、酪氨酸残基和苯丙氨酸残基中存在的共轭双键引起的；二是因肽键存在而引起的，在 200~220 nm 处有一吸收峰。此两处吸收峰都可用于蛋白质的定量测定，但以前者为常用。

（二）蛋白质的呈色反应

蛋白质分子中除大量存在的肽键外，其侧链上多种基团都各具特定的反应性能，故蛋白质分子具有多种呈色反应，其中以下列两种尤为重要。

1. 双缩脲反应　在碱性条件下，蛋白质分子可与 Cu^{2+} 形成紫红色络合物。凡分子中含有两个以上 –CO–NH– 键的化合物都呈此反应，蛋白质分子中氨基酸以肽键相连，因此，所有蛋白质都有双缩脲反应。反应产物在 540 nm 波长处的光密度值与蛋白质含量成正比，临床上用此反应测定血清蛋白质含量。

2. 酚试剂反应　磷钼酸能与蛋白质中的色氨酸及酪氨酸残基反应生成蓝色化合物（钼蓝），在 650 nm 波长处的光吸收值与蛋白质含量成正比，临床上用此反应测定血清黏蛋白含量。酚试剂反应检测蛋白质的灵敏度较双缩脲反应高 100 倍，常用于检测蛋白质含量低的生物样本。

第四节　蛋白质的分类

蛋白质的种类繁多、功能各异，通常按其分子形状、分子组成和功能进行分类。

一、按分子组成分类

根据蛋白质分子组成的不同，可分为单纯蛋白质和结合蛋白质。

1. 单纯蛋白质　单纯蛋白质是指彻底水解后生成的产物全部为氨基酸的蛋白质。单纯蛋白质又可根据溶解度及来源分为清蛋白、球蛋白、谷蛋白、醇溶谷蛋白、精蛋白、组蛋白、硬蛋白等（表 2-3）。

表 2–3　单纯蛋白质按溶解度分类

蛋白质质分类	举例	溶解度
清蛋白	血清清蛋白	溶于水和中性盐溶液；不溶于饱和硫酸铵溶液
球蛋白	免疫球蛋白、纤维蛋白原	不溶于水、半饱和硫酸铵溶液；溶于稀中性盐溶液
谷蛋白	麦谷蛋白	不溶于水、中性盐及乙醇；溶于稀酸、稀碱
醇溶谷蛋白	醇溶谷蛋白、醇溶玉米蛋白	不溶于水、中性盐溶液；溶于 70%～80% 的乙醇中
硬蛋白	角蛋白、胶原蛋白、弹性蛋白	不溶于水、稀中性盐、稀酸、稀碱和一般有机溶剂
组蛋白	胸腺组蛋白	溶于水、稀酸、稀碱；不溶于稀氨水
精蛋白	鱼精蛋白	溶于水、稀酸、稀碱、稀氨水

2. 结合蛋白质　结合蛋白质是由蛋白质与其他非蛋白质组分组成的一类蛋白质，非蛋白部分称为辅基。根据辅基不同，可分为 6 类（表 2-4），结合蛋白质只有与辅基结合后才有生物活性。

表 2–4　结合蛋白质及辅基

结合蛋白质	辅基	举例
金属蛋白	金属离子	铁蛋白、超氧化物歧化酶（SOD）
核蛋白	核酸	染色质蛋白、病毒核蛋白
色蛋白	色素	血红蛋白、黄素蛋白、细胞色素
糖蛋白	糖类	转铁蛋白、受体、免疫球蛋白
磷蛋白	磷酸	胃蛋白酶、染色质磷蛋白
脂蛋白	脂质	α- 脂蛋白、β- 脂蛋白

二、按分子形状分类

1. 球状蛋白质　蛋白质分子形状基本呈球形或椭圆形，分子长短轴之比小于10。球状蛋白质多属有特定功能的蛋白质，如酶、清蛋白、球蛋白、血红蛋白、肌红蛋白等。

2. 纤维状蛋白质　纤维状蛋白质是指蛋白质分子长短轴之比大于10，分子一般呈纤维状。纤维状蛋白质多为生物体组织结构材料，如毛发中的角蛋白，皮肤和结缔组织中的胶原蛋白，肌腱、韧带中的弹性蛋白等。

三、按功能分类

在生物体内，有些蛋白质只参与细胞或组织器官的构成，起支持与保护作用，如胶原蛋白、角蛋白、弹性蛋白等。而大多数蛋白质在代谢过程中主要发挥调控作用，即生物活性蛋白质。蛋白质的功能分类见表2-5。

表2-5　蛋白质按功能分类

功能类别	举例
运输蛋白	血红蛋白、载脂蛋白、清蛋白
防御蛋白	血凝与纤溶蛋白、免疫球蛋白
运动蛋白	肌动蛋白、肌球蛋白
激素蛋白	胰岛素、甲状腺球蛋白
基因调节蛋白	阻遏蛋白、DNA结合蛋白
代谢调控蛋白	酶
结构蛋白	胶原蛋白、弹性蛋白、角蛋白

● 自测题 ●

一、选择题

1. 维系蛋白质中α螺旋稳定的化学键是
   A. 盐键
   B. 二硫键
   C. 肽键
   D. 疏水键
   E. 氢键

2. 蛋白质多肽链具有的方向性是
   A. 从5'到3'
   B. 从3'到5'
   C. 从C端到N端
   D. 从N端到C端
   E. 从起始点到终止点

3. 蛋白质分子中的α螺旋和β折叠都属于
   A. 一级结构
   B. 二级结构
   C. 三级结构
   D. 四级结构
   E. 超二级结构

4. 在各种蛋白质分子中，含量相近的元素是
   A. 碳
   B. 氧
   C. 硫
   D. 氮
   E. 磷

5. 蛋白质溶液的稳定因素是
   A. 蛋白质溶液的黏度大
   B. 蛋白质分子表面的疏水基团相互排斥

C. 蛋白质分子表面带有水化膜和电荷
D. 蛋白质分子量大
E. 蛋白质是两性离子

6. 维系蛋白质三级结构的主要化学键是
   A. 盐键
   B. 二硫键
   C. 肽键
   D. 疏水键
   E. 氢键

7. 盐析法沉淀蛋白质的原理是
   A. 中和电荷,破坏水化膜
   B. 盐与蛋白质结合形成不溶性蛋白盐
   C. 降低蛋白质溶液的介电常数
   D. 调节蛋白质溶液的等电点
   E. 盐使蛋白质变性沉淀

8. 血清清蛋白(pI 为 4.7)在下列哪种溶液中带正电荷
   A. pH 4.0
   B. pH 5.0
   C. pH 6.0
   D. pH 7.0
   E. pH 8.0

9. 在 280 nm 波长处有最大吸收峰的氨基酸是
   A. 丝氨酸
   B. 谷氨酸
   C. 精氨酸
   D. 色氨酸
   E. 半胱氨酸

10. 属于碱性氨基酸的是
    A. 天冬氨酸
    B. 异亮氨酸
    C. 组氨酸
    D. 苯丙氨酸
    E. 半胱氨酸

11. 关于蛋白质结构与功能的描述,错误的是
    A. 肌红蛋白与血红蛋白亚基的一级结构相似,功能也相同
    B. 蛋白质折叠错误可引起某些疾病
    C. 蛋白质中氨基酸序列可提供重要的生物进化信息
    D. 人血红蛋白 β 亚基第六个氨基酸序列突变可产生溶血性贫血
    E. 变性的核糖核酸酶若一级结构不被破坏,仍可恢复高级结构

12. 不属于蛋白质二级结构的是
    A. β 折叠
    B. 无规则卷曲
    C. 右手双螺旋
    D. α 螺旋
    E. β 转角

13. 不存在于人体蛋白质中的氨基酸是
    A. 亮氨酸
    B. 谷氨酸
    C. 丙氨酸
    D. 鸟氨酸
    E. 甘氨酸

14. 维系蛋白质二级结构稳定的主要化学键是
    A. 肽键
    B. 二硫键
    C. 疏水键
    D. 盐键
    E. 氢键

15. 多肽链中肽键的本质是
    A. 磷酸二酯键
    B. 疏水键
    C. 二硫键
    D. 糖苷键
    E. 酰胺键

二、名词解释

1. 肽键
2. 蛋白质的等电点
3. 蛋白质的变性

三、问答题

1. 编码氨基酸只有20种,为什么组成的蛋白质的种类却极繁多?
2. 什么是蛋白质一级结构和空间结构?维持各级结构的化学键是什么?
3. 蛋白质变性的概念、机制及其后果是什么?

(孙厚良)

第三章 核酸的结构与功能

第三章数字资源

思政之光

学习目标

掌握：
两类核酸的基本成分和基本单位的异同，DNA双螺旋结构模型的要点及DNA的功能，RNA的分类、各类RNA的结构特点与功能。

熟悉：
核酸的紫外吸收特性，DNA的变性、复性及分子杂交的概念。

了解：
游离核苷酸的重要生物学功能。
通过观察疫情期间核酸采样人员的工作及担任志愿者，发扬救死扶伤、大爱无疆的职业精神。

案例导入

刘某，男性，69岁。因头晕、心悸4小时急诊入院。既往无心动过速发作史。体格检查：神志清楚，呼吸平稳，口唇无发绀，BP130/86 mmHg，双肺未闻及杂音，HR180~186次/分，心律齐，各瓣膜听诊区未闻及杂音。心电图提示：室上性心动过速。医生经过全面检查及评估，拟诊：阵发性室上性心动过速。

治疗：①吸氧；②常规静脉滴注（ATP 10mg，滴速80滴/分），持续心电监护。约8分钟后，心电监护显示室上性心动过速转复为窦性心律，患者症状和体征逐渐好转，HR 64~70次/分，未发生阿－斯综合征。

请分析：
1. ATP是什么药？为何可以用于室上性心动过速的治疗？
2. cAMP可以治疗室上性心动过速吗？为什么？

第一节 核酸的化学组成

核酸（nucleic acid）是以核苷酸为基本组成单位的生物大分子，可以分为脱氧核糖核酸（deoxyribonucleic acid，DNA）和核糖核酸（ribonucleic acid，RNA）两大类。在真核细胞中，DNA主要存在于细胞核内，是遗传信息的携带者，决定着细胞和个体的遗传型；RNA主要分布于胞质内，主要参与遗传信息的传递和表达。在某些病毒中，RNA也可以作为遗传信息的携

带者。核酸与蛋白质都是分子结构复杂的生物大分子，在生命活动中发挥极其重要的作用。

一、核酸的基本成分

核酸由 C、H、O、N、P 5 种元素组成，其中磷的含量相对恒定，平均为 9.5% 左右。因此，可以通过测定生物样品中磷元素的含量来计算样品中核酸的含量。核酸的基本组成单位是核苷酸（nucleotide），核苷酸进一步水解为核苷和磷酸，核苷还可进一步水解生成碱基（base）和戊糖（图 3-1）。磷酸、戊糖和碱基称为核酸的基本成分。

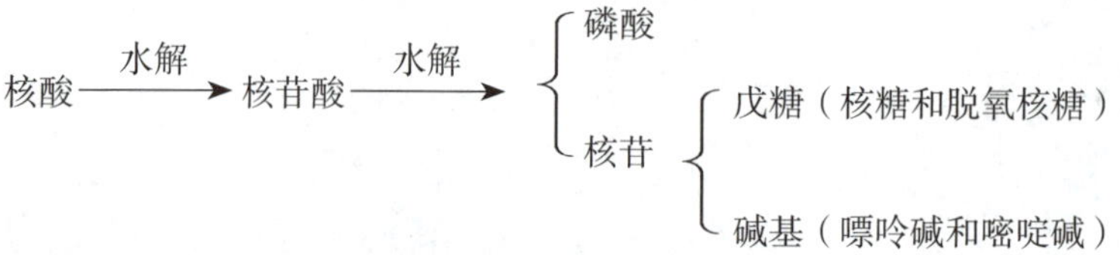

核酸 —水解→ 核苷酸 —水解→ { 磷酸, 核苷 { 戊糖（核糖和脱氧核糖）, 碱基（嘌呤碱和嘧啶碱） } }

图 3-1 核酸的水解产物

（一）碱基

核酸中的碱基是两类含氮杂环化合物，即嘌呤（purine）和嘧啶（pyrimidine）的衍生物。

1. 嘌呤碱　嘌呤衍生物称为嘌呤碱，主要包括腺嘌呤（adenine，A）和鸟嘌呤（guanine，G）（图 3-2）。

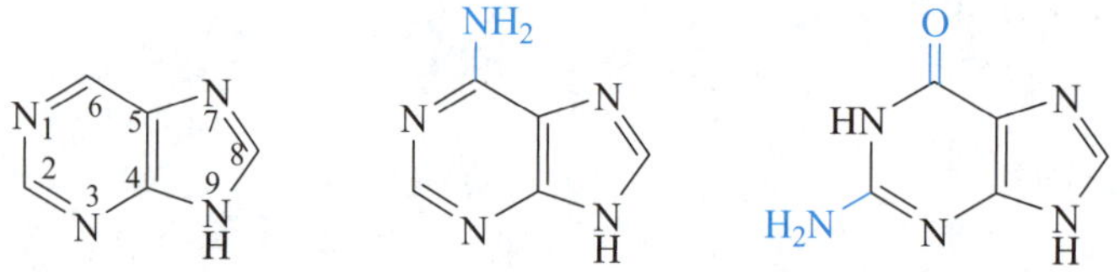

图 3-2 嘌呤碱结构

2. 嘧啶碱　嘧啶衍生物称为嘧啶碱，主要包括胞嘧啶（cytosine，C）、尿嘧啶（uracil，U）和胸腺嘧啶（thymine，T）（图 3-3）。胸腺嘧啶（T）只存在于 DNA 中而不存在于 RNA 中，尿嘧啶（U）则只存在于 RNA 中而不存在于 DNA 中。

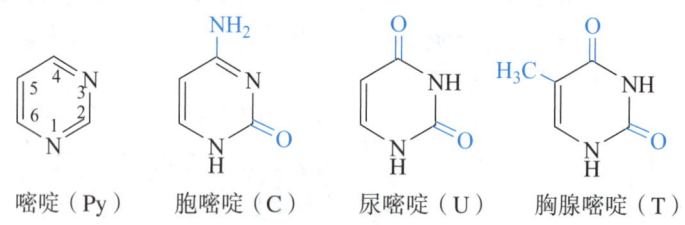

图 3-3 嘧啶碱结构

3. 稀有碱基　除了上述 5 种基本的碱基之外，还发现核酸分子中含有几十种含量甚微的碱基，统称为稀有碱基。稀有碱基是通过甲基化、羟甲基化及硫化基本碱基内的某些基团所产生的，如 7-甲基鸟嘌呤（m^7G）、5-甲基胞嘧啶（m^5C）、二氢尿嘧啶（DHU）和次黄嘌呤（I）等。RNA 中的稀有碱基主要见于 tRNA 中，DNA 中的稀有碱基则主要存在于噬菌体 DNA 中。

（二）戊糖

核酸中所含的糖均为五碳糖，即戊糖（图 3-4）。RNA 分子中的戊糖在第 2 位碳上含氧，

称为β-D-核糖（ribose）；DNA分子中的戊糖在第2位碳上不含氧，称为β-D-2-脱氧核糖（deoxyribose）。

核糖（R）　　2-脱氧核糖（dR）

图3–4　核糖与脱氧核糖结构

（三）核苷

碱基与戊糖通过糖苷键连接形成的化合物称为核苷（图3-5）。嘌呤碱N-9与（脱氧）核糖C-1’以糖苷键相连形成嘌呤类（脱氧）核苷。嘧啶碱N-1与（脱氧）核糖C-1′以糖苷键相连形成嘧啶类（脱氧）核苷。

腺苷（AR）　　鸟苷（GR）　　胞苷（CR）

尿苷（UR）　　脱氧腺苷（AdR）　　脱氧胸苷（TdR）

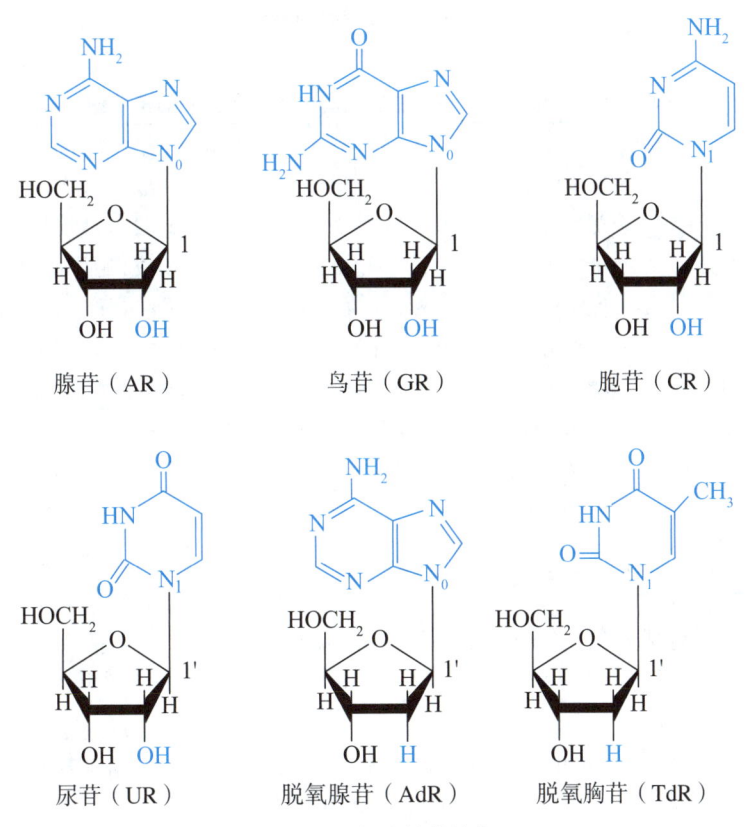

图3–5　部分核苷结构

二、核酸的基本结构单位——核苷酸

无论是核糖还是脱氧核糖，一个磷酸基均可与核苷分子中戊糖环上的羟基以酯键结合形成（脱氧）核苷酸。生物体内（脱氧）核苷酸多为5'-核苷酸，即磷酸基团位于核糖或脱氧核糖的C-5'位碳原子上。根据磷酸基团的数目不同，分别组成核苷一磷酸（NMP）、核苷二磷酸（NDP）及核苷三磷酸（NTP），再加上各碱基成分的不同，构成了各种不同的核苷酸（图3-6）。脱氧核苷酸在前面加个"d"以示与核苷酸的区别，如 dTMP、dTDP 和 dTTP。核苷一磷酸是 RNA 的基本结构单元，而脱氧核苷一磷酸是 DNA 的基本结构单元。现将 DNA 和 RNA 中的碱基、核苷及相应的核苷酸组成及其中英文对照归纳于表 3-1 中。表中核苷和核苷酸名称均采用缩写，如腺苷代表腺嘌呤核苷、尿苷代表尿嘧啶核苷等。

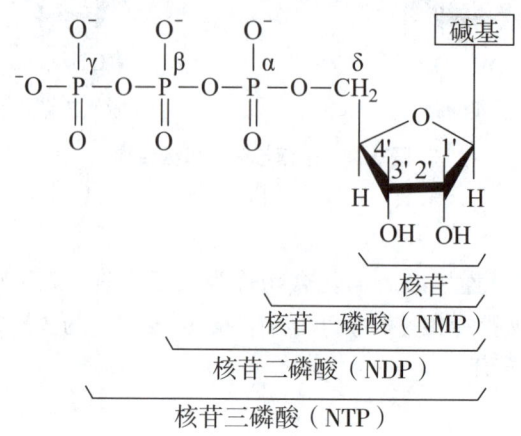

图 3-6 核苷酸结构通式

表 3-1 参与组成核酸的主要碱基、核苷及相应的核苷酸

	碱基	核苷	核苷酸
RNA	腺嘌呤（A）	腺嘌呤核苷（腺苷）	腺苷一磷酸（腺苷酸，AMP）
	鸟嘌呤（G）	鸟嘌呤核苷（鸟苷）	鸟苷一磷酸（鸟苷酸，GMP）
	胞嘧啶（C）	胞嘧啶核苷（胞苷）	胞苷一磷酸（胞苷酸，CMP）
	尿嘧啶（U）	尿嘧啶核苷（尿苷）	尿苷一磷酸（尿苷酸，UMP）
DNA	腺嘌呤（A）	腺嘌呤脱氧核苷（脱氧腺苷）	脱氧腺苷一磷酸（脱氧腺苷酸，dAMP）
	鸟嘌呤（G）	鸟嘌呤脱氧核苷（脱氧鸟苷）	脱氧鸟苷一磷酸（脱氧鸟苷酸，dGMP）
	胞嘧啶（C）	胞嘧啶脱氧核苷（脱氧胞苷）	脱氧胞苷一磷酸（脱氧胞苷酸，dCMP）
	胸腺嘧啶（T）	胸腺嘧啶脱氧核苷（脱氧胸苷）	脱氧胸苷一磷酸（脱氧胸苷酸，dTMP）

三、体内重要的游离核苷酸

核苷酸除了用于合成核酸外，体内尚有一些核苷酸以游离的形式存在于细胞内，具有极其重要的生物学功能。

（一）多磷酸核苷酸

腺苷三磷酸（ATP）分子中含有高能键，用"~"表示。高能键水解后可释放 30.5 kJ/mol 的能量，是机体的直接供能物质，在能量代谢中起重要作用。

生物合成途径中也需要多磷酸核苷酸参与其中，如尿苷三磷酸（UTP）与葡萄糖形成 UDP-葡萄糖，在糖原生成中提供葡萄糖单位。此外，磷脂合成需要胞苷三磷酸（CTP）。

（二）环化核苷酸

环腺苷酸（3',5'-cAMP）是 ATP 在腺苷酸环化酶的催化下生成的一种环化腺苷酸，称为 cAMP。环鸟苷酸（3',5'-cGMP）与 cAMP 分子相似，磷酸与核糖的 C-3' 和 C-5' 同时以酯键相连形成环状结构（图 3-7）。环腺苷酸（cAMP）和环鸟苷酸（cGMP）作为激素第二信使，参与生物体内的信号转导，人们称之为第二信使。

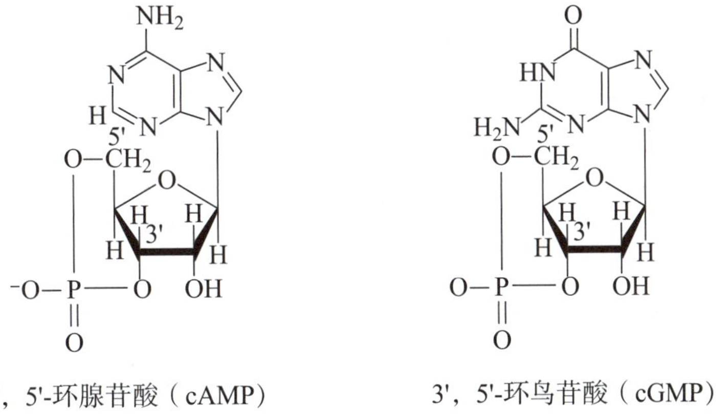

3'，5'-环腺苷酸（cAMP）
3'，5'-环鸟苷酸（cGMP）

图 3–7　环化核苷酸的结构式

（三）酶的辅因子

腺苷酸是多种重要辅酶的组分，如烟酰胺腺嘌呤二核苷酸（NAD^+）、烟酰胺腺嘌呤二核苷酸磷酸（$NADP^+$）、黄素腺嘌呤二核苷酸（FAD）和辅酶 A 等分子中均含有腺苷酸。

第二节　DNA 的分子结构与功能

一、DNA 的一级结构

核酸是由核苷酸以磷酸二酯键相连聚合而成的生物大分子。磷酸二酯键由一个核苷酸的 C-3' 的 -OH 和下一位核苷酸的 C-5' 的磷酸基之间脱水缩合而成，又称为 3', 5'- 磷酸二酯键。核苷酸以 3', 5'- 磷酸二酯键连接构成无分支结构的线性大分子，即多聚核苷酸（RNA）和多聚脱氧核苷酸（DNA）。核苷酸或脱氧核苷酸的连接具有方向性，一端为游离的 5'- 磷酸基，称 5' 端；另一端为游离的 3'-OH，称为 3' 端（图 3-8）。核酸分子中相同的戊糖及磷酸交替连接成分子骨架，而 4 种不同碱基则伸展于骨架一侧。

核酸（DNA 和 RNA）的一级结构是指分子中核苷酸的排列顺序，称为核苷酸序列。由于核苷酸之间的差别仅是其碱基的不同，所以核酸分子中碱基的排列顺序就代表了核苷酸的排列顺序。DNA 和 RNA 对遗传信息的携带和传递就是依靠核苷酸中的碱基序列变化而实现的。核酸书写从 5'- 末端向右侧 3'- 末端延伸，有多种书写方式（图 3-9）。

DNA
RNA
5'端
磷酸
二酯键
5'
3'
3'端

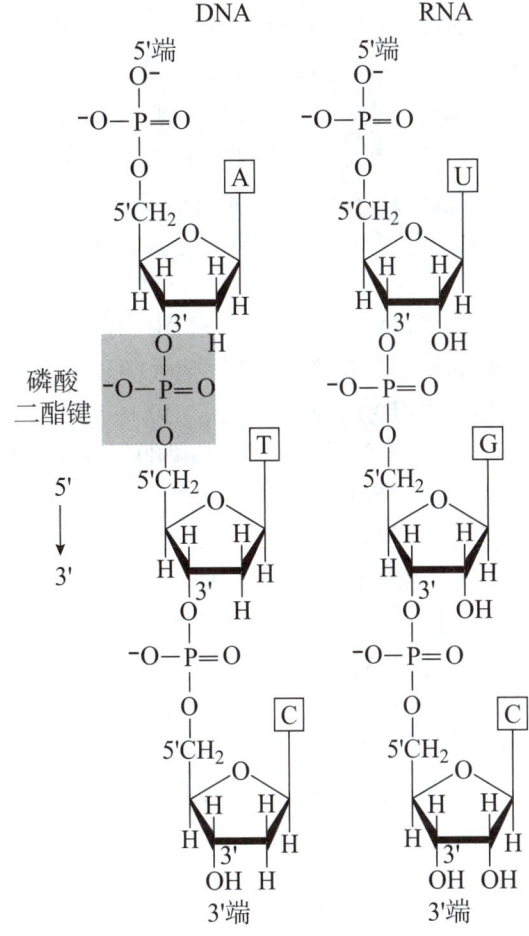

图 3–8　核酸分子中核苷酸的连接方式

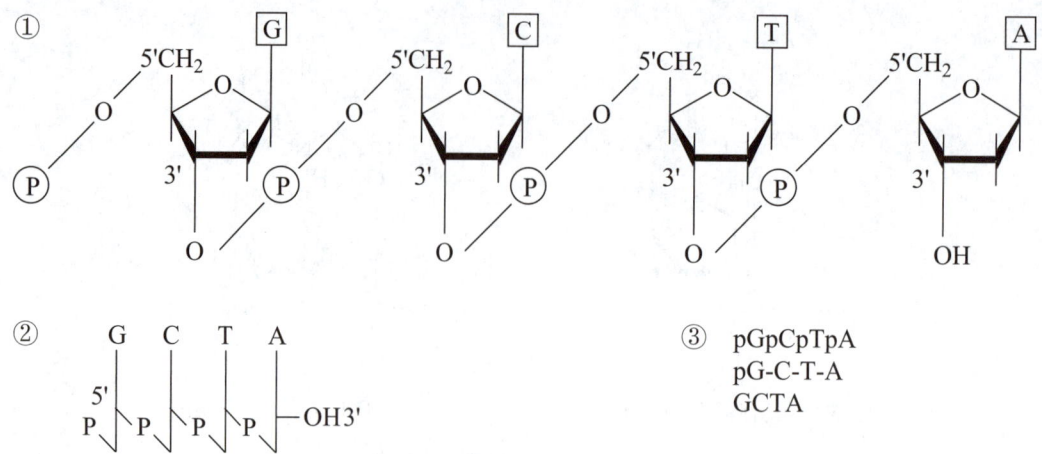

图 3-9　DNA 一级结构及其书写方式

二、DNA 的二级结构——双螺旋结构

（一）DNA 二级结构的研究基础

20 世纪 50 年代，Chargaff 等分析了多种不同生物 DNA 碱基组成，发现所有 DNA 分子的碱基组成有一个共同的规律：①不同生物种属的 DNA 碱基组成不同；但同一个体不同器官、组织的 DNA 的碱基组成相同；②某一特定生物其 DNA 碱基组成不随年龄、营养状况或环境因素而改变；③胸腺嘧啶（T）和腺嘌呤（A）的摩尔数相等，胞嘧啶（C）和鸟嘌呤（G）的摩尔数相等，即 A=T，G=C；④嘌呤碱总数和嘧啶碱总数也相等，即 A+G=T+C。这种规律被称为夏格夫（Chargaff）法则，提示 DNA 分子中的 A 与 T，G 与 C 可能以互补配对方式存在，对确定 DNA 分子的空间结构提供了有力的证据。此后，J.Watson 和 F.Crick 根据 DNA 的 X 线衍射图像和碱基分析数据，提出了 DNA 双螺旋结构模型学说。

DNA 双螺旋结构要点

（二）DNA 双螺旋结构的结构要点

1. **DNA 是反向平行双链结构**　两条多聚脱氧核苷酸链围绕着同一个中心轴以右手螺旋方式盘旋成双螺旋结构。两条链中一条链是 5'→3' 走向，而另一条链是 3'→5' 走向，呈现反向平行的特征。双螺旋表面形成大沟和小沟，这些沟状结构是蛋白质识别 DNA 的碱基序列并发生相互作用的结构基础（图 3-10）。

2. **反向平行的双链严格遵循碱基互补原则**　DNA 分子中一条链的碱基与另一条链处于同一平面的碱基通过氢键相结合，形成碱基对。由于碱基结构的不同，其形成氢键的能力不同，由此产生了固有的配对方式，即 A-T 配对，形成两个氢键；G-C 配对，形成三个氢键。这种 A 与 T，G 与 C 的配对规律称之为碱基互补规则（图 3-10）。每一碱基对的两个碱基称为互补碱基，同一 DNA 分子的两条脱氧核苷酸链称为互补链。

3. **由磷酸及脱氧核糖交替相连而成的亲水骨架位于螺旋的外侧，而疏水的碱基对则位于螺旋的内侧**　各碱基平面与螺旋轴垂直，相邻碱基之间的堆积距离为 0.34 nm，螺旋旋转一圈为 10.5 个碱基对，螺距 3.54 nm，螺旋的直径为 2.37 nm。

4. **疏水力和氢键维系 DNA 双螺旋结构的稳定**　DNA 双链结构的稳定性在横向由两条链互补碱基间的氢键维系，纵向则靠碱基平面间的疏水性堆积力维持，纵向的碱基堆积力对于双螺旋的稳定性更为重要。

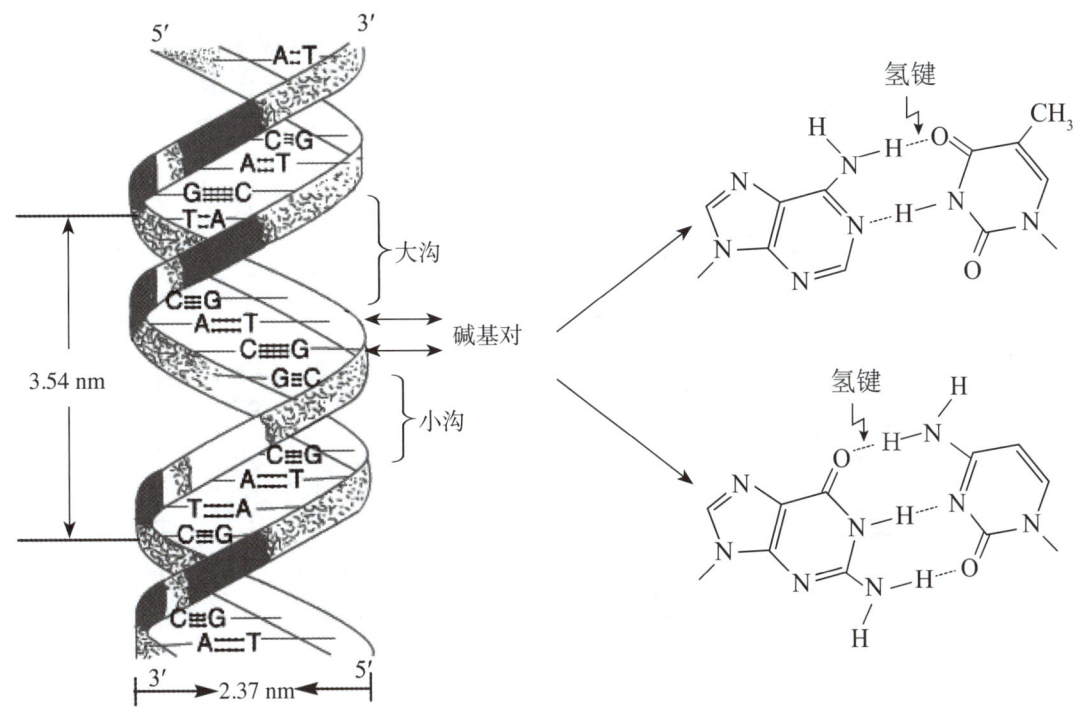

图 3-10　DNA 双螺旋结构示意图和碱基互补规则

三、DNA 的高级结构

DNA 在双螺旋结构基础上盘曲成紧密的超螺旋结构，其主要意义是有规律压缩分子体积，减少所占空间。如原核生物、线粒体和叶绿体中的 DNA 是共价封闭的双螺旋环状结构，这种环状 DNA 进一步螺旋，形成超螺旋结构。如果超螺旋方向与双螺旋方向一致，称为正超螺旋。反之，称为负超螺旋（图 3-11）。

真核生物 DNA 与蛋白质形成复合体，其基本结构单位是核小体（nucleosome）。核小体中的组蛋白共有 H1、H2A、H2B、H3 和 H4 5 种。每个核小体由 H2A、H2B、H3 和 H4 各两分子构成八聚体的核心组蛋白，双螺旋 DNA 分子在它的表面盘绕 1.75 圈（约 140 bp）形成核小体的核心颗粒。两个相邻的核心颗粒之间再由一段 DNA（约 60 bp）和组蛋白 H1 构成的连接区连接，形成串珠样结构。DNA 包装成染色体经过以下几个层次：第一层次的折叠形成核小体，使得 DNA 的整体体积减少约 6 倍；第二层次的折叠是核小体卷曲（每周 6 个核小体）形成直径 30 nm、在染色质和间期染色质中都可以见到的纤维状结构和襻状结构，DNA 的致密程度增加约 40 倍；第三层次的折叠是 30 nm 纤维再折叠形成柱状结构，致密程度增加约 1000 倍，在分裂期染色体中增加约 10 000 倍，从而将约 1 m 长的 DNA 分子压缩、容纳于直径只有数微米的细胞核中（图 3-12）。

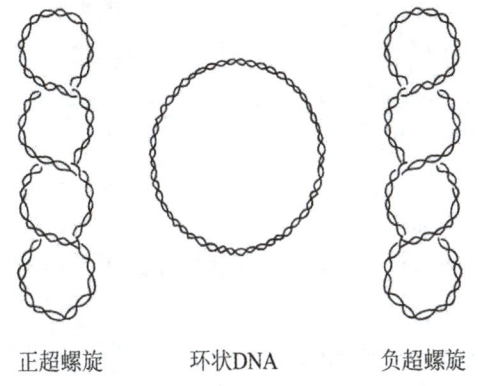

正超螺旋　　　环状DNA　　　负超螺旋

图 3-11　环状 DNA 超螺旋结构示意图

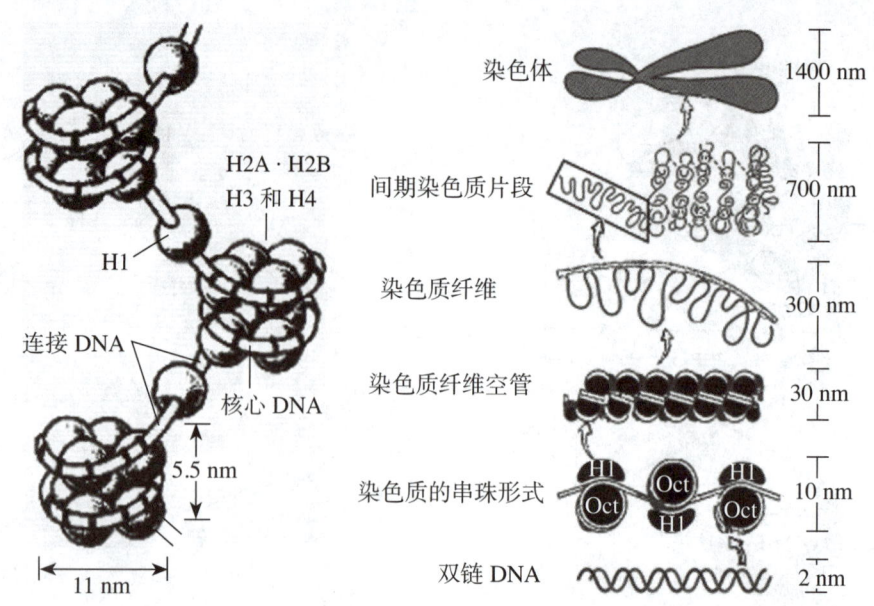

图 3-12 核小体结构和 DNA 形成染色体示意图

四、DNA 的功能

DNA 是生物遗传信息的载体。一方面，DNA 以自身遗传信息序列为模板进行自我复制，将遗传信息保守地传给后代，称为基因遗传；另一方面，DNA 将基因中的遗传信息通过转录过程传递给 RNA，再由 RNA 作为模板通过翻译指导合成各种蛋白质，称为基因表达（gene expression）。

DNA 的遗传信息是以基因的形式存在的。基因（gene）是指 DNA 分子中的功能性片段，即能编码有功能的蛋白质或合成 RNA 所必需的完整序列，是核酸的功能单位。生物体的全部基因序列称为基因组（genome），包含了所有编码 RNA 和蛋白质的编码序列及所有的非编码序列，也就是 DNA 分子的全序列。

DNA 储存生命活动的全部遗传信息。一方面，具有高度稳定性的特点，以保持生物体系遗传的相对稳定性；另一方面，又表现出高度复杂性的特点，它可以发生各种重组和突变，以适应环境的变迁，是物种世代繁衍和不断进化的物质基础。

第三节　RNA 的分子结构与功能

RNA 含 AMP、GMP、CMP、UMP 4 种核苷酸，由 3′,5′-磷酸二酯键相连成单链。绝大多数 RNA 为线形单链，但 RNA 分子内相邻区段的可配对碱基间能以氢键连接，形成局部双螺旋结构；而区段间不配对的碱基区则膨胀形成凸出或突环，这种短小的双螺旋区域或突环被称为茎-环结构或发夹结构。茎-环结构是 RNA 中最普遍的二级结构形式，二级结构进一步折叠形成三级结构。与 DNA 相比，RNA 分子较小，仅含数十个至数千个核苷酸，且组分中有少量稀有碱基。RNA 种类较多，功能各异，主要有信使 RNA（messenger RNA，mRNA）、转移 RNA（transfer RNA，tRNA）和核糖体 RNA（ribosomal RNA，rRNA）。

一、tRNA

转移 RNA（tRNA）占细胞内 RNA 总量的 15% 左右，已知的 tRNA 由 70~90 个核苷酸构成，是分子量最小的 RNA。

tRNA 的一级结构具有下述特点：分子中富含稀有碱基，在 tRNA 合成后由酶促化学修饰产生，包括二氢尿嘧啶（DHU）、假尿嘧啶（ψ）和甲基化嘌呤（mG，mA）等，占所有碱基的 10%~20%；tRNA 的 5' 端大多数为 pG，而 3' 端都是 CCA，CCA-OH 是 tRNA 与相应氨基酸的结合部位。

tRNA 二级结构含 4 个局部互补配对的双链区，形成发夹结构或茎-环结构，形似三叶草（图 3-13）。左右两环根据其含有的稀有碱基，分别称为 DHU 环和 Tψ 环，位于下方的环称反密码环。反密码环中间的 3 个碱基称为反密码子（anticodon），可与 mRNA 上相应的三联体密码子碱基互补，使携带特异氨基酸的 tRNA，依据其特异的反密码子来识别结合 mRNA 上相应的密码子，引导氨基酸正确定位。

tRNA 的三级结构呈倒 L 形（图 3-14），倒 L 形的一端为反密码子环，另一端为氨基酸臂，拐角处则为 TψC 环及 DHU 环。

tRNA 的主要功能是携带氨基酸。各种氨基酸在特异性的氨酰 tRNA 合成酶催化下分别加载到各自的 tRNA 上，形成氨酰 tRNA。蛋白质合成过程中 tRNA 的反密码子能与 mRNA 中相应的密码子互补结合，使得 tRNA 所携带的氨基酸能够准确地在 mRNA 上"对号入座"，从而使肽链中氨基酸按 mRNA 密码子的顺序排列起来。

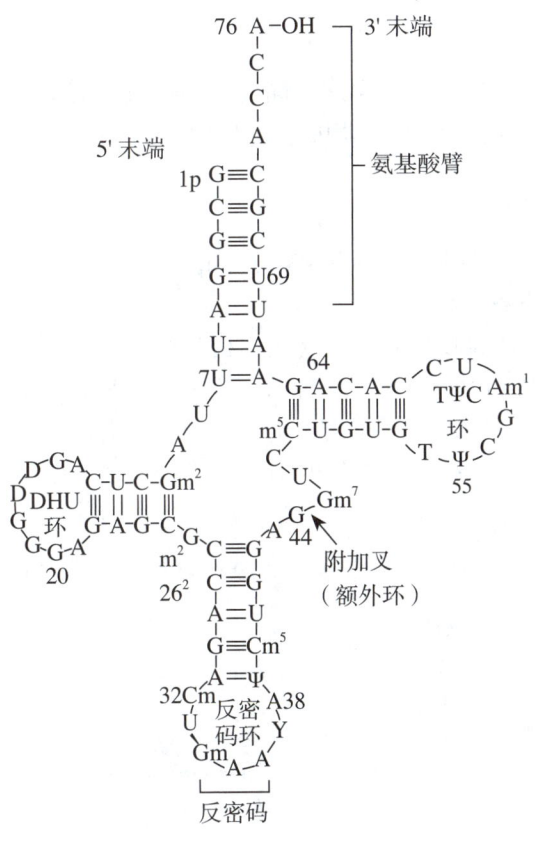

图 3-13　tRNA 的二级结构

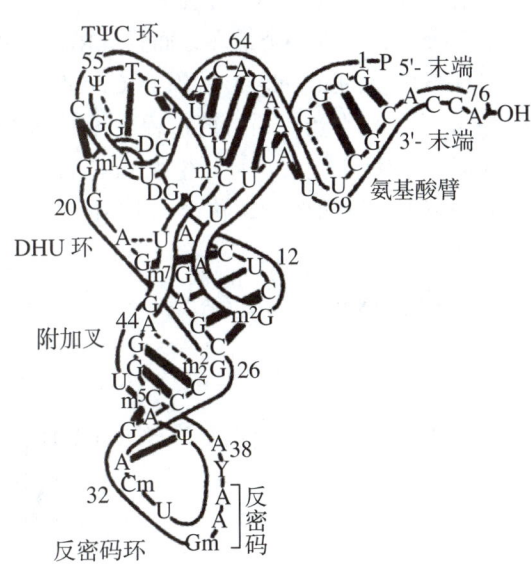

图 3-14　tRNA 的三级结构

二、rRNA

核糖体 RNA（rRNA）在细胞内含量最多，约占 RNA 总量的 80% 以上。rRNA 与核糖体中蛋白质组成核糖体（ribosome），原核生物和真核生物的核糖体均由易解聚的大、小两个亚基组成。原核生物共有 5S、16S、23S 3 种 rRNA。其中核糖体的小亚基（30S）由 16S rRNA

与 21 种蛋白质构成，大亚基（50S）则由 5S 和 23S rRNA 与 34 种蛋白质共同构成。真核生物有 28S、5.8S、5S 和 18S 4 种 rRNA。真核生物的核糖体小亚基（40S）由 18S rRNA 及 33 种蛋白质构成，大亚基（60S）则由 5S、5.8S 及 28S 3 种 rRNA 加上 49 种蛋白质构成。

各类 rRNA 结构无固定规律，它们因自身回折可形成 A=U、G≡C 小螺旋区，呈现多种高级结构（图 3-15）。

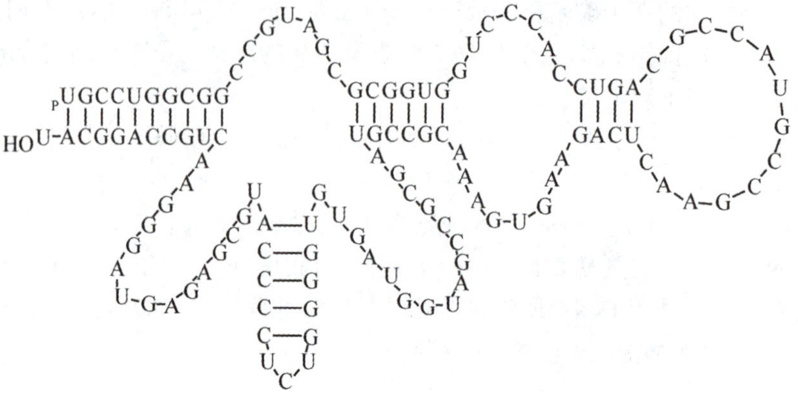

图 3-15 大肠埃希菌 5S rRNA 的二级结构

核糖体是细胞合成蛋白质的场所，核糖体中的 rRNA 和蛋白质共同为肽链合成所需要的 mRNA、tRNA 以及多种蛋白因子提供了相互结合的位点和相互作用的空间环境。

三、mRNA

信使 RNA（mRNA）是蛋白质合成的直接模板。生物体内 mRNA 的含量仅占 RNA 总量的 2%~5%，但其种类最多，而且 mRNA 的大小也各不相同。

真核生物的 mRNA 5' 端以 m^7GpppN（m^7甲基鸟嘌呤核苷）为起始结构，称为"帽子结构"。帽子结构在蛋白质合成过程中可促进核糖体与 mRNA 的结合，加速翻译起始速度，并增强 mRNA 的稳定性。在真核生物 mRNA 的 3' 端，大多数有一段由数十个至百余个腺苷酸连接而成的多聚核苷酸结构，称多 A 尾 [poly（A）tail]（图 3-16）。3' 端的多 A 尾结构负责 mRNA

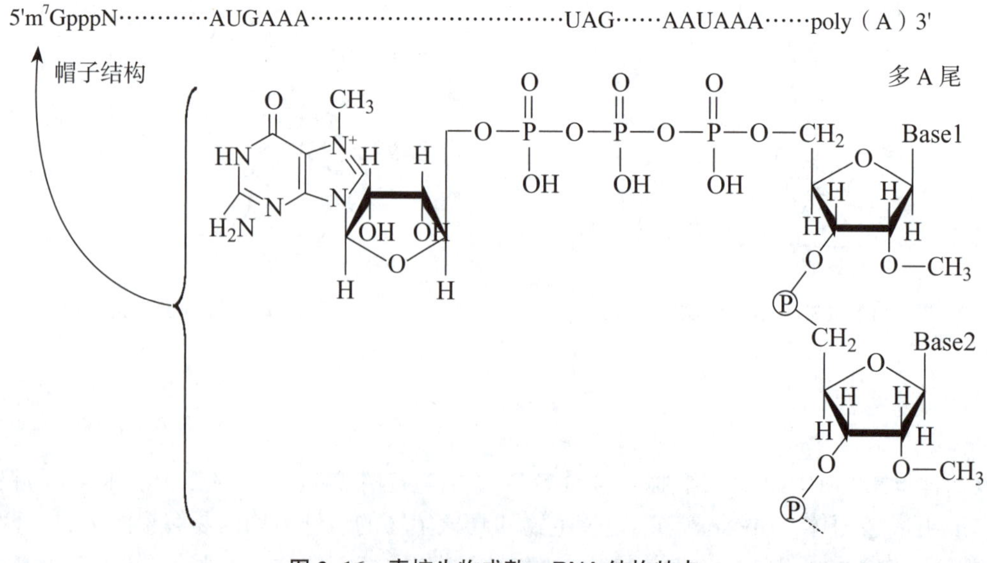

图 3-16 真核生物成熟 mRNA 结构特点

从细胞核向胞质转位、维持 mRNA 的稳定性，并参与调控蛋白质的合成速度。

mRNA 的功能是转录核内 DNA 遗传信息的碱基排列顺序，并携带至胞质，指导蛋白质生物合成。成熟 mRNA 分子编码序列上每 3 个相邻的核苷酸为一组，称为三联体密码（triplet code）或密码子（codon），决定多肽链中相应位置的氨基酸。

与真核生物不同，原核生物的 mRNA 未发现 5' 端帽子和 3' 端多 A 尾结构。原核生物中的 mRNA 转录后一般不需加工，直接参与指导蛋白质生物合成。

考点提示

真核细胞成熟 mRNA 结构特点

第四节　核酸的理化性质

一、核酸的一般性质

DNA 是线性生物大分子，人的二倍体细胞 DNA 若展开成一直线，总长约 1.7 m，碱基数约为 3×10^9 bp。DNA 大分子具有一定的刚性，且分子很不对称，所以在溶液中有很大的黏度，提取时易发生断裂。RNA 分子比 DNA 分子小得多，溶液的黏度也相应较小。

溶液中的核酸在引力场中可下沉。应用超速离心技术可测定核酸的沉降系数（S）。DNA 分子经反复盘曲形成超螺旋后，其沉降系数增加；超螺旋松解后，其沉降系数减少。

核酸既有酸性的磷酸基，又有碱基上的碱性基团，为两性电解质。因其磷酸的酸性较强，故整个分子表现为酸性。

二、核酸的紫外吸收

嘌呤碱与嘧啶碱都含有共轭双键，使碱基、核苷、核苷酸和核酸在 240~290 nm 的紫外波段显示强烈的吸收峰，最大峰值在波长 260 nm 处。利用这一性质可以对核酸、核苷酸、核苷和碱基进行定性和定量分析。实验中常以 A_{260}=1.0 相当于 50 μg 双链 DNA、40 μg RNA、33 μg 单链 DNA 为计算标准。利用 260 nm 与 280 nm 的光吸收比值（A_{260}/A_{280}）还可以判断所提取的核酸样品的纯度，DNA 纯品的 A_{260}/A_{280} 应为 1.8；而 RNA 纯品的 A_{260}/A_{280} 应为 2.0。

三、核酸的变性、复性与分子杂交

（一）变性

DNA 变性是指在某些理化因素作用下，双螺旋 DNA 分子中互补碱基对之间的氢键断裂，双螺旋结构松散变成单链的过程。变性过程不涉及 3', 5'- 磷酸二酯键断裂，故核酸变性只改变其二级结构，并不改变它的核苷酸序列。引起 DNA 变性的常见因素有加热及各种化学处理（如有机溶剂、酸、碱、尿素及甲酰胺等）。由于变性时原堆积于双螺旋内部的碱基暴露，DNA 溶液在 260 nm 处的吸光度随之增加，此现象称为 DNA 的增色效应。另外，变性的 DNA 还产生其他物理及化学性质的变化：黏度降低，浮力、密度升高，丧失生物活性。DNA 的热变性是爆发式的，只在很狭窄的温度范围内发生。通常将 DNA 紫外吸收值的变化达到最大变化值的一半时所对应的温度，即 DNA 分子达到 50% 解链时的温度称为 DNA 的解链温度或融解温度（melting temperature，T_m）。因此，常用 260 nm 紫外吸收数值变化监测不同温度下 DNA 的变性情况，所得的曲线称为解链曲线（图 3-17）。由于 G-C 配对氢键连接能量高于 A-T 配对，因此 GC 比例越高，Tm 值越高。Tm 值还与 DNA 分子的长度有关，DNA 分子越长，Tm 值越高。此外，溶液的离子浓度增高也可以使 Tm 值增高。Tm 值可以根据 DNA 分子的长度、GC 含量及离子浓度来计算。

考点提示

DNA 变性、增色效应和解链温度

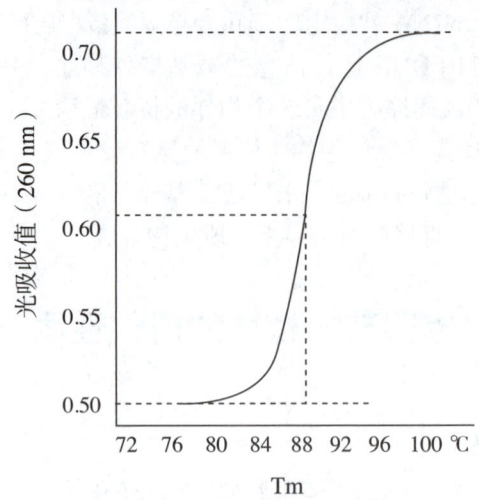

图 3-17 DNA 解链曲线

（二）复性

变性 DNA 在适当的条件下，两条互补链又可重新缔合而形成双螺旋结构，此过程称为复性（renaturation）。热变性后的 DNA 复性称之为退火。热变性后，DNA 单链只能在温度缓慢下降时才可重新配对复性（图 3-18）。最适宜的复性温度比 Tm 值约低 25 ℃，这个温度又称退火温度。DNA 复性是非常复杂的过程，影响复性的因素有很多，如 DNA 浓度、分子量及温度等。如果将热变性 DNA 骤然冷却至 4 ℃以下，DNA 不可能发生复性。这一特性被用来保持 DNA 的变性状态。

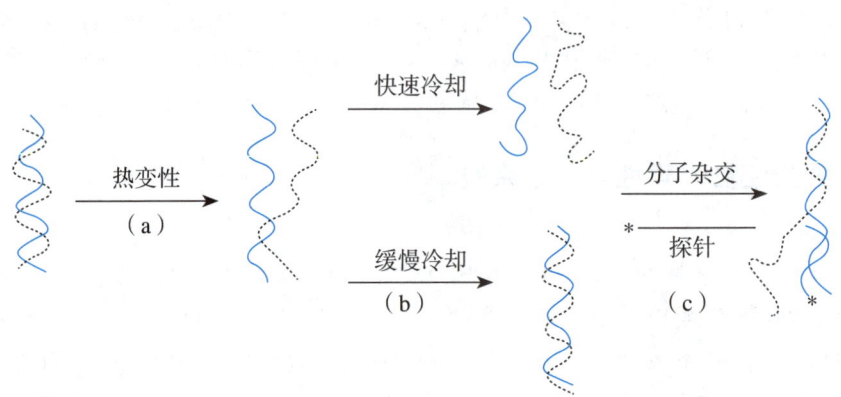

图 3-18 核酸分子变性、复性和分子杂交

（三）分子杂交

考点提示
核酸分子杂交

在核酸变性后的复性过程中，具有一定互补序列的不同 DNA 单链，或 DNA 单链与同源 RNA 序列，在一定条件下按碱基互补原则结合在一起，形成异源双链的过程，称为分子杂交（molecular hybridization）。分子杂交以核酸的变性与复性为基础，可发生在 DNA-DNA、RNA-RNA 和 DNA-RNA。如果将一段寡核苷酸用放射性同位素或其他化合物进行标记作为探针，在一定条件下和变性的待测 DNA 一起温育，如果寡核苷酸探针与待测 DNA 有互补序列，可发生杂交，形成的杂交双链可被放射性自显影或化学方法检测，用于证明待测 DNA 是否与探针序列有同源性，这一技术称为探针技术。分子杂交和探针技术在分析基因组织的结构、定位和基因表达及临床诊断等方面都有着十分广泛的应用。

知识链接

核酸杂交技术

Southern 印迹法（DNA 印迹法）：该技术于 1975 年由英国爱丁堡大学的 E. M. Southern 首创，Southern 印迹法因此而得名。该技术是先将待测定核酸分子通过一定的方法转移并结合到一定的固相支持物（硝酸纤维素膜或尼龙膜）上，即印迹（blotting）；再用含变性鲑鱼精子 DNA（该 DNA 与哺乳动物 DNA 同源性差）的预杂交液封闭膜上非特异性的吸附位点，然后与标记的 DNA 探针进行杂交，将膜进行洗涤，以除去未杂交的标记物，最后将硝酸纤维素膜烘干后进行放射自显影，观察杂交情况，并进行分析。

Northern 印迹法（RNA 印迹法）：是实验室利用杂交检测 RNA 的一种方法，其基本原理和过程与 Southern 印迹法相似。

斑点杂交：是将 DNA 或 RNA 变性后直接点样到硝酸纤维素膜上进行杂交检测的方法，这种方法耗时短，可做半定量分析。

原位杂交：这种技术将 DNA 或 RNA 保持在原位（细胞或组织切片中），用标记的已知的 DNA 或 RNA 核苷酸片段，与待测细胞或组织中相应的基因片段相结合（杂交），形成杂交体。经显色反应后在光学显微镜或电子显微镜下观察其细胞内相应的 mRNA、rRNA 和 tRNA 分子。原位杂交技术经过不断改进，在基因分析和诊断方面能做定性、定位和定量分析，已成为最有效的分子病理学技术。

自测题

一、选择题

1. 下列碱基只存在于 RNA 而不存在于 DNA 的是
   A. 腺嘌呤
   B. 胞嘧啶
   C. 胸腺嘧啶
   D. 尿嘧啶
   E. 鸟嘌呤
2. 稀有碱基主要存在于
   A. 核糖体 RNA
   B. 信使 RNA
   C. 转移 RNA
   D. 核 DNA
   E. 线粒体 DNA
3. 核酸中各基本组成单位之间的连接方式是
   A. 磷酸一酯键
   B. 磷酸二酯键
   C. 氢键
   D. 离子键
   E. 碱基堆积力
4. DNA 碱基配对主要靠
   A. 范德华力
   B. 疏水作用
   C. 共价键
   D. 盐键
   E. 氢键
5. DNA 分子中与片段 pTAGA 互补的片段是
   A. pTAGA
   B. pAGAT
   C. pATCT
   D. pTCTA

E. pUGUA
6. DNA 热变性时
   A. 磷酸二酯键发生断裂
   B. 形成三股螺旋
   C. 在波长 260 nm 处光吸收减少
   D. 解链温度随 A-T 含量增加而降低
   E. 解链温度随 A-T 含量增加而增加
7. DNA 的解链温度指的是
   A. A_{260} 达到最大值时的温度
   B. A_{260} 达到最大变化值的 50％ 时的温度
   C. DNA 开始解链时所需的温度
   D. DNA 完全解链时所需的温度
   E. A_{280} 达到最大变化值的 50％ 时的温度
8. DNA 变性的原因是
   A. 温度升高是唯一原因
   B. 磷酸二酯键断裂
   C. 多核苷酸链解聚
   D. 碱基的甲基化修饰
   E. 互补碱基之间的氢键断裂
9. 关于真核生物 mRNA 的叙述，正确的是
   A. 在胞质内合成并发挥其功能
   B. 帽子结构是一系列的核苷酸
   C. 有帽子结构和多 A 尾
   D. 在细胞内可长期存在
   E. 前身是 tRNA
10. tRNA 分子的 3' 末端的碱基序列是
    A. CCA-3'
    B. AAA-3'
    C. CCC-3'
    D. AAC-3'
    E. ACA-3'

二、名词解释

1. DNA 变性
2. Tm 值
3. 分子杂交

三、问答题

1. DNA 双螺旋结构的要点有哪些？
2. 细胞内有哪三种主要的 RNA？其主要功能各是什么？

（韦 岩）

第四章

维 生 素

思政之光

学习目标

掌握：
维生素的概念，各种维生素的生理功能及缺乏症。

熟悉：
引起维生素缺乏的原因，B族维生素的活性形式。

了解：
维生素的命名、分类，维生素的化学本质、性质和来源。
通过观察身边人的饮食习惯和身体状况，养成关爱健康、合理膳食的职业素养。

案例导入

某患儿，男性，10个月。因"哭闹、多汗1个月，至今不能扶站"入院。入院前1个月家长发现患儿经常无诱因出现哭闹，夜间尤为明显，难以安抚，多汗，至今不能扶站。体格检查：T36.5 ℃，P110次/分，R32次/分，体重9 kg，身长70 cm。前囟大小2 cm×1.5 cm，枕秃，未出牙，肋缘外翻，右肝肋下1 cm，脾（－），轻度"O"形腿。肌张力正常，神经系统未见异常。辅助检查：血常规示 Hb115 g/L，RBC4.3×10^{12}/L，WBC10×10^9/L。粪便及尿常规检查未见异常。血清钙、磷正常，血碱性磷酸酶升高。腕部 X 线检查示骨骺段钙化带模糊不清，呈杯口状改变。诊断为佝偻病。

请分析：
1. 引起佝偻病的原因是什么？
2. 对于佝偻病患儿的治疗措施有哪些？

第一节 概 述

一、维生素的定义

维生素（vitamin）是维持机体正常生命活动所必需的一类小分子有机化合物。它必须由食物供给，体内不能合成或合成量很少，不能构成机体组织的组成成分，也不是机体的能源物质，但在调节物质代谢和维持正常生理功能等方面起着重要作用，是维持正常生命活动过程所必需的营养素。

二、维生素的命名与分类

(一) 维生素的命名

维生素有3种命名系统：①按其被发现的先后顺序，用字母命名。如维生素A、B、D、E、K等。②按其化学结构特点命名，如硫胺素、视黄醇、烟酰胺等。③按其生理功能和治疗作用命名，如抗坏血酸、抗眼干燥症维生素、抗糙皮病维生素等。有些维生素在开始发现时认为是一种，后经证明是多种维生素的混合物，特别是B族维生素，故命名时在其字母右下角标注1、2、3等数字加以区别，如维生素B_1、维生素B_2等。

(二) 维生素的分类

维生素种类很多，化学结构和性质差异很大。习惯上根据维生素的溶解性质将其分为水溶性维生素和脂溶性维生素两大类。脂溶性维生素主要有维生素A、D、E、K。水溶性维生素包括B族维生素和维生素C，其中B族维生素包括维生素B_1、维生素B_2、维生素PP、维生素B_6、泛酸、生物素、叶酸、维生素B_{12}等。

三、维生素缺乏病发生的原因

正常情况下，人体需要维生素的量很小，只要合理膳食，机体就可以得到全部所需要的维生素。但也有某些原因会导致机体长期缺乏维生素，使物质代谢发生障碍，产生相应的维生素缺乏病。引起维生素缺乏的常见原因有以下几种。

1. 摄入量不足　如严重的挑食、偏食或膳食结构不合理，食物贮存及烹调方法不当等。
2. 吸收障碍　如长期慢性腹泻、消化道梗阻或有瘘管及胆道疾病等原因引起的消化系统疾病。
3. 需要量增加　如生长发育期的儿童、哺乳与妊娠期妇女、慢性消耗性疾病患者等。
4. 药物作用　如长期服用大量抗生素，抑制肠道细菌的生长，可引起某些维生素的不足，如维生素K、维生素B_6、叶酸等。

第二节　脂溶性维生素

维生素A、D、E、K不溶于水，而易溶于脂质及有机溶剂，故称为脂溶性维生素。它们在食物中常与脂质共存，在肠道中随脂质一道被吸收，在血液中与脂蛋白或特异性结合蛋白结合而被运输，不能从肾排出。如长期大量摄入，脂溶性维生素会蓄积在肝而引起中毒。当脂质吸收障碍时，脂溶性维生素吸收也相应减少，严重时可引起缺乏症。

一、维生素A

(一) 来源

维生素A只存在于动物性食物中，如肝、蛋、肉、乳制品中含量丰富。植物性食物不含维生素A，但多种植物性食物如胡萝卜、红辣椒、番茄、黄玉米等含有被称为维生素A原的多种胡萝卜素，其中以β胡萝卜素（β-carotene）最为重要。β胡萝卜素可在小肠黏膜细胞内被加氧酶催化生成2分子视黄醇。

(二) 化学本质、性质及活性形式

维生素A又称抗眼干燥症维生素，是一类含有β-白芷酮环的不饱和一元醇。天然维生素A有A_1和A_2两种。A_1又称视黄醇（retinol），A_1在脂环的3位上比A_2少一个双键，故A_2称为3-脱氢视黄醇（图4-1）。维生素A的侧链上都含有4个双键，能形成数种顺反异构体，但主要有全反式和11-顺式两种重要的异构体。视黄醇可在醇脱氢酶的催化下氧化成视黄醛，视

黄醛又在醛脱氢酶的催化下氧化生成视黄酸，视黄醇、视黄醛和视黄酸是维生素A的活性形式。

维生素A为黄色片状结晶，化学性质活泼，遇热和光易氧化，需存放在棕色瓶中避光保存。

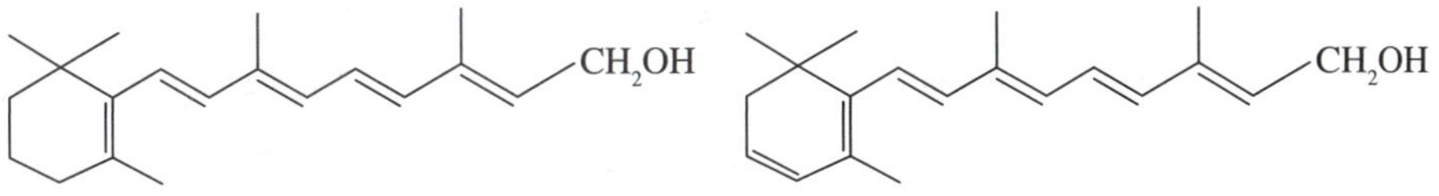

维生素 A₁（视黄醇）　　　维生素 A₂（3-脱氢视黄醇）

图 4-1　维生素A的结构式

（三）生理功能及缺乏症

1. **构成视觉细胞感光物质，参与暗视觉的形成**　视网膜中杆状细胞内有感受暗光的视紫红质。在暗处受弱光刺激时，视紫红质中的 11-顺视黄醛迅速发生光异构，转变成全反式视黄醛，并与视蛋白分离，这一光异构反应引起杆状细胞膜上钙通道开放，Ca^{2+} 内流引发神经冲动，传导到大脑皮质产生视觉。视网膜内产生的全反式视黄醛，少部分经异构酶催化缓慢生成 11-顺视黄醛，大部分被还原成全反式视黄醇，经血液运输到肝转变成 11-顺视黄醇，11-顺视黄醇再经氧化成 11-顺视黄醛被血液运回到视网膜，与视蛋白结合成视紫红质（图 4-2）。维生素A充足时，视紫红质能迅速合成，使眼的暗适应时间缩短，视觉正常。当维生素A缺乏时，11-顺视黄醛量不足，杆状细胞合成视紫红质的量减少，对弱光敏感度降低，使暗适应时间延长，严重缺乏时可造成夜盲（night blindness）。

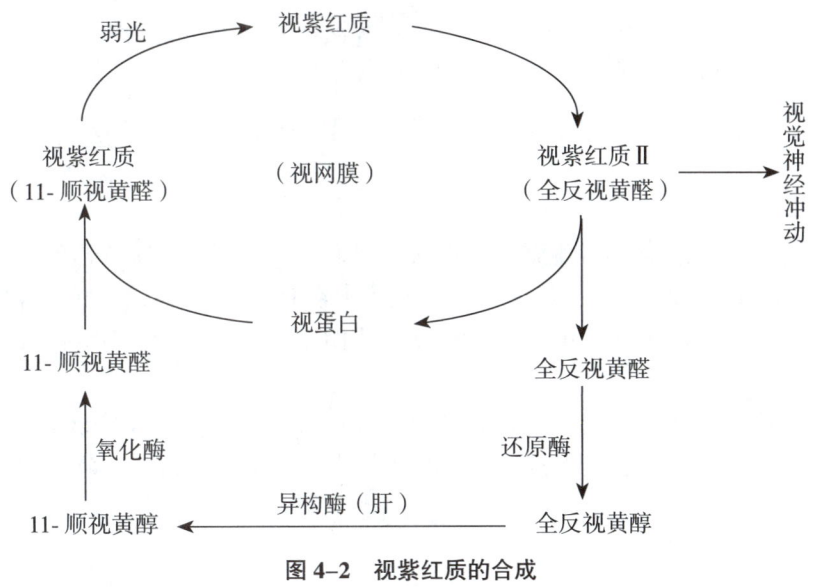

图 4-2　视紫红质的合成

2. **参与糖蛋白合成，维持上皮组织结构完整**　维生素A可促进上皮细胞糖蛋白的合成，是维持上皮组织健全和完整所必需的物质。当维生素A缺乏时，上皮组织糖蛋白合成减少，分泌黏液减少，导致上皮组织干燥、增生、角质化及脱屑，其中影响最为显著的是眼、呼吸道、消化道、尿道及生殖道等的黏膜上皮。如泪腺上皮不健全，可出现泪液分泌减少甚至停止，出现角膜干燥，导致眼干燥症（xerophthalmia），因此维生素A又称为抗眼干燥症维生素。

3. **促进生长发育** 视黄醇和视黄酸具有类固醇激素的作用,影响细胞生长、分化,能促进生长发育,维持健康。当维生素 A 缺乏时,类固醇激素合成减少,会导致儿童生长发育迟缓,成年人生殖功能减退等。

4. **抗氧化、抑癌** 维生素 A 是一种有效的抗氧化剂,具有清除自由基和防止脂质过氧化的作用。流行病学调查和动物实验表明,维生素 A 的摄入量与癌症的发生呈负相关,维生素 A 及其衍生物可诱导肿瘤细胞分化和凋亡,增加癌细胞对化疗药物的敏感性,抑制肿瘤的生长。

因维生素 A 可在肝中储存,长期大量服用会引起中毒。中毒症状主要为毛发易脱、皮肤干燥、烦躁、厌食、头痛、恶心、腹泻、肝大、脾大等。维生素 A 中毒多见于服用鱼肝油(含维生素 A、D)过多者。

二、维生素 D

(一)来源

天然维生素 D 有维生素 D_2[麦角钙化醇(ergocalciferol)]和维生素 D_3[胆钙化醇(cholecalciferol)],存在于动物和植物中。植物油或酵母中含有麦角固醇,在紫外光照射下可转变为被人体吸收的维生素 D_2,故麦角固醇称为维生素 D_2 原。动物性食物(如鱼肝油、肝、蛋等)含有维生素 D_3,体内的胆固醇经脱氢变成 7-脱氢胆固醇,储存于皮下,在紫外线照射下转变为维生素 D_3(图 4-3),故 7-脱氢胆固醇称为维生素 D_3 原,这是人体内维生素 D 的主要来源。因此,经常晒太阳和户外活动是预防维生素 D 缺乏的重要措施。

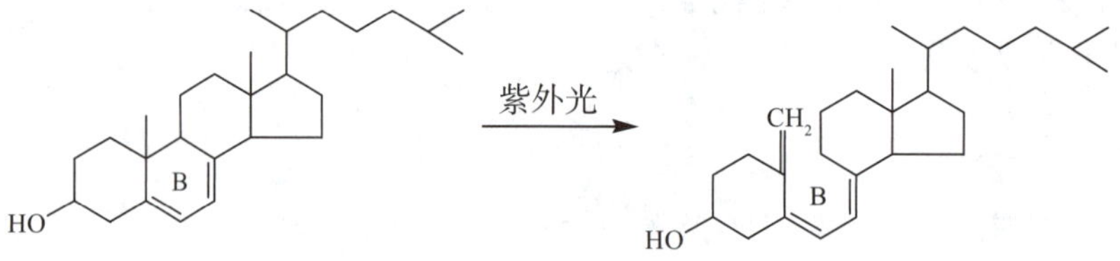

图 4-3 维生素 D_3 的形成

(二)化学本质、性质及活性形式

维生素 D 又称为抗佝偻病维生素,是类固醇衍生物,具有环戊烷多氢菲结构。维生素 D_3 在侧链上仅比维生素 D_2 少一个甲基和一个双键。维生素 D 被吸收后必须经肝羟化成 25-OH-D_3,再经肾羟化成 1,25-$(OH)_2$-D_3 后才能发挥生理作用(图 4-4),因此 1,25-$(OH)_2$-D_3 是维生素 D 的活性形式。

维生素 D 为淡黄色晶体,对热稳定,在 200 ℃仍有生物活性,但在酸性环境中加热会逐渐分解,一般的烹调不会造成维生素 D 的破坏。维生素 D 易被紫外光破坏,应放在棕色瓶中保存。

(三)生理功能及缺乏症

维生素 D 转变成 1,25-$(OH)_2$-D_3 后,可促进小肠对钙、磷的吸收,促进肾小管对钙、磷的重吸收,维持血钙、血磷的正常浓度,有利于骨的生长和钙化。

维生素 D 缺乏时,肠道钙、磷吸收发生障碍,使血钙、血磷浓度降低。临床表现为手足抽搐,严重者会导致儿童患佝偻病,成年人患软骨症。如果长期大剂量服用维生素 D,可引起维生素 D 中毒,表现为食欲缺乏、恶心、呕吐、腹泻等,严重时可造成高钙血症、骨破坏、异位钙化等。

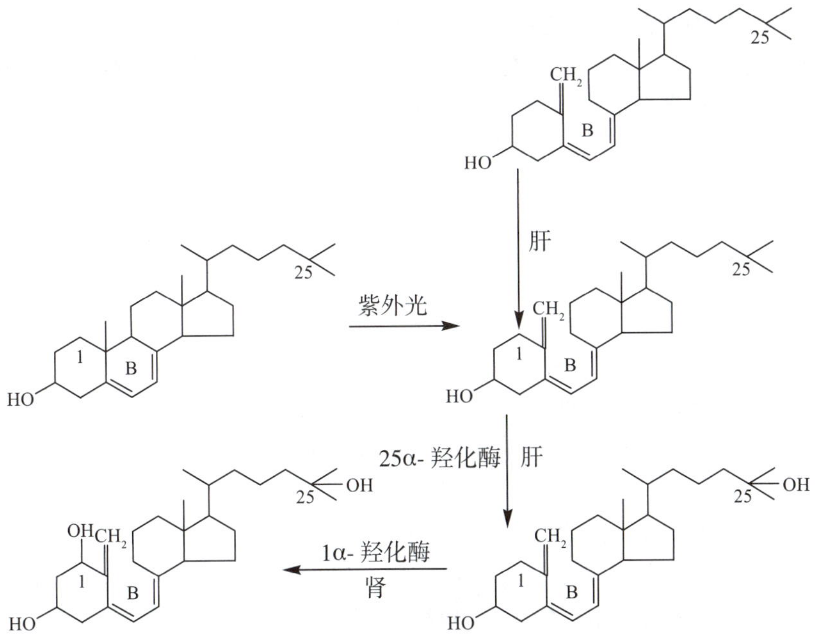

图 4-4 1,25-(OH)$_2$-D$_3$ 的形成

三、维生素 E

（一）来源

维生素 E 主要存在于植物油、油性种子、豆类及绿叶蔬菜中。

（二）化学本质、性质及活性形式

维生素 E 又名生育酚（tocopherol），是 6-羟基苯骈二氢吡喃的衍生物。天然存在的维生素 E 可分为生育酚及生育三烯酚两类，每类又各包括 α、β、γ 及 δ 4 种，其区别在于苯环上甲基位置和数目不同，其中以 α-生育酚活性最强，δ-生育酚抗氧化作用最强。维生素 E 的结构如图 4-5 所示。

维生素 E 为淡黄色油状物，在无氧状况下对热稳定，温度高达 200℃ 也不被破坏，耐酸、耐碱，具有特异的紫外吸收光谱（295 nm 波长处），对氧敏感，易被氧化，是一种强的抗氧化剂。

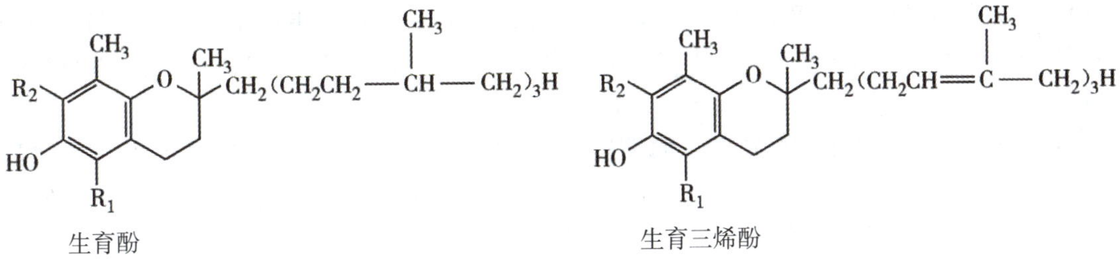

图 4-5 维生素 E 的结构

（三）生理功能及缺乏症

1. **与胚胎发育和动物生殖功能有关** 尽管目前还未发现维生素 E 与人类生殖关系的确凿证据，但临床上常用维生素 E 治疗先兆流产及习惯性流产。

2. **抗氧化作用** 维生素 E 能清除生物膜磷脂中不饱和脂肪酸过氧化产生的过氧化脂质自

由基，从而保护生物膜的结构与功能，是体内重要的抗氧化剂。

3. **促进血红素的合成** 维生素E能提高血红素合成过程中关键酶δ-氨基-γ-酮戊酸（ALA）合酶和ALA脱水酶的活性，促进血红素的合成，进而促进血红蛋白的生成。新生儿缺乏维生素E时可引起贫血，所以妊娠期、哺乳期妇女及新生儿应注意补充维生素E。

由于食物中维生素E分布广泛，易于吸收，故不易发生维生素E缺乏症。

四、维生素K

（一）来源

维生素K在肝、鱼、肉和苜蓿、菠菜、青菜等绿叶蔬菜中含量丰富，主要在小肠吸收，经淋巴入血，转运至肝储存。常见的天然维生素K有K_1和K_2两种，K_1主要存在于绿叶蔬菜中，K_2由肠道细菌合成。临床上应用的是人工合成的K_3和K_4，水溶性强，可直接吸收入血，活性高于K_1和K_2，可口服及注射。

（二）化学本质、性质及活性形式

维生素K又称为凝血维生素，是2-甲基-1,4-萘醌衍生物（图4-6）。维生素K性质较稳定，耐热、耐酸，易被碱和紫外线分解，应避光保存。

图4-6 维生素K的化学结构

（三）生理功能及缺乏症

1. **促进血液凝固** 维生素K促进凝血因子（凝血酶原）Ⅱ、Ⅶ、Ⅸ和Ⅹ等的合成，从而加速血液凝固。维生素K是γ-羧化酶的辅酶，能催化凝血酶原的氨基末端肽链中某些谷氨酸残基进行羧化，生成γ-羧基谷氨酸残基（Gla）而转变为凝血酶原，Gla具有很强的螯合Ca^{2+}的能力，这种结合使凝血酶原被体内蛋白酶水解而激活，转变成有活性的凝血酶（凝血因子Ⅱa）。其他凝血因子也同样需要γ-羧化酶来促进其谷氨酸残基的羧化。缺乏维生素K时，上述各种凝血因子均减少，致使凝血时间延长，易发生皮下、肌肉及胃肠出血。

2. **参与骨盐代谢** 骨及其他骨化组织中存在维生素K依赖性蛋白质，被称为骨钙蛋白，其分子中含有3个γ-羧基谷氨酸残基，与Ca^{2+}结合而参与调节钙盐沉积、骨盐结晶的多型性与骨中无机盐的转换，而且与钙代谢密切相关。

一般情况下维生素K不会缺乏。如果长期服用广谱抗生素和肠道梗阻以及其他伴随肠道脂肪吸收障碍等原因，则会造成维生素K缺乏。新生儿有时会出现维生素K缺乏症，故妊娠期妇女在产前可适当补充维生素K，以防新生儿脑、皮下出血。

> **考点提示**
> 维生素A、D、E、K的生理功能及缺乏症

第三节 水溶性维生素

水溶性维生素在体内基本不能贮存，当血中浓度超过肾阈值时，可随尿排出，很少出现中毒现象。但水溶性维生素必须由膳食经常补充，机体基本不能合成。B族维生素主要是构成酶的辅酶或辅基的组成成分，参与体内物质代谢。

一、维生素 B_1

（一）来源

维生素 B_1 在谷类、豆类的表皮和胚芽中含量丰富，如米糠、酵母。动物的肝、肾、脑、瘦肉及蛋中含量也较高。

（二）化学本质、性质及活性形式

维生素 B_1 又称抗脚气病维生素，由含硫的噻唑环及含氨基的嘧啶环两部分组成，故名硫胺素（thiamine）。维生素 B_1 为白色结晶，极易溶于水，遇碱易分解，而在酸性溶液中加热到 120℃ 也不被破坏。因此，烹调食物时加碱或淘米过度，均易使其破坏或丢失。维生素 B_1 在体内经磷酸化生成硫胺素焦磷酸（thiamine pyrophosphate，TPP），构成某些酶的辅酶，因此 TPP 是维生素 B_1 的活性形式（图 4-7）。

图 4-7　硫胺素和硫胺素焦磷酸的结构

（三）生理功能及缺乏症

1. **TPP 是 α- 酮酸氧化脱羧酶系的辅酶**　TPP 构成 α- 酮酸氧化脱羧酶系（如丙酮酸脱氢酶系、α 酮戊二酸脱氢酶系）的辅酶，在糖代谢中起重要的作用。维生素 B_1 缺乏时，TPP 合成减少，糖代谢受阻，一方面影响神经组织的能量供应，另一方面糖代谢的中间产物（如丙酮酸、乳酸）在神经组织周围堆积而刺激神经末梢，引起慢性末梢神经炎及其他神经病变。严重时，心肌供能减少，出现心搏加快、心力衰竭、下肢水肿等症状，临床上称为脚气病。

2. **TPP 是戊糖磷酸途径中转酮醇酶的辅酶**　维生素 B_1 缺乏时，戊糖磷酸途径受阻，核糖 -5- 磷酸生成减少，导致核苷酸合成及神经髓鞘中鞘磷脂合成障碍，也可引起末梢神经炎及其他神经病变。

3. **维生素 B_1 可抑制胆碱酯酶的活性**　乙酰胆碱是一种神经递质，胆碱酯酶能催化其水解生成乙酸和胆碱。当缺乏维生素 B_1 时，胆碱酯酶活性增强，乙酰胆碱水解加速，使神经细胞内乙酰胆碱含量减少，导致迷走神经传导受阻，主要表现为消化液分泌减少，胃肠蠕动缓慢，食欲缺乏、消化不良等消化功能障碍。

二、维生素 B_2

（一）来源

维生素 B_2 广泛存在于动物及植物中，蔬菜、黄豆、小麦和动物的肝、肾、心脏及乳中含量较多，酵母中含量也很丰富。

（二）化学本质、性质及活性形式

维生素 B_2 又称核黄素（riboflavin），是核糖醇与 6,7- 二甲基异咯嗪的缩合物。异咯嗪环上的第 1 和第 10 位 N 原子与活泼的双键连接，此两个氮原子可反复接受氢或脱下氢，具有可逆的氧化还原性，在生物氧化过程中起传递氢的作用。

维生素 B_2 呈黄色针状结晶，在酸性环境中耐热，较稳定，在碱性溶液中不耐热，对光极

为敏感，故烹调食物时不宜加碱。

被吸收的维生素 B_2 在小肠黏膜黄素激酶催化下生成黄素单核苷酸（FMN），FMN 进一步在焦磷酸化酶的催化下生成黄素腺嘌呤二核苷酸（FAD），FMN 和 FAD 是维生素 B_2 的活性形式（图 4-8）。

图 4-8 FMN 和 FAD 的结构

（三）生理功能及缺乏症

FMN 和 FAD 是黄素酶的辅基，参与体内多种氧化还原反应，促进糖、脂肪和蛋白质的代谢，起递氢体作用。人类缺乏维生素 B_2 主要是食物烹调不合理（淘米过度、蔬菜切碎后浸泡）、食用脱水蔬菜等。维生素 B_2 缺乏时，细胞呼吸减弱，代谢强度降低，可引起唇炎、舌炎、口角炎、眼结膜炎、阴囊炎等。用光照疗法治疗新生儿黄疸时，在破坏胆红素的同时也可破坏维生素 B_2，容易引起新生儿维生素 B_2 缺乏症。

> **知识链接**
>
> **服用维生素的禁忌**
>
> 乙醇在代谢过程中会抑制视黄醛的生成，严重影响暗视觉的产生，所以服用维生素 A 时应忌酒；蛤蜊和鱼类含有一种能破坏维生素 B_1 的硫胺类物质，服用维生素 B_1 时应忌蛤蜊和鱼类；高纤维食物可增加肠蠕动，加快肠内容物通过的速度，可降低维生素 B_2 的吸收率，高脂肪膳食会提高维生素 B_2 的需要量，加重维生素 B_2 的缺乏，因此，服用维生素 B_2 时应忌高纤维食物和高脂肪食物。

三、维生素 PP

（一）来源

维生素 PP 广泛存在于动物及植物食物，以肉类、乳类、花生、蔬菜、酵母和米糠中含量最高。豆类、蔬菜、茶、肝等都是它的重要来源。此外，人体肝能将色氨酸转变成维生素 PP，但数量极少，不能满足人体需要。因此，维生素 PP 主要还是从食物中摄取。

(二)化学本质、性质及活性形式

维生素PP又称抗糙皮病维生素，包括烟酸（俗称尼克酸）和烟酰胺（俗称尼克酰胺），两者均属吡啶衍生物，在体内可相互转化。其中烟酰胺是主要的存在形式。烟酰胺部分的吡啶氮为5价，能可逆地接收电子变成3价，其对侧的碳原子性质活泼，能可逆地加氢和脱氢。烟酰胺每次可接受一个氢原子和一个电子，另一个质子游离于介质中（图4-9）。

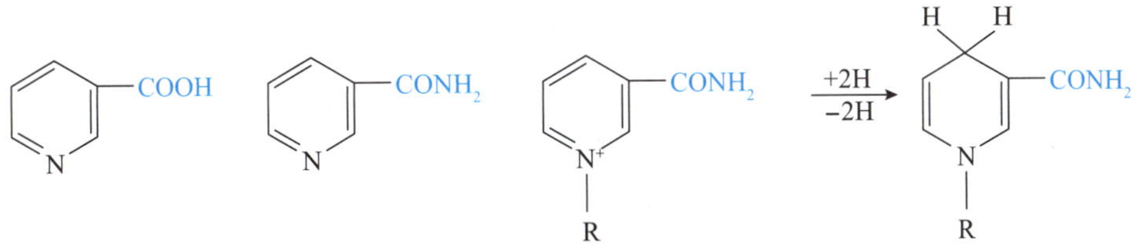

图 4-9 烟酸和烟酰胺

维生素PP化学性质稳定，不易被酸、碱、光、氧、热破坏。

维生素PP在体内的活性形式是烟酰胺腺嘌呤二核苷酸（NAD^+）即辅酶Ⅰ（CoⅠ）和烟酰胺腺嘌呤二核苷酸磷酸（$NADP^+$）即辅酶Ⅱ（CoⅡ）（图4-10）。

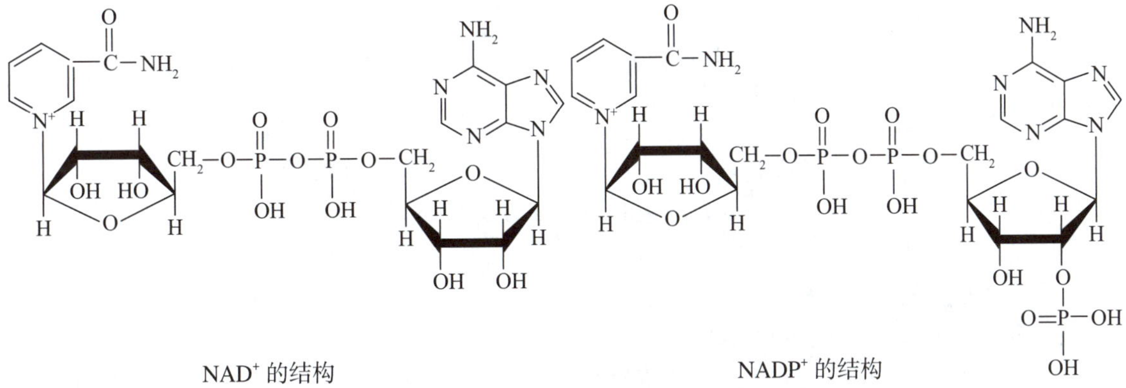

图 4-10 NAD^+和$NADP^+$的结构

(三)生理功能及缺乏症

1. NAD^+和$NADP^+$是多种不需氧脱氢酶的辅酶　在生物氧化过程中起递氢体作用，参与糖、脂肪和蛋白质的代谢。

2. 临床用于治疗高脂血症　研究表明，烟酸能抑制脂肪动员，减少肝中极低密度脂蛋白（VLDL）合成，降低血浆胆固醇，因此，烟酸在临床用于治疗高胆固醇血症。但大剂量服用维生素PP会引起血管扩张、面颊潮红、痤疮及胃肠不适等反应；长期过量服用还可损伤肝。

维生素PP缺乏时可引起糙皮病（pellagra）。其典型症状表现为体表暴露部位出现对称性皮炎，并且伴有胃炎、腹泻、消化道出血等症状，严重者出现神经组织变性，引起痴呆。因玉米中不含色氨酸，长期以玉米为主食的地区，人们容易出现维生素PP缺乏。抗结核病药物异烟肼的结构与维生素PP十分相似，对维生素PP有拮抗作用，长期服用异烟肼的患者应注意补充维生素PP。

四、维生素B_6

(一)来源

维生素B_6广泛分布在动物及植物中，肝、鱼、肉类、全麦、坚果、豆类、酵母和蛋黄中

含量丰富。肠道细菌也可合成维生素 B_6，但合成量少。

（二）化学本质、性质及活性形式

维生素 B_6 的结构是 2-甲基-3-羟基-5-甲基吡啶，是吡啶的衍生物。维生素 B_6 包括吡哆醇、吡哆醛和吡哆胺，吡哆醛和吡哆胺在体内可以相互转变（图 4-11）。

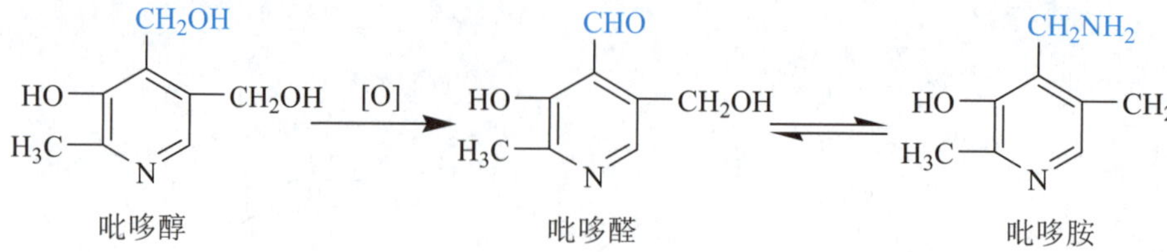

图 4-11　吡哆醇、吡哆醛和吡哆胺

维生素 B_6 纯品为无色结晶，易溶于水和乙醇，微溶于有机溶剂，在酸性环境稳定，在碱性条件下易破坏，对光敏感，不耐高温。

吡哆醛和吡哆胺经磷酸化转变成磷酸吡哆醛和磷酸吡哆胺，是维生素 B_6 的活性形式（图 4-12）。

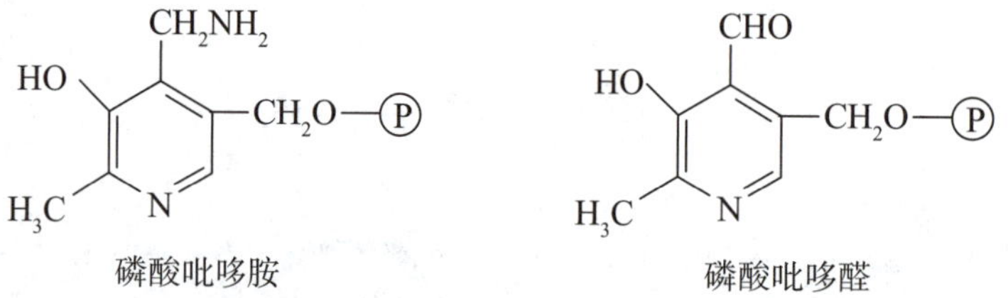

图 4-12　磷酸吡哆醛和磷酸吡哆胺

（三）生理功能及缺乏症

1. **磷酸吡哆醛是转氨酶和脱羧酶的辅酶，在氨基酸代谢中起重要作用**　在氨基酸转氨基作用中，磷酸吡哆醛和磷酸吡哆胺是转氨酶的辅酶，作为氨基的中间传递体。磷酸吡哆醛先接受氨基酸上的氨基形成磷酸吡哆胺，然后把氨基转移到另一 α-酮酸上生成氨基酸。在氨基酸脱羧反应中，磷酸吡哆醛是脱羧酶的辅酶，如谷氨酸脱羧酶能催化谷氨酸发生脱羧反应，生成 γ 氨基丁酸（GABA），后者是一种中枢神经系统抑制性递质，能降低中枢神经的兴奋性。故临床上常用维生素 B_6 治疗妊娠性呕吐和婴幼儿惊厥。

2. **磷酸吡哆醛是 δ-氨基-γ-酮戊酸（ALA）合酶的辅酶**　ALA 合酶是血红素合成的限速酶。维生素 B_6 缺乏时可出现低血色素性贫血和血清铁增高。

食物中富含维生素 B_6，人类尚未发现典型的缺乏病例。抗结核药物异烟肼能与磷酸吡哆醛结合形成腙从尿中排出，会引起维生素 B_6 缺乏，因此长期服用异烟肼的患者应注意补充维生素 B_6。

五、泛酸

（一）来源

泛酸（pantothenic acid）又名遍多酸，广泛存在于动物及植物中，尤以酵母、肝、谷类及豆类中含量丰富。人体肠道细菌也可合成泛酸。

（二）化学本质、性质及活性形式

泛酸由 2,4-二羟基-3,3-二甲基丁酸和 β-丙氨酸缩合而成（图 4-13）。泛酸为淡黄色黏稠

的油状物，在中性溶液中对热稳定，对氧化剂及还原剂稳定，在酸、碱溶液中加热易破坏。泛酸经磷酸化并获得巯基乙胺生成4-磷酸泛酰巯基乙胺，参与构成辅酶A（coenzyme A，CoA）和酰基载体蛋白质（acyl carrier protein，ACP）。CoA分子中巯基乙胺的–SH是反应的活性基团，故常以HS-CoA表示。CoA和ACP是泛酸在体内的活性形式。CoA的结构见图4-14。

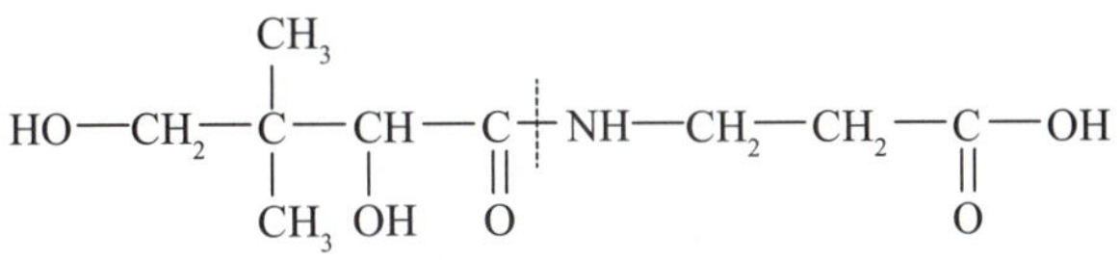

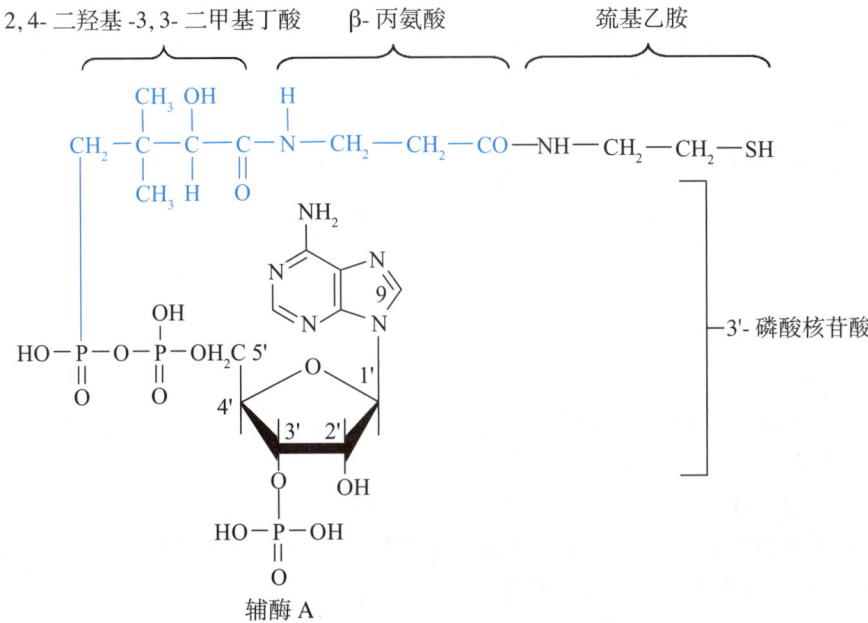

图4-13 泛酸的结构

图4-14 辅酶A的结构

（三）生理功能及缺乏症

辅酶A和酰基载体蛋白质是酰基转移酶的辅酶，在代谢过程中起运载酰基的作用，参与糖、脂肪、蛋白质代谢及肝的生物转化。由于泛酸广泛分布于各类食物，故很少出现缺乏症。

六、生物素

（一）来源

生物素广泛存在于动物及植物中，其中以肝、肾、蛋黄、酵母、蔬菜、谷类、鱼、啤酒中含量丰富。肠道细菌也能够合成生物素。

（二）化学本质、性质及活性形式

生物素（biotin）是由噻吩环和尿素缩合成的一个骈环化合物，噻吩环上带有戊酸侧链。自然界存在的生物素至少有两种，α-生物素（存在于蛋黄中）和β-生物素（存在于肝中）（图4-15）。生物素为无色针状结晶，耐酸、不耐碱，氧化剂及高温可使其失活。生物素是天然的活性形式。

（三）生理功能及缺乏症

生物素是体内多种羧化酶的辅酶的构成成分，如丙酮酸羧化酶、乙酰辅酶A羧化酶等，

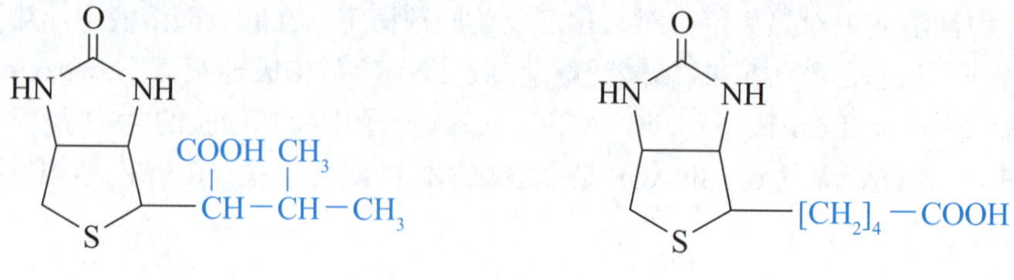

α-生物素　　　　　　　　　　β-生物素

图 4-15　生物素

参与 CO_2 的固定或羧化反应。生物素戊酸侧链上的羧基先与酶蛋白的赖氨酸残基中的 ε-氨基以酰胺键结合形成生物胞素残基，生物胞素残基的氮原子再与 CO_2 结合，然后将 CO_2 转给适当的受体。因此，生物素在代谢过程中起 CO_2 载体的作用。

生物素来源广泛，一般不会发生缺乏症。但生鸡蛋清中含有一种抗生物素蛋白质，它能与生物素结合成一种稳定的、无活性的且难以吸收的化合物，蛋清加热后这种蛋白质被破坏，失去活性。如果长期食用生鸡蛋清或长期口服抗生素，易导致生物素缺乏，表现为忧郁、毛发脱落和鳞屑皮炎等症状。

七、叶酸

（一）来源

叶酸（folic acid）因在绿叶植物中含量十分丰富而得名，肝、酵母、水果中含量也很丰富。人体肠道细菌也能合成叶酸。

（二）化学本质、性质及活性形式

叶酸又称蝶酰谷氨酸，由对氨基苯甲酸、2-氨基-4-羟基-6-甲基蝶呤啶和 L-谷氨酸 3 部分构成（图 4-16）。叶酸为黄色结晶，微溶于水，易溶于稀乙醇，在酸性溶液中不稳定，在中性及碱性溶液中耐热，对光照较为敏感，易受阳光、加热影响而发生氧化。被人体吸收的叶酸在还原型烟酰胺腺嘌呤二核苷酸磷酸（NADPH）和维生素 C 的参与下，由二氢叶酸还原酶催化还原生成二氢叶酸（FH_2），后者再进一步还原为具有生理活性的 5,6,7,8-四氢叶酸（THFA 或 FH_4）。FH_4 是叶酸的活性形式，分子中的 N^5 和 N^{10} 是携带一碳单位的部位。

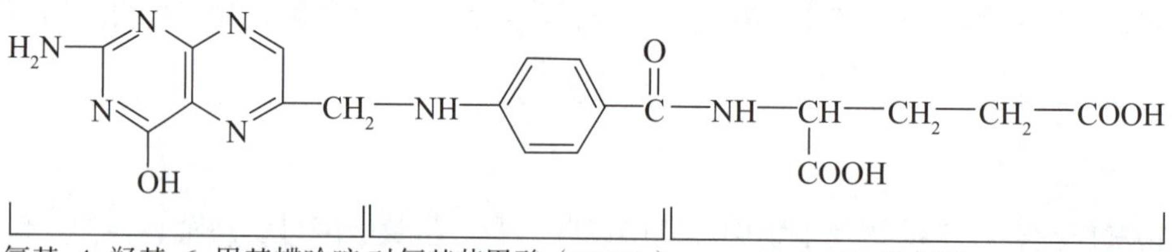

2-氨基-4-羟基-6-甲基蝶呤啶　　对氨基苯甲酸（PABA）　　L-谷氨酸

图 4-16　叶酸的结构

（三）生理功能及缺乏症

FH_4 是体内一碳单位转移酶的辅酶，是一碳单位的载体，为嘌呤、嘧啶、核苷酸、甲硫氨酸等的合成提供一碳单位。当叶酸缺乏时，骨髓幼红细胞 DNA 合成受到抑制，细胞分裂速度减慢，细胞体积增大，细胞核内染色质疏松，造成巨幼细胞贫血（megaloblastic anemia）。另外，叶酸缺乏也可影响同型半胱氨酸甲基化生成甲硫氨酸，引起高同型半胱氨酸血症。由于食

物中普遍存在，且肠道细菌又能合成，所以一般不会缺乏叶酸。妊娠期及哺乳期妇女因代谢较旺盛，应适量补充叶酸。口服避孕药、抗惊厥药等能干扰和抑制叶酸吸收和代谢，长期服用此类药物者应考虑补充叶酸。

叶酸类似物——甲氨蝶呤（MTX）和氨蝶呤的结构与叶酸相似，是二氢叶酸还原酶的竞争性抑制剂，可阻断四氢叶酸的生成，对核酸、蛋白质生物合成有很强的抑制作用，故临床上可用这类药物作为抗癌药物。磺胺药的结构与叶酸中对氨基苯甲酸（PABA）的结构相似，对细菌体内二氢叶酸的合成起竞争性抑制作用，从而抑制细菌的繁殖和生长。

知识链接

叶酸与神经管畸形

叶酸对于怀孕中的准妈妈而言是一种重要的维生素。怀孕早期缺乏叶酸可引起胎儿神经管未能闭合而导致以脊柱裂和无脑畸形为主的神经管畸形。据中国疾病预防控制中心妇幼保健中心调查结果表明，中国是世界上脑部和脊髓缺陷儿高发的国家，每年约有10万名孕妇产下脑部和脊髓缺陷儿，其主要原因是中国妇女在计划怀孕和怀孕期间普遍缺乏叶酸。中美合作项目组最近公布的一项叶酸应用效果评价研究证实，妇女从孕前1个月至孕早期3个月内每日增补680 μg叶酸，可有效降低神经管畸形的发生率。

> **考点提示**
> 维生素 B_1、维生素 B_2、维生素 PP、维生素 B_6、泛酸和叶酸的活性形式、功能及缺乏症

八、维生素 B_{12}

（一）来源

维生素 B_{12} 多存在于动物性食物，肝、肉、鱼及蛋中含量丰富。人类肠道细菌也可合成维生素 B_{12}。维生素 B_{12} 需要与胃黏膜细胞分泌的一种高度特异的糖蛋白——内因子（intrinsic factor，IF）结合生成 B_{12}-IF 复合物，才能被小肠吸收。

（二）化学本质、性质及活性形式

维生素 B_{12} 又称钴胺素（cobalamin），是唯一含有金属元素的维生素。其分子中的钴可以与 –CN、–OH、–CH_3 或 5'- 脱氧腺苷等不同基团结合，体内存在有多种形式，其中甲钴胺素和 5'- 脱氧腺苷钴胺素是存在的主要形式，也是维生素 B_{12} 的活性形式。维生素 B_{12} 为粉红色结晶，在弱酸环境下相当稳定，在强酸、强碱环境下则极易分解。日光、氧化剂、还原剂易破坏，故应在棕色瓶中避光保存。

（三）生理功能及缺乏病

1. **甲钴胺素（CH_3-B_{12}）是甲基转移酶的辅酶，参与甲基的转移**　在甲基转移酶的催化下，钴胺素由 N^5- 甲基四氢叶酸提供甲基生成甲钴胺素，同时释放出四氢叶酸，甲钴胺素使同型半胱氨酸甲基转移反应生成甲硫氨酸。甲硫氨酸再进一步活化成甲基的供体——S- 腺苷基甲硫氨酸（SAM）。当维生素 B_{12} 缺乏时，一方面导致 N^5- 甲基四氢叶酸堆积，四氢叶酸的含量减少，一碳单位代谢受阻，影响嘌呤、嘧啶甚至核酸的生物合成，从而产生巨幼细胞贫血。另一方面甲硫氨酸的合成受阻，而同型半胱氨酸堆积可引起同型半胱氨酸血症。

2. **5'- 脱氧腺苷钴胺素是甲基丙二酰辅酶 A 变位酶的辅酶**　该酶能催化 L- 甲基丙二酰辅酶 A 异构为琥珀酰辅酶 A。当维生素 B_{12} 缺乏时，导致 L- 甲基丙二酰辅酶 A 堆积，而 L- 甲基丙二酰辅酶 A 结构与脂肪酸合成的中间产物丙二酰辅酶 A 相似，因而可以干扰脂肪酸的正常合成。脂肪酸合成异常可影响髓鞘质的转换，引起髓鞘质变性、退化，造成进行性脱髓鞘，这是维生素 B_{12} 缺乏造成神经疾患的原因。

人在正常膳食情况下很少发生维生素 B_{12} 缺乏症，但内因子、胃酸分泌减少的患者和长期素食者可引起维生素 B_{12} 缺乏。

九、维生素 C

（一）来源

维生素 C 广泛存在于各种新鲜蔬菜和水果中，特别是番茄、橘子、鲜枣、山楂和辣椒等维生素 C 含量尤为丰富。干的植物种子一般不含维生素 C，但一经发芽，维生素 C 含量大量增加，各种豆芽亦是维生素 C 的重要来源之一。

（二）化学本质、性质及活性形式

维生素 C 是一种六碳多羟基内酯化合物，是 L-型己糖的衍生物，具有防治坏血病的功能，故称 L-抗坏血酸。分子中 C_2 及 C_3 的两个烯醇式羟基极易解离释放出 H^+，因此具有酸性。维生素 C 还具有较强的还原性，C_2 与 C_3 两个羟基上的氢能脱氢生成氧化型抗坏血酸，后者可接受氢再还原成 L-抗坏血酸，可在氧化还原反应中起传递氢的作用（图4-17）。故抗坏血酸有氧化型和还原型两种形式，氧化型抗坏血酸易水解，生成二酮古洛糖酸，失去维生素 C 的活性，在体内不能逆转，进一步氧化则生成草酸和 L-赤藓糖酸。

图 4-17　L-抗坏血酸和氧化型抗坏血酸

维生素 C 为无色的片状结晶体，有酸味，是一种强的还原剂，极不稳定，容易被热或氧化剂所破坏，在中性或碱性溶液中更为明显。光、微量重金属或荧光物质能促进其被氧化剂破坏。

（三）生理功能及缺乏病

1. 参与体内的羟化反应　维生素 C 是体内某些羟化酶的辅因子。

（1）促进胶原蛋白的合成：胶原蛋白是结缔组织、骨及毛细血管等的重要组成成分。胶原蛋白含有大量的羟脯氨酸和羟赖氨酸，它们分别由脯氨酸和赖氨酸在胶原脯氨酸羟化酶及胶原赖氨酸羟化酶的催化下羟化生成，而维生素 C 是这些羟化酶的辅因子，参与羟化反应，促进胶原蛋白的合成。维生素 C 缺乏时，羟化酶活性降低，胶原蛋白合成障碍，导致毛细血管脆性增加，甚至破裂，出现牙齿易松动，皮下、黏膜易出血，骨易折断，伤口不易愈合等症状，即为坏血病。

（2）促进胆汁酸的生成和类固醇的羟化：正常情况下，体内胆固醇约有 40% 转变为胆汁酸。胆固醇转变成胆汁酸时，首先是在 7α-羟化酶的催化下羟化生成 7α-羟胆固醇，维生素 C 是 7α-羟化酶的辅酶，故维生素 C 可促进胆固醇的转化与排泄。若维生素 C 缺乏，可引起体内胆固醇增多，成为诱发动脉粥样硬化的危险因素。肾上腺皮质激素合成中的羟化反应也需要维生素 C 参与。

（3）参与芳香族氨基酸的代谢：维生素 C 参与苯丙氨酸羟化生成酪氨酸和酪氨酸羟化、脱羧生成对羟苯丙酮酸的反应，还参与酪氨酸转变为儿茶酚胺及色氨酸转变成 5-羟色胺等反应。

（4）参与肉碱的合成：肉碱在体内合成的过程中，需要依赖维生素 C 羟化酶。缺乏维生素 C，因脂肪酸 β 氧化减弱而出现倦怠、乏力。

2. 参与体内氧化还原反应　维生素 C 既可作为受氢体，又可作为供氢体，是强抗氧化剂，在体内氧化还原反应中发挥重要的作用。

（1）保护巯基的作用：巯基是体内许多巯基酶的必需基团，维生素 C 能使巯基酶分子中的 –SH 维持还原状态，以保持其催化活性。重金属离子（Pb^{2+}、Hg^{2+}）等能与巯基酶的 –SH

结合，使其失去生物学活性，以致代谢发生障碍而中毒。维生素 C 可使氧化型谷胱甘肽（GSSG）还原成还原型谷胱甘肽（GSH），后者与金属离子结合后排出体外。所以维生素 C 具有解毒作用，常用于防治职业中毒，如铅、汞、苯等的慢性中毒。

（2）抗氧化作用：正常新陈代谢过程中，体内要产生少量游离的自由基以及脂质过氧化物等，维生素 C 能够清除自由基和还原脂质过氧化物，对细胞膜的结构和功能起重要的保护作用。

（3）使 Fe^{3+} 还原成 Fe^{2+}：维生素 C 可使 Fe^{3+} 还原成 Fe^{2+}，有利于食物中铁的吸收；还能使红细胞中的高铁血红蛋白（MHb）还原为血红蛋白（Hb），恢复其运输氧的功能。

3. 增强机体免疫力　维生素 C 通过促进淋巴细胞增殖和趋化作用，促进免疫球蛋白的合成，增强吞噬细胞的吞噬能力，提高机体的免疫力，已用于临床对心血管疾病和感染性疾病等的支持性治疗中。

各种维生素的来源、主要功能、活性形式及缺乏病见表 4-1。

考点提示
维生素 C 的生理功能及缺乏症

表 4-1　各种维生素来源、主要功能、活性形式及缺乏病一览表

名称	别名	来源	活性形式	主要生理功能	缺乏症
维生素 A	视黄醇、抗眼干燥症维生素	肝、蛋黄、牛奶、绿色蔬菜、鱼肝油等	11-顺视黄醛	①构成视紫红质 ②维持上皮组织结构完整 ③促进生长发育 ④抗氧化、抑癌	夜盲 眼干燥症
维生素 D	抗佝偻病维生素、钙化醇	鱼肝油、肝、蛋黄	$1,25\text{-}(OH)_2\text{-}D_3$	①调节钙、磷代谢，促进钙、磷吸收 ②促进骨盐代谢与骨的生长	佝偻病 软骨病
维生素 E	生育酚	植物油 莴苣		①抗氧化作用，保护生物膜 ②与动物生殖功能有关 ③促血红素合成	人类未发现缺乏病，临床用以治疗习惯性流产
维生素 K	凝血维生素	肝、绿色蔬菜、肠道细菌可以制造	2-甲基-1,4-萘醌	①促进肝合成凝血因子 ②参与骨钙代谢	凝血时间延长，皮下出血、肌肉及胃肠道出血
维生素 B_1	硫胺素、抗脚气病维生素	谷类外皮及胚芽、豆类、酵母	TPP	①α-酮酸氧化脱羧酶辅酶 ②抑制胆碱酯酶活性	脚气病、胃肠道功能障碍
维生素 B_2	核黄素	蛋、绿色蔬菜	FAD、FMN	构成黄酶的辅基，起传递氢的作用	口角炎、舌炎、唇炎、阴囊炎
维生素 PP	烟酸、烟酰胺	肉、谷类、花生等	NAD^+ $NADP^+$	构成不需氧脱氢酶的辅酶，起传递氢的作用	糙皮病
维生素 B_6	吡哆醇、吡哆醛、吡哆胺	酵母、蛋黄、肝、谷类	磷酸吡哆醛 磷酸吡哆胺	氨基酸脱羧酶和转氨酶的辅酶、ALA 合酶的辅酶	人类未发现典型缺乏病
泛酸	遍多酸	动物及植物细胞中均含有	辅酶 A	是辅酶 A 的组分，参与酰基转移	人类未发现缺乏病
生物素		动物及植物组织中均含有		羧化酶辅酶，参与 CO_2 固定	人类未发现缺乏病
叶酸		肝、绿色蔬菜	FH_4	作为一碳单位载体，参与一碳单位代谢	巨幼细胞贫血
维生素 B_{12}	钴胺素	肝、肉、鱼	甲钴胺素 5'-脱氧腺苷钴胺素	①甲基转移酶的辅酶，参与甲基转移 ②L-甲基丙二酰辅酶 A 变位酶的辅酶	巨幼细胞贫血
维生素 C	L-抗坏血酸	新鲜蔬菜和水果		①参与体内羟化反应 ②参与体内氧化还原反应 ③增强机体免疫力	坏血病

自测题

一、选择题

1. 参与构成感光物质视紫红质的维生素是
   A. 维生素 C
   B. 维生素 A
   C. 维生素 D
   D. 维生素 E
   E. 维生素 K

2. 缺乏维生素 A 可引起
   A. 夜盲
   B. 佝偻病
   C. 软骨病
   D. 白化病
   E. 贫血症

3. 摄入过多容易引起中毒的维生素是
   A. 维生素 B_1
   B. 维生素 B_{12}
   C. 维生素 B_2
   D. 维生素 D
   E. 维生素 C

4. TPP 中含有的维生素是
   A. 维生素 B_1
   B. 维生素 PP
   C. 维生素 B_6
   D. 维生素 B_2
   E. 泛酸

5. 患口角炎时,应补充的维生素是
   A. 维生素 B_{12}
   B. 维生素 PP
   C. 维生素 B_2
   D. 维生素 B_6
   E. 泛酸

6. 维生素 PP 的活性形式是
   A. FAD 和 FMN
   B. CoA
   C. NAD^+ 和 $NADP^+$
   D. TPP
   E. 甲钴胺素

7. 临床上用于辅助治疗婴儿惊厥和妊娠剧吐的维生素是
   A. 维生素 E
   B. 维生素 C
   C. 维生素 B_6
   D. 维生素 B_2
   E. 维生素 K

8. 缺乏叶酸和维生素 B_{12} 都会引起
   A. 脚气病
   B. 坏血病
   C. 巨幼细胞贫血
   D. 佝偻病
   E. 凝血功能障碍

9. 磷酸吡哆醛是构成哪种酶的辅酶
   A. 羟化酶
   B. 一碳单位转移酶
   C. 转氨酶
   D. α- 酮酸氧化脱羧酶
   E. 黄素酶

10. 不属于 B 族维生素的是
    A. 维生素 B_{12}
    B. 维生素 C
    C. 生物素
    D. 泛酸
    E. 叶酸

二、名词解释

1. 维生素
2. 水溶性维生素
3. 脂溶性维生素

三、问答题

1. 简述维生素 A、D 的生理功能及缺乏症。
2. 简述 B 族维生素构成的辅酶或辅基是什么？其生理功能和缺乏症是什么？

（周治玉）

第五章

酶

第五章数字资源

思政之光

学习目标

掌握：
酶的概念，酶促反应的特点，酶的分子组成，酶活性中心和必需基团，酶原与酶原激活的概念，同工酶的概念，酶原激活与同工酶的临床意义。

熟悉：
影响酶促反应速度的因素。

了解：
酶的命名与分类，酶催化作用机制，酶活性的调节，酶与医学的关系，通过酶分析疾病的发生。

通过侵华日军惨无人道的毒气战史实，树立"铭记历史、勿忘国耻"的家国情怀。通过酶的诱导契合学说，形成团队合作意识。

案例导入

某患者，男性，46岁。患者1天前参加宴席饮酒后出现上腹疼痛，为持续性绞痛，伴阵发性加重，向背部放射，伴恶心、呕吐。体格检查：T38.7 ℃，R21次/分，P110次/分，BP90/60 mmHg，上腹轻压疼痛。生化检验：血清淀粉酶和脂肪酶活性明显升高。B超显示胰肿大。初步诊断：急性胰腺炎。

请分析：
1. 该患者急性胰腺炎的发病机制是什么？
2. 急性胰腺炎的生化诊断指标是什么？

考点提示

酶的概念

酶（enzyme，E）是由活细胞产生的、对其特异底物具有高效催化作用的生物大分子，其化学本质大多数为蛋白质，少数为核酸。由酶催化的化学反应称为酶促反应，被酶催化的物质称为底物（substrate，S），酶促反应产生的物质称为产物（product，P），酶具有的催化能力称为酶的"活性"，当酶失去催化能力称为"酶失活"。本章只讨论化学本质为蛋白质的酶。

知识链接

核酶的发现与意义

1981年，美国生物化学家T. R. Cech发现四膜虫rRNA的前体在没有蛋白质的情况下能专一地催化寡聚核苷酸底物的切割与连接，具有分子内催化的活性。1983年，美籍加裔生物化学家S. Altman发现大肠埃希菌核糖核酸酶P（RNase P）的蛋白质部分除去后，在体外高浓度镁离子存在下，遗留下的RNA部分具有与全酶相同的催化活性。1986年，T. R .Cech又证实rRNA前体的内含子能催化分子间反应。核酶的发现对于所有酶都是蛋白质的传统观念提出了挑战，为生命的起源和分子进化提供了新的依据，揭示了内含子自我剪接的奥秘，促进了RNA的研究。1989年，核酶的发现者T. R. Cech和S. Altman被授予诺贝尔化学奖。

第一节 概 述

一、酶促反应的特点

生物体内的新陈代谢是由一系列复杂的化学反应完成的，这些反应几乎都由生物催化剂所催化。酶作为最主要的生物催化剂，除了具有一般催化剂的共性外，又具有与一般催化剂不同的特点。酶与一般催化剂一样，在化学反应前后都没有质和量的改变；它们都只能催化热力学允许的化学反应；只能加速可逆反应的进程，而不改变平衡点，即不改变反应的平衡常数。酶是蛋白质，又具有一般催化剂所没有的生物大分子特性，所以酶促反应具有特殊的性质与反应机制。

考点提示

酶促反应的特点

（一）高度的催化效率

酶具有极高的催化效率，对同一化学反应，酶比一般催化剂催化反应的速度高 $10^7 \sim 10^{13}$ 倍。例如，脲酶催化尿素的水解速度是 H^+ 催化作用的 7×10^{12} 倍。酶高度的催化效率有赖于酶的特有作用机制。

（二）高度的特异性

酶作用的特异性又称为专一性（specificity），是指酶对所催化的底物或化学反应具有严格的选择性。根据酶对底物的选择程度不同，其特异性可分为3种类型。

1. 绝对特异性 一种酶只能作用于一种底物发生化学反应并生成相应的产物，称为绝对特异性。如脲酶只能催化尿素水解生成 CO_2 和 NH_3，而不能水解甲基尿素。这一类酶对于底物结构和反应类型要求非常严格。

2. 相对特异性 一种酶作用于一类底物或一种化学键发生化学反应，这种不太严格的选择性称为相对特异性。例如磷酸酶对一般的磷酸酯键都能水解，无论是甘油磷酸酯、葡萄糖磷酸酯或酚磷酸酯。脂肪酶不仅能水解脂肪，也可水解简单的酯。体内绝大多数酶对底物的选择性属于此类。

3. 立体异构特异性 一种酶只对底物的一种立体异构体起催化作用，而对另一种立体异构体无催化作用。如L-乳酸脱氢酶只催化L-乳酸脱氢，而对D-乳酸无作用。D-氨基酸氧化酶只能催化D-氨基酸氧化脱氨，而对L-氨基酸无作用。几乎所有的酶对立体异构体都具有高度特异性。

（三）高度的不稳定性

由于酶是蛋白质，凡能引起蛋白质变性的因素，如强酸、强碱、高温、重金属盐、有机溶剂、紫外线等都能使酶蛋白变性，影响酶的活性，甚至使酶完全失活。

（四）酶活性的可调节性

酶促反应速度的快慢取决于酶活性的高低。酶活性受机体内多种因素的调节。如酶生物合成的诱导和阻遏调节、酶的化学修饰调节、抑制剂和激活剂的调节、代谢物的反馈调节以及神经体液因素的调节等。通过酶活性的调节，改变机体内物质代谢反应的速度和方向，使生命活动中各种物质代谢有条不紊地进行，以适应机体对不断变化的内、外环境和生命活动的需要。

二、酶的分子组成

考点提示
酶的分子组成、概念及作用

（一）根据酶分子的化学组成分类

根据酶分子的化学组成不同，可将酶分为单纯酶和结合酶两类。

1. 单纯酶　单纯酶仅由蛋白质构成，水解后的产物只有氨基酸，如脲酶、淀粉酶、溶菌酶等水解酶类。

2. 结合酶　生物体内大多数酶是结合酶。结合酶由蛋白质和非蛋白质两部分组成，前者称为酶蛋白，后者则被称为辅因子（cofactor），酶蛋白与辅因子结合形成的复合物称为全酶（holoenzyme）。结合酶的催化活性有赖于全酶的完整性，如果酶蛋白与辅因子分离，单独存在的酶蛋白和辅因子均无催化活性。

根据与酶蛋白结合的牢固程度的不同，辅因子分为辅酶和辅基两类。与酶蛋白结合比较疏松，一般为非共价键结合，可以用透析或超滤等方法除去的辅因子称为辅酶；与酶蛋白结合牢固，一般为共价键结合，不能用透析或超滤等方法除去的辅因子称为辅基。辅酶和辅基两者并无严格区别，一般统称为辅酶。

辅因子包括金属离子和小分子有机化合物。金属离子是最常见的辅因子。最常见的金属离子有 K^+、Na^+、Mg^{2+}、Ca^{2+}、Mn^{2+}、Zn^{2+}、Fe^{2+}、Fe^{3+} 等（表 5-1）。

表 5-1　金属离子类辅酶

全酶	辅酶	全酶	辅酶
己糖激酶	Mg^{2+}	丙酮酸激酶	K^+
细胞色素氧化酶	Fe^{3+}/Fe^{2+}	质膜 ATP 酶	Na^+
过氧化酶	Fe^{3+}/Fe^{2+}	黄嘌呤氧化酶	Mo^{3+}
酪氨酸酶	Cu^{2+}/Cu^+	α- 淀粉酶	Ca^{2+}
精氨酸酶	Mn^{2+}	羧基肽酶	Zn^{2+}

金属离子的作用：①参与电子的传递；②连接酶与底物，起桥梁作用；③稳定酶的特定空间构象；④中和阴离子，降低反应中的静电斥力等。

小分子有机化合物是一些化学性质稳定的物质，这类辅酶在酶促反应中主要起传递氢原子、电子或转移化学基团等作用。如 B 族维生素或其衍生物类的辅酶（表 5-2）。

在大多数情况下，一种酶蛋白只能与一种辅酶结合，组成一种全酶，催化一种或一类底物进行某种化学反应；而一种辅酶可以与不同的酶蛋白结合，组成多种全酶，分别对不同的底物起催化作用。因此，在酶促反应中，酶蛋白决定酶促反应的特异性，而辅因子决定催化反应的类型，即决定酶促反应中电子、原子或某些基团的转移等。

表 5–2　B 族维生素类辅酶

维生素	辅酶	全酶	辅酶作用
维生素 B_1	TPP（硫胺素焦磷酸）	α-酮酸脱氢酶	脱羧基
维生素 B_2	FMN（黄素单核苷酸） FMN（黄素腺嘌呤二核苷酸）	黄酶（黄素蛋白）	传递氢原子
维生素 B_6	磷酸吡哆醛	氨基酸转氨酶	转氨基
维生素 B_{12}	5'-甲基钴铵素，5'-脱氧腺苷钴铵素	甲基转移酶	转移甲基
维生素 PP	NAD^+（烟酰胺腺嘌呤二核苷酸） $NADP^+$（烟酰胺腺嘌呤二核苷酸磷酸）	脱氢酶	传递氢原子
泛酸	CoA（辅酶 A）	酰基转移酶	转移酰基
叶酸	FH_4（四氢叶酸）	一碳基团转移酶	转移一碳基团
生物素	生物素	羧化酶	传递 CO_2

（二）根据酶蛋白分子结构和分子大小分类

1．单体酶　单体酶是只含有一条多肽链的酶。其相对分子质量较小，为 13000～35000，这类酶大多数是催化水解反应的酶，如溶菌酶、胰蛋白酶等。

2．寡聚酶　寡聚酶是以非共价键相连的多亚基酶。其分子量从 35000 到几百万，如苹果酸脱氢酶、琥珀酸脱氢酶等。

3．多酶体系　多酶体系是由几种催化功能不同的酶彼此嵌合形成的复合体。它有利于一系列反应的连续进行。其分子量较大，一般都在几百万以上，如丙酮酸脱氢酶复合体由 3 种酶组成。

三、酶的命名与分类

（一）酶的命名

酶的命名有习惯命名法和系统命名法两种方法。

1．习惯命名法　习惯命名法一般是以酶催化的底物、反应性质、酶的来源命名。如水解淀粉的酶称为淀粉酶，催化脱氢反应的酶称为脱氢酶。当酶的来源不同时，可加上来源部位，如唾液淀粉酶等。

2．系统命名法　系统命名法由国际酶学委员会于 1961 年提出。系统命名法规定每种酶的名称应包括底物名称和反应类型两部分，如果酶催化的反应中有两种或多种底物，底物之间用"：" 分开。同时对酶进行分类编号，分类编号由 4 组数字组成，编号前冠以 EC（为 Enzyme Commission 的缩写），数字间用"·"分隔。例如乳酸脱氢酶的系统命名法，乳酸脱氢酶催化的反应：

$$乳酸 + NAD^+ \xrightleftharpoons{乳酸脱氢酶} 丙酮酸 + NADH + H^+$$

反应体系中有乳酸和 NAD^+ 两种底物，它的系统名称是：乳酸：NAD^+ 氧化还原酶。分类编号为 EC 1.1.1.27，第一组数字表明该酶属于 6 个大类中的哪一类；第二组数字指出该酶属于哪一个亚类；第三组数字指出该酶属于哪一个亚亚类；第四组数字表明该酶在亚亚类中的顺序号。

（二）酶的分类

根据国际酶学委员会的规定，按酶促反应的性质，将酶分为 6 大类。

1．氧化还原酶类　氧化还原酶类指催化底物进行氧化还原的酶类，如乳酸脱氢酶、琥珀酸脱氢酶等。

2. 转移酶类　转移酶类指催化不同底物间进行某些基团转移或交换的酶类，如谷丙转氨酶、甲基转移酶等。

3. 水解酶类　水解酶类指催化底物发生水解反应的酶类，如淀粉酶、蛋白酶等。

4. 裂解酶类（或裂合酶类）　裂解酶类指催化一种化合物裂解成两种产物或其逆反应的酶类，如醛缩酶、柠檬酸合酶等。

5. 异构酶类　异构酶类指催化同分异构体之间相互转变的酶类，如磷酸丙糖异构酶、磷酸己糖异构酶等。

6. 合成酶类（或连接酶类）　合成酶类指催化两分子底物化合成一分子产物，同时偶联ATP消耗的酶类，如DNA聚合酶、谷胱甘肽合成酶等。

第二节　酶的结构与催化作用机制

一、酶的活性中心

各种研究证明，酶分子中只有少数氨基酸残基侧链上的基团参与底物结合及催化作用。这些与酶活性密切相关的基团称为酶的必需基团（essential group）。常见的必需基团有丝氨酸残基的羟基、半胱氨酸残基的巯基、组氨酸残基的咪唑基、酸性氨基酸残基的非 α- 羧基等。酶分子中必需基团比较集中、具有特定空间构象、能与底物特异地结合并催化底物转变为产物的区域称为酶的活性中心（active center）（图 5-1）。

> **考点提示**
> 活性中心与必需基团的概念及作用

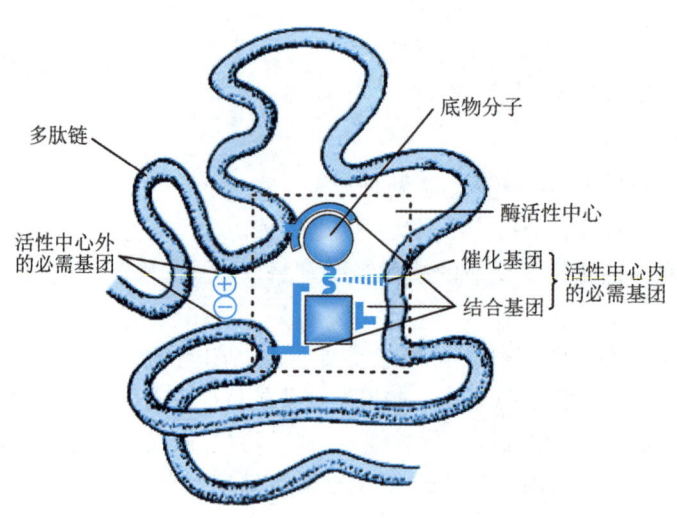

图 5-1　酶活性中心示意图

单纯酶的活性中心是由氨基酸残基组成的三维结构。结合酶的活性中心，除氨基酸残基外，还有辅酶参与。如果酶的活性中心被破坏，酶则失去活性。酶活性中心内的必需基团按其功能可分为结合基团和催化基团两种，能与底物相结合的必需基团称为结合基团；能催化底物转化为产物的必需基团称为催化基团；有的必需基团可兼有上述两种功能。除了组成酶活性中心的必需基团外，还有一些必需基团在酶活性中心外，称为酶活性中心外的必需基团。其作用主要是维持酶活性中心的空间构象。

二、酶催化作用机制

酶作为生物催化剂，能否发挥高度的催化效率，关键在于酶活性中心的结合基团能否与底物结合，并进一步形成过渡状态。酶与底物结合并使底物形成过渡态的机制有以下几种。

（一）中间产物学说

中间产物学说认为，酶（E）在发挥作用前，首先与底物（S）相结合，形成酶-底物复合物，即中间产物（ES）。中间产物（ES）不稳定，很快分解为产物（P），并释放出酶（E），酶继续与底物结合发挥催化作用，所以少量的酶可以催化大量的底物。反应如下：

$$E + S \rightleftharpoons ES \longrightarrow E + P$$

中间产物的形成使底物分子内的某些敏感键的张力发生改变，呈现不稳定状态，容易断裂，这就大大地降低了底物的活化能，使活化状态的底物分子增加，反应速度加快。在化学反应体系中，只有那些达到或超过一定能阈的分子（即活化分子）才能发生化学反应。反应物分子平均能量与活化分子最低能量之差称为活化能。反应体系中，活化分子越多，反应速度越快。酶和化学催化剂都能降低活化能，而酶能通过中间产物的形成显著地降低活化能，所以酶表现为高度的催化效率（图5-2）。

（二）诱导契合学说

当酶分子与底物分子接近时，彼此结构相互诱导而变形以致相互适应而结合。在此过程中，酶的构象发生有利于与底物结合的变化，同时在酶的诱导下，底物也发生变形，酶构象的改变和底物的变形，使酶和底物结构相吻合，彼此"契合"结合成中间产物（ES）（图5-3），

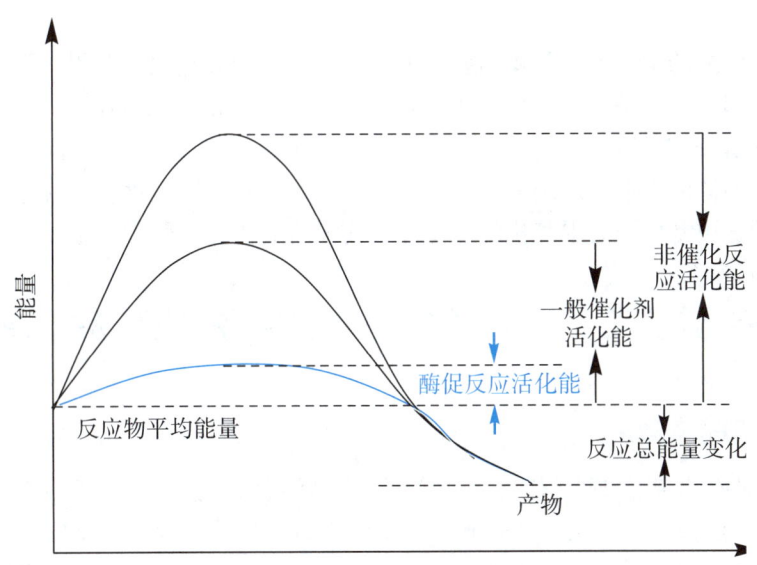

图5-2 催化剂降低反应活化能示意图

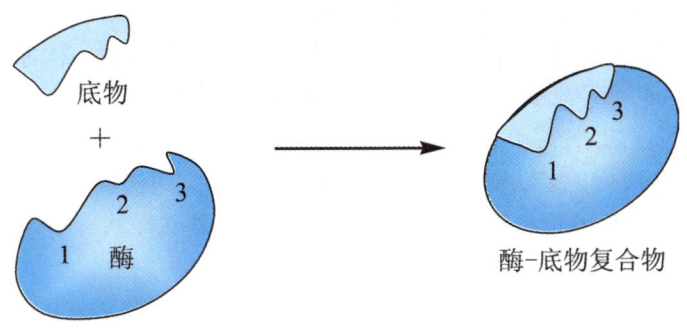

图5-3 酶与底物诱导契合示意图

A．酶活性部位的结构与底物结构不互补；B．诱导契合使酶与底物互补结合为中间产物

称为诱导契合学说。近年来，X射线衍射晶体结构分析的实验结果也支持这一学说，因此，人们认为这一学说较满意地解释了酶的特异性。

诱导契合反应加速了中间产物（ES）的形成，使过渡态的底物增加，底物的活化能大大地降低，酶促反应速度加快。

三、酶活性的调节

（一）别构调节

某些小分子化合物与酶蛋白分子的特殊部位特异结合，引起其构象变化，从而改变酶的活性，这种调节方式称为别构调节（allosteric regulation）。受别构调节的酶称为别构酶（allosteric enzyme）。引起别构调节的物质称为别构剂，使酶活性增强的别构剂称为别构激活剂，使酶活性减弱的别构剂称为别构抑制剂，能与别构剂结合的部位称为别构部位或调节部位。别构酶是含有两个或两个以上亚基的寡聚酶，活性中心和别构部位可以在同一个亚基上，也可以在不同的亚基上。含催化部位的亚基称为催化亚基；含调节部位的亚基称为调节亚基。别构剂一般是小分子有机化合物，有的是别构酶的底物，有的是别构酶催化的中间产物或终产物。别构酶的底物通常是别构激活剂；代谢途径的终产物往往是别构抑制剂。例如在糖酵解中，ATP和柠檬酸是磷酸果糖激酶的别构抑制剂，这两种物质增多时，糖酵解代谢途径受到抑制，防止产物过剩；而腺苷一磷酸（AMP）、腺苷二磷酸（ADP）等是该酶的别构激活剂，这两种物质增多，激发葡萄糖氧化供能，增加ATP生成。

（二）化学修饰

某些酶在其他酶的催化下，酶蛋白肽链上一些基团能与某些化学基团共价结合或解离，使酶的活性发生改变，这种调节称为共价修饰调节（covalent modification）。这类被修饰的酶称为修饰酶。在共价修饰过程中，酶发生无活性（或低活性）与有活性（或高活性）两种形式互变。这些互变由不同的酶催化。酶的共价修饰包括磷酸化与去磷酸化、乙酰化与去乙酰化、腺苷化与去腺苷化、甲基化与去甲基化的互变等。其中磷酸化修饰最为常见。

第三节 酶在体内的几种特殊存在形式

一、酶原与酶原激活

有些酶在细胞内初合成或初分泌时没有催化活性，这些无活性的酶前体称为酶原（zymogen）。在一定条件下，无活性的酶原转变成有活性酶的过程称为酶原激活。酶原激活过程实质上是酶活性中心形成或暴露的过程。在某些因素的作用下，酶蛋白被水解掉一个或几个肽段，使原来被掩盖的酶活性中心暴露出来，或者使原来因空间阻隔而远离的必需基团集中在一起，形成酶活性中心，使无活性的酶原转化成具有活性的酶。

酶原在体内广泛存在，是机体的一种重要的调控酶活性的方式。例如，胰蛋白酶从胰腺初分泌时，以无活性的酶原形式存在。胰蛋白酶原进入小肠后，在有Ca^{2+}的环境中，胰蛋白酶原被肠激酶或胰蛋白酶水解，当胰蛋白酶原被水解去除一个含有6个氨基酸残基（缬-天-天-天-天-赖）的片段后，多肽链重新盘曲，引起酶分子空间构象发生改变，使多肽链上的必需基团集中在一起（即46位组氨酸的咪唑基和183位丝氨酸羟基），形成酶的活性中心，使无活性的胰蛋白酶原转变成有活性的胰蛋白酶（图5-4）。

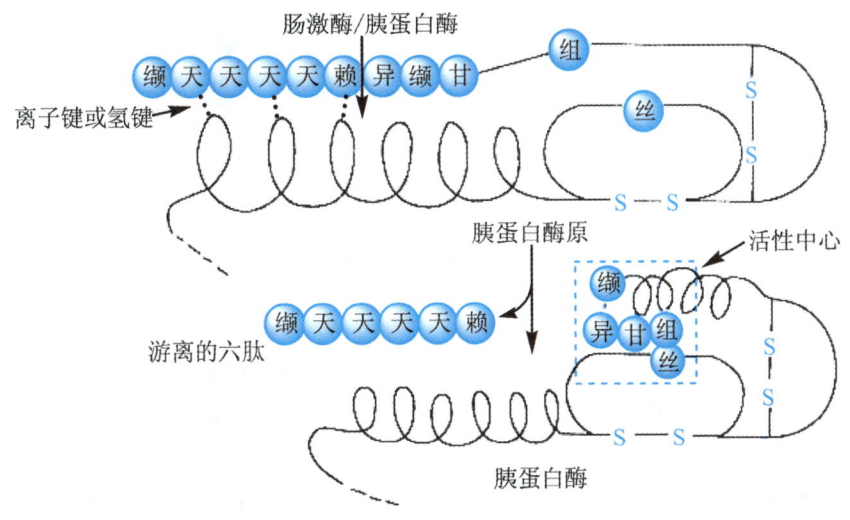

图 5-4 胰蛋白酶原激活示意图

酶原激活具有重要的生理意义：不仅避免了合成酶原的细胞本身的蛋白质不被蛋白酶水解破坏，而且保证酶原到达特定部位和环境中被激活发挥催化作用。急性胰腺炎是因为某种胰酶（包括胰蛋白酶、磷脂酶 A、弹性蛋白酶、脂肪酶、激肽释放酶等）在胰腺内被激活，引起胰腺组织自身消化的化学性炎症。血液中的凝血因子以酶原形式存在，可避免血液在血管中凝固，保证了血液的流动性。

考点提示
酶原与酶原激活的概念及意义

二、同工酶

同工酶（isoenzyme）是指能催化相同的化学反应，而酶蛋白的分子结构、理化性质和免疫学特性不同的一组酶。目前已发现数百种同工酶，如乳酸脱氢酶、酸性和碱性磷酸酶、肌酸激酶等。同工酶在不同组织、器官和亚细胞结构中分布和含量有很大差异。正常人血清中同工酶活性很低，当某一组织或器官发生病变时，该组织、器官的同工酶释放入血液，引起血清同工酶电泳图谱改变，所以，临床上常测定血清同工酶，以对某些组织和器官的疾病进行诊断。

考点提示
同工酶的概念及临床应用

目前研究最多的是乳酸脱氢酶（LDH）。该酶是由两种亚基组成的四聚体，即 M 型（骨骼肌型）亚基和 H 型（心肌型）亚基。两种亚基以不同的比例组成 5 种同工酶：LDH_1（H_4）、LDH_2（H_3M_1）、LDH_3（H_2M_2）、LDH_4（H_1M_3）、LDH_5（M_4）（图 5-5）。

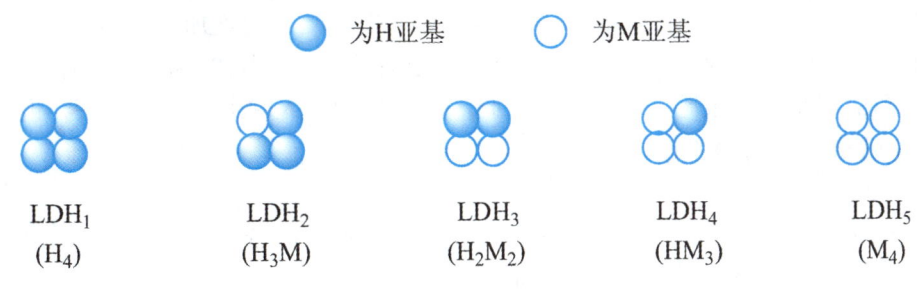

图 5-5 LDH 同工酶结构模式图

由于分子组成不同，5 种同工酶具有不同的电泳速度，电泳时向正极移动，其速度 $LDH_1 \rightarrow LDH_5$ 依次递减（图 5-6），可借此鉴别 5 种同工酶。

5 种同工酶在不同组织和器官中的分布及含量有很大差异。例如心肌、大脑中含 LDH_1 最

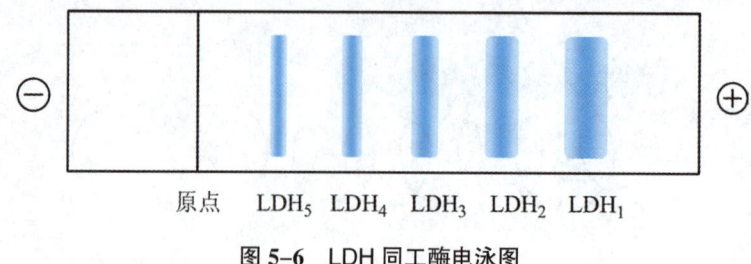

图 5-6 LDH 同工酶电泳图

多，而肝和骨骼肌中含 LDH_5 最多，当心肌梗死时，患者血清 LDH_1 含量升高，肝细胞受损时，患者血清 LDH_5 含量增高，而溶血的标本中，LDH_1 和 LDH_2 升高。

第四节 影响酶促反应速度的因素

影响酶促反应速度的因素

酶促反应速度常用单位时间内底物的消耗量或产物的生成量来表示。酶促反应速度受底物浓度、酶浓度、pH、温度、激活剂和抑制剂等多种因素的影响。研究这些因素的影响测定的是酶促反应开始时的速度，即初速度，因为初速度与酶的浓度成正比，而且能避免反应产物及其他因素对酶促反应的影响。在研究某一影响因素时，应保持反应体系中的其他因素不变。

一、底物浓度

（一）底物浓度与酶促反应速度的关系

在其他因素不变的情况下，酶促反应过程中，底物浓度 [S] 与酶促反应速度（V）的关系呈矩形双曲线（图 5-7）。在 [S] 很低时，V 随 [S] 的增加而急骤上升，两者呈正比关系；当 [S] 继续增高时，V 随 [S] 的增加而增加，但 V 增加的趋势逐渐缓慢，两者不再呈正比关系；当 [S] 增高到一定极限时，随着 [S] 的增加，V 不再继续增加，而达到最大值，称为最大反应速度（V_{max}），此时所有酶的活性中心已被底物饱和。

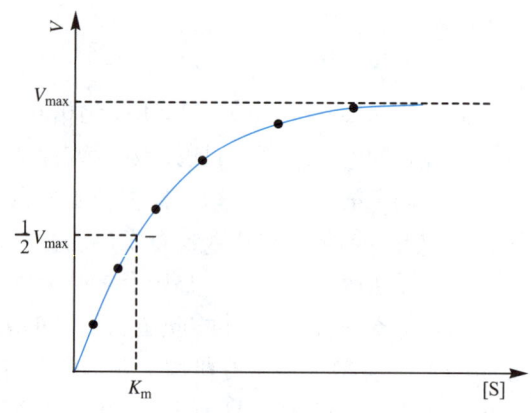

图 5-7 底物浓度与酶促反应速度的关系

在酶促反应过程中，V 与 [S] 之间的变化关系反映了中间产物学说。当 [S] 很小时，酶未被底物饱和，这时增加 [S]，单位时间内 ES 生成量增加，产物也呈正比例增加，V 的增加与 [S] 增加呈正比；当 [S] 加大后，酶逐渐被饱和，V 的增加与 [S] 增加不呈正比；而 [S] 增加到极大值时，所有酶活性中心都被底物饱和，所有的酶均转变成 ES，此时增加 [S]，V 不会再增高。

（二）米-曼氏方程式

1913 年 Michaelis 和 Menten 根据中间产物学说对酶反应进行数学推导，得出了反应速度与底物浓度关系的公式，即著名的米-曼氏方程式：

$$V = \frac{V_{max} \cdot [S]}{K_m + [S]}$$

式中 V 为在不同 [S] 时的反应速度，[S] 为底物浓度，V_{max} 为最大反应速度，K_m 为米氏常数。当反应速度为最大反应速度的一半时，整理米氏方程得：$K_m=[S]$，即 K_m 值等于酶促反应速度为最大速度一半时的底物浓度。K_m 的单位是 $mol·L^{-1}$。

（三）K_m 的意义

米氏常数在酶学研究中有重要意义。

1. **K_m 是酶的特征性常数** K_m 只与酶的结构、底物性质和反应条件（如温度、pH、离子强度）有关，与酶浓度无关。

2. **K_m 可表示酶对底物的亲和力** K_m 值越大，酶对底物的亲和力越小；K_m 值越小，酶对底物的亲和力越大。

3. **利用 K_m 值选择酶催化的最适底物** 当一种酶有几种不同的底物时，该酶就有几种不同的 K_m 值，其中 K_m 值最小的底物，通常认为是该酶的最适底物或天然底物。

二、酶浓度

在酶促反应体系中，当底物浓度足够使酶饱和，而其他条件保持不变时，酶浓度与酶促反应速度呈正比关系，即酶浓度越高，反应速度越快（图 5-8）。

三、温度

对于一般化学反应来说，随着温度的升高，增加反应分子有效碰撞，反应速度加快。但酶是蛋白质，当温度升到一定高度时，酶蛋白发生变性，催化活性丧失，反应速度降低。因此，温度对酶促反应速度具有双重影响。在低温范围内（0～40 ℃），随着温度的升高，酶活性逐渐增加，酶促反应的速度也逐渐增加，

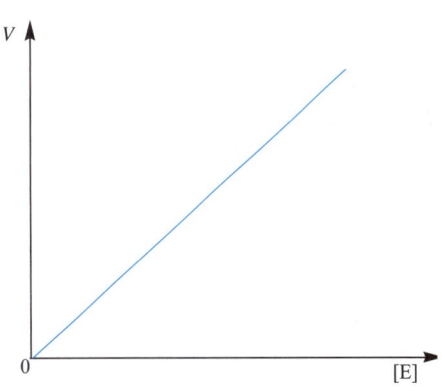

图 5-8 酶浓度与酶促反应速度的关系

至达到最大的反应速度。此时，温度加快反应速度起主要作用。一般来说，温度每升高 10 ℃，反应速度增加 1~2 倍。当温度升高到 60 ℃ 以上时，大多数酶蛋白开始变性，酶活性降低，反应速度下降。当温度升高到 80 ℃ 以上时，绝大多数酶蛋白变性而失去催化活性。使酶促反应达到最大速度时的温度，称为酶的最适温度（图 5-9）。

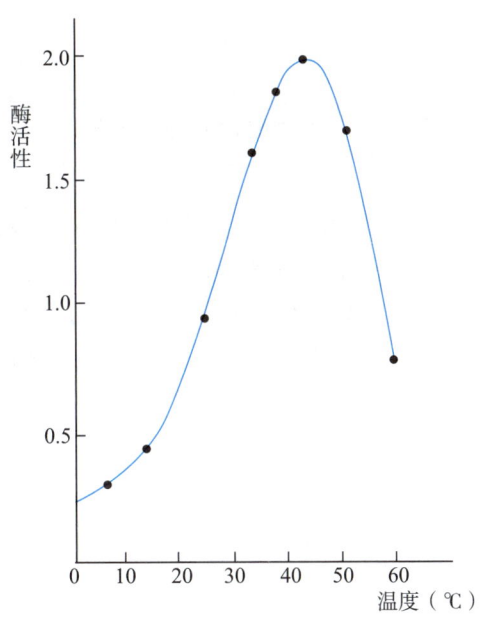

图 5-9 温度对酶活性的影响

人体内大多数酶的最适温度在 35~40 ℃。酶的最适温度不是酶的特征性常数，它与反应时间有关，在短时间内酶能耐受较高的温度，此时最适温度可以高些；而反应时间较长时，酶对温度的耐受力下降，酶蛋白容易变性，酶的最适温度会降低。临床上，酶活性与温度的关系具有重要的意义。低温麻醉就是利用酶的这一特性，使机体的组织及细胞代谢速度减慢，提高机体对缺乏氧和营养物质时的耐受性。低温保存菌种和生物制剂等也是基于这一原理。高温灭菌则是利用高温使酶蛋白变性、酶活性丧失这一特性，使细菌快速死亡。

四、pH

不同的 pH 条件下，底物、酶和辅酶将表现不同的解离和带电状态。在酶促反应中，酶活性中心的必需基团以及底物和辅酶分子在某一解离状态下，酶与底物才能达到最佳结合，产生最大的催化活性，使酶促反应达到最大速度。可见，pH 是通过影响底物、酶和辅酶解离状态来改变酶促反应速度的。使酶促反应速度达到最大时的 pH 称为酶的最适 pH。溶液 pH 偏离最适 pH 时，无论偏酸性还是偏碱性，酶的活性都会降低，酶促反应速度减慢，远离最适 pH 时甚至会导致酶蛋白变性失活（图 5-10）。

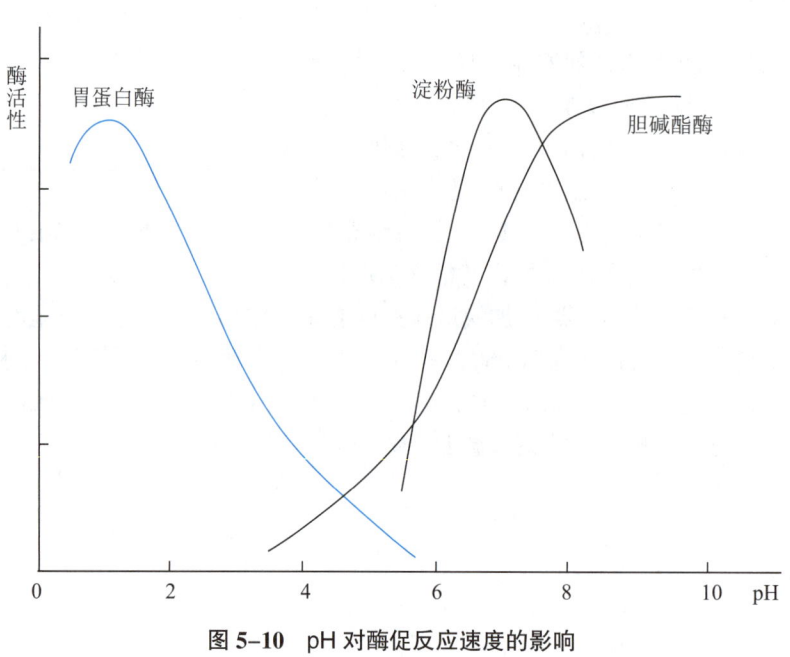

图 5-10　pH 对酶促反应速度的影响

不同的酶有不同的最适 pH，生物体内大多数酶的最适 pH 接近中性，有少数偏酸性或偏碱性，如胃蛋白酶的最适 pH 为 1.8，肝精氨酸酶的最适 pH 为 9.8。最适 pH 不是酶的特征性常数。它受底物种类和浓度、缓冲溶液的性质与浓度、介质的离子强度、温度、反应时间等因素的影响。因此，在测定酶活性时应选择最适 pH，并应用适当的缓冲液，以维持酶具有较高的催化活性和稳定性。

五、激活剂

能提高酶的活性或使无活性酶转变成有活性酶的物质，称为酶的激活剂（activator）。激活剂包括无机离子和小分子有机物，如 K^+、Mg^{2+}、Zn^{2+}、Cl^-、半胱氨酸、胆汁酸盐等。

激活剂又可分为必需激活剂和非必需激活剂。酶促反应中不可缺少的激活剂称为必需激活剂，如 Mg^{2+} 是己糖激酶的必需激活剂；而有些酶当没有激活剂存在时活性很小，有激活剂存在时活性显著提高，这种激活剂称为非必需激活剂，如 Cl^- 为唾液淀粉酶的非必需激活剂。激活剂在参与酶活性中心的构成、促进酶与底物结合、稳定酶分子构象等方面具有重要作用。

六、抑制剂

能使酶活性降低或丧失而不引起酶蛋白变性的物质，称为酶的抑制剂（inhibitor，I）。抑制剂常与酶活性中心内、外必需基团结合，使酶活性降低或丧失。当去除抑制剂时，酶活性能重新恢复。强酸、强碱、重金属离子等物质能导致酶蛋白变性失活，不属于抑制剂。根据抑制剂与酶结合牢固程度不同，把抑制作用分为不可逆性抑制和可逆性抑制两类。

（一）不可逆性抑制

抑制剂与酶活性中心内的必需基团共价结合，引起酶活性丧失，这种抑制作用称为不可逆性抑制。它不能用透析、超滤等物理的方法去除抑制剂而使酶活性恢复，只能靠某些药物才能解除抑制。如敌敌畏、美曲膦酯、1059 等有机磷杀虫剂，能特异地与胆碱酯酶活性中心内丝氨酸残基上的羟基（–OH）结合，使酶失去活性。

由于胆碱酯酶失去活性，不能水解乙酰胆碱，造成乙酰胆碱积蓄，引起胆碱能神经兴奋性增强的中毒症状。解磷定（PAM）能与有机磷杀虫剂结合成稳定的复合物，使酶与有机磷杀虫剂分离，从而解除有机磷杀虫剂对羟基酶的抑制作用，使酶活性得到恢复。

又如某些重金属离子（Hg^{2+}、Ag^+、Pb^{2+} 等）及砷（As^{3+}）能与巯基酶的巯基（–SH）结合，使酶失去活性。路易士气是一种含砷的化学毒气，与巯基酶的巯基结合后，引起酶活性丧失，导致人畜中毒。二巯基丙醇（BAL）可以解除这类抑制剂对巯基酶的抑制。

（二）可逆性抑制

抑制剂与酶的必需基团以非共价键结合，使酶活性降低或丧失，这种抑制称为可逆性抑制。它可采用透析、超滤等物理方法将抑制剂除去，使酶活性得到恢复。可逆性抑制分为竞争性抑制、非竞争性抑制和反竞争性抑制。

1. 竞争性抑制　抑制剂（I）与底物（S）结构相似，可与底物竞争地与酶活性中心的结合基团结合，从而减少酶与底物的结合，使酶活性降低，这种抑制称为竞争性抑制。这一过程主要是阻碍了酶与底物形成中间产物。竞争性抑制的反应如图 5-11 所示。

竞争性抑制的强弱取决于抑制剂与底物的相对浓度，由于竞争性抑制剂与酶的结合是可逆的，所以，增加底物浓度可以减弱或消除抑制作用。实验表明，在竞争性抑制反应中，增加底物浓度，反应可以达到原来的最大速度，V_{max} 不变，但是，需要较高的底物浓度才能达到，酶对底物的亲和力下降，K_m 值增大。

竞争性抑制原理已用于药物的开发。如磺胺类药物、磺胺增效剂（TMP）、阿拉伯糖胞

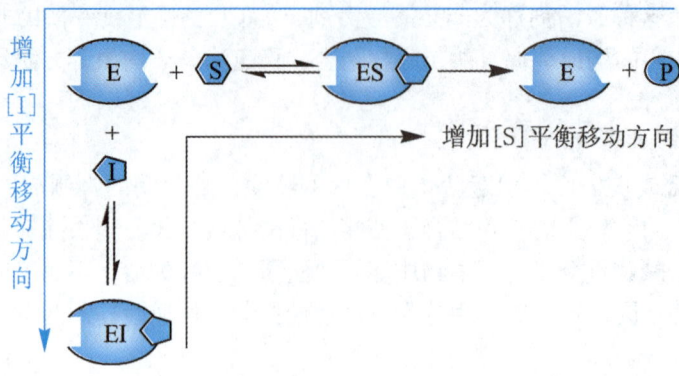

图 5-11 竞争性抑制

苷、氟尿嘧啶等都是利用竞争性抑制原理研制出来的。

对磺胺类药物敏感的细菌，在生长繁殖过程中，因为不能利用环境中的叶酸，只能在二氢叶酸合成酶的催化下，以对氨基苯甲酸为底物合成二氢叶酸（FH_2），二氢叶酸还原酶再将二氢叶酸还原成四氢叶酸（FH_4）。四氢叶酸是一碳基团的载体，而一碳基团是细菌合成核酸的必需物质。

磺胺类药物与对氨基苯甲酸结构相似，是二氢叶酸合成酶的竞争性抑制剂；磺胺增效剂（TMP）与二氢叶酸结构相似，是二氢叶酸还原酶的竞争性抑制剂。通过两者的作用，使细菌合成的四氢叶酸减少，导致细菌核酸合成受阻，从而抑制细菌的生长和繁殖。而人体能从食物中直接利用叶酸，故不受磺胺类药物的影响。

H_2N——〇——COOH　　　　　H_2N——〇——SO_2NHR

　　对氨基苯甲酸　　　　　　　　　　磺胺类药物

$$\begin{matrix}对氨基苯甲酸\\二氢蝶呤\\谷氨酸\end{matrix} \xrightarrow[\text{磺胺类药物（-）}]{\text{二氢叶酸合成酶}} 二氢叶酸 \xrightarrow[\text{TMP（-）}]{\text{二氢叶酸还原酶}} 四氢叶酸$$

2. **非竞争性抑制**　抑制剂（I）与酶活性中心外的必需基团结合，使酶的空间构象改变，引起酶活性下降，由于底物与抑制剂之间无竞争关系，所以称为非竞争性抑制。非竞争性抑制的反应如图 5-12 所示。

非竞争性抑制的强弱取决于抑制剂的浓度，与底物浓度无关，不能通过增加底物浓度来消除抑制。由于非竞争性抑制作用不影响酶对底物的亲和力，故 K_m 值不变；但它与酶的结合，

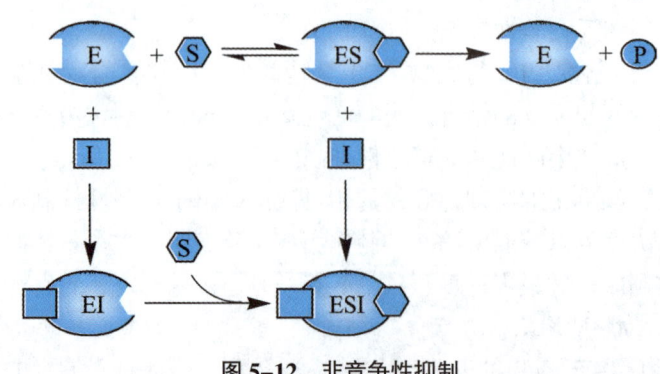

图 5-12 非竞争性抑制

抑制了酶的活性，使 V_{max} 降低。

3．反竞争性抑制　抑制剂（I）与酶和底物形成的中间产物（ES）结合成 ESI，使中间产物（ES）的量减少，反应产物生成量减少，使酶活性降低，这种抑制称为反竞争性抑制。反竞争性抑制的反应如图 5-13 所示。

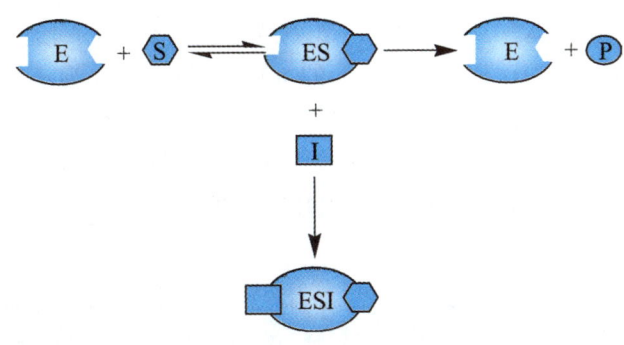

图 5-13　反竞争性抑制

反竞争性抑制的强弱既与抑制剂浓度成正比，也与底物浓度成正比。反竞争性抑制剂与 ES 结合后，酶活性被抑制，V_{max} 降低；此时 ES 除转变为产物外，又多了一条生成 ESI 的去路，使 E 与 S 的亲和力增加，故 K_m 值降低。

第五节　酶与医学的关系

一、酶与疾病的发生

某些疾病的发病机制往往与酶结构的异常和酶活性的改变有关。由于酶的缺陷使相应的正常代谢途径不能进行而引起的疾病，称为酶遗传性缺陷病（表 5-3）。

表 5-3　酶遗传性缺陷所致疾病

缺陷酶	相应疾病	缺陷酶	相应疾病
酪氨酸酶	白化病	谷胱甘肽过氧化物酶	新生儿黄疸
苯丙氨酸羟化酶	苯丙酮尿症	半乳糖-1-磷酸尿苷转移酶	半乳糖血症 I 型
尿黑酸氧化酶	尿黑酸症	葡糖-6-磷酸脱氢酶	蚕豆病
高铁血红蛋白还原酶	高铁血红蛋白血症	葡糖-6-磷酸酶	糖原累积症

例如酪氨酸酶缺乏时，酪氨酸不能转化成黑色素，导致皮肤、毛发缺乏黑色素而患白化病；蚕豆病患者，因为红细胞内缺乏葡糖-6-磷酸脱氢酶，导致戊糖磷酸途径受阻，生成 NADPH 减少，红细胞膜容易破裂，当食用蚕豆或服用某些药物时，引起溶血性贫血和出现黄疸症状；苯丙氨酸羟化酶缺乏，引起体内苯丙酮酸及其代谢产物堆积，导致苯丙酮尿症；肝内缺乏葡糖-6-磷酸酶，引起糖原累积症等。

毒物抑制酶的活性引起中毒性疾病，如有机磷杀虫剂抑制羟基酶引起中毒；重金属离子抑制巯基酶引起中毒等。

二、酶与疾病的诊断

临床上常测定体液中酶活性来辅助诊断疾病。其中最常用的是对血清和血浆酶活性的测定。

（一）血清（浆）酶与疾病的诊断

正常人血清中酶的活性比较稳定，只在一定范围内波动。当某些组织或器官发生病变时，血清中某些酶的活性会发生较大的改变。临床上常用于诊断疾病的血清酶与疾病的关系见表5-4。

（二）同工酶与疾病的诊断

同工酶在不同的组织和器官，或者在同一组织和器官的不同发育阶段，都有不同的同工酶电泳图谱，因此，检测同工酶可提高酶学诊断的特异性和敏感性。如 CK 同工酶包括 CK-BB、CK-MB、CK-MM 3 种，早期心肌梗死时 CK-MM 明显升高。ACP 同工酶有前列腺 ACP（PAP）和非前列腺 ACP 两类，前列腺癌时 PAP 显著升高。GGT 同工酶分为 GGT_1、GGT_2、GGT_3、GGT_4 4 种，正常人血清只有 GGT_2 和 GGT_3，肝癌时出现 GGT_1，胆总管结石时 GGT_2 增加。

表 5–4　常用于诊断疾病的血清酶

血清酶	主要来源	主要疾病
乳酸脱氢酶（LDH）	心脏、肝、骨骼肌、红细胞	心肌梗死、肝实质疾病、溶血
丙氨酸转氨酶（ALT）	肝、心脏、骨骼肌	肝病
天冬氨酸转氨酶（AST）	心脏、肝、骨骼肌、肾、红细胞	心肌梗死、肝病、肌肉疾病
碱性磷酸酶（ALP）	肝、骨、肠黏膜、胎盘、肾	骨病、肝胆疾病
酸性磷酸酶（ACP）	前列腺、红细胞	前列腺癌、骨病
γ-谷氨酰转移酶（GGT）	肝、肾	肝病、乙醇中毒
淀粉酶（AMY）	唾液腺、胰腺、卵巢	胰腺炎
肌酸激酶（CK）	骨骼肌、脑、心脏、平滑肌	心肌梗死、肌肉疾病

三、酶与疾病的治疗

酶制剂用于临床治疗已越来越广泛。如治疗消化不良使用的胃蛋白酶、胰蛋白酶、胰脂肪酶、胰淀粉酶、纤维素酶和木瓜蛋白酶等；用于抗菌消炎治疗而使用的胰蛋白酶、溶菌酶、菠萝蛋白酶、木瓜蛋白酶、胶原蛋白酶等；用于抗肿瘤治疗而使用的天冬酰胺酶以及抗血栓治疗而使用的纤溶酶、尿激酶、葡激酶、链激酶、蚓激酶、蛇毒降纤酶等。另外还有超氧化物歧化酶用于治疗类风湿性关节炎和放射病；凝血酶用于止血；单胺氧化酶可抗抑郁；青霉素酶用于治疗青霉素过敏等。

四、酶在医学上的其他应用

酶作为工具和试剂也已被广泛应用于科学研究和临床检验。在分子生物学研究领域，利用酶具有高度特异性的特点，以限制性核酸内切酶和连接酶等作为工具酶，对某些生物大分子进行定向的分割和连接。在酶标记法中，用酶代替同位素与某些物质结合，使该物质被酶所标记。通过测定酶活性来判断被标记物或与其定量结合的物质的存在与含量。这种方法灵敏性高，同时又可避免同位素污染，如酶联免疫测定法。在临床检验中，将酶作为分析试剂，检测待测酶活性或底物浓度，把作为分析试剂的酶称为工具酶。工具酶所催化的反应产物可以直接测定，所以工具酶的应用，使一些不易直接测定的待测酶和化合物变为可以直接测定的反应，同时利于自动化分析。

自测题

一、选择题

1. 关于酶的叙述,正确的是
   A. 所有蛋白质都是酶
   B. 酶由活细胞产生,在体外无催化活性
   C. 所有酶都有辅酶或辅基
   D. 酶的化学本质绝大部分是蛋白质
   E. 酶的化学本质是核酸
2. 唾液淀粉酶对淀粉起催化作用,对蔗糖不起作用,这一现象说明了酶有
   A. 高度的催化效率
   B. 高度的特异性
   C. 高度的不稳定性
   D. 可调节性
   E. 酶作用的时空性
3. 胰液中的蛋白水解酶最初以酶原形式存在的意义是
   A. 储存蛋白酶
   B. 促进蛋白酶的分泌
   C. 保护自身组织不被水解
   D. 保证蛋白酶在一定时间内发挥消化作用
   E. 延长蛋白酶的作用时间
4. 关于竞争性抑制作用的叙述,正确的是
   A. 抑制剂与活性中心以外的部位结合
   B. 抑制剂结构与底物不相似
   C. 增加底物浓度对抑制作用无影响
   D. K_m 增大,V_{max} 不变
   E. V_{max} 与 K_m 均不变
5. 下列关于酶促反应调节的叙述,正确的是
   A. 温度越高,反应速度越快
   B. 反应速度不受底物浓度的影响
   C. 底物饱和时,反应速度随酶浓度增加而增加
   D. 在最适 pH 下,反应速度不受酶浓度影响
   E. 反应速度不受酶浓度的影响
6. 酶分子中能使底物转变为产物的基团是
   A. 调节基团
   B. 结合基团
   C. 催化基团
   D. 亲水基团
   E. 活性中心外基团
7. 以下不属于不可逆抑制剂的是
   A. 有机磷农药
   B. 路易士气
   C. 重金属
   D. 磺胺类药物
   E. 氰化物中毒
8. 酶原之所以没有活性,是因为
   A. 酶蛋白肽链合成不全
   B. 活性中心未形成或暴露
   C. 酶原是普通的蛋白质
   D. 缺乏辅酶或辅基
   E. 是已经变性的蛋白质
9. 有关酶 K_m 值的叙述,正确的是
   A. K_m 值是酶底物复合物的解离常数
   B. K_m 值与酶的结构无关
   C. K_m 值与底物的性质无关
   D. K_m 值并不反映酶与底物的亲和力
   E. K_m 值在数值上是达到最大反应速度一半时所需要的底物浓度

二、名词解释

1. 酶
2. 活性中心

3. 酶原
4. 酶原激活
5. 同工酶

三、问答题

1. 举例说明酶原激活的概念、机制、本质和意义。
2. 试述酶促反应的特点和影响因素有哪些?
3. 举例说明竞争性抑制的特点和实际意义。

（欧阳满）

第六章

糖 代 谢

思政之光

学习目标

掌握：
糖酵解、有氧氧化、糖异生的概念，特点及生理意义；戊糖磷酸途径的生理意义；血糖的来源与去路。

熟悉：
糖酵解、有氧氧化、戊糖磷酸途径、糖异生、糖原生成与分解的反应过程；血糖浓度的调节；糖代谢紊乱；糖尿病患者糖代谢的改变。

了解：
糖的生理功能；糖的消化与吸收。
通过两位罹患糖尿病的明星的励志故事及观察日常生活中常见饮品的含糖量，牢固树立控制欲望、健康生活的理念。

案例导入

某患者，男性，42岁。因多食、多饮、消瘦半年而就诊。既往体健，无药物过敏史，个人史和家族史无特殊。体格检查：T36 ℃，P80次/分，R18次/分，BP130/80 mmHg。皮肤无皮疹，浅表淋巴结无肿大，巩膜无黄染，心脏、肺（-），腹平软，肝、脾肋下未触及，双下肢无水肿，巴宾斯基征（-）。实验室检查示血常规：血红蛋白125 g/L，白细胞$6.05×10^9$/L，血小板$235×10^9$/L；尿常规：尿蛋白（-），尿糖（+++），镜检（-）；空腹血糖12 mmol/L。

请分析：
1. 初步诊断是什么？
2. 结合所学知识，解释患者体征及实验室检查结果。

糖是人体最重要的能源物质，其化学本质为多羟基醛或多羟基酮及其衍生物或多聚物。糖可分为单糖、寡糖、多糖和结合糖。单糖是不能发生水解反应的糖，常见的单糖有葡萄糖（glucose）、果糖、核糖等；寡糖是由2~10个单糖以葡糖苷键连接而构成的糖的总称，最常见的是二糖，如蔗糖、麦芽糖、乳糖等；多糖是由10个以上单糖通过糖苷键连接而成的线性或分支的聚合物，例如淀粉、纤维素、糖原等；结合糖是指糖与非糖物质以共价键结合形成的复合糖类，如糖蛋白、蛋白聚糖和糖脂等。糖在体内主要以葡萄糖和糖原两种形式存在。糖原是糖在体内的贮存形式，而葡萄糖是糖的功能和运输形式。

第一节 概　　述

一、糖的生理功能

（一）氧化供能

生命活动需要能量，糖是人体最主要的供能物质。人体所需能量的 50%~70% 来自糖的氧化分解，1 mol 葡萄糖彻底氧化可释放 2 840 kJ（679 kcal）的能量，这些能量一部分以热量形式散发，以维持体温；一部分（约 40%）转化为高能化合物（如 ATP）供生命活动所需，如肌肉收缩、神经活动、腺体分泌、信息传递及代谢反应等。

（二）维持血糖

糖原是糖在体内的储存形式，是机体储存能源的重要方式。当机体需要时，糖原分解释放入血，可有效地维持正常血糖浓度，保证重要生命器官的能量供应。

（三）参与构成组织和细胞

糖是体内重要的结构物质，如核糖、脱氧核糖是核酸的组成成分。杂多糖和结合糖是构成细胞膜、神经组织、结缔组织、细胞间质的主要成分。糖蛋白和糖脂是生物膜的重要组成成分。

（四）转变为其他含碳化合物

糖分解代谢的中间产物可为体内其他含碳化合物的合成提供原料。例如糖在体内可转变为脂肪而储存；可转变为某些氨基酸参与机体蛋白质的合成；可转变为葡糖醛酸参与机体的生物转化。

（五）参与构成一些生理活性物质

糖参与构成体内一些生理活性物质，如免疫球蛋白、某些激素、酶及绝大部分凝血因子等。

二、糖的消化与吸收

人类食物中的糖主要有植物淀粉、动物糖原、蔗糖、麦芽糖和乳糖等。淀粉和糖原都是葡萄糖以 α- 糖苷键连接形成的大分子。食物糖类进入消化道，在消化酶的作用下水解成葡萄糖等单糖被吸收的过程称为糖的消化。虽然唾液和胰液中都含有可水解淀粉的 α- 淀粉酶，但是由于食物在口腔中停留的时间短，故淀粉的消化和吸收主要在小肠进行。在小肠胰液的 α- 淀粉酶作用下，淀粉水解成麦芽糖、麦芽三糖、α- 临界糊精等寡糖，在小肠黏膜刷状缘继续被 α- 葡糖苷酶和 α- 临界糊精酶进一步水解成葡萄糖。

糖在小肠被消化成单糖后以主动转运方式被吸收，再经门静脉入肝。小肠黏膜细胞对葡萄糖的吸收依赖于特定载体转运，同时伴随有 Na^+ 的转运，这类葡萄糖转运体被称为 Na^+ 依赖型葡萄糖转运体（sodium-dependent glucose transporter，SGLT），它们主要存在于小肠黏膜和肾小管上皮细胞。

 知识链接

食物中的糖类

食物中除了淀粉之外，还含有大量的纤维素，是葡萄糖以 β–1,4- 糖苷键相连聚合成的大分子。人体内无 β- 糖苷酶，故不能消化食物中的纤维素，但纤维素可刺激肠胃

蠕动，也是维持健康所必需的。牛、羊等食草动物能使纤维素水解成葡萄糖而吸收、利用。肠黏膜细胞还存在蔗糖酶和乳糖酶等，分别水解蔗糖和乳糖。有些人缺乏乳糖酶，在食用牛奶后发生乳糖消化障碍，可引起腹胀、腹泻等症状，此时可改食酸牛奶，以防止其发生。

第二节 糖的分解代谢

糖的分解代谢是糖在体内氧化供能的重要过程。在不同条件下，糖氧化分解的途径不同。糖的分解代谢途径有 3 条：①糖酵解；②糖的有氧氧化；③戊糖磷酸途径。

一、糖酵解

（一）糖酵解的概念

葡萄糖或糖原在无氧或缺氧的条件下，分解为乳酸的过程称为糖的无氧氧化，这一过程与酵母菌使糖生醇发酵的过程相似，故又称糖酵解（glycolysis）。催化此途径的酶类存在于细胞的胞质中，其全部反应均在胞质中完成。

（二）糖酵解的反应过程

糖酵解的反应过程可分为两个阶段：第一阶段是葡萄糖（或糖原）分解生成丙酮酸的过程，称为糖酵解途径；第二阶段是丙酮酸还原生成乳酸的过程。

> 考点提示
> 糖酵解的主要过程

1. 糖酵解途径　葡萄糖分解生成丙酮酸。

（1）葡糖 -6- 磷酸的生成：葡萄糖进入细胞后，在己糖激酶（hexokinase，HK）或葡糖激酶（glucokinase，GK）的催化下，由 ATP 提供能量和磷酸基团，磷酸化生成葡糖 -6- 磷酸（glucose-6-phosphate，G-6-P）。因有较多自由能释放，反应是不可逆的。这一步反应不仅活化了葡萄糖，有利于进一步代谢，而且还能捕获进入细胞内的葡萄糖，使之不再透出细胞膜。

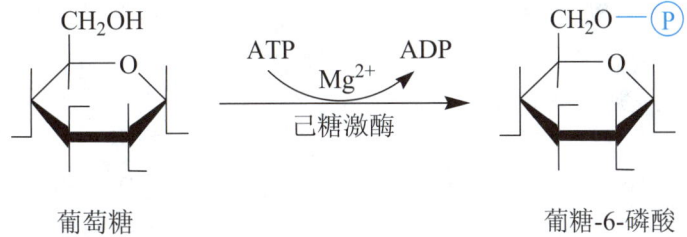

葡萄糖　　　　　　　　　　　　　　葡糖-6-磷酸

己糖激酶是糖酵解途径的关键酶之一，催化的反应不可逆。此酶专一性不强，可作用于多种己糖，如葡萄糖、果糖、甘露糖等。它有 4 种同工酶，Ⅰ、Ⅱ、Ⅲ型主要存在于肝外组织，对葡萄糖有较强亲和力。Ⅳ型己糖激酶（即葡糖激酶）主要存在于肝，专一性强，只能催化葡萄糖的磷酸化。

若从糖原开始，需糖原磷酸化酶催化，在磷酸参与下分解生成葡糖 -1- 磷酸，再经变位酶作用生成葡糖 -6- 磷酸。此过程没有消耗 ATP。

（2）果糖-6-磷酸的生成：葡糖-6-磷酸在磷酸己糖异构酶（需要 Mg^{2+} 参与）催化下转化为果糖-6-磷酸（fructose-6-phosphate，F-6-P），反应可逆。

$$\text{葡糖-6-磷酸} \underset{}{\overset{\text{磷酸己糖异构酶}}{\rightleftharpoons}} \text{果糖-6-磷酸}$$

（3）二磷酸果糖的生成：果糖-6-磷酸由磷酸果糖激酶-1催化，需要 ATP 和 Mg^{2+}，生成果糖-1,6-双磷酸（fructose-1,6-bisphosphate，F-1,6-P），反应过程不可逆。磷酸果糖激酶-1也是糖酵解过程的关键酶，是糖酵解过程中最重要的调节点。

$$\text{果糖-6-磷酸} \xrightarrow[\text{磷酸果糖激酶-1}]{\text{ATP} \quad \text{ADP} \atop Mg^{2+}} \text{果糖-1,6-双磷酸}$$

（4）磷酸丙糖的生成：在醛缩酶作用下，果糖-1,6-双磷酸裂解为2分子磷酸丙糖，即甘油醛-3-磷酸和磷酸二羟丙酮，二者在异构酶的催化下可相互转变。由于甘油醛-3-磷酸在糖代谢中继续氧化分解，故1分子果糖-1,6-双磷酸相当于生成了2分子的甘油醛-3-磷酸。

（5）1,3-双磷酸甘油酸的生成：在甘油醛-3-磷酸脱氢酶催化下，甘油醛-3-磷酸脱氢并磷酸化生成含有高能磷酸键的1,3-双磷酸甘油酸，NAD^+ 为受氢体，需无机磷酸参与。这是糖酵解中唯一的氧化反应。

$$\text{甘油醛-3-磷酸} + H_3PO_4 \xrightarrow[\text{3-磷酸甘油醛脱氢酶}]{NAD^+ \quad NADH+H^+} \text{1,3-双磷酸甘油酸}$$

（6）甘油酸-3-磷酸的生成：在磷酸甘油酸激酶催化下，1,3-双磷酸甘油酸的高能磷酸基转移给 ADP 生成 ATP，自身转变为甘油酸-3-磷酸。这种底物氧化过程中产生的能量直接将 ADP 磷酸化生成 ATP 的过程，称为底物磷酸化。这是糖酵解过程中第一个底物磷酸化反应。

$$
\begin{array}{c}
\text{O} \\
\| \\
\text{C—O}\sim\text{\textcircled{P}} \\
| \\
\text{CH—OH} \\
| \\
\text{CH}_2\text{—O—\textcircled{P}}
\end{array}
\quad\xrightleftharpoons[\text{磷酸甘油酸激酶}]{\text{ADP} \quad \text{ATP} \atop \text{Mg}^{2+}}\quad
\begin{array}{c}
\text{COOH} \\
| \\
\text{CH—OH} \\
| \\
\text{CH}_2\text{—O—\textcircled{P}}
\end{array}
$$

1,3-双磷酸甘油酸　　　　　　　　　　　甘油酸-3-磷酸

（7）甘油酸-2-磷酸的生成：在磷酸甘油酸变位酶催化下，甘油酸-3-磷酸 C_3 位上的磷酸基转移到 C_2 位上，生成甘油酸-2-磷酸。

$$
\begin{array}{c}
\text{COOH} \\
| \\
\text{CH—OH} \\
| \\
\text{CH}_2\text{—O—\textcircled{P}}
\end{array}
\quad\xrightleftharpoons[]{\text{磷酸甘油酸变位酶}}\quad
\begin{array}{c}
\text{COOH} \\
| \\
\text{CH—O—\textcircled{P}} \\
| \\
\text{CH}_2\text{OH}
\end{array}
$$

3-磷酸甘油酸　　　　　　　　　　　　2-磷酸甘油酸

（8）磷酸烯醇丙酮酸的生成：甘油酸-2-磷酸经烯醇化酶催化脱水的同时，分子内部的能量重新分配，生成含有高能磷酸键的磷酸烯醇丙酮酸。

$$
\begin{array}{c}
\text{COOH} \\
| \\
\text{CH—O—\textcircled{P}} \\
| \\
\text{CH}_2\text{OH}
\end{array}
\quad\xrightleftharpoons[\text{烯醇化酶}]{\text{H}_2\text{O}}\quad
\begin{array}{c}
\text{COOH} \\
| \\
\text{C—O}\sim\text{\textcircled{P}} \\
\| \\
\text{CH}_2
\end{array}
$$

2-磷酸甘油酸　　　　　　　　　　　　磷酸烯醇丙酮酸

（9）丙酮酸的生成：在丙酮酸激酶（pyruvate kinase，PK）催化下，磷酸烯醇丙酮酸上的高能磷酸键转移给 ADP 生成 ATP，自身转变为烯醇丙酮酸，并自发转变为丙酮酸。这是糖酵解过程中第二个底物磷酸化反应。丙酮酸激酶为糖酵解过程中的第三个关键酶。

$$
\begin{array}{c}
\text{COOH} \\
| \\
\text{C—O}\sim\text{\textcircled{P}} \\
\| \\
\text{CH}_2
\end{array}
\quad\xrightarrow[\text{丙酮酸激酶}]{\text{ADP} \quad \text{ATP} \atop \text{Mg}^{2+}}\quad
\begin{array}{c}
\text{COOH} \\
| \\
\text{C—OH} \\
\| \\
\text{CH}_2
\end{array}
\quad\rightleftharpoons\quad
\begin{array}{c}
\text{COOH} \\
| \\
\text{C=O} \\
| \\
\text{CH}_3
\end{array}
$$

磷酸烯醇丙酮酸　　　　　　　烯醇式丙酮酸　　　　　　　丙酮酸

2. 乳酸的生成　机体缺氧时，在乳酸脱氢酶催化下，由糖酵解途径第五步反应甘油醛-3-磷酸脱氢生成的 NADH + H^+ 作为供氢体，将丙酮酸还原生成乳酸。NADH + H^+ 又转变成 NAD^+，保证糖酵解途径在无氧条件下继续进行。

$$
\begin{array}{c}
\text{COOH} \\
| \\
\text{C=O} \\
| \\
\text{CH}_3
\end{array}
\quad\xrightleftharpoons[\text{乳酸脱氢酶}]{\text{NADH+H}^+ \quad \text{NAD}^+}\quad
\begin{array}{c}
\text{COOH} \\
| \\
\text{CHOH} \\
| \\
\text{CH}_3
\end{array}
$$

丙酮酸　　　　　　　　　　　　　　　乳酸

糖酵解反应过程见图 6-1。

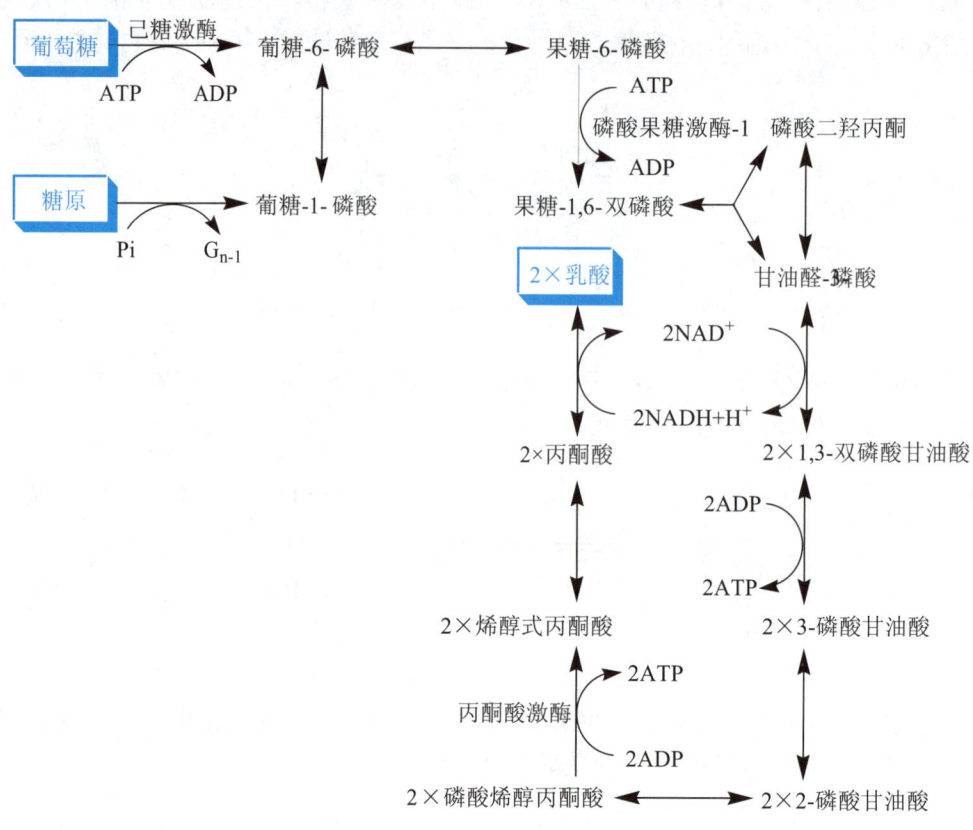

图 6-1　糖酵解反应过程

（三）糖酵解反应特点

1. 反应部位与终产物　糖酵解的整个过程在细胞的胞质中进行，条件为缺氧或无氧，终产物是乳酸。

2. 无 NADH 净生成　糖酵解过程有一次氧化反应，即甘油醛 -3- 磷酸脱氢生成 1,3- 双磷酸甘油酸，脱下的氢由 NAD^+ 接受生成 $NADH + H^+$，但 $NADH + H^+$ 又作为供氢体参与丙酮酸还原为乳酸的反应，使 $NADH + H^+$ 又转变为 NAD^+ 再参与脱氢反应，使糖酵解得以持续进行。

3. 产能　糖酵解过程中有两个耗能反应，即葡萄糖→葡糖 -6- 磷酸和果糖 -6- 磷酸→果糖 -1,6- 双磷酸，消耗 2 分子 ATP；两个产能反应，即 1,3- 双磷酸甘油酸→甘油酸 -3- 磷酸、磷酸烯醇丙酮酸→丙酮酸，产生 2×2 分子 ATP，故 1 分子葡萄糖可净生成 2 分子 ATP。若从糖原开始，则糖原中的每一个葡萄糖单位经糖酵解净生成 3 分子 ATP。

4. 有 3 个不可逆反应　催化这三步反应的己糖激酶、磷酸果糖激酶 -1、丙酮酸激酶是糖酵解途径的关键酶，调节这 3 个酶的活性可影响糖酵解的速度，其中尤以磷酸果糖激酶 -1 的催化活性最低，是最重要的限速酶。

糖酵解的关键酶

（四）糖酵解的生理意义

1. 糖酵解是机体在缺氧情况下快速供能的方式　在生理性缺氧情况下，如剧烈运动时，能量需求增加，糖分解加速，此时即使呼吸和循环加快以增加氧的需求，仍不能满足机体需要，肌肉处于相对缺氧状态，必须通过糖酵解提供急需的能量。在病理性缺氧情况下，如呼吸障碍、严重贫血、大量失血等造成机体缺氧时，糖酵解途径增强。倘若糖酵解过度，可导致乳酸堆积而引起酸中毒。

2. 糖酵解是成熟红细胞的唯一供能途径　成熟的红细胞没有线粒体，不能进行有氧氧化，完全依赖糖酵解供给能量。

3. 糖酵解是某些组织获得能量的主要方式　某些组织和细胞如视网膜、白细胞、睾丸、肿瘤细胞等，即使在有氧条件下也主要依靠糖酵解获得能量。

（五）糖酵解的调节

糖酵解的调节主要通过调节葡糖激酶、磷酸果糖激酶-1和丙酮酸激酶的活性来实现。

1. 激素的调节　胰岛素可诱导糖酵解反应中的3个关键酶的合成，提高其催化活性，促使糖酵解加强。

2. 代谢物的别构调节　磷酸果糖激酶-1（PFK-1）是3个关键酶中催化效率最低的，该酶的活性调节是糖酵解途径中最重要的调节点，受多种别构剂的影响。ATP和柠檬酸是PFK-1的别构抑制剂，当有足够ATP时，ATP与PFK-1的调节部位结合，使酶活性丧失，糖酵解反应速度减慢。而AMP、ADP、果糖-1,6-双磷酸和果糖-2,6-双磷酸等是PFK-1的别构激活剂。当细胞内能量消耗过多，ATP减少，AMP和ADP增多，磷酸果糖激酶被激活，糖酵解反应速度加快，ATP生成量增多。此外，通过改变丙酮酸激酶和己糖激酶的活性也可调节糖酵解的速率。果糖-1,6-双磷酸是丙酮酸激酶的别构激活剂，ATP和丙氨酸为此酶的别构抑制剂。己糖激酶受其反应产物葡糖-6-磷酸的反馈抑制。

> **知识链接**
>
> **改善心肌梗死选择哪种糖？**
>
> 临床上改善心肌梗死患者的心肌代谢时，首选果糖-1,6-双磷酸而不是10%葡萄糖。其机制是：果糖-1,6-双磷酸进入体内分解供能时，一方面不需要消耗ATP便可直接产能；另一方面它还是磷酸果糖激酶的别构激活剂，使糖的分解速度加快。而葡萄糖在体内分解供能时，要先消耗2分子ATP再产能，加重了心肌负担。所以，在改善心肌代谢时，果糖-1,6-双磷酸优于葡萄糖。

二、糖的有氧氧化

（一）糖有氧氧化的概念

在有氧条件下，葡萄糖或糖原彻底氧化生成水和二氧化碳并产生大量能量的过程称为有氧氧化（aerobic oxidation）。有氧氧化是糖分解代谢的主要途径，反应在胞质和线粒体内进行，大多数组织和细胞通过有氧氧化获得能量。

（二）糖有氧氧化的反应过程

糖有氧氧化的反应过程可分为3个阶段：①在胞质中，葡萄糖或糖原经糖酵解途径生成丙酮酸；②丙酮酸进入线粒体，氧化脱羧生成乙酰辅酶A；③乙酰辅酶A进入三羧酸循环，彻底氧化为CO_2和H_2O并释放较多能量。

1. 丙酮酸的生成　在胞质中，1 mol 葡萄糖经糖酵解途径净生成2 mol 的丙酮酸。此途径无论是有氧还是缺氧都能进行，属于糖酵解和有氧氧化的共同通路。与糖酵解不同的是，甘油醛-3-磷酸脱氢产生的$NADH + H^+$，在有氧条件下不再还原丙酮酸生成乳酸，而是经呼吸链氧化生成水并释放能量。

2. 乙酰辅酶A的生成　在胞质中生成的丙酮酸进入线粒体内，由丙酮酸脱氢酶复合体催化，氧化脱羧生成乙酰辅酶A（乙酰CoA），反应不可逆。总反应为：

$$\begin{matrix} COOH \\ | \\ C=O \\ | \\ CH_3 \end{matrix} + HS\text{-}CoA \xrightarrow[NAD^+ \quad NADH+H^+]{\text{丙酮酸脱氢酶复合体}} CH_3CO\sim CoA + CO_2$$

丙酮酸　　　辅酶A　　　　　　　　　　　　　　　　乙酰辅酶A

> **考点提示**
> 糖有氧氧化的关键酶

丙酮酸脱氢酶复合体是糖有氧氧化的关键酶，存在于线粒体内，由3种酶蛋白和5种辅酶组成（表6-1）。

表6-1　丙酮酸脱氢酶复合体的组成

酶	辅酶	所含维生素
丙酮酸脱氢酶	TPP	维生素B_1
二氢硫辛酸转乙酰基酶	二氢硫辛酸、辅酶A	硫辛酸、泛酸
二氢硫辛酸脱氢酶	FAD、NAD^+	维生素B_2、维生素PP

丙酮酸脱氢酶复合体的作用机制见图6-2。

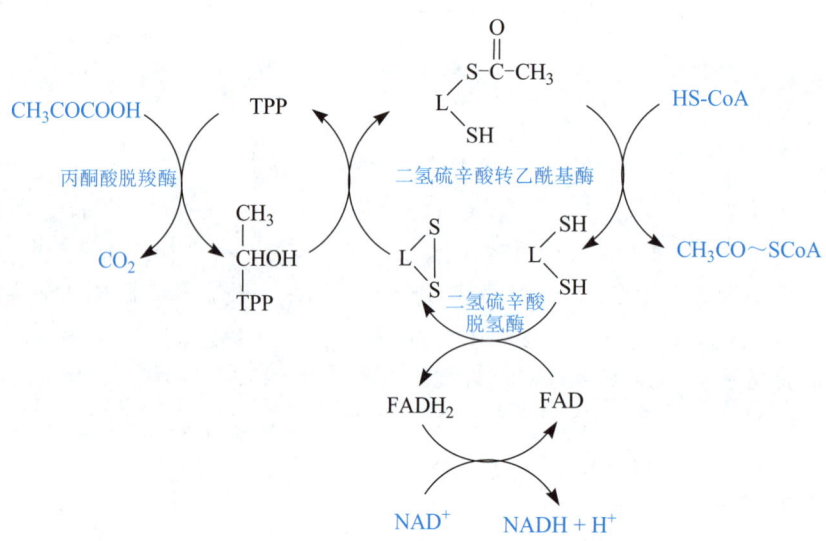

图6-2　丙酮酸脱氢酶复合体作用机制

丙酮酸脱氢酶复合体中含有5种维生素，这些维生素缺乏可能影响丙酮酸的氧化脱羧反应。如缺乏维生素B_1，体内TPP不足，丙酮酸氧化脱羧受阻，使丙酮酸、乳酸堆积，机体能量供给不足，常导致脚气病。临床上对代谢旺盛的甲状腺功能亢进症患者、发热患者或输入大量葡萄糖的患者，均应适当补充有关维生素，以维持糖的氧化分解。

3.乙酰辅酶A的氧化——三羧酸循环　三羧酸循环（tricarboxylic acid cycle，TAC）在线粒体内进行，是从乙酰辅酶A和草酰乙酸缩合成柠檬酸开始的，经过4次脱氢和2次脱羧反应后，又以草酰乙酸的再生成而结束。由于此过程是由含有3个羧基的柠檬酸作为起始物的循环反应，因而称之为三羧酸循环或柠檬酸循环。此循环是由德国科学家Hans Krebs提出的，故亦称为Krebs循环。具体反应过程如下。

（1）柠檬酸的生成：在柠檬酸合酶催化下，乙酰辅酶A与草酰乙酸缩合成柠檬酸，并释放出辅酶A。该反应为三羧酸循环的一个不可逆反应，柠檬酸合酶为三羧酸循环的一个关键酶。

$$CH_3-CO\sim SCoA + \begin{array}{c}CO-COOH\\|\\CH_2-COOH\end{array} \xrightarrow[\text{柠檬酸合酶}]{H_2O \quad CoA-SH} \begin{array}{c}CH_2-COOH\\|\\COH-COOH\\|\\CH_2-COOH\end{array}$$

乙酰辅酶A　　　　草酰乙酸　　　　　　　　　　　柠檬酸

（2）异柠檬酸的生成：柠檬酸在顺乌头酸酶的催化下，经脱水及再加水，从而改变分子内 –OH 和 H 的位置，生成异柠檬酸。

$$\begin{array}{c}CH_2-COOH\\|\\COH-COOH\\|\\CH_2-COOH\end{array} \underset{\text{顺乌头酸酶}}{\overset{H_2O}{\rightleftharpoons}} \begin{array}{c}CH_2-COOH\\|\\C-COOH\\\|\\CH-COOH\end{array} \underset{\text{顺乌头酸酶}}{\overset{H_2O}{\rightleftharpoons}} \begin{array}{c}CH_2-COOH\\|\\CH-COOH\\|\\CHOH-COOH\end{array}$$

柠檬酸　　　　　　　　顺乌头酸　　　　　　　　异柠檬酸

（3）α酮戊二酸的生成：在异柠檬酸脱氢酶的催化下，异柠檬酸氧化脱羧生成α酮戊二酸，脱下的 2H 由 NAD⁺ 接受，该反应也是一个不可逆反应。这是三羧酸循环中第一次氧化脱羧，异柠檬酸脱氢酶是也三羧酸循环中的一个关键酶。

$$\begin{array}{c}CH_2-COOH\\|\\CH-COOH\\|\\CHOH-COOH\end{array} \xrightarrow[\text{异柠檬酸脱氢酶}]{NAD^+ \quad NADH+H^+} \begin{array}{c}CH_2-COOH\\|\\CH_2\\|\\CO-COOH\end{array} + CO_2$$

异柠檬酸　　　　　　　　　　　　　　α酮戊二酸

（4）琥珀酰辅酶A的生成：在α酮戊二酸脱氢酶复合体催化下，α酮戊二酸氧化脱羧生成琥珀酰辅酶A，这是三羧酸循环中第二次氧化脱羧。此过程中α酮戊二酸释放较多自由能，反应不可逆。α酮戊二酸脱氢酶复合体的组成和催化反应过程与丙酮酸脱氢酶复合体类似，是三羧酸循环中又一关键酶。

$$\begin{array}{c}CH_2-COOH\\|\\CH_2\\|\\CO-COOH\end{array} + CoA-SH \xrightarrow[\text{α酮戊二酸脱氢酶复合体}]{NAD^+ \quad NADH+H^+} \begin{array}{c}CH_2-COOH\\|\\CH_2\\|\\CO\sim SCoA\end{array} + CO_2$$

α酮戊二酸　　　　　　　　　　　　　　　　　　琥珀酰辅酶A

（5）琥珀酸的生成：在琥珀酰辅酶A硫激酶催化下，琥珀酰辅酶A的高能硫酯键水解将能量转移，使 GDP 经底物磷酸化生成 GTP，本身转变为琥珀酸。生成的 GTP 再将高能键转移给 ADP 生成 ATP。这是三羧酸循环中唯一的底物磷酸化反应。

$$\begin{array}{c}CH_2-COOH\\|\\CH_2\\|\\CO\sim SCoA\end{array} + Pi \xrightarrow[\text{琥珀酰辅酶A硫激酶}]{GDP \quad GTP} \begin{array}{c}COOH\\|\\CH_2\\|\\CH_2\\|\\COOH\end{array} + CoA-SH$$

琥珀酰辅酶A　　　　　　　　　　　　　　琥珀酸

$$GTP + ADP \rightleftharpoons GDP + ATP$$

（6）延胡索酸的生成：由琥珀酸脱氢酶催化，琥珀酸脱氢生成延胡索酸，反应脱下的氢由 FAD 接受，生成 $FADH_2$。

$$\begin{array}{c}COOH\\|\\CH_2\\|\\CH_2\\|\\COOH\end{array} \xrightleftharpoons[\text{琥珀酸脱氢酶}]{FAD \quad FADH_2} \begin{array}{c}COOH\\|\\C-H\\\|\\H-C\\|\\COOH\end{array}$$

琥珀酸　　　　　　　　　　延胡索酸

（7）苹果酸的生成：延胡索酸在延胡索酸酶催化下加水生成苹果酸。

$$\begin{array}{c}COOH\\|\\C-H\\\|\\H-C\\|\\COOH\end{array} \xrightleftharpoons[\text{延胡索酸酶}]{H_2O} \begin{array}{c}COOH\\|\\CHOH\\|\\CH_2\\|\\COOH\end{array}$$

延胡索酸　　　　　　　　　　苹果酸

（8）草酰乙酸的再生：在苹果酸脱氢酶催化下，苹果酸脱氢生成草酰乙酸，脱下的氢由 NAD^+ 接受生成 $NADH + H^+$。再生的草酰乙酸则不断地被用于柠檬酸的合成。

$$\begin{array}{c}COOH\\|\\CHOH\\|\\CH_2\\|\\COOH\end{array} \xrightleftharpoons[\text{苹果酸脱氢酶}]{NAD^+ \quad NADH + H^+} \begin{array}{c}COOH\\|\\C=O\\|\\CH_2\\|\\COOH\end{array}$$

苹果酸　　　　　　　　　　草酰乙酸

三羧酸循环从乙酰辅酶 A 与草酰乙酸缩合生成柠檬酸开始，经历 2 次脱羧反应生成 2 分子 CO_2，这是体内 CO_2 的主要来源；经历 4 次脱氢反应，生成 3 分子 $NADH + H^+$ 和 1 分子 $FADH_2$；经历 1 次底物磷酸化反应，生成 1 分子 GTP，反应过程可归纳如图 6-3 所示。

（三）三羧酸循环的特点

1. 三羧酸循环必须在有氧条件下进行　当机体供氧充足时，丙酮酸氧化脱羧生成乙酰辅酶 A，进入三羧酸循环彻底氧化，故糖的氧化分解以有氧氧化为主。

2. 三羧酸循环是机体主要的产能途径　每次循环有 4 次脱氢反应，共生成 3 分子 $NADH + H^+$ 和 1 分子 $FADH_2$，经电子传递链传递后氧化生成 9 分子 ATP，加上底物磷酸化生成的 1 分子 ATP，1 分子乙酰辅酶 A 经三羧酸循环一次，共生成 10 分子 ATP。

3. 三羧酸循环是单向反应体系　三羧酸循环中的柠檬酸合酶、异柠檬酸脱氢酶、α 酮戊二酸脱氢酶复合体是该代谢途径的限速酶，所催化的是单向不可逆反应，所以三羧酸循环是不能逆转的，这有利于三羧酸循环产能的稳定性。

4. 三羧酸循环必须不断补充中间产物　由于三羧酸循环的中间产物常参与其他代谢，所以为了维持三羧酸循环中间产物浓度的相对恒定，就必须不断补充消耗的中间产物。草酰乙酸是三羧酸循环的重要起始物，是乙酰辅酶 A 进入三羧酸循环的载体，因而草酰乙酸的补充就显得尤为重要。草酰乙酸的补充主要来自糖代谢中丙酮酸的羧化生成。

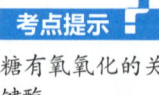

考点提示

糖有氧氧化的关键酶

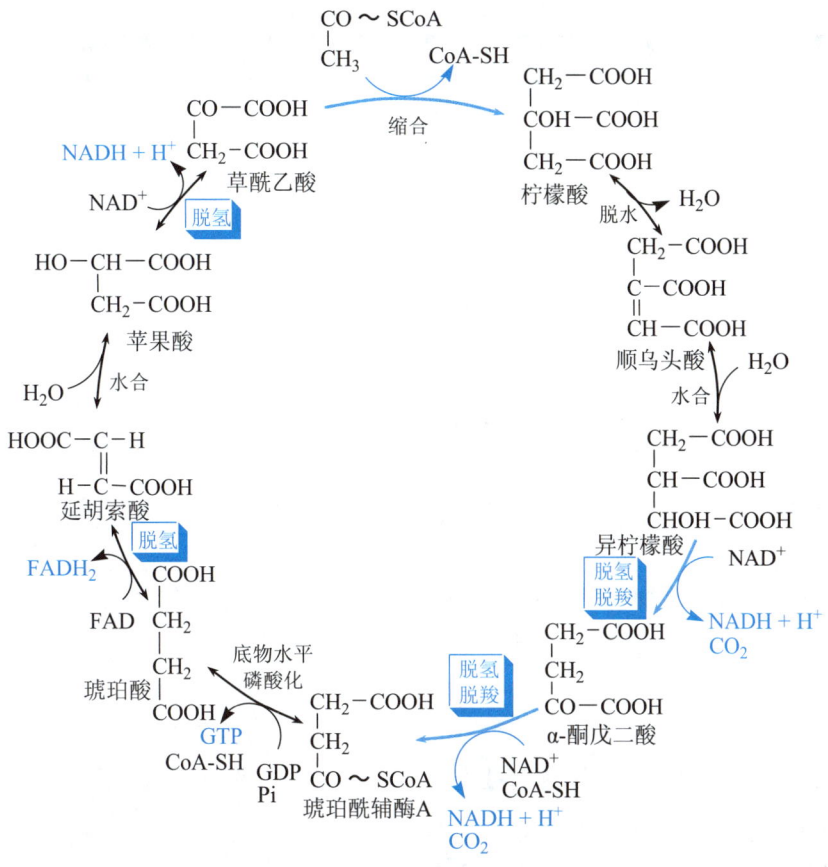

图 6-3 三羧酸循环

（四）糖有氧氧化的生理意义

1. **有氧氧化是机体获得能量的主要方式**　1 分子葡萄糖经糖酵解仅净生成 2 分子 ATP，经有氧氧化可净生成 32（或 30）分子 ATP（表 6-2）。在生理条件下，许多组织和细胞皆从糖的有氧氧化获得能量。

2. **三羧酸循环是糖、脂肪和蛋白质彻底氧化分解的共同途径**　三大营养物质（糖、脂肪、蛋白质）经代谢之后均可生成乙酰辅酶 A 或三羧酸循环的中间产物（如草酰乙酸、α 酮戊二酸等），经三羧酸循环彻底氧化生成 CO_2、H_2O，并生成大量 ATP。因此三羧酸循环是三大营养物质在体内氧化分解的共同通路，估计人体内 2/3 的有机物是通过三羧酸循环而被分解的。

3. **三羧酸循环是三大物质联系的枢纽**　三羧酸循环是一个开放系统，它的许多中间产物与其他代谢途径相沟通，使糖、脂肪、氨基酸相互转化。糖分解代谢产生的丙酮酸、α 酮戊二酸、草酰乙酸等可通过转氨基作用，分别生成丙氨酸、谷氨酸、天冬氨酸；同样，这些氨基酸也可经脱氨基后生成相应的 α- 酮酸进入三羧酸循环彻底氧化；脂肪分解产生甘油和脂肪酸，前者可转变成磷酸二羟丙酮，后者可生成乙酰辅酶 A，它们均可进入三羧酸循环氧化供能。故三羧酸循环是糖、脂肪、氨基酸等代谢联系的枢纽。

> **考点提示**
> 糖有氧氧化的生理意义

表 6-2 葡萄糖有氧氧化时 ATP 的生成与消耗

	ATP 的生成方式	ATP 数量
葡萄糖→葡糖-6-磷酸		-1
葡糖-6-磷酸→果糖-1,6-双磷酸		-1
甘油醛-3-磷酸→1,3-双磷酸甘油酸	NADH（FADH$_2$）呼吸链氧化磷酸化	2.5（1.5）×2*
1,3-双磷酸甘油酸→甘油酸-3-磷酸	底物磷酸化	1×2**
磷酸烯醇丙酮酸→烯醇丙酮酸	底物磷酸化	1×2
丙酮酸→乙酰辅酶A	NADH 呼吸链氧化磷酸化	2.5×2
异柠檬酸→α酮戊二酸	NADH 呼吸链氧化磷酸化	2.5×2
α酮戊二酸→琥珀酰辅酶A	NADH 呼吸链氧化磷酸化	2.5×2
琥珀酰辅酶A→琥珀酸	底物磷酸化	1×2
琥珀酸→延胡索酸	FADH$_2$ 呼吸链氧化磷酸化	1.5×2
苹果酸→草酰乙酸	NADH 呼吸链氧化磷酸化	2.5×2
合计		30 或 32

*. 根据 NADH+H$^+$ 进入线粒体的方式不同，如 α-磷酸甘油穿梭经电子传递链只产生 1.5×2ATP。

**. 1 分子葡萄糖生成 2 分子甘油醛-3-磷酸，故 ×2。

（五）糖有氧氧化的调节

丙酮酸脱氢酶复合体及三羧酸循环中的柠檬酸合酶、异柠檬酸脱氢酶和 α 酮戊二酸脱氢酶复合体是糖有氧氧化的 4 个关键酶。

1. 丙酮酸脱氢酶复合体的调节　丙酮酸脱氢酶复合体可通过别构调节和共价修饰调节进行快速调节。该酶的产物乙酰辅酶 A、NADH 以及 ATP、长链脂肪酸是其别构抑制剂，而 HSCoA、NAD$^+$、AMP 是其别构激活剂。例如饥饿、脂肪动员加强时，乙酰辅酶 A/HSCoA 比值和 NADH/NAD$^+$ 比值升高，糖的有氧氧化被抑制，多数组织和器官利用脂肪酸作为能量来源，以确保脑等重要器官对葡萄糖的需要。丙酮酸脱氢酶复合体还受到共价修饰调节，在丙酮酸脱氢酶复合体激酶作用下，该酶的丝氨酸残基可被磷酸化，使酶蛋白别构而失去活性；丙酮酸脱氢酶复合体磷酸酶使之去磷酸化而恢复活性。

2. 三羧酸循环的调节　三羧酸循环的速率和流量受多种因素调控。在 3 个关键酶中，异柠檬酸脱氢酶和 α 酮戊二酸脱氢酶复合体是两个重要的调节点，它们不仅受到代谢物浓度的别构调节，更受到细胞内能量状态影响。二者在 NADH/NAD$^+$、ATP/ADP（AMP）比值升高时均被反馈抑制，使三羧酸循环速度减慢。ADP 是异柠檬酸脱氢酶的别构激活剂，可加速三羧酸循环进行。

三、戊糖磷酸途径

戊糖磷酸途径（pentose phosphate pathway）由葡糖-6-磷酸开始，生成具有重要生理功能的核糖-5-磷酸和 NADPH + H$^+$。戊糖磷酸途径主要在肝、脂肪、哺乳期的乳腺、肾上腺皮质、性腺和红细胞等组织和细胞的胞质中进行。

（一）反应过程

戊糖磷酸途径可分为两个阶段：第一阶段是氧化阶段，生成戊糖磷酸、NADPH + H$^+$ 和 CO_2。第二阶段为基团转移阶段，生成核糖-5-磷酸或糖酵解的中间产物。

1. 氧化阶段　葡糖-6-磷酸在以 NADP$^+$ 为辅酶的葡糖-6-磷酸脱氢酶催化下生成 6-磷酸葡糖酸内酯，然后在 6-磷酸葡糖酸内酯酶催化下，水解成 6-磷酸葡糖酸。在 6-磷酸葡糖酸脱氢酶催化下产生 5-磷酸核酮糖，NADP$^+$ 再一次作为受氢体。每分子葡糖-6-磷酸生成 5-磷酸

核酮糖的过程中，同时生成 2 分子 NADPH + H$^+$ 及 1 分子 CO_2。

5- 磷酸核酮糖在戊糖磷酸异构酶催化下转变为核糖 -5- 磷酸，也可在差向酶作用下生成木酮糖 -5- 磷酸。葡糖 -6- 磷酸脱氢酶是戊糖磷酸途径的关键酶，催化不可逆反应。此酶活性受 NADPH 浓度影响，NADPH 反馈抑制酶的活性。

2. 基团转移阶段　通过一系列的基团转移反应，进行酮基和醛基的转移，产生三碳、四碳、五碳、六碳和七碳糖，最后转变成果糖 -6- 磷酸和甘油醛 -3- 磷酸又进入糖酵解途径。

戊糖磷酸途径（图 6-4）的总反应为：

3× 葡糖 -6- 磷酸 +6NADP$^+$ → 2× 果糖 -6- 磷酸 + 甘油醛 -3- 磷酸 +6NADPH+6H$^+$+3CO_2

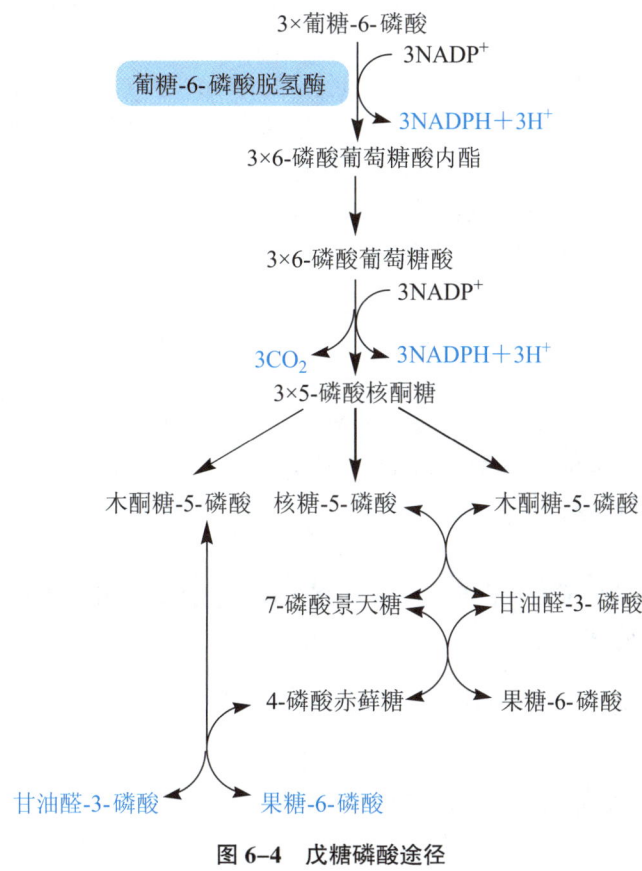

图 6-4　戊糖磷酸途径

（二）戊糖磷酸途径的生理意义

戊糖磷酸途径的主要功能不是生成 ATP 供能，而是生成对细胞生命活动具有重要意义的核糖 -5- 磷酸和 NADPH+H$^+$。

1. 核糖 -5- 磷酸的生理作用　戊糖磷酸途径是葡萄糖在体内生成核糖 -5- 磷酸的唯一途径。核糖 -5- 磷酸是合成核苷酸及其衍生物的重要原料，故损伤后修复再生的组织、更新旺盛的组织，如肾上腺皮质、梗死后的心肌及部分切除后的肝等，此代谢途径都比较活跃。

2. NADPH+H$^+$ 的生理作用　NADPH+H$^+$ 作为供氢体，参与体内多种代谢反应。

（1）为体内多种合成代谢提供氢：人体内脂肪酸、胆固醇及类固醇激素等化合物的生物合成都需 NADPH+H$^+$ 作为供氢体，故脂质合成旺盛的组织，戊糖磷酸途径也比较活跃。

（2）是谷胱甘肽还原酶的辅酶：谷胱甘肽还原酶以 NADPH 为辅酶，催化氧化型谷胱甘肽（GSSG）还原成还原型谷胱甘肽（GSH）。还原型谷胱甘肽是体内重要的抗氧化剂，可保护一些含巯基的蛋白质或酶免受氧化剂的破坏,维持细胞膜的完整性。遗传性葡糖-6-磷酸脱氢酶缺陷的患者,戊糖磷酸途径不能正常进行,NADPH+H⁺ 缺乏,GSH 含量减少,使红细胞膜易于破坏而发生溶血性贫血,因患者常在食蚕豆或服用抗疟疾药物伯氨喹后发病,故又称蚕豆病。

(3)参与生物转化作用:羟化反应是肝中生物转化的一类重要反应,许多药物、毒物、类固醇激素等在肝中的生物转化需通过羟化反应。NADPH+H⁺ 作为单加氧酶的辅酶在体内的羟化反应中起重要作用。

第三节 糖原的生成与分解

糖原(glycogen)是由多个葡萄糖残基聚合而成的多分支结构的高分子化合物。糖原分子中葡萄糖主要以 α-1,4-糖苷键相连形成直链,分支部分则以 α-1,6-糖苷键相连。糖原分子有许多非还原性分支末端,是糖原生成和分解的关键酶作用的位点。肌肉和肝是贮存糖原的主要组织和器官,肌糖原占肌肉总量的 1%~2%,为 180~300 g;肝糖原占肝重的 6%~8%,为 70~100 g。肌糖原分解为肌肉收缩供给能量,肝糖原则是血糖的重要来源,维持空腹状态下血糖浓度的相对恒定,保证脑、红细胞等重要组织的能量供应。糖原是葡萄糖的贮存形式。当细胞中能量充足时,进行糖原生成而贮存能量;当细胞中能量供应不足时,糖原分解,供应生命活动所需的能量。

一、糖原生成

(一)概念

由单糖(主要是葡萄糖)合成糖原的过程称为糖原生成(glycogenesis)。反应在胞质中进行,需要消耗 ATP 和 UTP。

(二)反应过程

1. 葡糖-6-磷酸的生成 在己糖激酶(肌肉)或葡糖激酶(肝)催化下,利用 ATP 供能,葡萄糖磷酸化生成葡糖-6-磷酸。

$$葡萄糖 \xrightarrow[\text{葡糖激酶(肝)}]{\text{己糖激酶(肌肉)} \quad ATP \to ADP} 葡糖\text{-}6\text{-}磷酸 \xleftrightarrow{\text{变位酶}} 葡糖\text{-}1\text{-}磷酸$$

2. 葡糖-1-磷酸的生成 葡糖-6-磷酸在磷酸葡糖变位酶催化下,异构为葡糖-1-磷酸。

3. 尿苷二磷酸葡糖的生成 葡糖-1-磷酸在 UDPG 焦磷酸化酶催化下与尿苷三磷酸反应,生成尿苷二磷酸葡糖(UDPG),释放出焦磷酸。

$$葡糖\text{-}1\text{-}磷酸 \xrightarrow[\text{UDPG焦磷酸化酶}]{UTP \to PPi} 尿苷二磷酸葡糖$$

4. 糖原的生成 UDPG 可看作"活性葡萄糖",作为糖原生成的葡萄糖供体。在糖原合酶催化下,将 UDPG 的葡萄糖基转移至糖原引物的糖链末端,以 α-1,4-糖苷键相连。每进行一次反应,糖原引物上即增加 1 个葡萄糖单位,由此使糖原分子不断变大。

$$UDPG + Gn \xrightarrow{\text{糖原合酶}} Gn+1 + UDP$$

(三)糖原生成的特点

1. **糖原生成需要糖原引物** 糖原生成反应不能从头开始将 2 个葡萄糖分子相互连接，而只能将葡萄糖加到引物（至少含有 4 个葡萄糖残基的 α-1,4 葡聚物）上。

2. **UDPG 是活性葡萄糖基的供体** 其生成过程中消耗 ATP 和 UTP，在糖原引物上每增加 1 个新的葡萄糖单位，需要消耗 2 个高能磷酸键。

3. **糖原合酶是糖原生成过程的关键酶** 糖原合酶只能延长糖链，不能形成分支。当糖链的直链超过 11 个糖基的长度时，由分支酶将一段糖链残基（通常 6~7 个葡萄糖单位）转移到邻近的糖链上，以 α-1,6-糖苷键相连形成新分支。两种酶反复作用的结果，形成高度分支的糖原分子（图 6-5）。此种分支结构不仅增加糖原的水溶性，以利于其储存，更重要的是增加了非还原端的数目，提供了更多的反应位点，大大提高了反应速度。

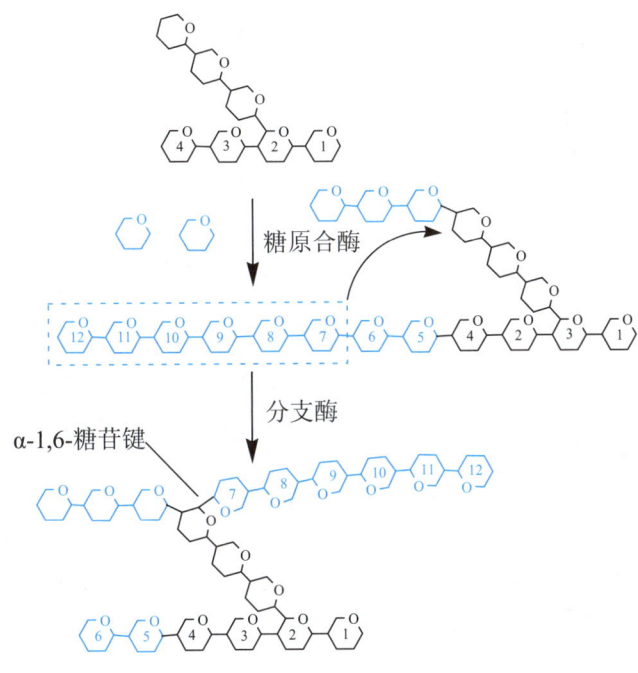

图 6-5 糖原生成示意图

二、糖原分解

(一)概念

肝糖原分解为葡萄糖以补充血糖的过程，称为糖原分解（glycogenolysis）。肌糖原不能分解为葡萄糖，其分解产物主要进行糖酵解或有氧氧化。

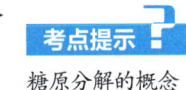

糖原分解的概念

(二)糖原分解反应过程

1. **糖原分解为葡糖-1-磷酸** 糖原磷酸化酶是糖原分解的限速酶，从糖链的非还原末端开始，逐个催化 α-1,4-糖苷键断裂并使葡萄糖基磷酸化生成葡糖-1-磷酸。

$$Gn + Pi \xrightarrow{\text{糖原磷酸化酶}} Gn-1 + 葡糖\text{-}1\text{-}磷酸$$

磷酸化酶只能分解 α-1,4-糖苷键，当其催化直链糖链水解至距分支点 4 个葡萄糖残基时就不再起作用。对分支点 α-1,6-糖苷键水解还需脱支酶作用。

脱支酶是一种双功能酶，它具有 4-α-葡糖基转移酶和 α-1,6-葡糖苷酶的活性。糖原降解至分支处约 4 个糖基时，磷酸化酶由于位阻作用被中止，由脱支酶将其中 3 个葡萄糖基转移到邻近糖链末端，仍以 α-1,4- 糖苷键连接。而分支处剩下的一个以 α-1,6- 糖苷键与糖链相连的葡萄糖基，被脱支酶水解为游离葡萄糖。糖原在磷酸化酶和脱支酶交替作用下，分子逐渐变小（图 6-6）。

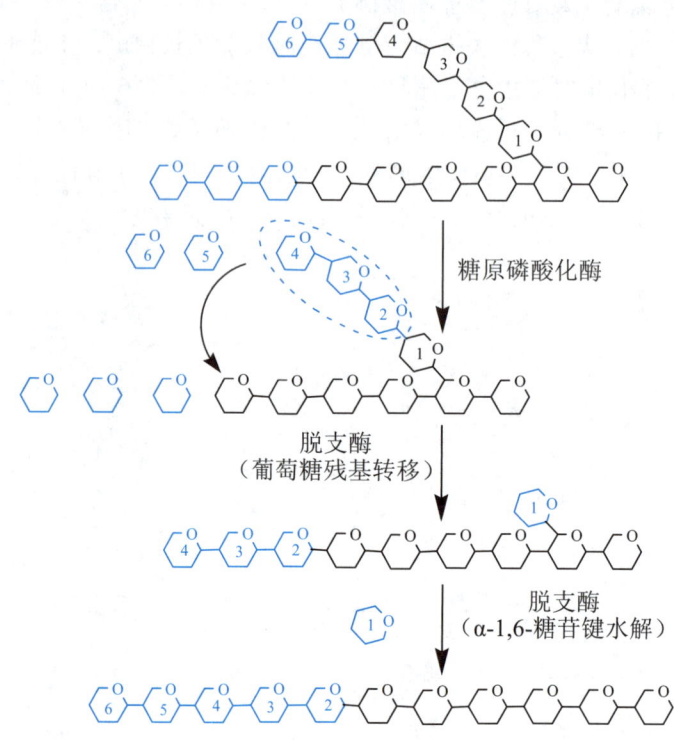

图 6-6 脱支酶的作用

2. 葡糖 -6- 磷酸的生成　葡糖 -1- 磷酸在变位酶作用下转变为葡糖 -6- 磷酸。
3. 葡萄糖的生成　葡糖 -6- 磷酸酶可催化葡糖 -6- 磷酸水解为葡萄糖而释放入血。

$$\text{葡糖-1-磷酸} \underset{}{\overset{\text{变位酶}}{\rightleftharpoons}} \text{葡糖-6-磷酸} \xrightarrow[\text{H}_2\text{O} \quad \text{Pi}]{\text{葡糖-6-磷酸酶（肝）}} \text{葡萄糖}$$

葡糖 -6- 磷酸酶只存在于肝和肾，所以只有肝糖原可分解为葡萄糖补充血糖。肌肉中无此酶，故肌糖原只能进行糖酵解或有氧氧化，而不能直接分解成葡萄糖。

三、糖原生成与分解的生理意义

糖原是糖在体内的贮存形式。进食后，血糖浓度迅速升高，葡萄糖生成糖原，将能量进行贮存。在空腹等情况下，血糖供应不足时，肝糖原分解为葡萄糖，维持血糖浓度的恒定，保证组织和细胞能量代谢得以实现。所以糖原的生成与分解对维持血糖浓度的恒定、保证机体组织和细胞对能量的需求十分重要。

四、糖原生成与分解的调节

糖原生成与分解不是简单的可逆反应。生成途径中的糖原合酶和分解途径中的磷酸化酶是关键酶，也是两条代谢途径的调节酶。各种因素一般都是通过改变这两种酶的活性状态而实现对糖原生成与分解的调节。这两种酶在体内有活性型（糖原合酶 a 和磷酸化酶 a）和无活性型

考点提示
糖原生成与分解的生理意义

（糖原合酶 b 和磷酸化酶 b）两种形式。两型之间通过磷酸化和去磷酸化共价修饰相互转变而改变酶的活性。此外，还存在关键酶活性的别构调节。

（一）共价修饰调节

细胞内活性型糖原合酶 a，在蛋白激酶 A 的催化下，磷酸化成无活性的糖原合酶 b，磷蛋白磷酸酶则使后者去磷酸化而活化，调节糖原生成过程。而无活性的磷酸化酶 b 激酶在蛋白激酶 A 催化下磷酸化转变成有活性的磷酸化酶 b 激酶，后者催化无活性的磷酸化酶 b 磷酸化，转变为有活性的糖原磷酸化酶 a，从而使糖原的分解加强。胰高血糖素和肾上腺素可通过信号转导途径，增加细胞内 cAMP 浓度而活化蛋白激酶 A，促进糖原分解，抑制糖原生成。糖原生成、分解的共价修饰调节见图 6-7 所示。

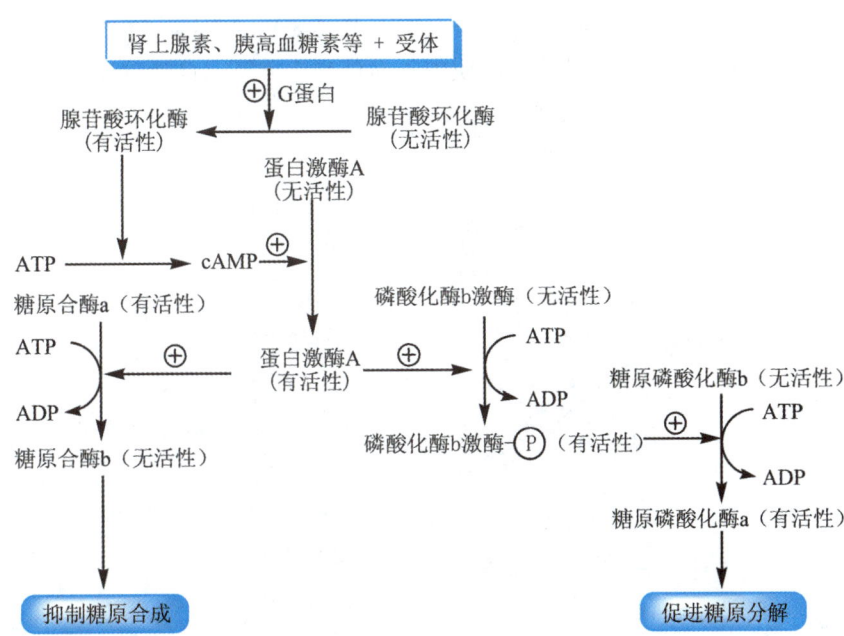

图 6-7 糖原生成与分解的共价修饰调节

（二）别构调节

AMP 是别构激活剂，使无活性的磷酸化酶 b 在磷酸化酶 b 激酶作用下进行磷酸化修饰形成有活性的磷酸化酶 a，加速糖原分解。而 ATP 是磷酸化酶 a 的别构抑制剂，使糖原分解减少。葡糖-6-磷酸是糖原合酶 b 的别构激活剂，促使糖原合酶 b 转变为有活性的糖原合酶 a，加速糖原的生成。

第四节 糖异生作用

一、糖异生概念

非糖物质转变为葡萄糖或糖原的过程称为糖异生作用（gluconeogenesis）。在不进食期间，机体通过肝糖原分解以补充血糖，但糖原的贮量有限，约 12 小时肝糖原将耗尽。所以饥饿情况下，肝可利用氨基酸、乳酸等转变为葡萄糖，可使机体在饥饿 24 小时以上时血糖仍保持在正常范围。能转变为糖的非糖物质主要有乳酸、丙酮酸、甘油、生糖氨基酸（谷、丙、丝、甘、苏、天冬）等。进行糖异生的器官，主要是肝，其次是肾。在长期饥饿或酸中毒时，肾的

糖异生的概念

糖异生作用可大大加强。

二、糖异生的途径

糖异生的途径基本上是糖酵解途径的逆反应。糖酵解途径中大多数的酶促反应是可逆的，但己糖激酶（包括葡糖激酶）、磷酸果糖激酶-1 及丙酮酸激酶催化的 3 个反应都是不可逆反应，成为糖异生的"能障"。实现糖异生必须有另外一组不同的酶来催化其逆过程，绕过这 3 个"能障"，这些酶就是糖异生的关键酶。

（一）丙酮酸转变为磷酸烯醇丙酮酸

此过程由两步反应组成。首先是丙酮酸在丙酮酸羧化酶的催化下生成草酰乙酸。第二步反应是草酰乙酸在磷酸烯醇丙酮酸羧化激酶催化下，脱羧并磷酸化生成磷酸烯醇丙酮酸。此过程称为丙酮酸羧化支路，两步反应共消耗 2 分子 ATP（图 6-8）。丙酮酸羧化酶存在于线粒体中，磷酸烯醇丙酮酸羧化激酶存在于线粒体及胞质中，而草酰乙酸不能直接通过线粒体内膜，通过转变为苹果酸或天冬氨酸的方式转入胞质。

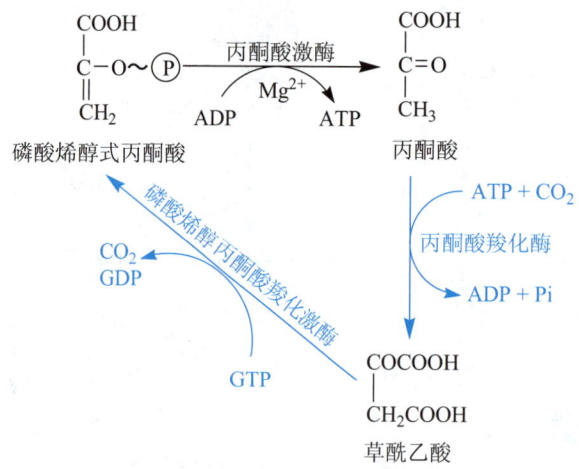

图 6-8　丙酮酸羧化支路

（二）果糖-1,6-双磷酸转变为果糖-6-磷酸

这是糖异生途径的第二个能障，果糖-1,6-双磷酸在果糖-1,6-双磷酸酶催化下，水解下 C_1 位上的磷酸基团，生成果糖-6-磷酸。

（三）葡糖-6-磷酸水解生成葡萄糖

葡糖-6-磷酸在葡糖-6-磷酸酶催化下水解为葡萄糖，所生成的葡萄糖释放到血液可补充血糖。葡糖-6-磷酸酶存在于肝、肾细胞，肌肉组织中不含此酶，故糖异生作用只能在肝、肾组织中进行。

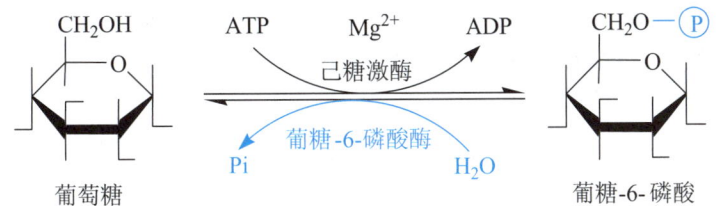

综上所述，丙酮酸羧化酶、磷酸烯醇丙酮酸羧化激酶、果糖-1,6-双磷酸酶、葡糖-6-磷酸酶是糖异生途径的关键酶。它们主要分布在肝和肾皮质，所以其他组织和器官不能进行糖异生作用。糖异生途径小结如图6-9。

> **考点提示**
> 糖异生反应途径的关键酶

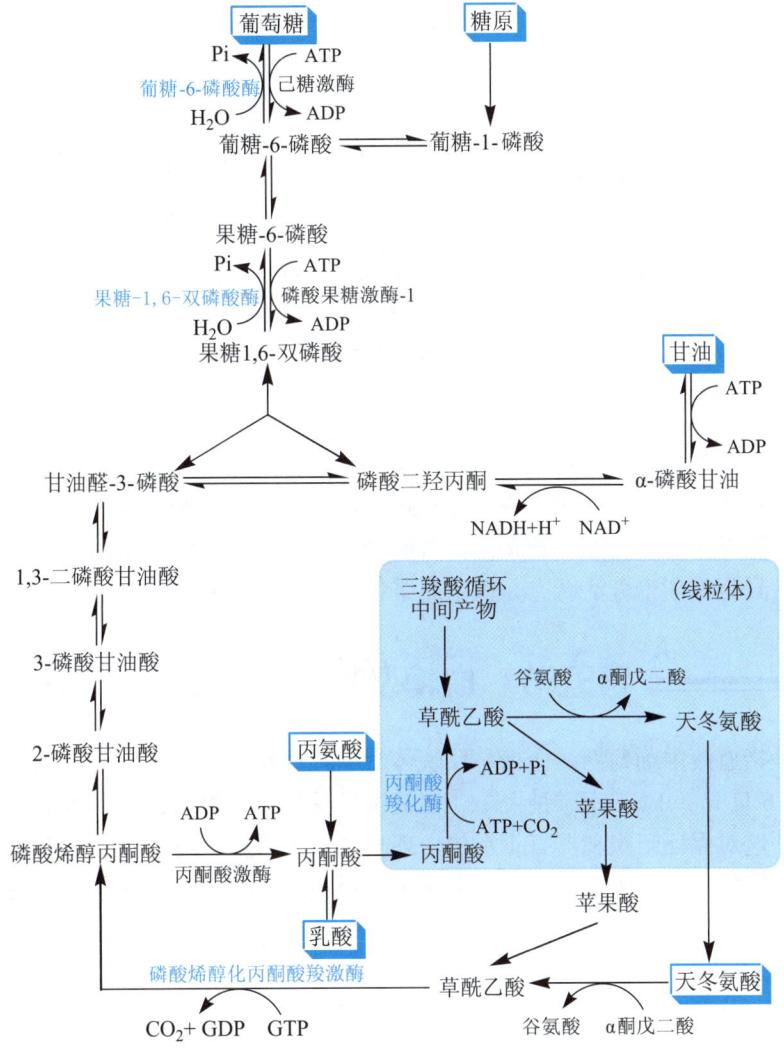

图6-9 糖异生途径

三、糖异生的意义

（一）饥饿情况下维持血糖浓度恒定

实验证明，在禁食12小时后肝糖原耗尽，糖异生作用成为饥饿情况下补充血糖的主要来源。糖异生作用最主要的生理意义就是在血糖来源不足的情况下，利用非糖物质转变为糖，以维持血糖浓度的相对恒定。长期饥饿情况下，糖异生作用的存在对于维持血糖浓度的恒定，保证脑、红细胞等组织和器官的葡萄糖供应是十分必要的。

（二）有利于乳酸的再利用，防止酸中毒

在剧烈运动或缺氧时，糖酵解加速，产生大量乳酸。乳酸为固定酸，生成过多可导致酸中毒。各种途径生成的乳酸经血液运输到肝，通过糖异生作用生成葡萄糖，用于补充血糖浓度的同时，有利于乳酸的再利用，同时可有效防止酸中毒的发生（图6-10）。糖异生作用使不能直接分解为葡萄糖的肌糖原通过乳酸循环间接转变为血糖，维持血糖浓度恒定，利于肝糖原的更新。

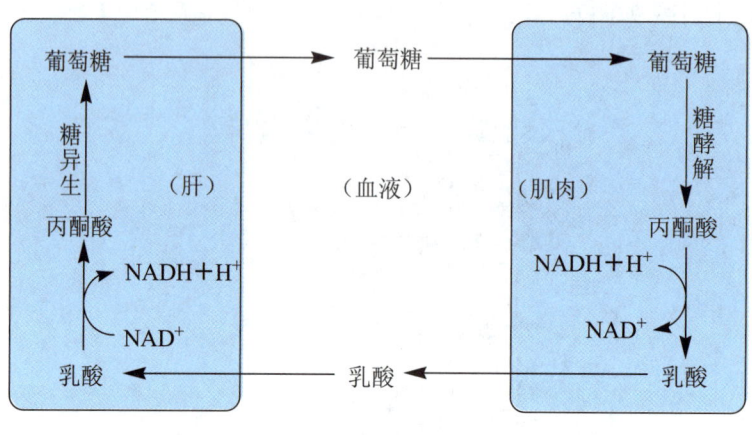

图 6-10　乳酸循环

（三）协助氨基酸代谢

生糖氨基酸在体内分解代谢过程中可生成丙酮酸、α酮戊二酸和草酰乙酸等糖代谢的中间产物，在肝内经糖异生作用转变为葡萄糖。实验证明，饥饿时，组织蛋白分解增强，血中氨基酸含量升高，糖异生作用十分活跃，是饥饿时维持血糖的主要原料来源。

第五节　血糖及糖代谢紊乱

血糖主要是指血液中葡萄糖。血糖是反映体内糖代谢状况的一项重要指标，正常人空腹血糖浓度为 3.89~6.11 mmol/L。正常情况下，血糖浓度保持相对恒定，有利于组织和细胞摄取葡萄糖氧化供能，这对保证组织和器官正常的生理功能极为重要，特别是脑组织和红细胞，因为它们主要靠血糖供能。血糖浓度的相对恒定是机体对血糖的来源和去路进行精细调节，使之维持动态平衡的结果。

一、血糖的来源与去路

（一）血糖的来源

1. **食物中糖类**　食物中的淀粉等糖类物质在肠道分解并吸收入血，这是血糖的主要来源。
2. **肝糖原分解**　空腹时肝糖原分解生成葡萄糖释放入血，补充血糖。肝糖原分解是空腹时血糖的重要来源。
3. **糖异生作用**　长期饥饿时，储备的肝糖原已不足以维持血糖浓度，糖异生作用增强，继续维持血糖的正常水平。因此糖异生作用是饥饿情况下血糖的主要来源。

（二）血糖的去路

1. **氧化供能**　被组织和细胞摄取氧化分解供应能量，这是血糖最主要的去路。

2. 生成糖原　饱食后部分血糖被肝、肌组织摄取，生成肝糖原和肌糖原。
3. 转变为其他糖及其衍生物　如核糖和葡糖醛酸等。
4. 转变为脂肪和氨基酸等
5. 随尿排出　当血糖浓度高于 8.89~10.00 mmol/L（肾糖阈）时，超过肾小管最大重吸收的能力，则糖从尿中排出，出现糖尿现象。尿排糖是血糖的非正常去路（图 6-11）。

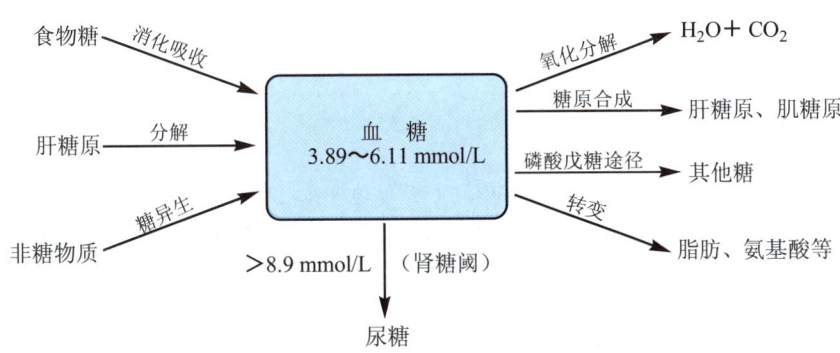

图 6-11　血糖的来源与去路

二、血糖水平的调节

（一）器官的调节作用

肝是调节血糖水平的主要器官。肝主要通过肝糖原的生成、分解和糖异生作用来维持血糖浓度的相对恒定。进食后血糖浓度增高，肝糖原的生成增加。空腹时肝糖原直接分解为葡萄糖补充血糖。饥饿状态下肝糖原耗尽，肝中糖异生作用加强，将一些非糖物质转变为糖。

（二）激素的调节作用

调节血糖的激素有两类，一类是降低血糖的激素，胰岛素（insulin）是体内唯一能降低血糖的激素；另一类是升高血糖的激素，主要有胰高血糖素、糖皮质激素、肾上腺素、生长素等。这两类激素相互对抗、相互制约，它们通过调节各条糖代谢途径的关键酶或限速酶的活性或含量来调节血糖浓度恒定。各种激素的调节机制见表 6-3。

表 6-3　激素对血糖水平的调节

激素		调节作用
降低血糖的激素	胰岛素	1. 促进葡萄糖进入肌肉、脂肪组织细胞 2. 活化糖原合酶，抑制磷酸化酶，加速糖原生成，抑制糖原分解 3. 诱导糖酵解 3 个关键酶合成，激活丙酮酸脱氢系，促进糖的氧化分解 4. 抑制糖异生的 4 个关键酶，促进氨基酸合成蛋白质，减少糖异生原料而抑制糖异生 5. 抑制激素敏感性脂肪酶，减少脂肪动员
升高血糖的激素	胰高血糖素	1. 活化磷酸化酶，抑制糖原合酶，促进肝糖原分解 2. 抑制磷酸果糖激酶 -2，减少果糖 -2,6- 双磷酸的合成而抑制糖酵解，促进糖异生 3. 激活激素敏感性脂肪酶，加速脂肪动员
	糖皮质激素	1. 促进蛋白质分解，促进糖异生 2. 协同其他激素促进脂肪动员
	肾上腺素	1. 引发细胞内依赖 cAMP 的磷酸化级联反应，加速肝糖原分解 2. 促进肌糖原酵解成乳酸，转入肝异生成糖
	生长素	与胰岛素作用相拮抗

(三) 神经系统调节作用

神经系统对血糖的调节属于整体调节，通过调节激素的分泌量，进而影响各代谢途径中的酶活性而完成调节作用。例如，情绪激动时，交感神经兴奋，使肾上腺素分泌增加，促进糖原分解和糖异生作用，使血糖升高；当处于静息状态时，迷走神经兴奋，使胰岛素分泌增加，血糖水平降低。

上述几个方面作用并非孤立进行，而是互相协同、互相制约，从而维持血糖浓度的相对恒定。

三、糖代谢紊乱

(一) 高血糖

临床上将空腹血糖浓度高于 7.0 mmol/L 时称为高血糖 [参照美国糖尿病学会（ADA）/世界卫生组织（WHO）糖尿病诊断标准]。血糖浓度高于 8.89~10.00 mmol/L 时即超过了肾小管重吸收葡萄糖能力，尿中可检测出葡萄糖，称为糖尿。

高血糖分为生理性高血糖和病理性高血糖两类。

1. 生理性高血糖　如一次性摄入过多葡萄糖或静脉输入大量葡萄糖时，血糖浓度急剧升高，可引起饮食性高血糖；情绪激动时，肾上腺素分泌增加，肝糖原分解加速，血糖升高，可出现情感性高血糖。

2. 病理性高血糖　在病理情况下，如胰岛素分泌障碍或升高血糖激素分泌亢进可导致高血糖，以致出现糖尿，属病理性高血糖。由胰岛素分泌障碍所引起的高血糖和糖尿，称为糖尿病。

糖尿病（diabetes mellitus，DM）是一种由于胰岛素分泌不足或胰岛素作用低下而引起的代谢性疾病，其特征是高血糖症。由于胰岛素绝对或相对不足或胰岛素抵抗，引起葡萄糖、脂肪、蛋白质代谢紊乱，并继发维生素、电解质代谢障碍。糖尿病呈持续性高血糖和糖尿，特别是空腹血糖和糖耐量曲线高于正常范围。DM 的典型症状为多食、多饮、多尿和体重减轻，俗称"三多一少"，有时伴有视力下降，并容易继发感染，青少年患者可出现生长发育迟缓。长期的高血糖症将导致多种器官的损伤、功能紊乱和衰竭，尤其是眼、肾、神经、心血管系统。DM 并发酮症酸中毒可危及生命。现行的糖尿病分类和诊断标准主要是参考 1999 年得到 WHO 认可的 1997 年 ADA 修改后的糖尿病分类和诊断标准，简称 ADA/WHO 标准。

根据病因可将 DM 分为 4 大类型：1 型糖尿病、2 型糖尿病、妊娠期糖尿病和其他特殊类型糖尿病。1 型糖尿病主要因为胰岛的 β 细胞的自身免疫性损害导致胰岛素分泌绝对不足引起，任何年龄均可发病，典型病例常见于青少年，具有酮症酸中毒倾向。2 型糖尿病主要表现为胰岛素抵抗和胰岛 β 细胞功能减退，多发于中、老年。妊娠期糖尿病指在妊娠期发现的糖尿病，分娩后血糖浓度即可恢复正常。特殊类型糖尿病往往继发于其他疾病，病因众多，但患者较少。

DM 的诊断标准：目前糖尿病的诊断主要借助于实验室检查结果，其诊断标准见表 6-4。表中的 3 种方法都可以单独用来诊断 DM，其中一项出现阳性结果，必须用其余方法中的任意一项复查才能确诊。

表 6-4　糖尿病诊断标准

方法	检查结果
1	典型症状，同时随机血糖浓度≥11.1 mmol/L
2	空腹血糖浓度≥7.2 mmol/L
3	口服葡萄糖耐量试验中 2 小时血糖浓度≥11.1 mmol/L

考点提示

血糖浓度的调节

（二）低血糖

临床上将空腹血糖浓度低于 2.8 mmol/L 时称为低血糖（参照 ADA/WHO 糖尿病诊断标准）。脑组织正常能量供应主要依赖血液供给葡萄糖。血糖浓度过低，导致脑组织能量不足，可出现头晕、乏力、心悸、手颤等，严重时可出现低血糖昏迷，甚至死亡。病理性低血糖出现的原因有：①胰岛 β 细胞功能亢进或胰岛 α 细胞功能低下等；②严重肝病；③内分泌异常，如垂体功能低下；④进食障碍；⑤肿瘤等。

> **考点提示**
> 高血糖和低血糖

（三）糖原累积病

糖原累积病是一类遗传性代谢疾病。由于先天性缺乏糖原代谢有关的酶类，引起糖原代谢障碍，使体内某些组织和器官中有大量糖原堆积，造成组织和器官功能损害，这类疾病统称为糖原累积病。

根据所缺陷的酶在糖原代谢中的作用不同、受累器官不同、糖原结构不同等，该病对健康或生命的影响程度也不同。例如，肝内糖原磷酸化酶缺乏，肝糖原分解障碍，糖原沉积导致肝大。若葡糖 -6- 磷酸酶缺乏，则肝糖原分解障碍，不足以维持血糖浓度的相对恒定，将导致低血糖、酮症等严重后果。溶酶体中的 α- 葡糖苷酶缺乏，会影响到糖原分子中 α-1,4- 糖苷键和 α-1,6- 糖苷键的水解，使组织受损，严重的甚至可导致心力衰竭、呼吸衰竭危及生命。

自测题

一、选择题

1. 生理情况下，机体所需的能量主要来自于
   - A. 糖类
   - B. 蛋白质
   - C. 维生素
   - D. 脂肪
   - E. 核酸

2. 成熟红细胞的能量供应来源于
   - A. 糖酵解
   - B. 糖的有氧氧化
   - C. 戊糖磷酸途径
   - D. 糖异生
   - E. 糖原的分解

3. 糖有氧氧化的最终产物是
   - A. CO_2+H_2O+ATP
   - B. 乳酸
   - C. 丙酮酸
   - D. 乙酰辅酶 A
   - E. 柠檬酸

4. 糖有氧氧化的第三阶段生成 ATP 的摩尔数是
   - A. 10
   - B. 30
   - C. 20
   - D. 8
   - E. 2

5. 丙酮酸脱氢酶复合体催化的反应不涉及的物质是
   - A. NAD^+
   - B. 硫辛酸
   - C. TPP
   - D. 生物素
   - E. FAD

6. 三羧酸循环中可进行底物磷酸化的反应是
   - A. 柠檬酸→异柠檬酸
   - B. 苹果酸→草酰乙酸
   - C. 异柠檬酸→α 酮戊二酸
   - D. α 酮戊二酸→琥珀酰辅酶 A
   - E. 琥珀酰辅酶 A →琥珀酸

7. 三羧酸循环能否顺利运转的关键物质是
   - A. 苹果酸
   - B. 琥珀酸

C. 柠檬酸
D. 草酰乙酸
E. 异柠檬酸

8. 戊糖磷酸途径的真正意义在于产生核糖和下列哪种物质
   A. NADPH+H⁺
   B. NAD⁺
   C. ADP
   D. HSCoA
   E. FAD

9. 最直接联系核苷酸合成和糖代谢的物质是
   A. 葡萄糖
   B. 葡糖 –6– 磷酸
   C. 葡糖 –1– 磷酸
   D. 核糖 –5– 磷酸
   E. 磷酸二羟丙酮

10. 生成糖原时,葡萄糖基的直接供体是
    A. 葡糖 –1– 磷酸
    B. 葡糖 –6– 磷酸
    C. UDPG
    D. CDPG
    E. UDPGA

11. 肌糖原分解不能直接补充血糖的原因是
    A. 肌肉组织是贮存葡萄糖的器官
    B. 肌肉组织缺乏葡萄糖酶
    C. 肌肉组织缺乏葡糖 –6– 磷酸酶
    D. 肌肉组织缺乏磷酸酶
    E. 肌肉组织缺乏分支酶

12. 不能异生为糖的物质是
    A. 维生素
    B. 氨基酸
    C. 甘油
    D. 乳酸
    E. α 丙酮酸

13. 位于糖酵解、糖异生、戊糖磷酸途径、糖原生成和糖原分解各条代谢途径交汇点上的化合物是
    A. 葡糖 –1– 磷酸
    B. 葡糖 –6– 磷酸
    C. 果糖 –1,6– 双磷酸
    D. 甘油酸 –3– 磷酸
    E. 磷酸二羟丙酮

14. 降低血糖的激素有
    A. 胰岛素
    B. 糖皮质激素
    C. 胰高血糖素
    D. 肾上腺素
    E. 生长激素

15. 调节血糖最重要的器官是
    A. 肌肉
    B. 肾
    C. 肝
    D. 脾
    E. 肠道

二、名词解释

1. 血糖
2. 糖异生
3. 糖酵解
4. 糖的有氧氧化
5. 三羧酸循环

三、问答题

1. 为什么剧烈运动后肌肉常有酸痛的感觉?
2. 糖有氧氧化最终能产生的 ATP 数量为什么是 30 或 32 ?
3. 试从以下几个方面列表比较糖酵解和糖有氧氧化的异同。
   (1) 代谢部位;

(2) 反应条件；

(3) 关键酶；

(4) ATP 的生成方式和数量；

(5) 终产物；

(6) 生理意义。

（刘庆春）

第七章

生物氧化

第七章数字资源

思政之光

学习目标

掌握：
生物氧化的概念、特点、方式，呼吸链的概念、组成成分及作用，氧化磷酸化的概念，CO_2、H_2O 和 ATP 的生成方式。

熟悉：
胞质中 NADH 的氧化，氧化磷酸化偶联部位及偶联机制，影响氧化磷酸化的因素。

了解：
微粒体氧化体系和过氧化物酶氧化体系的基本作用。
通过对比两条氧化呼吸链的重要性，树立"人人都可出彩"的正确人生态度。

案例导入

某患者，女性，49 岁。独自一人在家燃炉火炕取暖致意识丧失，幸被家人发现，送医院急诊。入院时患者呼之不应，口吐白沫。家属称现场可闻到浓烈的煤气味，检查燃炉发现烟道不畅。体格检查：T37.8 ℃，R22 次 / 分，P100 次 / 分，BP120/78 mmHg。皮肤、黏膜呈樱桃红色，神志不清，呼之不应，但对疼痛刺激有反应，瞳孔对光反射迟钝。身边见大量呕吐物。经医生全面评估，拟诊：一氧化碳中毒（中度）。

请分析：
1. 本患者的诊断依据是什么？
2. 一氧化碳中毒的发病机制是什么？
3. 该如何紧急救治一氧化碳中毒患者？

生物体的一切活动都需要能量。绿色植物和光合细菌等自养生物通过光合作用，利用太阳能将 CO_2 和 H_2O 同化为糖类等有机化合物，使太阳能转变成化学能加以利用；人、动物和某些微生物等异养生物不能直接利用太阳能，只能利用光合植物形成的有机化合物在生物体内氧化，生成 CO_2 和 H_2O，同时产生 ATP，以供机体进行各种生命活动的需要。

第一节 概 述

一、生物氧化的概念、特点和方式

(一)生物氧化的概念和特点

生物氧化(biological oxidation)主要是指糖、脂肪和蛋白质等营养物质在体内氧化分解,生成 CO_2 和 H_2O,同时释放能量的过程。生物氧化过程中细胞要摄取 O_2 和排出 CO_2,所以生物氧化也称为组织呼吸或细胞呼吸。

不同的物质进行生物氧化经历不同的反应过程,但又具有共同的规律。在高等动物和人,糖、脂肪、蛋白质的生物氧化大致可分为3个阶段(图7-1)。

物质在生物体内和体外进行氧化在化学本质上是相同的,都遵循氧化反应的一般规律。常见的氧化方式有失电子、脱氢和加氧等,消耗的氧量、最终产物(CO_2 和 H_2O)和释放的能量相同。但生物氧化所需条件和反应的过程与物质在体外氧化有很大的不同。生物氧化的特点:①生物氧化是在细胞内温和的环境中(体温37 ℃,pH近中性),由一系列酶催化逐步进行的过程;② CO_2 由有机酸脱羧产生;③代谢物脱下的氢经呼吸链传递给氧结合生成水;④生物氧化中能量逐步释放,部分以化学能形式储存与利用。

> 考点提示
>
> 生物氧化的概念及特点

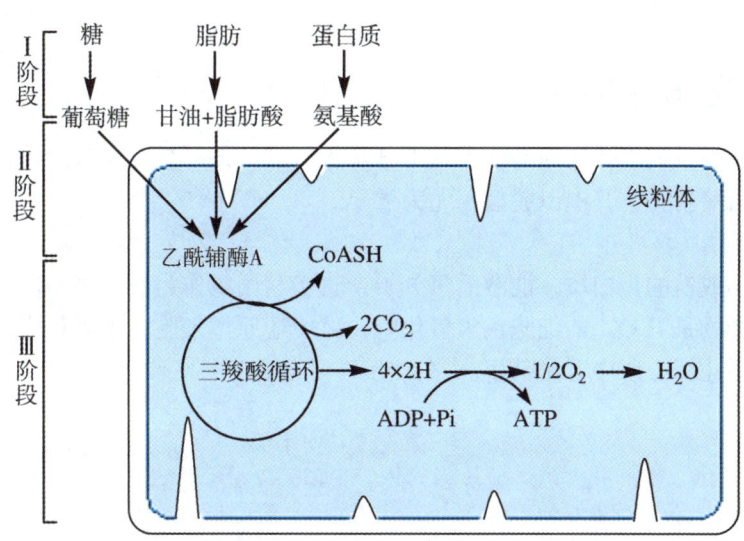

图7-1 糖、脂肪、蛋白质氧化释放能量的3个阶段

Ⅰ、Ⅱ、Ⅲ阶段所释放的能量分别占总能量的<1%、<1/3、>2/3

(二)生物氧化的方式

生物氧化与普通的化学反应的氧化方式一样,主要包括失电子、脱氢、加氧。不同的是,生物体内氧化都是酶促反应,以脱氢氧化方式为主。

1. 失电子反应 从代谢物分子上脱下一个电子,如:

$$Fe^{2+} \longrightarrow Fe^{3+} + e$$

2. 脱氢反应 从代谢物分子上脱下一对氢(2H),如:

$$\underset{\text{乳酸}}{\mathrm{HO-\underset{CH_3}{\overset{COOH}{\overset{|}{C}}}-H}} \rightleftharpoons \underset{\text{丙酮酸}}{\mathrm{\underset{CH_3}{\overset{COOH}{\overset{|}{C}}}=O}} + 2H$$

有些代谢物不能直接脱氢，而是进行加水脱氢，即在加入 1 分子 H_2O 的同时脱去 2H。

$$\underset{\text{乙醛}}{\mathrm{CH_3-\overset{O}{\overset{\|}{C}}-H}} \xrightarrow{H_2O} \left[\mathrm{CH_3-CH\overset{OH}{\underset{OH}{<}}}\right] \xrightarrow{2H} \underset{\text{乙酸}}{\mathrm{CH_3-\overset{O}{\overset{\|}{C}}-OH}}$$

3. 加氧反应 在代谢物分子中直接加入氧分子或氧原子，如：

$$\underset{\text{苯}}{\bigcirc} + 1/2 O_2 \longrightarrow \underset{\text{苯酚}}{\bigcirc-OH}$$

生物体内并不存在游离的电子或氢原子，在上述氧化反应中脱下的电子或氢原子必须为另一物质所接受。这种既能接受又能供出电子或氢原子的物质称为递电子体或递氢体，如 NAD^+ 和 FAD 等。

二、参与生物氧化的酶类

生物氧化是在一系列氧化还原酶的催化下分步进行的。每一步反应都由特定的酶催化，主要有氧化酶和脱氢酶两类，其中以脱氢酶尤为重要。

（一）氧化酶

氧化酶为含铜或铁的蛋白质，能激活氧分子，直接利用氧作为受氢体，促进氧对代谢物的直接氧化，反应产物是 H_2O。如细胞色素氧化酶，可使还原型细胞色素氧化成氧化型，并将电子传递给氧使其活化，心肌中含量甚多。

（二）脱氢酶

脱氢酶分为需氧脱氢酶和不需氧脱氢酶两类。

1. 需氧脱氢酶 通常以黄素腺嘌呤二核苷酸（FAD）或黄素单核苷酸（FMN）为辅基，可激活作用物分子中的氢，直接将氢传递给氧，与分子氧结合，反应产物为 H_2O_2，如黄嘌呤氧化酶。

$$AH_2 \xrightarrow{2H} FMN\text{或}FAD \rightarrow H_2O_2$$
$$A \leftarrow FMNH_2\text{或}FADH_2 \xrightarrow{2H} O_2$$

2. 不需氧脱氢酶　不需氧脱氢酶是人体内主要的脱氢酶类，其直接受氢体不是 O_2，而是以辅酶为直接受氢体，脱下的氢经过一系列的中间传递体的传递，最后传递给氧生成水的一类酶，如乳酸脱氢酶、甘油醛-3-磷酸脱氢酶等。其辅酶包括烟酰胺腺嘌呤二核苷酸（NAD^+）、烟酰胺腺嘌呤二核苷酸磷酸（$NADP^+$）、黄素单核苷酸（FMN）或黄素腺嘌呤二核苷酸（FAD）等。

不需氧脱氢酶在生物氧化，尤其在能量代谢方面是最重要的酶。

$$AH_2 \xrightarrow{2H} \begin{array}{c}FMN\\FAD\end{array}\text{或}\begin{array}{c}NAD^+\\NADP^+\end{array} \rightarrow \text{传递体} \rightarrow 1/2 O_2$$
$$A \leftarrow \begin{array}{c}FMNH_2\\FADH_2\end{array}\text{或}\begin{array}{c}NADH+H^+\\NADPH+H^+\end{array} \xrightarrow{2H} \text{传递体} \rightarrow H_2O$$

（三）其他酶类

参与生物氧化的酶类还有加氧酶类、过氧化氢酶类、过氧化物酶类、超氧化物歧化酶等，它们主要参与线粒体外的生物氧化过程。

三、生物氧化过程中 CO_2 的生成

生物氧化中 CO_2 的生成来自于有机酸的脱羧反应。根据被脱去 CO_2 的羧基在有机酸中的位置不同，可将脱羧反应分为 α-脱羧和 β-脱羧。根据脱羧过程是否伴随氧化反应，又可将脱羧反应分为单纯脱羧和氧化脱羧。

1. α-单纯脱羧

$$R-CH(NH_2)-\boxed{COO}H \xrightarrow[\text{磷酸吡哆醛}]{\text{氨基酸脱羧酶}} R-CH_2-NH_2 + CO_2$$

2. α-氧化脱羧

$$CH_3-\overset{O}{\overset{\|}{C}}-\boxed{COO}H + CoASH \xrightarrow[NAD^+ \to NADH+H^+]{\text{丙酮酸脱氢酶系}} CH_3-\overset{O}{\overset{\|}{C}}\sim SCoA + CO_2$$

3. β-单纯脱羧

$$\begin{array}{c}COOH\\|\\C=O\\|\\CH_2\\|\\\boxed{COO}H\end{array} \xrightarrow{\text{草酰乙酸脱羧酶}} \begin{array}{c}COOH\\|\\C=O\\|\\CH_3\end{array} + CO_2$$

4. β-氧化脱羧

$$\begin{array}{c}\text{COOH}\\|\\\text{CHOH}\\|\\\text{CH}_2\\|\\\text{COOH}\end{array} \xrightarrow[\text{NAD}^+ \quad \text{NADH}+\text{H}^+]{\text{苹果酸酶}} \begin{array}{c}\text{COOH}\\|\\\text{C}=\text{O}\\|\\\text{CH}_3\end{array} + \text{CO}_2$$

第二节 线粒体生物氧化体系

线粒体是生物氧化的主要场所，机体所需能量的95%源于线粒体氧化体系。故人们常将线粒体称为细胞的"动力工厂"。在线粒体生物氧化体系中，代谢物脱下的2H（$2H^+ + 2e$），经线粒体内膜上一系列传递体的传递，最终与O_2结合生成H_2O，并释放能量，释放的能量约40%用于生成 ATP，其余以热量形式释放。

线粒体内膜上的酶和辅酶按一定的顺序排列组成的递氢或递电子体系，称为电子传递链。电子传递过程与细胞摄取氧的呼吸过程有关，故又称为呼吸链（respiratory chain）。

考点提示

呼吸链的概念及组成

知识链接

细胞呼吸与细胞色素氧化酶的发现

O.H. Warburg是德国生物化学家。1918年，O. H. Warburg开始有关呼吸酶的研究，并设计了一种通过测定氧消耗量以确定细胞呼吸速率的测压计，用这种测压计与一种简易的组织薄片法相结合，就能测定细胞呼吸。O. H. Warburg用自己研制的仪器研究了细胞呼吸酶类的性质和作用方式，发现海胆卵、酵母等细胞中都有一种能加速细胞呼吸的酶，他称其为"含铁加氧酶"，并确定这种酶是一种血红素化合物（即细胞色素氧化酶）。细胞色素氧化酶的发现使细胞呼吸的研究发展到深入揭示呼吸本质的新阶段。因为这一划时代发现，O. H. Warburg被授予1931年度诺贝尔生理学或医学奖。

一、呼吸链的组成

实验证实，线粒体呼吸链由4种具有电子传递功能的酶复合体（Ⅰ、Ⅱ、Ⅲ、Ⅳ）和以游离形式存在的泛醌（又称辅酶Q）、细胞色素c（Cyt c）组成（表7-1）。

表7-1 人线粒体呼吸链组成及其作用

组成	酶名称	辅基或辅酶	作　用
复合体Ⅰ	NADH-泛醌还原酶	FMN, Fe-S	将$NADH+H^+$上的2H传递给泛醌
复合体Ⅱ	琥珀酸-泛醌还原酶	FAD, Fe-S	将琥珀酸等脱下的2H传递给泛醌
泛醌			将$FMNH_2/FADH_2$的2H分解为$2H^+$和2e，将2e传递给复合体Ⅲ
复合体Ⅲ	泛醌-细胞色素c还原酶	铁卟啉, Fe-S	将2e由还原型泛醌传递给Cyt c
细胞色素c		铁卟啉	将2e由复合体Ⅲ传递给复合体Ⅳ
复合体Ⅳ	细胞色素c氧化酶	铁卟啉, Cu	将2e由还原型Cyt c传递给O_2

（一）复合体 Ⅰ

复合体 Ⅰ 又称 NADH- 辅酶 Q 还原酶，其功能是接受来自 $NADH+H^+$ 的电子并转移给泛醌（ubiquinone，UQ），同时将质子从线粒体内膜基质侧转移至胞质侧。复合体 Ⅰ 传递电子的过程是：黄素蛋白辅基 FMN 接受 NADH 中的 $2H^+$ 和 $2e^-$ 生成 $FMNH_2$，后者再将电子经铁硫蛋白辅基 Fe-S 传递给 UQ，形成 UQH_2。

1. 烟酰胺核苷酸　烟酰胺核苷酸包括烟酰胺腺嘌呤二核苷酸（NAD^+）或称辅酶 Ⅰ（Co Ⅰ）和烟酰胺腺嘌呤二核苷酸磷酸（$NADP^+$）或称辅酶 Ⅱ（Co Ⅱ），是多种脱氢酶的辅酶。其结构中的烟酰胺（维生素 PP）能进行可逆的加氢和脱氢反应。反应时，NAD^+ 中的烟酰胺部分可接受 1 个氢原子和 1 个电子，尚有 1 个质子（H^+）留在介质中（图 7-2）。

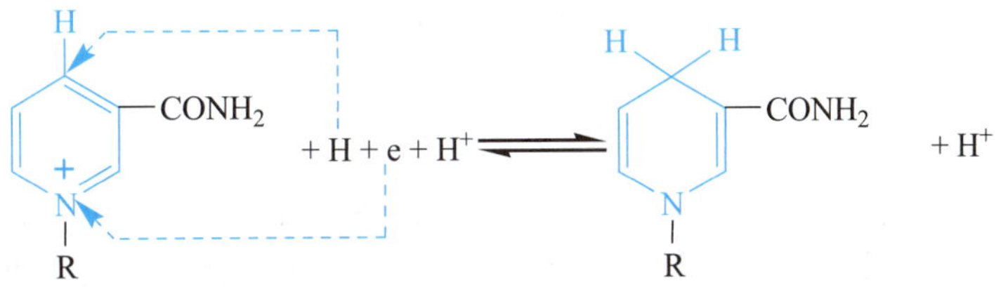

NAD^+ 或 $NADP^+$　　　　$NADH+H^+$ 或 $NADPH+H^+$

R代表尼克酰胺以外的部分

图 7-2　NAD（P）$^+$ 的加氢和 NAD（P）H 的脱氢反应

2. 黄素蛋白　黄素蛋白（flavoprotein，FP）的辅基有两种：黄素单核苷酸（FMN）和黄素腺嘌呤二核苷酸（FAD）。两者均含有核黄素（维生素 B_2）。FMN 和 FAD 分子中异咯嗪环上的第 1 位和第 5 位氮原子与活泼的双键相连，能可逆地加氢和脱氢，是递氢体（图 7-3）。

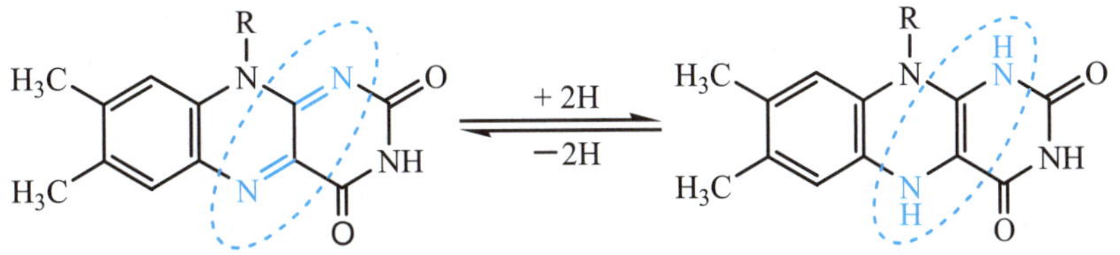

FMN 或 FAD　　　　$FMNH_2$ 或 $FADH_2$

图 7-3　FMN 或 FAD 的加氢和 $FMNH_2$ 或 $FADH_2$ 的脱氢反应

3. 铁硫簇　铁硫簇又称铁硫中心（Fe-S），是铁硫蛋白的辅基，Fe-S 与蛋白质结合为铁硫蛋白。铁硫中心有几种不同的类型，最简单的铁硫中心是一个 Fe 离子与 4 个半胱氨酸残基的 S 原子相连，而复杂的铁硫中心可以有 2 个、4 个 Fe 离子与等量的无机 S 原子相连，同时 Fe 离子与半胱氨酸残基的 S 原子相连，如 Fe_2S_2 和 Fe_4S_4（图 7-4）。铁硫蛋白分子中只有一个 Fe 离子能可逆地进行氧化还原反应，每次只能传递一个电子，是单电子传递体。

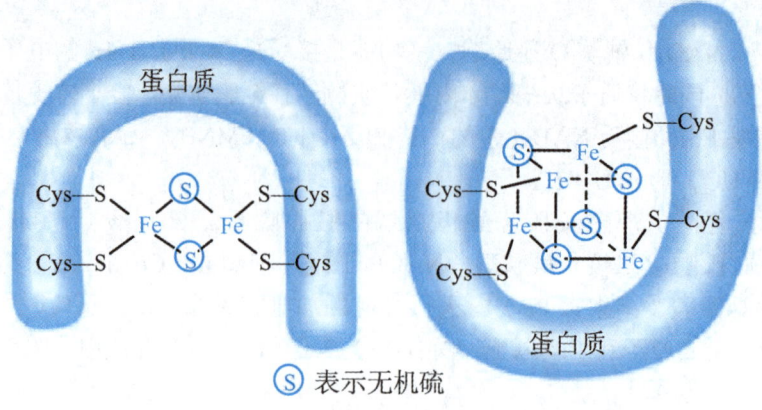

Ⓢ 表示无机硫

图 7-4　铁硫蛋白结构示意图

4. 泛醌　泛醌（UQ）又称辅酶 Q（CoQ），为脂溶性醌类化合物，其分子中的苯醌结构能可逆地进行加氢和脱氢反应（图 7-5），UQ 是呼吸链中唯一的不与蛋白质紧密结合的递氢体。UQ 在电子传递过程中的作用是将电子从 NADH-辅酶 Q 还原酶（复合体Ⅰ）或从琥珀酸-泛醌还原酶（复合体Ⅱ）转移到细胞色素 c 还原酶（复合体Ⅲ）上。

泛醌（UQ）　　　　　　　半醌（UQH）　　　　　二氢泛醌（UQH$_2$）
（氧化型）　　　　　　　　　　　　　　　　　　　　　（还原型）

图 7-5　泛醌的加氢与脱氢反应

（二）复合体Ⅱ

复合体Ⅱ又称为琥珀酸-泛醌还原酶，其功能是将电子从琥珀酸转移给 UQ。复合体Ⅱ传递电子的过程是：催化琥珀酸脱氢反应，使黄素蛋白辅基 FAD 还原为 FADH$_2$，后者再将电子经 Fe-S 传递给 UQ，形成 U、QH$_2$。以 FAD 为辅基的另外一些脱氢酶，如脂酰辅酶 A 脱氢酶、α-磷酸甘油脱氢酶等，通过不同的方式将相应底物脱下的氢经 FAD 传递给 UQ。

（三）复合体Ⅲ

复合体Ⅲ又称为泛醌-细胞色素 c 还原酶，其功能是接受 UQH$_2$ 的电子并传递给 Cyt c，同时将质子从线粒体内膜基质侧转移至胞质侧。人复合体Ⅲ含有细胞色素 b、细胞色素 c$_1$、铁硫蛋白以及其他多种蛋白质。复合体Ⅲ传递电子的过程是：UQH$_2$ → Cyt b → Fe-S → Cyt c$_1$ → Cyt c。细胞色素（cytochrome，Cyt）是一类以铁卟啉为辅基的结合蛋白质，因具有颜色，故名细胞色素。细胞色素根据其吸收光谱的不同分为 3 大类，分别为 Cyt a、Cyt b、Cyt c，每类又有各种亚类。在呼吸链中的细胞色素有 b、c$_1$、c、a、a$_3$。细胞色素各辅基中的铁可以得失电子，进行可逆的氧化还原反应，因此起到传递电子的作用，为单电子传递体（图 7-6）。

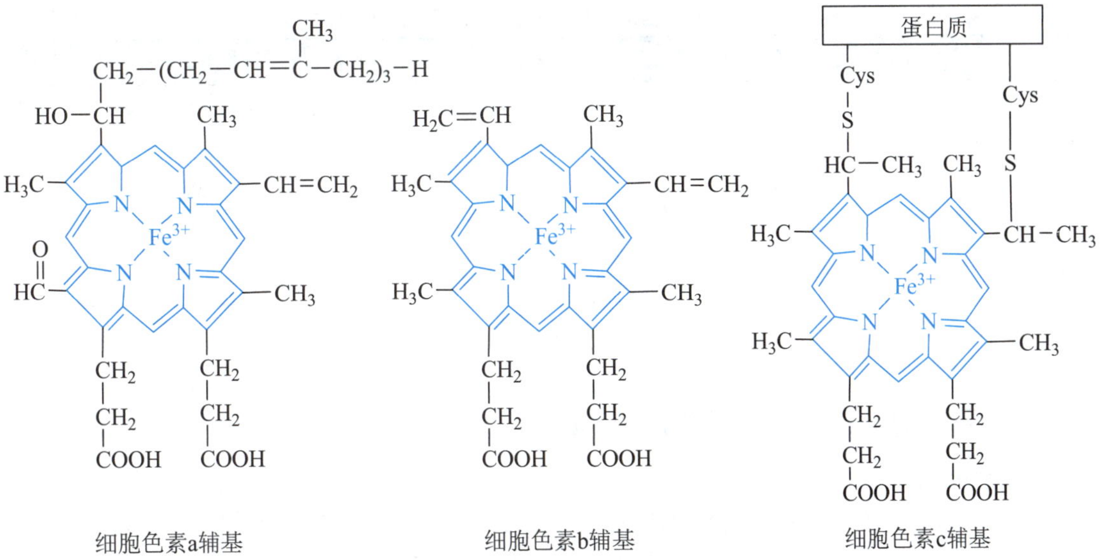

细胞色素a辅基　　　　　　细胞色素b辅基　　　　　　细胞色素c辅基

图 7-6　细胞色素 a、b、c 的辅基

细胞色素 c 分子量较小，与线粒体内膜结合疏松，是除 UQ 外另一个可在线粒体内膜外侧移动的递电子体，有利于将电子从复合体Ⅲ传递到复合体Ⅳ。

（四）复合体Ⅳ

复合体Ⅳ又称为细胞色素 c 氧化酶。其功能是接受还原型 Cyt c 的电子并传递给 O_2 生成水，同时引起质子从线粒体内膜基质侧向胞质侧移动。复合体Ⅳ中有 4 个氧化还原中心：Cyt a、Cyt a_3、Cu_B、Cu_A。Cyt a 与 Cyt a_3 很难分开，组成一个复合体，故统称细胞色素 aa_3。

复合体Ⅳ中电子传递顺序如下：

$$还原型\ Cyt\ c \rightarrow Cu_A \rightarrow Cyt\ aa_3 \rightarrow Cu_B \rightarrow O_2$$

代谢物氧化脱下的质子及电子通过以上呼吸链组成成分传递到氧，这样活化了的氧与活化了的氢（质子）结合成水（图 7-7）。

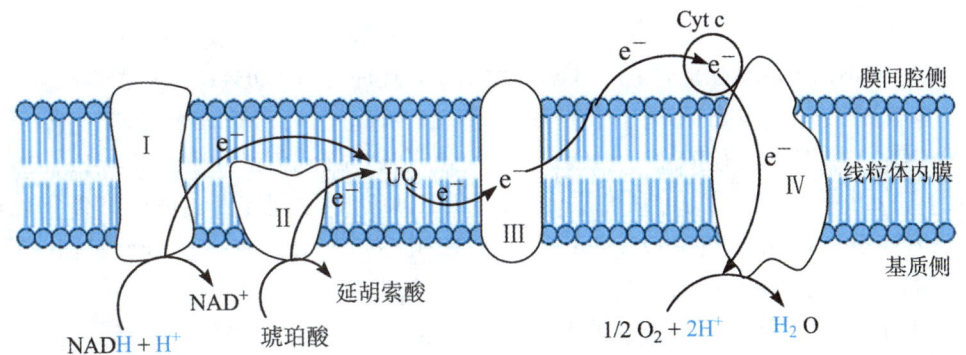

图 7-7　呼吸链 4 个复合体传递顺序示意图

二、呼吸链成分的排列顺序

在呼吸链中，各种电子传递体是按照它们氧化还原对的标准氧化还原电位（$E^{\ominus}$）由低到高进行排列的，因为电子总是从低氧化还原电位向高氧化还原电位流动。氧化还原电位越低，其供电子的倾向越大，越易成为还原剂，而排在呼吸链的前面，其后按氧化还原对的标准氧化还原电位值的递增而依次排列（表 7-2）。

表 7-2　呼吸链中各氧化还原对的标准氧化还原电位（$E^{\ominus}$）

氧化还原对	$E^{\ominus}$（V）	氧化还原对	$E^{\ominus}$（V）
$NAD^+/NADH+H^+$	-0.32	$Cyt\ c_1Fe^{3+}/Fe^{2+}$	0.22
$FMN/FMNH_2$	-0.22	$Cyt\ cFe^{3+}/Fe^{2+}$	0.25
$FAD/FADH_2$	0.03	$Cyt\ aFe^{3+}/Fe^{2+}$	0.29
$CoQ/CoQH_2$	0.05	$Cyt\ a_3Fe^{3+}/Fe^{2+}$	0.35
$CytbFe^{3+}/Fe^{2+}$	0.07	$\frac{1}{2}O_2/H_2O$	0.82

$E^{\ominus}$ 表示在 pH=7.0，25 ℃，1 mol/L 反应物浓度条件下测得的标准氧化还原电位

三、呼吸链电子传递过程和水的生成

（一）NADH 和 $FADH_2$ 是氧化呼吸链的电子供体

营养物质的分解代谢中，大部分脱氢酶以 NAD^+、$NADP^+$、FMN 或者 FAD 为辅酶，用来接受从底物脱下来的成对氢，生成还原态的 $NADH+H^+$、$NADPH+H^+$、$FMNH_2$ 和 $FADH_2$。还原态的 NADH 和 NADPH 都是水溶性的电子载体，由于氧化呼吸链的复合体 I 即为 NADH 脱氢酶，可使线粒体 NADH 所携带的还原当量通过氧化呼吸链彻底氧化并释放能量，而 NADPH 的还原当量主要用于合成代谢反应。FMN 或 FAD 是氧化呼吸链复合体中黄素蛋白的辅基，能通过氧化还原态的变化进行电子传递。由于复合体 II 是柠檬酸循环中的琥珀酸脱氢酶，通过结合底物琥珀酸并将其还原当量传递给 FAD，生成的 $FADH_2$ 直接进入呼吸链进行氧化释放能量。因此 NADH 和 $FADH_2$ 是氧化呼吸链的电子供体。

（二）体内重要的氧化呼吸链

根据电子供体及其传递过程，目前认为，氧化呼吸链有 2 条。

1. **NADH 氧化呼吸链**　NADH 氧化呼吸链是体内最常见的一条呼吸链，该途径以 NADH 为电子供体，从 NADH 开始经复合体 I、复合体 III 和复合体 IV 到 O_2 而生成 H_2O。电子传递顺序是：

$$NADH+H^+ \rightarrow 复合体\ I \rightarrow UQ \rightarrow 复合体\ III \rightarrow Cyt\ c \rightarrow 复合体\ IV \rightarrow O_2$$

生物氧化过程中，大多数代谢物（如丙酮酸、苹果酸、异柠檬酸、α 酮戊二酸等）在以 NAD^+ 为辅酶的不需氧脱氢酶的催化下脱氢，使 NAD^+ 还原为 $NADH+H^+$，后者再经复合体 I，依次将 1 个氢原子、1 个电子和基质中的 H^+ 传递给 FMN，生成 $FMNH_2$。$FMNH_2$ 再将 2 个氢原子传给 UQ，UQ 被还原为 UQH_2。UQH_2 中 2 个电子通过细胞色素类中 Fe^{3+} 与 Fe^{2+} 的互变并按照 $Cyt\ b \rightarrow c_1 \rightarrow c \rightarrow aa_3$ 的方向和顺序传递，而 $2H^+$ 则进入膜间腔。Cyt aa_3 将 2 个电子传给 $1/2O_2$，后者被激活成 O^{2-}，然后 O^{2-} 与介质中的 $2H^+$ 化合成 H_2O。每一对电子通过此呼吸链氧化生成水时，所释放的能量可以生成 2.5 个 ATP。

2. **$FADH_2$ 氧化呼吸链**　$FADH_2$ 氧化呼吸链又称琥珀酸氧化呼吸链，该途径以 $FADH_2$ 为电子供体，经复合体 II、复合体 III 和复合体 IV 到 O_2 而生成 H_2O。其电子传递顺序是：

$$琥珀酸 \rightarrow 复合体\ II \rightarrow UQ \rightarrow 复合体\ III \rightarrow Cyt\ c \rightarrow 复合体\ IV \rightarrow O_2$$

少数代谢物（如琥珀酸、α-磷酸甘油、脂酰辅酶 A 等）被以 FAD 为辅基的脱氢酶催化脱下 2H，由 FAD 接受生成 $FADH_2$，后者再将 2H 传给 UQ，其后的电子传递途径和 H_2O 的生成与 NADH 氧化呼吸链相同。每 2H 经此呼吸链氧化生成水时，所释放的能量可以生成 1.5 个 ATP。

两条呼吸链的组成

知识链接

化学渗透理论阐明了氧化磷酸化偶联机制

P.Mitchell 是英国生物化学家。1961 年他从离子泵出膜外需要消耗 ATP 得到启发,提出了"化学渗透学说",电子传递能量驱动质子从线粒体基质转移至膜间腔,形成跨膜梯度,储存能量。泵出的质子再通过 ATP 合酶内流释放能量催化 ATP 合成。该理论解释了氧化磷酸化中电子传递链各复合体、ATP 合酶在基质内膜如何利用质子作为能源,阐明了氧化磷酸化偶联机制。这一杰出贡献使他荣获 1978 年诺贝尔化学奖。

四、胞质中 NADH 的氧化

氧化磷酸化在线粒体进行。线粒体内生成的 $NADH+H^+$ 和 $FADH_2$ 可直接进行氧化磷酸化,但胞质中生成的 $NADH+H^+$ 不能自由透过线粒体内膜,需要通过穿梭机制进入线粒体参与氧化磷酸化。穿梭机制有两种,分别存在于不同的组织和器官中。

(一)苹果酸-天冬氨酸穿梭

苹果酸-天冬氨酸穿梭(malate-aspartate shuttle)主要在肝、肾、心肌细胞中发挥作用。胞质中的 $NADH+H^+$ 在苹果酸脱氢酶催化下,使草酰乙酸还原为苹果酸,苹果酸通过线粒体内膜上的载体进入线粒体,重新生成草酰乙酸和 $NADH+H^+$,$NADH+H^+$ 进入 NADH 氧化呼吸链,最后被氧化生成水。具体过程见图 7-8。

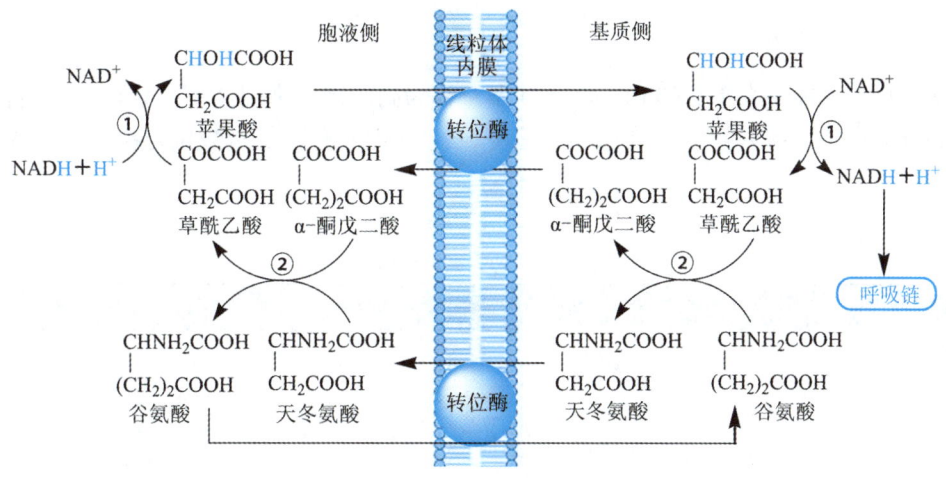

图 7-8 苹果酸-天冬氨酸穿梭
①苹果酸脱氢酶;②天冬氨酸氨基转移酶

(二)α-磷酸甘油穿梭

α-磷酸甘油穿梭(α-glycerola-phosphate shuttle)主要存在脑和骨骼肌中。胞质中的 $NADH+H^+$ 在胞质甘油磷酸脱氢酶(辅酶为 NAD^+)的作用下,将 2H 传递给磷酸二羟丙酮,使其还原为 α-磷酸甘油,后者再经位于线粒体内膜近外侧部的甘油磷酸脱氢酶(辅酶为 FAD)催化氧化为磷酸二羟丙酮,FAD 接受的 2H 可经琥珀酸氧化呼吸链传递给氧生成水。具体过程见图 7-9。

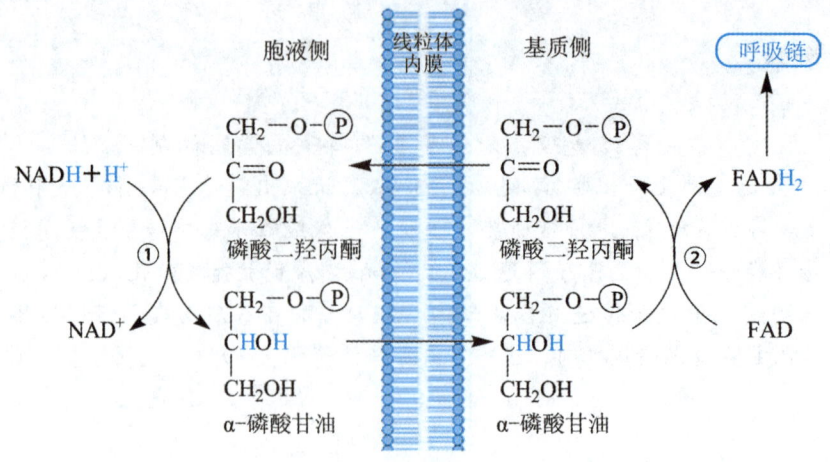

图 7-9　α-磷酸甘油穿梭系统
①甘油磷酸脱氢酶（辅酶为 NAD^+）；②甘油磷酸脱氢酶（辅酶为 FAD）

第三节　生物氧化过程中能量的生成、储存和利用

生物氧化不仅消耗氧气，产生二氧化碳和水，更重要的是有能量的释放。生物氧化过程中所释放的能量大约 40% 以化学能形式储存于 ATP 及其他高能化合物中，其中 ATP 是体内各种生命活动及代谢过程中主要供能的高能化合物。它在能量代谢及转换中处于十分重要的中心地位。

一、高能化合物

水解时释放的能量大于 20.9 kJ/mol 的化学键称为高能键，常用"~"表示。含高能键的化合物为高能化合物，体内常见高能化合物见表 7-3。体内所有高能磷酸化合物中，以 ATP 末端的磷酸键最为重要。

表 7-3　常见高能化合物

通式	示例	释放能量（pH 7.0, 25℃）/（kJ/mol）
$R-\underset{\underset{NH_2}{\parallel}}{C}-NH\sim ℗$	磷酸肌酸	43.9
$R-\underset{\underset{CH_2}{\parallel}}{C}-O\sim ℗$	磷酸烯醇丙酮酸	61.9
$CH_3-\underset{\underset{O}{\parallel}}{C}-O\sim ℗$	乙酰磷酸	41.8
$R-O-℗\sim ℗\sim ℗$ $R-O-℗\sim ℗$	ATP, GTP, CTP, UTP ADP, GDP, CDP, UDP	30.5
$CH_3-\underset{\underset{O}{\parallel}}{C}\sim S\,CoA$	乙酰辅酶 A	31.4

二、ATP 的生成方式

体内 ATP 的生成方式主要有底物磷酸化和氧化磷酸化，其中以氧化磷酸化为主。

（一）底物磷酸化

代谢物由于脱氢或脱水引起的分子内部能量重新分配形成高能键，所形成的高能磷酸键在酶的作用下直接转移给 ADP（或 GDP）生成 ATP（或 GTP）的方式称为底物磷酸化（图 7-10）。

甘油酸 -1,3- 双磷酸 +ADP $\xrightarrow{\text{磷酸甘油酸激酶}}$ 甘油酸 -3- 磷酸 +ATP

磷酸烯醇丙酮酸 +ADP $\xrightarrow{\text{丙酮酸激酶}}$ 丙酮酸 +ATP

琥珀酰辅酶 A + H_3PO_4 + GDP $\xrightarrow{\text{琥珀酸硫激酶}}$ 琥珀酸 +HSCoA+GTP

图 7-10　底物磷酸化反应式

（二）氧化磷酸化

代谢物脱下的氢经呼吸链传递给氧生成水，同时释放能量使 ADP 磷酸化生成 ATP，这种氧化与磷酸化相偶联的过程称为氧化磷酸化（oxidative phosphorylation）。氧化磷酸化是机体内 ATP 生成的主要方式。

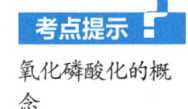

考点提示

氧化磷酸化的概念

1. 氧化磷酸化偶联部位　根据测定不同作用物经呼吸链氧化的 P/O 比值，可大致推出氧化磷酸化偶联部位。P/O 比值是指氧化磷酸化反应中，每消耗 1 mol 氧原子所消耗的无机磷的摩尔数。综合近年来多个实验的结果，目前多数人认为，NADH 氧化呼吸链 P/O 比值大约为 2.5，每传递 2 个电子生成 2.5 分子 ATP；$FADH_2$ 氧化呼吸链 P/O 比值大约为 1.5，每传递 2 个电子生成 1.5 分子 ATP。通过计算得出，ATP 生成部位位于复合体 Ⅰ、Ⅲ、Ⅳ内（图 7-11）。

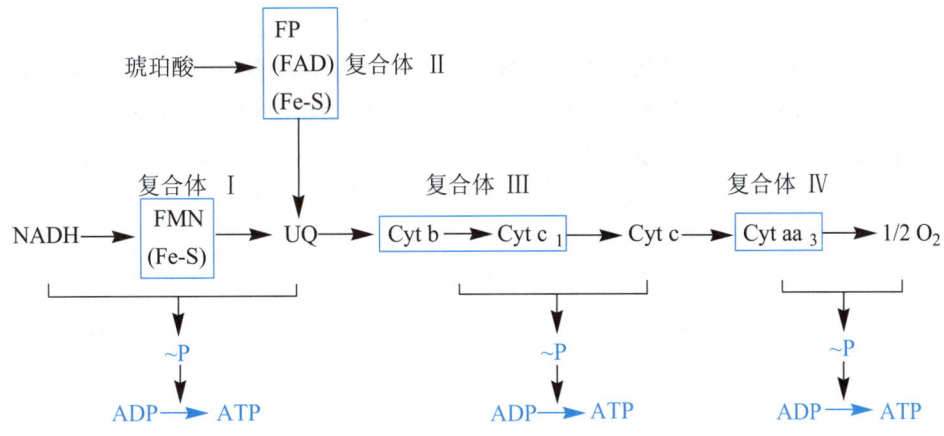

图 7-11　氧化磷酸化偶联部位

2. 氧化磷酸化偶联机制　关于氧化磷酸化的机制有多种假说，目前被普遍接受的是化学渗透学说。化学渗透学说的基本要点是电子经呼吸链传递时将质子（H^+）从线粒体内膜基质侧转运到膜间腔侧，而线粒体内膜不允许质子自由回流，从而形成跨线粒体内膜的质子电化学

梯度（H^+ 浓度梯度和跨膜电位差），储存电子传递释放的能量。当质子顺梯度回流到基质时驱动 ADP 与 H_3PO_4 生成 ATP。因此，NADH 氧化呼吸链每传递 2H 生成 2.5 分子 ATP，$FADH_2$ 氧化呼吸链每传递 2H 生成 1.5 分子 ATP。

3. ATP 合酶　ATP 合酶（ATP synthase）又称为复合体Ⅴ，是由多种蛋白质组成的蘑菇样结构，主要由疏水的 F_o 部分和亲水的 F_1 部分组成（图 7-12）。F_o 镶嵌在线粒体内膜中，形成跨内膜质子通道，用于质子的回流；F_1 为线粒体内膜的基质侧蘑菇头状突起，其功能是催化 ATP 合成。当质子顺梯度经 F_o 回流时，F_1 催化 ADP 和 H_3PO_4 磷酸化生成 ATP。

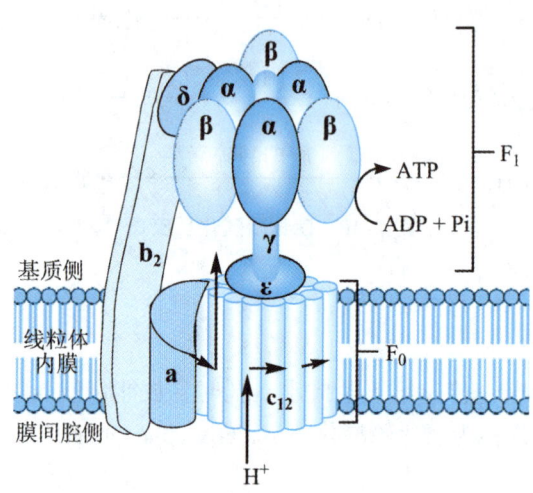

图 7-12　ATP 合酶结构模式图

4. 影响氧化磷酸化的因素

（1）ADP 和 ATP 浓度的调节：在氧化磷酸化过程中，呼吸链电子传递和 ADP 磷酸化生成 ATP 是偶联进行、相互依赖的。所以，只有当 ADP 浓度高而 ATP 浓度低时，电子传递才会加快，生成 ATP 才会增多，即有利于加速氧化磷酸化；反之，当 ADP 不足而 ATP 充足时，氧化磷酸化速度减慢。这种调节作用可使机体 ATP 的生成速度适应生理需要，防止能源浪费。

（2）甲状腺激素的调节：甲状腺素可诱导细胞膜上钠钾 ATP 酶的生成，使 ATP 加速分解为 ADP 和 Pi；ADP 进入线粒体的数量增加，使氧化磷酸化反应增强，ATP 合成加速。由于 ATP 的合成和分解速度均增加，导致机体耗氧量和产热量均增加。所以甲状腺功能亢进患者基础代谢率增高，临床上可表现为出汗、易饥饿、体重减轻等。

（3）氧化磷酸化抑制剂

1）呼吸链抑制剂：此类抑制剂可抑制呼吸链某些部位的电子传递，如鱼藤酮、粉蝶霉素 A、异戊巴比妥等，它们与复合体Ⅰ中的铁硫蛋白结合，从而阻断电子传递到 CoQ；抗霉素 A、二巯基丙醇（BAL）可抑制复合体Ⅲ中 Cyt b 到 Cyt c_1 之间的电子传递；H_2S、CO、CN^-、N_3^- 等抑制细胞色素氧化酶，使电子不能由 Cyt aa_3 传递到氧。这些抑制剂的毒性很强，少量进入机体就可导致死亡。

2）解偶联剂：解偶联剂不抑制电子传递过程，氧化过程可正常进行，但抑制 ADP 的磷酸化，不能生成 ATP，使氧化与磷酸化脱偶联。常见的解偶联剂是二硝基苯酚。

3）ATP 合酶抑制剂：此类抑制剂既抑制电子传递过程，又抑制 ADP 的磷酸化，如寡霉素。

各种抑制剂对呼吸链的抑制作用见图 7-13。

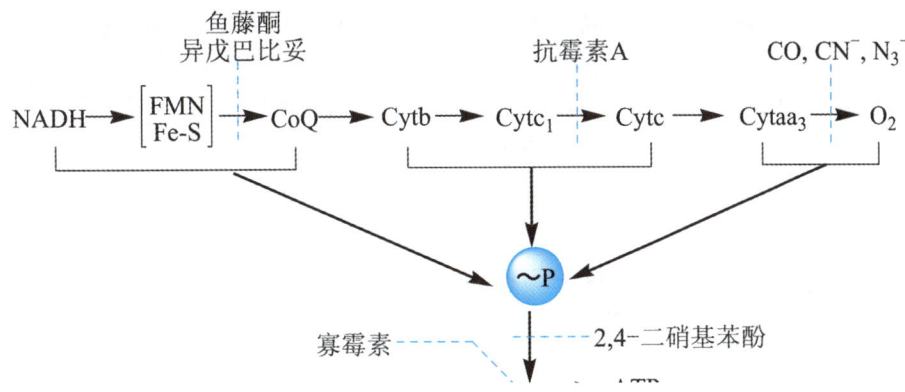

图 7-13　各种抑制剂对呼吸链的抑制作用

 知识链接

新生儿硬肿症

棕色脂肪组织是存在于哺乳动物体内的一种特殊脂肪，该组织的线粒体内膜存在大量解偶联蛋白，可通过线粒体进行氧化呼吸链解偶联作用，释放热量，调节机体体温。棕色脂肪是新生儿体内特有的组织，它的代谢是新生儿在寒冷环境中急需产热时的主要能量来源，而饥饿时的能量来源是白色脂肪。新生儿硬肿症的病因主要是新生儿体表面积相对较大，皮肤薄嫩，血管丰富，容易散热。如小儿周围环境温度过低，散热过多，棕色脂肪容易耗尽，体温即会下降，新生儿严重感染时也会有体温不升的症状。这些情况下，皮下脂肪都容易凝固而变硬，同时低温时周围毛细血管扩张，渗透性增加，易发生水肿，都会导致新生儿硬肿症。

三、高能化合物的储存与利用

通过生物氧化，营养物质生成 CO_2、H_2O，同时伴有能量的产生。这些能量产生、储存和利用都要通过能量转换来完成。不管能量如何转换，总是以 ATP/ADP 循环为中心环节进行。体内能量的转移、储存和利用的关系总结见图 7-14。

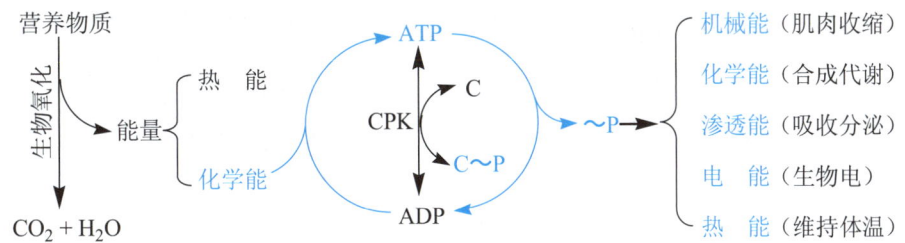

CPK：肌酸磷酸激酶，C：肌酸，C～P：磷酸肌酸

图 7-14　ATP 的生成、储存与利用

在肌肉和脑组织中，肌酸磷酸激酶（CPK）可催化 ATP 将其高能磷酸键转移给肌酸生成磷酸肌酸。磷酸肌酸为能量的储存形式，其所含的高能磷酸键不能直接被利用，当肌肉和脑组

织中 ATP 不足时，磷酸肌酸可将其高能磷酸键转移给 ADP 生成 ATP，为生理活动提供能量。

ATP 是机体所需能量的直接供给者，但也有少数反应以其他高能化合物直接供能，如糖原生成过程中需要 UTP，磷脂合成时需 CTP 参与，蛋白质合成时需 GTP 参与。但这些高能化合物又都是在二磷酸核苷激酶的作用下由 ATP 提供 ~P 生成的。反应式如下：

$$ATP + UDP \rightleftharpoons ADP + UTP$$
$$ATP + CDP \rightleftharpoons ADP + CTP$$
$$ATP + GDP \rightleftharpoons ADP + GTP$$

第四节 非线粒体氧化体系

除线粒体外，细胞的微粒体和过氧化物酶体也是生物氧化的重要场所，其中存在一些不同于线粒体的氧化酶类，组成特殊的氧化体系。其特点是在氧化过程中不伴有偶联磷酸化，不能生成 ATP。

一、微粒体中的氧化酶

微粒体中的氧化酶主要包括单加氧酶和双加氧酶。

（一）单加氧酶

单加氧酶顾名思义就是能催化 O_2 中的一个氧原子加到底物分子中，使底物被羟化；另一个氧原子被来自 $NADPH+H^+$ 分子上的氢还原成水，因此，又将其称为混合功能氧化酶或羟化酶。其反应通式如下：

$$RH + NADPH + H^+ + O_2 \xrightarrow{\text{单加氧酶}} ROH + NADP^+ + H_2O$$

单加氧酶实际上是由 NADPH-细胞色素 P450 还原酶、细胞色素 P450 和 FAD 等组成的一种复杂酶系，主要存在于肝、肾、肠、肺等细胞的微粒体中，以肝中作用最强。单加氧酶参与类固醇激素、胆汁酸和胆色素的生成，维生素 D_3 活性形式的转化、饱和脂肪酸的去饱和以及一些药物和毒物的生物转化作用。

（二）双加氧酶

双加氧酶亦称氧转移酶，其能催化 O_2 中两个氧原子加进底物分子中，如色氨酸双加氧酶。

色氨酸 → N甲酰犬尿氨酸

二、过氧化物酶体中的氧化酶类

过氧化物酶体是一种特殊的细胞器，主要存在于肝、肾、中性粒细胞中，通过过氧化氢酶和过氧化物酶两条途径发挥作用。

（一）过氧化氢酶

过氧化氢酶（catalase）又称触酶，以血红素为辅基，可催化两分子 H_2O_2 生成 H_2O，并放出 O_2。过氧化氢酶的催化效率极高，体内一般不会发生 H_2O_2 的蓄积。

$$2H_2O_2 \xrightarrow{\text{过氧化氢酶}} 2H_2O + O_2$$

(二)过氧化物酶

过氧化物酶(peroxidase)可催化 H_2O_2 还原,释放的氧原子直接氧化酚类和胺类等有毒物质,对机体有双重保护作用。

$$R + H_2O_2 \xrightarrow{\text{过氧化物酶}} RO + H_2O \quad \text{或} \quad RH_2 + H_2O_2 \xrightarrow{\text{过氧化物酶}} R + 2H_2O$$

临床上利用白细胞中过氧化物酶可将愈创木脂或苯胺氧化成蓝色化合物的特点,判断粪便、消化液等有无隐血。在某些组织的细胞内还有一种含硒的谷胱甘肽过氧化物酶(GSH-Px),它能催化 2GSH 变为 GSSG,使有毒的过氧化物还原成无毒的羟基化合物,同时促进 H_2O_2 的分解,从而保护细胞膜的结构及功能不受过氧化物的干扰及损害。

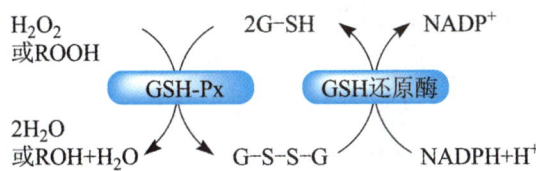

三、超氧化物歧化酶

超氧化物歧化酶(SOD)是一种含有金属元素的活性蛋白酶。按照其结合金属离子种类不同,有以下3种:含铜与锌的超氧化物歧化酶(Cu,Zn-SOD)、含锰超氧化物歧化酶(Mn-SOD)和含铁超氧化物歧化酶(Fe-SOD)。

SOD 广泛分布于生物体内,能清除生物体内的自由基,是一种重要的抗氧化酶。SOD 能催化 O_2^- 与 H^+ 发生反应生成 O_2 和 H_2O_2,后者可进一步被过氧化氢酶分解。

$$2O_2^- + 2H^+ \xrightarrow{\text{SOD}} H_2O_2 + O_2$$

自测题

一、选择题

1. 生命活动中能量的直接供体是
    A. 腺苷三磷酸
    B. 脂肪酸
    C. 氨基酸
    D. 磷酸肌酸
    E. 葡萄糖
2. 有关氧化磷酸化的叙述,错误的是
    A. 物质在氧化时伴有 ADP 磷酸化生成 ATP 的过程
    B. 氧化磷酸化过程存在于线粒体内
    C. P/O 可以确定 ATP 的生成数
    D. 氧化磷酸化过程有 2 条呼吸链
    E. 电子经呼吸链传递至氧产生 3 分子 ATP
3. 氰化物中毒抑制的是
    A. 细胞色素 b
    B. 细胞色素 c
    C. 细胞色素 c_1

D. 细胞色素 aa_3
E. 辅酶 Q
4. 能够作为解偶联剂的物质是
   A. CO
   B. CN^-
   C. H_2S
   D. 二硝基苯酚
   E. 抗霉素 A
5. 下列化合物不属于高能化合物的是
   A. 1,3-双磷酸甘油酸
   B. 乙酰辅酶 A
   C. AMP
   D. 氨甲酰磷酸
   E. 磷酸烯醇丙酮酸
6. 线粒体中呼吸链的排列顺序，正确的是
   A. NADH → FMN → CoQ → Cyt → O_2
   B. $FADH_2$ → NAD^+ → CoQ → Cyt → O_2
   C. $FADH_2$ → FMN → CoQ → Cyt → O_2
   D. NADH → FAD → CoQ → Cyt → O_2
   E. NADH → CoQ → FMN → Cyt → O_2
7. 正常生理条件下控制氧化磷酸化的主要因素是
   A. O_2 的水平
   B. ADP 的水平
   C. 线粒体内膜的通透性
   D. 底物水平
   E. 酶的活力
8. 2H 经过 NADH 氧化呼吸链传递可产生的 ATP 数为
   A. 2
   B. 2.5
   C. 4
   D. 6
   E. 12
9. 2H 经琥珀酸氧化呼吸链传递可产生的 ATP 数为
   A. 1.5
   B. 2.5
   C. 4
   D. 6
   E. 12
10. 体内细胞色素 c 直接参与的反应是
    A. 叶酸还原
    B. 糖酵解
    C. 肽键合成
    D. 脂肪酸合成
    E. 生物氧化

二、名词解释

1. 生物氧化
2. 呼吸链
3. 氧化磷酸化
4. 底物磷酸化

三、问答题

1. 线粒体内两条氧化呼吸链的组成成分及排列顺序是什么？
2. 影响氧化磷酸化的因素有哪些？这些因素如何影响氧化磷酸化？

（熊 书）

第八章 脂质代谢

第八章数字资源

思政之光

学习目标

掌握：
脂肪酸的β氧化反应过程、限速步骤、限速酶、能量的生成，酮体生成及利用的生理意义，脂肪动员的概念，脂肪动员的关键酶及其调节，血浆脂蛋白的分类、组成、性质、合成部位、生理功能。

熟悉：
脂质生理功能，三酰甘油的水解过程及关键酶，三酰甘油、胆固醇合成的原料，胆固醇的转化与排泄。

了解：
脂质的组成和分布，胆固醇、磷脂合成的基本过程及特点，磷脂代谢与脂肪肝，高脂蛋白血症类型和原因，动脉粥样硬化发生的危险因素。
通过历史典故和学习引起脂肪肝的原因，树立健康生活、珍爱生命及科学审美的生活理念。

案例导入

某患者，男性，39岁，体形偏胖，嗜酒，血脂偏高5年，偶尔上腹部饱胀，食欲缺乏或全身倦怠。腹部B超显示为重度脂肪肝。医生嘱患者应定期接受体格检查，平时注意清淡饮食，避免辛辣、刺激、凉及油腻的食物，注意锻炼身体。

请分析：
1. 造成脂肪肝的原因有哪些？
2. 酗酒为什么会引起脂肪肝？请结合生物化学知识进行解释。

第一节 概 述

脂质（lipid）包括脂肪（fat）和类脂（lipoid）。脂肪即三酰甘油（TG），也称甘油三酯。类脂主要包括磷脂（PL）、糖脂（GL）、游离胆固醇（FC）和胆固醇酯（cholesterol ester，CE）等。脂质不溶于水，而溶于乙醚、氯仿等有机溶剂。脂质不仅参与机体的物质和能量代谢，而且参与机体代谢的调节。脂质代谢异常与机体许多疾病的发生和发展密切相关，因此成为基础医学和临床医学广泛关注的重要内容之一。

一、脂质的组成与分布

(一)脂肪的组成与分布

1. **脂肪的组成** 脂肪是由 1 分子甘油和 3 分子脂肪酸组成的酯,故称三酰甘油。其结构式为:

$$\begin{array}{l} CH_2-O-\overset{\displaystyle O}{\underset{\displaystyle \|}{C}}-R_1 \\ CH-O-\overset{\displaystyle O}{\underset{\displaystyle \|}{C}}-R_2 \\ CH_2-O-\overset{\displaystyle O}{\underset{\displaystyle \|}{C}}-R_3 \end{array}$$

其中 R_1 和 R_3 通常为饱和烃基,R_2 为不饱和烃基。脂肪中的脂肪酸多数是饱和烃基。

2. **脂肪的分布** 脂肪主要以油滴状微粒贮存于脂肪细胞中,分布在皮下、大网膜、肠系膜、脏器的周围和肌纤维之间。人体内脂肪的含量受营养状况、活动量大小、性别等因素的影响。脂肪是机体内含量最多的脂质,正常成年男子脂肪含量占体重的 10%~20%,女子略高。

(二)类脂的组成与分布

1. **类脂的组成** 类脂包括磷脂、糖脂、胆固醇和胆固醇酯。磷脂是含有磷酸的脂质的总称,包括甘油磷脂和鞘磷脂两大类。甘油磷脂是体内含量最多、分布最广的磷脂。甘油磷脂的结构如下:

$$\begin{array}{l} CH_2-O-\overset{\displaystyle O}{\underset{\displaystyle \|}{C}}-R_1 \\ CH-O-\overset{\displaystyle O}{\underset{\displaystyle \|}{C}}-R_2 \\ CH_2-O-\underset{\displaystyle \underset{\displaystyle OH}{|}}{P}-O-X \end{array}$$

式中 R_1 和 R_2 为脂肪酸的烃基。R_1 的脂肪酸为饱和脂肪酸,如硬脂酸、软脂酸等;R_2 的脂肪酸为不饱和脂肪酸,如亚油酸、花生四烯酸等。X 为取代基,不同的取代基组成不同的甘油磷脂。X═H 时为磷脂酸,它是各种甘油磷脂的母体化合物。

胆固醇(cholesterol)是具有环戊烷多氢菲烃核及一个羟基的固醇类化合物。在体内主要以游离胆固醇和胆固醇酯的形式存在,C_3 位上为羟基的是游离胆固醇,当羟基被脂肪酸酯化后形成胆固醇酯,结构式如下:

胆固醇　　　　　胆固醇酯

2. **类脂的分布** 类脂分布于人体各组织中,是构成生物膜的基本成分。类脂约占成年人体重的 5%,神经组织中含量最多。类脂含量相对恒定,不受营养状况和机体活动量的影响,因此,类脂也被称为固定脂或基本脂。

二、脂质的生理功能

机体内脂质种类多、分布广,具有多种重要的生理功能。

(一)脂肪的生理功能

1. 供能和储能　脂肪是机体重要的储能和氧化供能的物质。脂肪是疏水性物质，储存时所占的体积小，相同体积脂肪彻底氧化释放的热量约为糖原的8倍，因此脂肪是体内储存能量最有效的方式。正常情况下，人体能量的20%~30%由脂肪提供。在饥饿或禁食等情况下，体内的能量主要由脂肪氧化分解供给。

2. 保护和固定内脏　皮下脂肪和内脏周围的脂肪具有软垫作用，可在有外力作用时起到缓冲作用；同时内脏周围的脂肪对内脏具有固定的作用。

3. 维持体温　脂肪不易导热，皮下脂肪可防止体内热量过多地从体表散发，因此具有维持正常体温的作用。

4. 促进脂溶性维生素吸收　如维生素A、维生素D、维生素E、维生素K等脂溶性维生素，需要溶解在脂肪中才能被小肠吸收，因此脂肪能促进脂溶性维生素消化、吸收和转运。

(二)类脂的生理功能

1. 维持生物膜的正常结构与功能　生物膜主要由一些两性的脂质物质组成，其中以磷脂最多。磷脂含有两条疏水性的脂酰基长链，称疏水尾，又含有磷酸胆碱和磷酸乙醇胺等极性很强的亲水基团，称极性头。在体液中，"极性头"在生物膜外侧，"疏水尾"在生物膜内侧，形成双分子层，与胆固醇、蛋白质共同构成细胞的膜结构。

2. 参与细胞信号转导　磷脂酰肌醇的第4、5位羟基被磷酸化后形成的磷脂酰肌醇4,5-双磷酸是构成细胞膜的重要磷脂，可在细胞外信号刺激下水解为肌醇-1,4,5-三磷酸和二酰甘油，二者均可作为脂质第二信使调节细胞内的代谢。

3. 参与脂蛋白合成　磷脂是合成血浆脂蛋白的重要原料。在肝内，磷脂与脂肪、载脂蛋白等形成脂蛋白，使肝内的脂肪能顺利地运到肝外，防止脂肪肝的形成。

4. 转化成多种活性物质　胆固醇是合成胆汁酸、类固醇激素及维生素D等活性物质的原料。

第二节　三酰甘油的代谢

一、三酰甘油的分解代谢

在正常情况下，人体所需要的能量主要由葡萄糖氧化供给，当体内能量供应不足或者对能量有特殊需求（如长期剧烈运动）时，机体可利用储存的脂肪氧化供能。而在体内能量供求平衡的情况下，也有一定量的脂肪动员，将脂肪酸和甘油释放入血液。

(一)脂肪动员

储存在脂肪细胞中的脂肪在脂肪酶的作用下水解为脂肪酸和甘油，并释放入血液，供给其他组织氧化利用的过程，称为脂肪动员（图8-1）。

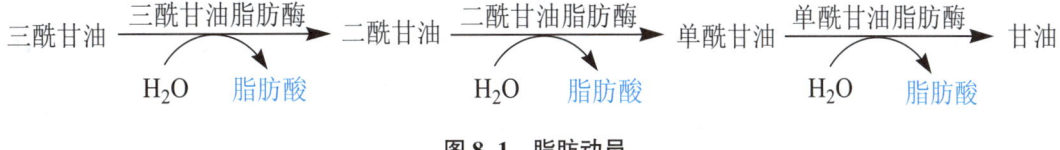

图8-1　脂肪动员

参与脂肪动员的酶包括三酰甘油脂肪酶、二酰甘油脂肪酶、单酰甘油脂肪酶，其中三酰甘油脂肪酶活性最低，是脂肪动员的关键酶。三酰甘油脂肪酶受激素的调节，故称为激素敏感性脂肪酶（hormone-sensitive lipase，HSL）。肾上腺素、去甲肾上腺素、胰高血糖素、生长素、促肾上腺皮质激素等能激活三酰甘油脂肪酶的活性，加速脂肪动员，这些激素被称为脂解激素；而胰岛素能降低三酰甘油脂肪酶的活性，减少脂肪动员，因此被称为抗脂解激素。

脂肪动员生成的甘油和脂肪酸被释放入血液，甘油随血液循环到肝、肾和肠等组织中进行代谢。脂肪酸入血后，与清蛋白结合成水溶性复合物，被运送到心脏、肝和骨骼肌等组织中进一步分解利用。

（二）甘油的分解代谢

脂肪动员产生的甘油在甘油激酶作用下，消耗 1 分子 ATP，甘油转化为 3-磷酸甘油，然后脱氢生成磷酸二羟丙酮，磷酸二羟丙酮经过糖代谢途径进行氧化分解，或者在肝内进行糖异生，转化为葡萄糖或糖原（图 8-2）。

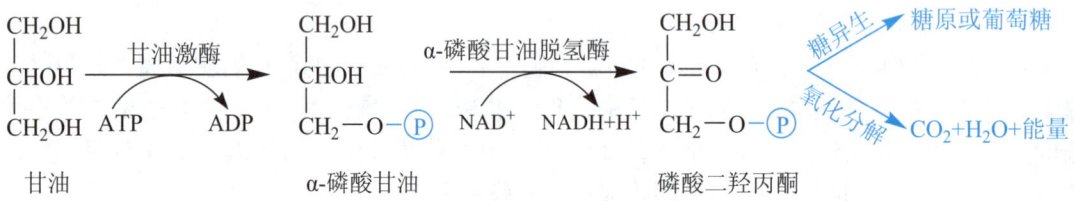

图 8-2　甘油的分解代谢

（三）脂肪酸的分解代谢

脂肪酸是机体的重要供能物质之一，当机体糖供应不足或利用障碍时，三酰甘油分解生成脂肪酸。在氧供应充足的条件下，脂肪酸可在体内氧化成 H_2O 和 CO_2，释放出大量能量，以 ATP 的形式供机体利用。除脑组织和成熟红细胞外，大多数组织都能氧化脂肪酸，以肝和肌肉组织最为活跃。脂肪酸的氧化分解过程分为脂肪酸活化、脂酰辅酶 A 进入线粒体、脂肪酸的 β 氧化、乙酰辅酶 A 彻底氧化 4 个阶段。

1. **脂肪酸活化**　脂肪酸转化成脂酰辅酶 A 的过程，称为脂肪酸活化。脂肪酸活化是在细胞质中进行的。在 ATP、辅酶 A（HSCoA）和 Mg^{2+} 存在条件下，由脂酰辅酶 A 合成酶催化脂肪酸生成脂酰辅酶 A。

$$RCOOH + CoA\text{-}SH + ATP \xrightarrow[Mg^{2+}]{\text{脂酰辅酶A合成酶}} RCO\sim CoA + AMP + PPi$$

脂酰辅酶 A 具有较强的水溶性和代谢活性。在活化反应中，ATP 分解为 AMP 和焦磷酸，消耗 2 个高能磷酸键，相当于正常反应中 2 分子 ATP 分解产生的能量。所以在计算能量时，活化 1 分子脂肪酸消耗 2 分子 ATP。

2. **脂酰辅酶 A 进入线粒体**　脂酰辅酶 A 在胞质中形成，但催化脂酰辅酶 A 氧化分解的酶存在于线粒体的基质内。因此，脂酰辅酶 A 必须进入线粒体基质内才能被氧化分解。脂酰辅酶 A 不能自由地通过线粒体内膜进入基质，需要肉碱作为载体，并在肉碱脂酰转移酶Ⅰ、脂酰肉碱转位酶和肉碱脂酰转移酶Ⅱ的作用下，才能进入线粒体基质。

肉碱脂酰转移酶Ⅰ存在于线粒体内膜外侧，肉碱脂酰转移酶Ⅱ存在于线粒体内膜内侧。在内膜外侧，肉碱脂酰转移酶Ⅰ催化脂酰辅酶 A 和肉碱合成脂酰肉碱，在脂酰肉碱转位酶的作用下，脂酰肉碱通过线粒体内膜进入线粒体基质，然后在内膜内侧面的肉碱脂酰转移酶Ⅱ的作用下，脂酰肉碱重新转变成脂酰辅酶 A 和肉碱，肉碱在转位酶作用下回到线粒体内膜外侧，而脂酰辅酶 A 则进入线粒体基质（图 8-3）。

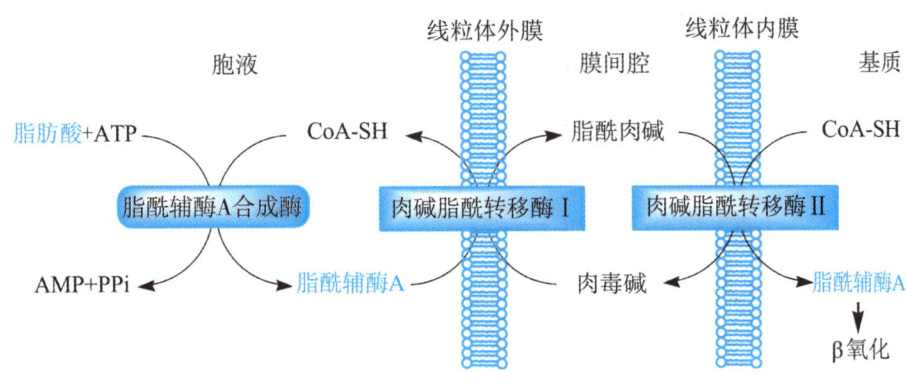

图 8-3 脂酰辅酶 A 进入线粒体

脂酰辅酶 A 进入线粒体是脂肪酸分解代谢的限速步骤。肉碱脂酰转移酶 I 是脂肪酸分解的关键酶。在饥饿、高脂低糖膳食或糖尿病时，体内不能利用糖供能，因此需要脂肪酸提供能量，此时肉碱脂酰转移酶 I 活性增高，脂肪酸氧化增强。当饱食后，由于脂肪合成增强和丙二酰辅酶 A 增加，丙二酰辅酶 A 能抑制肉碱脂酰转移酶 I，使酶活性降低，进入线粒体的脂酰辅酶 A 减少，脂肪酸的氧化分解则减弱。

3. 脂肪酸的 β 氧化　在线粒体内，脂酰辅酶 A 氧化从羧基端 β-碳原子开始，每次断裂两个碳原子，生成乙酰辅酶 A 的连续反应过程，称为脂肪酸的 β 氧化。脂酰辅酶 A 在线粒体基质中，在脂肪酸 β 氧化酶系催化下，从脂酰辅酶 A 的 β-碳原子开始，进行脱氢、加水、再脱氢、硫解四步连续反应，完成一次 β 氧化。

（1）脱氢：在脂酰辅酶 A 脱氢酶的催化下，脂酰辅酶 A 的 α 和 β 碳原子各脱下一个氢原子，生成烯脂酰辅酶 A。FAD 接受 2 个氢原子生成 $FADH_2$。

（2）加水：在烯脂酰辅酶 A 水化酶的催化下，烯脂酰辅酶 A 与水反应，生成 β-羟脂酰辅酶 A。

（3）再脱氢：在 β-羟脂酰辅酶 A 脱氢酶催化下，β-羟脂酰辅酶 A 的碳原子脱下 2 个氢原子，生成 β-酮脂酰辅酶 A。脱下的 2 个氢原子由 NAD^+ 接受，生成 $NADH+H^+$。

（4）硫解：在 β-酮脂酰辅酶 A 硫解酶催化下，β-酮脂酰辅酶 A 与 HSCoA 反应，β-酮脂酰辅酶 A 在 α 与 β 碳原子之间发生断裂，生成 1 分子乙酰辅酶 A 和少 2 个碳原子的脂酰辅酶 A。

经过上述反应，1 分子的脂酰辅酶 A 分解生成 1 分子乙酰辅酶 A 和 1 分子比原来少 2 个碳原子的脂酰辅酶 A，后者继续进行上述 β 氧化的脱氢、加水、再脱氢、硫解步骤，如此反复，使脂酰辅酶 A 完全分解成乙酰辅酶 A（图 8-4）。

如含 16 碳的软脂酰辅酶 A β 氧化总反应式：

$$CH_3(CH_2)_{14}CO\sim SCoA + 7HSCoA + 7FAD + 7NAD^+ + 7H_2O \longrightarrow$$
$$7FADH_2 + 7(NADH+H^+) + 8CH_3CO\sim SCoA$$

4. 乙酰辅酶 A 彻底氧化　在肝外组织中，脂肪酸 β 氧化生成的乙酰辅酶 A 进入三羧酸循环彻底氧化成 CO_2 和 H_2O，每分子乙酰辅酶 A 经三羧酸循环氧化可生成 10 分子 ATP。而在肝内生成的乙酰辅酶 A 大部分转变成酮体。

（四）脂肪酸氧化的能量生成

脂肪酸 β 氧化产生的还原当量经氧化磷酸化生成 ATP。以软脂酸（含 16 个碳原子）为例计算 ATP 生成量。1 分子软脂酸活化生成软脂酰辅酶 A，需消耗 2 分子 ATP。经 7 次 β 氧化，生成 7 分子 $FADH_2$、7 分子（$NADH+H^+$）、8 分子乙酰辅酶 A；每分子 $FADH_2$ 经琥珀酸呼吸

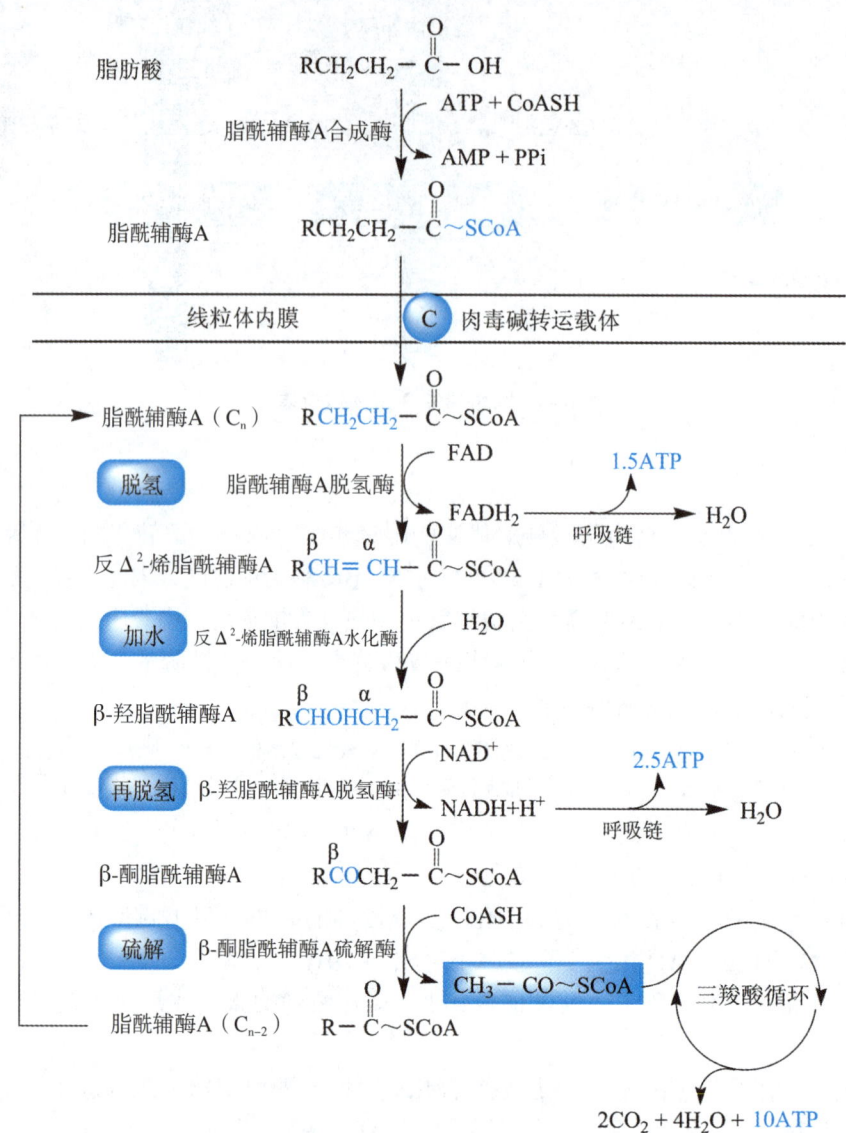

图 8-4 脂肪酸的 β 氧化

脂肪酸的 β 氧化的能量计算

链氧化能生成 1.5 分子 ATP，每分子 NADH+H⁺ 经过 NADH 呼吸链氧化能生成 2.5 分子 ATP，每分子乙酰辅酶 A 经过三羧酸循环彻底氧化产生 10 分子 ATP。1 分子软脂酸彻底氧化共生成（7×1.5）+（7×2.5）+（8×10）= 108 分子 ATP。脂肪酸活化消耗 2 分子 ATP，所以 1 分子软脂酸氧化分解净生成 108 − 2 = 106 分子 ATP。

知识链接

脂肪酸 β 氧化的发现

1904 年，德国化学家 F.Knoop 设计了一个实验来研究体内脂肪酸的氧化。将末端甲基上连有苯环的脂肪酸饲养犬，然后检测犬尿中产物，结果发现，食用偶数碳脂肪酸的犬尿中有苯乙酸的衍生物苯乙尿酸，而食用奇数碳脂肪酸的犬尿中有苯甲酸的衍生物马尿酸。由此 F. Knoop 提出了脂肪酸 β 氧化假说。1944 年，L. LeLoir 采用无细胞体系验

证了 β 氧化机制；1949 年，A. Lehninger 证明 β 氧化在线粒体进行；1951 年，F. Lynen 成功地分离出"活性乙酸"（即乙酰辅酶 A），至此终于揭示了脂肪酸分解代谢的全过程。

（五）酮体代谢

酮体（ketone body）是脂肪酸在肝线粒体不完全氧化的中间产物，包括乙酰乙酸、β 羟丁酸和丙酮 3 种有机化合物。其中 β 羟丁酸含量最多，约占酮体总量的 70%，乙酰乙酸占 30%，丙酮含量极微。因为肝具有活性较强的合成酮体的酶，而肝外组织具有活性很强的利用酮体的酶系，所以肝是合成酮体的重要器官，肝外组织是利用酮体的场所。

1. 酮体的生成　在肝细胞线粒体内，以乙酰辅酶 A 为原料合成酮体。乙酰辅酶 A 主要来源于肝中脂酰辅酶 A 的 β 氧化。具体反应如下（图 8-5）。

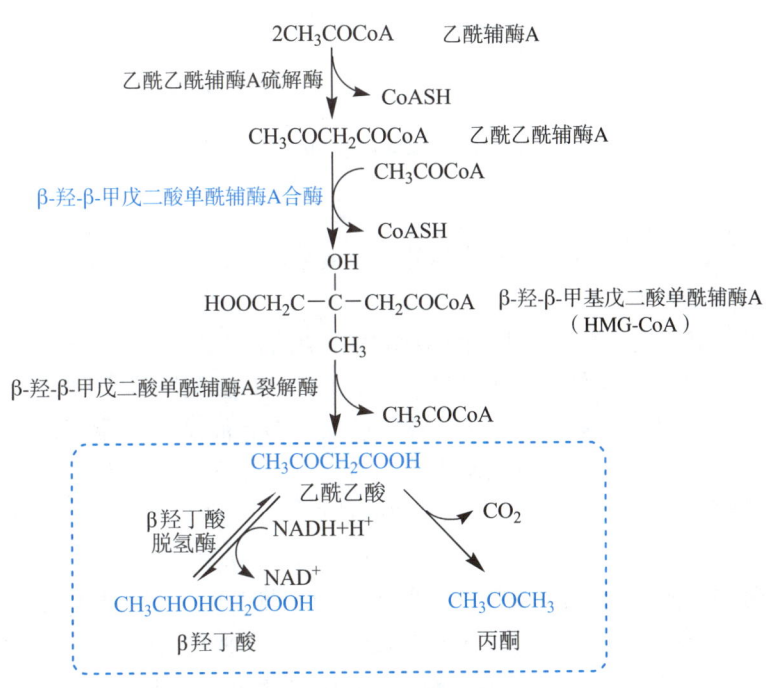

图 8-5　酮体的生成

（1）乙酰乙酰辅酶 A 的生成：在乙酰乙酰辅酶 A 硫解酶的催化下，2 分子的乙酰辅酶 A 缩合成乙酰乙酰辅酶 A，并释放出 1 分子 HSCoA。

（2）β-羟-β-甲戊二酸单酰辅酶 A（HMG-CoA）的生成：乙酰乙酰辅酶 A 与 1 分子乙酰辅酶 A 在 β-羟-β-甲戊二酸单酰辅酶 A 合酶的催化下，缩合生成 β-羟-β-甲戊二酸单酰辅酶 A，并释放出一分子 HSCoA。

（3）乙酰乙酸的生成：在 β-羟-β-甲戊二酸单酰辅酶 A 裂解酶的催化下，β-羟-β-甲戊二酸单酰辅酶 A 裂解生成乙酰乙酸和乙酰辅酶 A。

（4）β 羟丁酸和丙酮的生成：乙酰乙酸在 β 羟丁酸脱氢酶的催化下，被还原成 β 羟丁酸。另外，乙酰乙酸在乙酰乙酸脱羧酶的催化下脱羧或自动脱羧生成丙酮。

2. 酮体的利用　肝外许多组织，特别是心脏、脑、肾和骨骼肌等具有活性很强的利用酮体的酶系，如琥珀酰辅酶A转硫酶、乙酰乙酸硫激酶和乙酰乙酸辅酶A硫解酶。在酶的催化下，酮体首先转化成乙酰辅酶A，然后乙酰辅酶A进入三羧酸循环，生成CO_2和H_2O，并释放出大量能量（图8-6）。

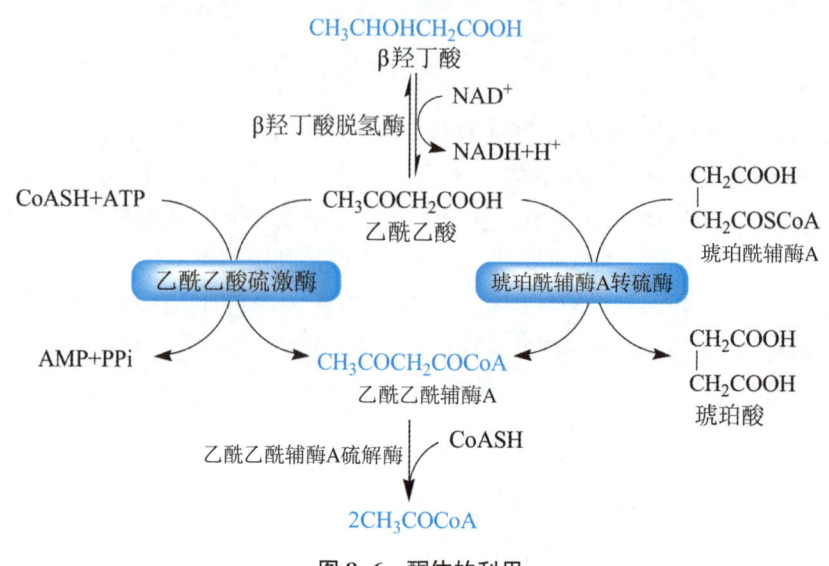

图8-6 酮体的利用

正常情况下丙酮含量很少，常随尿排出体外，血液中酮体异常高时，也可以通过肺直接呼出，呼出的丙酮具有烂苹果味。

3. 酮体生成的生理意义　酮体是脂肪酸在肝内代谢的正常产物，是肝向肝外组织输出脂肪酸类能源物质的重要方式。酮体分子小，易溶于水，能通过血脑屏障及肌肉毛细血管壁，是肌肉和脑组织的重要能量来源。脑组织不能氧化脂肪酸，却有很强的利用酮体的能力。当严重饥饿或糖供应不足时，酮体代替葡萄糖为脑组织及肌肉供能。酮体生成超过肝外组织利用能力时，引起血液中酮体升高，严重时可导致酮血症和酮尿症。

4. 酮症酸中毒　正常情况下，血液中酮体含量很低，为0.03~0.5 mmol/L。但在饥饿、高脂低糖饮食和糖尿病时，由于脂肪动员加强，肝生成的酮体增加，超过了肝外组织利用能力，大量酮体进入血液，血液酮体浓度升高，称为酮血症；发生酮血症的同时，尿液中有大量酮体出现，称为酮尿症；由于乙酰乙酸和β羟丁酸是很强的有机酸，酮血症时，酮体在血液中积聚过多，导致血液pH下降，引起酸中毒，被称为代谢性酮症酸中毒。

考点提示
酮体的生成和利用的生理意义

 知识链接

糖尿病与酮症酸中毒

酮症酸中毒是糖尿病患者常见的急性并发症之一，常发生于1型糖尿病患者，2型糖尿病患者在各种应激情况下亦可发生。临床表现以发病急、病情重、变化快为特点。诱发酮症酸中毒的主要原因为感染、急性心肌梗死、脑血管意外、手术、麻醉、妊娠与分娩等各种应激因素。本症主要是由于糖代谢紊乱，体内酮体产生过多，导致血中HCO_3^-浓度减少，失代偿时，则血液pH下降，引起酸中毒。

二、三酰甘油的合成代谢

机体合成三酰甘油的主要器官是肝、脂肪组织和小肠。其中肝的合成能力最强，比脂肪组织大8~9倍。合成三酰甘油的直接原料是α-磷酸甘油和脂酰辅酶A。

（一）α-磷酸甘油的合成

α-磷酸甘油合成途径有两条：一是糖代谢中间产物磷酸二羟丙酮还原生成α-磷酸甘油，是α-磷酸甘油的主要来源；二是在甘油激酶催化下，甘油磷酸化生成α-磷酸甘油。

（1） 甘油 →(甘油激酶, ATP→ADP)→ α-磷酸甘油

（2） 葡萄糖 →(糖酵解)→ 磷酸二羟丙酮 →(α-磷酸甘油脱氢酶, NADH+H⁺→NAD⁺)→ α-磷酸甘油

（二）脂酰辅酶A的合成

脂酰辅酶A可由脂肪酸活化生成。机体内主要以糖代谢生成的乙酰辅酶A为原料，先合成脂肪酸，然后脂肪酸再被活化成脂酰辅酶A。

1. **脂肪酸合成的部位** 肝、肾、脑、肺、乳腺及脂肪组织的胞质均能合成脂肪酸，以肝最为活跃。脂肪酸合成主要在肝细胞的胞质中进行。

2. **脂肪酸合成的原料** 合成脂肪酸的原料主要包括乙酰辅酶A、HCO_3^-、$NADPH+H^+$、ATP等。乙酰辅酶A是合成脂肪酸的碳源，主要来自线粒体内糖代谢；NADPH是供氢体，主要来源于戊糖磷酸途径；ATP为合成过程提供能量。

由于乙酰辅酶A在线粒体内产生，而脂肪酸合成则在胞质中，所以线粒体内的乙酰辅酶A需要进入胞质才能被利用。乙酰辅酶A不能自由通过线粒体内膜，需要通过柠檬酸-丙酮酸循环才能进入胞质。在线粒体内，乙酰辅酶A首先与草酰乙酸缩合成柠檬酸，柠檬酸由线粒体内膜的柠檬酸载体转运进入胞质；在胞质柠檬酸裂解酶作用下，柠檬酸裂解生成草酰乙酸和乙酰辅酶A。乙酰辅酶A用于脂肪酸的合成，而草酰乙酸则被还原成苹果酸，苹果酸在酶的作用下分解成丙酮酸，再转运入线粒体内。此外，苹果酸也可以直接经线粒体内膜载体转运入线粒体内。进入线粒体的苹果酸和丙酮酸转变成草酰乙酸，再参与乙酰辅酶A的转运（图8-7）。

3. **脂肪酸的合成过程**

（1）丙二酸单酰辅酶A的合成：在胞质乙酰辅酶A羧化酶的催化下，乙酰辅酶A羧化生成丙二酸单酰辅酶A，反应如下：

$$CH_3CO\sim SCoA + HCO_3^- + ATP \longrightarrow HOOCCH_2CO\sim SCoA + ADP + Pi$$

该反应由乙酰辅酶A羧化酶催化，是脂肪酸合成的关键酶。乙酰辅酶A羧化酶是别构酶，Mn^{2+}、柠檬酸、异柠檬酸是该酶的别构激活剂。

（2）软脂酸的合成：在脂肪酸合成酶系催化下，1分子乙酰辅酶A和7分子丙二酸单酰辅酶A反应，生成软脂酸。

$$7CH_3CO\sim SCoA + 7CO_2 + 7ATP \longrightarrow 7HOOCCH_2CO\sim SCoA + 7ADP + 7Pi$$

$$CH_3CO\sim SCoA + 7HOOCCH_2CO\sim SCoA + 14(NADPH+H^+) \longrightarrow$$

$$CH_3(CH_2)_{14}COOH + 7CO_2 + 14NADP^+ + 8HSCoA + 6H_2O$$

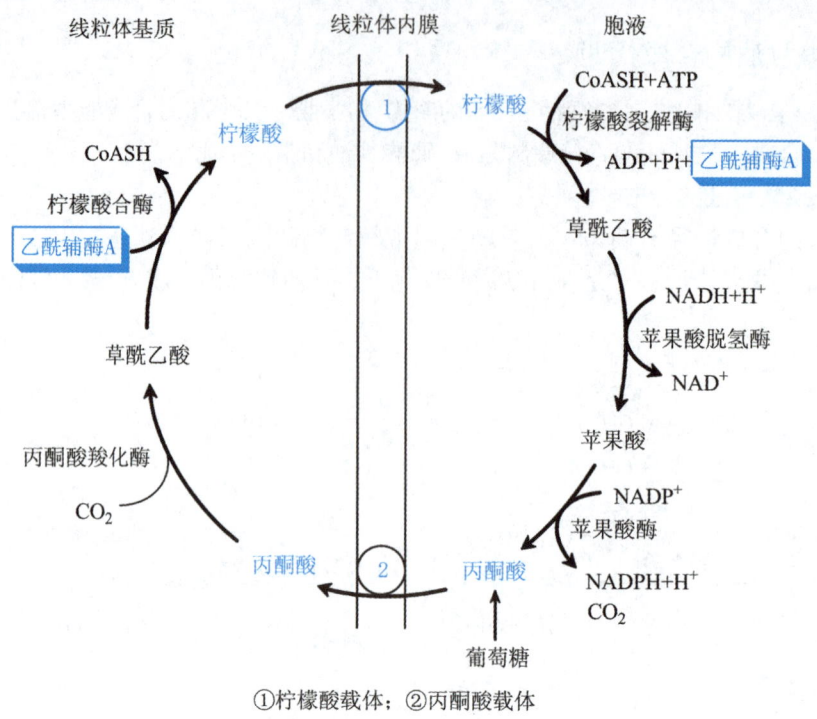

图 8-7 柠檬酸 – 丙酮酸循环

（3）碳链缩短或延长：碳链可通过 β 氧化而缩短。碳链的延长可在内质网和线粒体内进行，以内质网为主，其延长过程基本是 β 氧化的逆过程，每一轮反应可增加 2 个碳原子。通过这种方式可以合成硬脂酸，也可合成碳链更长至 24 个或 26 个碳原子的脂肪酸。

（4）脂肪酸的活化：在胞质中进行，它与脂肪酸 β 氧化过程中的脂肪酸活化反应是相同的。在脂酰辅酶 A 合成酶作用下，脂肪酸与 HSCoA 反应生成脂酰辅酶 A。

（三）三酰甘油的合成

在 α-磷酸甘油脂酰转移酶催化下，α-磷酸甘油与 2 分子脂酰辅酶 A 反应，生成磷脂酸；在磷脂酸磷酸酶作用下，磷脂酸脱下磷酸生成二酰甘油，二酰甘油再与 1 分子脂酰辅酶 A 作用，生成三酰甘油。反应过程中，α-磷酸甘油脂酰转移酶是关键酶（图 8-8）。

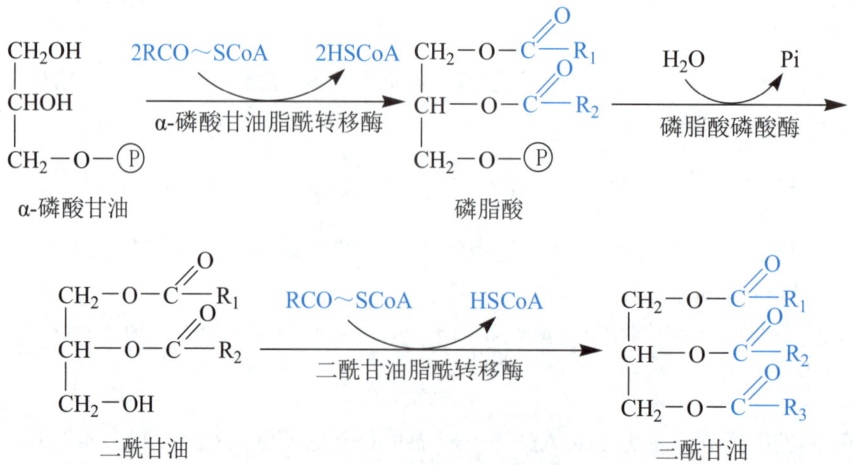

图 8-8 三酰甘油的合成

三、多不饱和脂肪酸的重要衍生物

人体内多不饱和脂肪酸衍生物主要由花生四烯酸衍变而来，主要包括前列腺素（prostaglandin，PG）、血栓素（thromboxane，TX）和白三烯（leukotriene，LT）（图 8-9）。它们在细胞内含量很低，但具有很强的生理活性，对细胞代谢具有重要的调节作用，并与免疫、炎症、过敏反应、心血管疾病等病理过程相关。

1. **前列腺素** PG 最早是从人的精液中分离出来的，认为其来自前列腺，故称前列腺素。除了红细胞外，全身各组织和细胞都能合成 PG。PG 分为 9 种类型，分别为 PGA、B、C、D、E、F、G、H 及 I，PGA、E、F 含量较多。PGE_2 是诱发炎症的主要因素之一，能促进局部血管扩张及毛细血管通透性增加，引起炎症。PGA_2 和 PGE_2 可使动脉平滑肌舒张，而且有降血压的作用。PGE_2 能使支气管平滑肌松弛，而 PGF_2 则对支气管平滑肌起收缩作用，两者之间平衡失调是哮喘病发作的主要原因。PGI_2 可抑制血小板聚集，并具有舒张血管作用。

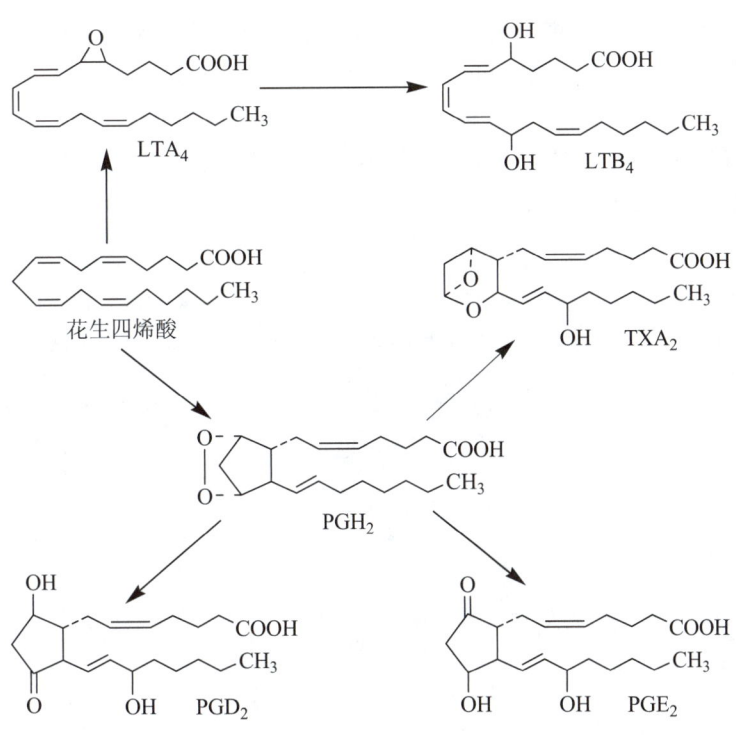

图 8-9　前列腺素、血栓素、白三烯的合成

2. **血栓素** 由血小板产生的 TXA_2 和 PGF_2 能促进血小板聚集，使血管收缩，促进凝血和血栓的形成。而血管内皮细胞释放的 PGI_2 具有很强的舒血管、抗血小板聚集和血栓形成的作用，能抑制凝血和血栓形成，与 TXA_2 作用相对抗。损伤的血管内皮细胞因为不能合成和释放 PGI_2，无法对抗 TXA_2 的作用，所以引起血栓形成和血管收缩。

3. **白三烯** LT 主要在白细胞内合成，为一类引起过敏反应的慢反应物质，能引起支气管平滑肌强烈收缩，血管扩张、通透性增加，引起炎症和过敏反应，且作用缓慢而持久。LT 还具有调节白细胞游走和趋化作用，诱发多核白细胞脱颗粒，使溶酶体释放水解酶，加重炎症及过敏反应。

第三节 类脂的代谢

一、磷脂代谢

磷脂是分子中含有磷酸的脂质的总称。机体中主要有两大类磷脂：一类是以甘油为骨架的甘油磷脂；另一类是以鞘氨醇为骨架的鞘磷脂。体内含量最多的是甘油磷脂，甘油磷脂可分为磷脂酰胆碱（卵磷脂）、磷脂酰乙醇胺（脑磷脂）、磷脂酰丝氨酸、磷脂酰甘油、双磷脂酰甘油（心磷脂）、磷脂酰肌醇6大类，本节主要介绍甘油磷脂代谢。

（一）甘油磷脂的合成代谢

人体几乎所有细胞的内质网都含有合成甘油磷脂的酶系。各种甘油磷脂的合成途径相似，现以磷脂酰胆碱和磷脂酰乙醇胺为例说明合成过程。

1. 合成部位　全身各组织均能合成甘油磷脂，肝的合成最为活跃，其次是肾和肠组织。

2. 合成原料　甘油磷脂的合成原料主要有甘油、脂肪酸、胆碱、乙醇胺、丝氨酸、ATP和CTP等。其中甘油和脂肪酸主要由葡萄糖转变生成，必需脂肪酸由食物供给，胆碱和乙醇胺可以从食物中获得，也可由丝氨酸和S-腺苷甲硫氨酸在体内转化生成。

3. 合成途径

（1）CDP-胆碱和CDP-乙醇胺的合成：胆碱和乙醇胺在参与合成反应之前，首先活化成CDP-胆碱和CDP-乙醇胺（图8-10）。

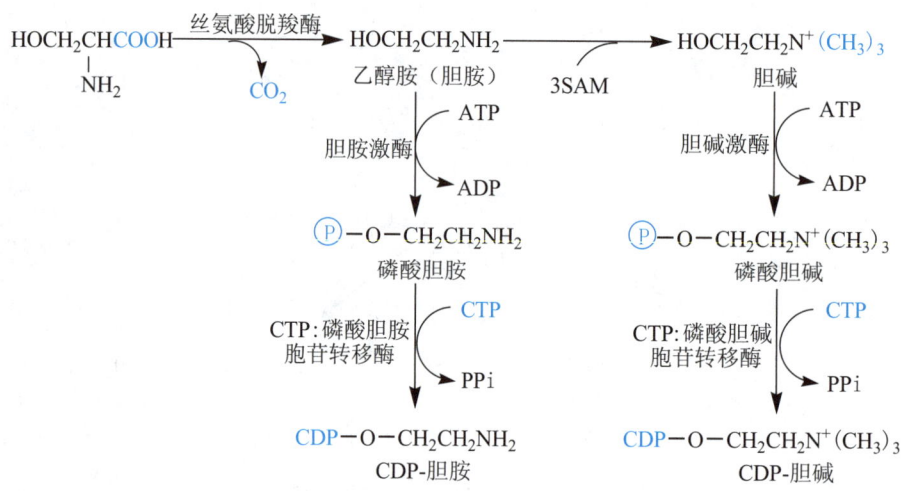

图8-10　CDP-胆碱和CDP-乙醇胺的合成

（2）二酰甘油的合成：与三酰甘油合成反应过程一样，在α-磷酸甘油脂酰转移酶作用下，生成磷脂酸；在磷脂酸磷酸酶作用下水解脱去磷酸生成二酰甘油。

（3）脑磷脂与卵磷脂的合成：二酰甘油分别与CDP-胆碱和CDP-乙醇胺作用，生成磷脂酰胆碱（卵磷脂）和磷脂酰乙醇胺（脑磷脂）。另外，卵磷脂也可以由脑磷脂甲基化生成（图8-11）。

（二）甘油磷脂的分解代谢

甘油磷脂的分解代谢主要由磷脂酶催化完成，磷脂酶因其水解的化学键特异性不同，可分为磷脂酶A_1、A_2、B_1、B_2、C、D等6种（图8-12）。

磷脂酶A_1主要存在于动物细胞的溶酶体内，蛇毒及某些微生物也含有。磷脂酶A_1催化甘

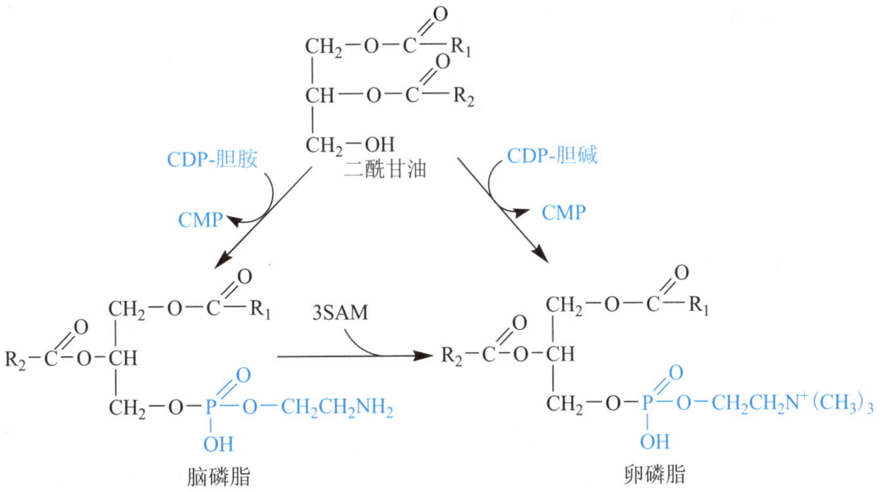

图 8-11 脑磷脂和卵磷脂的合成

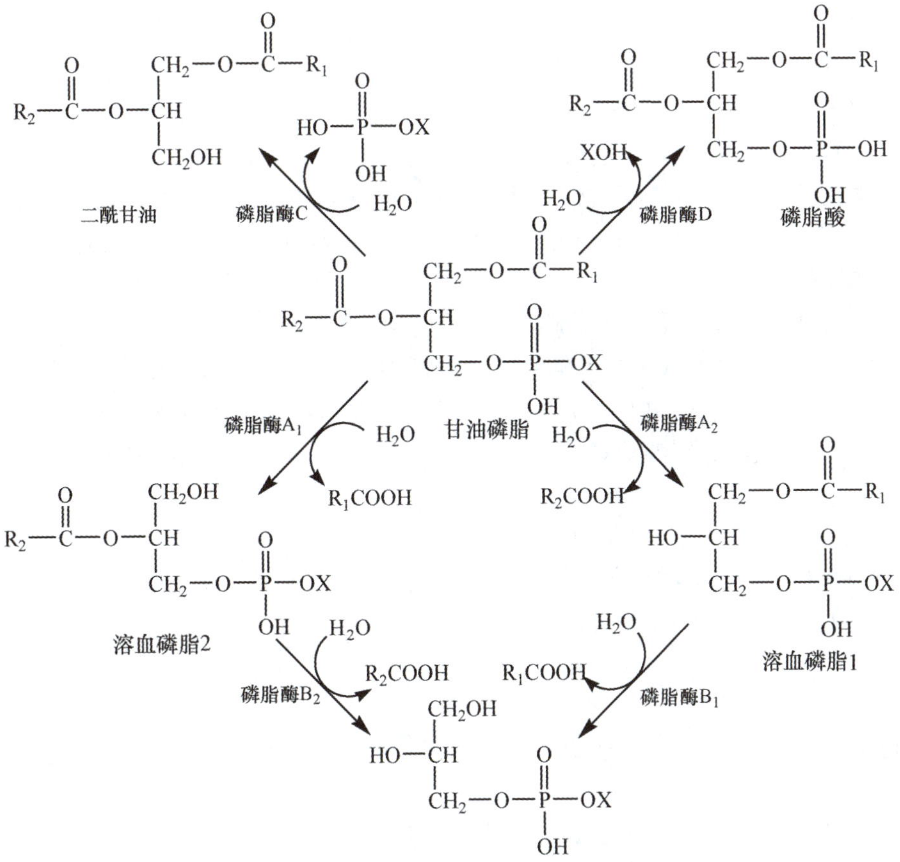

图 8-12 甘油磷脂的水解

油磷脂的第 1 位酯键断裂，生成脂肪酸和溶血磷脂 2。磷脂酶 A_2 存在于细胞膜和线粒体膜上，蛇毒也含有磷脂酶 A_2，催化甘油磷脂的第 2 位酯键断裂，生成不饱和脂肪酸和溶血磷脂 1。

溶血磷脂 1 和溶血磷脂 2 具有较强的表面活性，能破坏红细胞膜及其他组织细胞膜，产生溶血和组织坏死。当被蛇咬伤时，毒液进入体内，产生溶血磷脂，引起溶血和组织坏死。

磷脂酶 B_1 能催化溶血磷脂 1 的酯键断裂，磷脂酶 B_2 能催化溶血磷脂 2 的酯键断裂，生成脂肪酸和甘油磷酸胆碱或甘油磷酸乙醇胺，溶血磷脂失去溶解细胞膜的活性。磷脂酶C存在于细胞膜及某些细菌中，可特异地水解甘油磷脂分子中第3位磷酸酯键，生成二酰甘油及磷酸胆碱或磷酸乙醇胺。磷脂酶D存在于动物脑组织，能特异地水解磷酸与取代基之间的磷酯键，生成磷脂酸和胆碱或乙醇胺。

二、胆固醇代谢

人体内的胆固醇一部分来自动物性食物中的胆固醇，称为外源性胆固醇；另一部分由体内合成的胆固醇，称为内源性胆固醇。一般情况下，内源性合成是机体胆固醇最主要的来源，约占体内胆固醇总量的2/3。

（一）胆固醇的合成代谢

1. 合成部位　成年人机体每日合成胆固醇 $1.0 \sim 1.5$ g。肝的合成能力最强，是合成胆固醇的主要场所，其次是小肠，脑组织和成熟红细胞不能合成胆固醇。胆固醇合成主要在胞质及内质网中进行。

2. 合成原料　乙酰辅酶A是体内合成胆固醇的基本原料，此外，还需要ATP供能和$NADPH+H^+$供氢。乙酰辅酶A和ATP主要来自线粒体中糖的有氧氧化，与脂肪酸合成过程一样，线粒体内的乙酰辅酶A需要经过柠檬酸-丙酮酸循环，才能进入胞质中。$NADPH+H^+$则主要来自戊糖磷酸途径，糖是胆固醇合成原料的主要来源，因此高糖饮食的人也可能出现血浆胆固醇增高的现象。

3. 合成反应　胆固醇的合成过程比较复杂，有将近30步酶促反应，大致可分为3个阶段。

（1）甲羟戊酸（MVA）的生成：此阶段发生在胞质中，2分子乙酰辅酶A缩合成乙酰乙酰辅酶A，后者再与1分子乙酰辅酶A缩合成β-羟-β-甲戊二酸单酰辅酶A。β-羟-β-甲戊二酸单酰辅酶A再经β-羟-β-甲戊二酸单酰辅酶A还原酶催化生成甲羟戊酸（MVA）。β-羟-β-甲戊二酸单酰辅酶A还原酶是胆固醇合成的限速酶。

（2）鲨烯的生成：MVA先经磷酸化生成甲羟戊酸-5-焦磷酸，甲羟戊酸-5-焦磷酸脱去羧基生成异戊烯焦磷酸（IPP），随后生成二甲基丙烯焦磷酸（DPP），3分子五碳的二甲基丙烯焦磷酸缩合成十五碳的焦磷酸法尼酯，2分子的焦磷酸法尼酯再缩合成三十碳的多烯烃——鲨烯。

（3）胆固醇的合成：鲨烯以胆固醇载体蛋白为载体进入内质网，在内质网单加氧酶、环化酶等作用下，环化成羊毛固醇，羊毛固醇再经氧化、脱羧、还原等反应，最终生成二十七碳的胆固醇（图8-13）。

知识链接

诺贝尔奖风采

K. E. Bloch是美籍德裔生物化学家。1938年，K. E. Bloch与D. Rittenberg合作开始研究胆固醇的生物合成，证实醋酸盐中的二碳分子是构成胆固醇碳原子的基础的推断。1951年，德国生物化学家F. Lynen成功地分离出活性乙酸——乙酰辅酶A，发现它是人体内所有脂质的前体。K. E. Bloch和F. Lynen分别发现甲羟戊酸先被转化为异戊二烯，然后再被转化为角鲨烯，角鲨烯会被转化为羊毛固醇，再进一步转化成胆固醇。1964年，K. E. Bloch和F. Lynen共同获得诺贝尔生理学或医学奖。

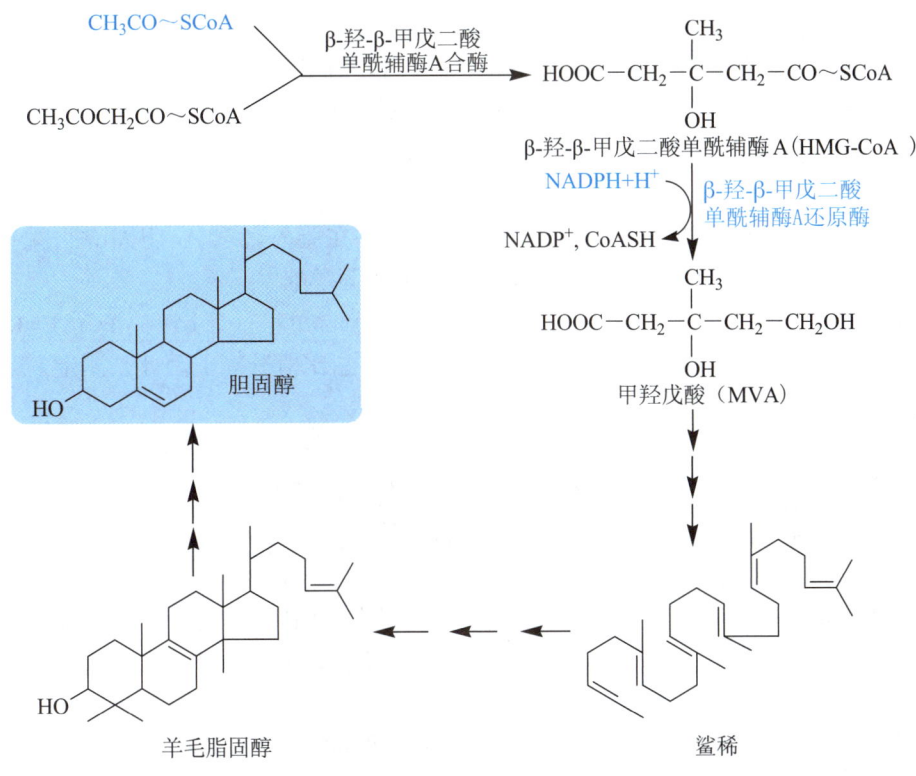

图 8-13 胆固醇的合成

4. 合成调节 β- 羟 -β- 甲戊二酸单酰辅酶 A 还原酶是胆固醇合成过程的关键酶，对调节胆固醇合成具有重要意义。各种调节因素主要是通过改变 β- 羟 -β- 甲戊二酸单酰辅酶 A 还原酶活性来影响胆固醇的合成。

（1）饥饿与饱食：饥饿或禁食时，β- 羟 -β- 甲戊二酸单酰辅酶 A 还原酶合成量减少，酶活性降低；合成胆固醇的原料乙酰辅酶 A、ATP 和 NADPH+H$^+$ 不足，导致肝合成胆固醇减少。反之，饱食、高糖和高脂饮食时，肝内 β- 羟 -β- 甲戊二酸单酰辅酶 A 还原酶活性增加，胆固醇合成增加。

（2）胆固醇含量：胆固醇可反馈抑制肝 β- 羟 -β- 甲戊二酸单酰辅酶 A 还原酶的活性。当体内胆固醇含量升高时，抑制 β- 羟 -β- 甲戊二酸单酰辅酶 A 还原酶，使内源性胆固醇合成减少。而小肠内 β- 羟 -β- 甲戊二酸单酰辅酶 A 还原酶不受胆固醇反馈抑制，即小肠细胞内胆固醇合成不受胆固醇含量的影响。因此，当大量进食胆固醇时，尽管肝内胆固醇合成减少，但是小肠细胞内胆固醇合成不受影响，仍可使血浆胆固醇含量升高。相反，当进食胆固醇减少时，会减轻对酶活性的抑制作用，肝内胆固醇合成增强也可使总胆固醇（TC）量增加。由此可见，通过限制饮食胆固醇并不一定能降低血浆胆固醇的浓度。

（3）激素：胰岛素及甲状腺素能诱导肝 β- 羟 -β- 甲戊二酸单酰辅酶 A 还原酶的合成，从而增加胆固醇的合成。胰高血糖素及糖皮质激素则抑制 β- 羟 -β- 甲戊二酸单酰辅酶 A 还原酶的活性，减少胆固醇的合成。甲状腺素一方面能诱导肝 β- 羟 -β- 甲戊二酸单酰辅酶 A 还原酶的合成，促进胆固醇合成；另一方面又可促进胆固醇在肝内转变成胆汁酸，而后者作用较前者强，所以，甲状腺功能亢进患者的血清胆固醇含量反而下降。

（4）药物作用：洛伐他汀、辛伐他汀等他汀类药物能抑制 β- 羟 -β- 甲戊二酸单酰辅酶 A 还原酶的活性，减少胆固醇的合成。临床上用这些药降低血液胆固醇浓度。

（二）胆固醇酯的生成

胆固醇酯化是胆固醇吸收转运重要的步骤，血浆中和细胞内的游离胆固醇都可以被酯化成胆固醇酯，不同部位催化胆固醇酯化的酶及其反应过程不同。

1. **血浆中酯化**　血浆中游离胆固醇在卵磷脂 - 胆固醇酰基转移酶（LCAT）的催化下，生成胆固醇酯及溶血磷脂。

2. **细胞内酯化**　在组织及细胞内，游离胆固醇可在脂酰辅酶 A- 胆固醇脂酰基转移酶（ACAT）的催化下，接受脂酰辅酶 A 的脂酰基酯化成胆固醇酯。

正常情况下，游离胆固醇（FC）与胆固醇酯（CE）含量呈一定比例，FC/CE=1/3。当肝功能障碍时，酯化能力下降，导致游离胆固醇与胆固醇酯比值升高。因此，测定 FC/CE 可反映肝细胞功能。

（三）胆固醇的转化和排泄

胆固醇在体内不能被彻底氧化分解，在体内胆固醇的侧链经氧化、还原或降解转变成生理活性物质，只能以胆固醇原型或转化产物的形式排出体外。

1. **胆固醇的转化**

（1）转变成胆汁酸：体内胆固醇的主要代谢途径是在肝内转化成胆汁酸。正常人每日合成 1.0~1.5 g 胆固醇，其中约 2/5 在肝转变成胆汁酸。胆汁酸作为胆汁的主要成分，随胆汁排入肠道。

（2）转变成维生素 D_3：在肝、小肠黏膜及皮肤等处的胆固醇，脱氢生成 7- 脱氢胆固醇。储存在皮下的 7- 脱氢胆固醇经紫外线照射可转变成维生素 D_3，人体每日可合成 200~400 IU 的维生素 D_3，只要充分接受阳光照射，基本上可以满足生理需要。

（3）转变成类固醇激素：人体所有的类固醇激素均由胆固醇转化产生。胆固醇在肾上腺皮质细胞内可转变成皮质醇、皮质酮、醛固酮和性激素，在睾丸可转变成睾酮等雄激素，在卵巢可转变成孕酮及雌二醇等。

2. **胆固醇的排泄**

（1）体内大部分胆固醇在肝转变成胆汁酸，并以胆汁酸盐的形式随胆汁排入肠道，随粪便排出体外，这是胆固醇排泄的主要途径。每日排出量约占胆固醇合成量的 40%。在小肠下段，大部分胆汁酸被肠黏膜细胞重吸收，经门静脉入肝，称为胆汁酸的肠肝循环；小部分胆汁酸经肠道细菌作用后排出体外。

（2）肝中胆固醇可与胆汁酸盐形成混合微粒，随胆汁经胆道排入肠道；胆固醇也可以通过肠黏膜脱落而排入肠腔；胆固醇被肠道细菌还原为粪固醇后排出体外（图 8-14）。

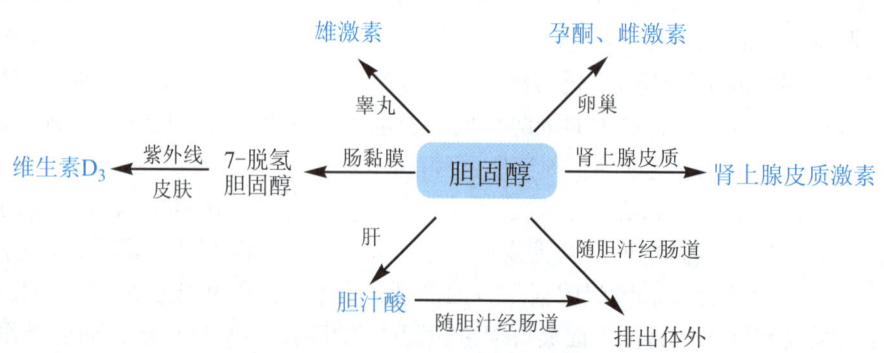

图 8-14　胆固醇的转化与排泄

第四节　血脂与血浆脂蛋白

一、血脂的组成与含量

血浆中的脂质统称为血脂，主要由三酰甘油、磷脂、胆固醇、胆固醇酯及游离脂肪酸等脂质物质组成。血脂的来源：①食物中脂质消化吸收入血液（外源性）；②脂库中脂肪动员释放和体内合成的脂质（内源性）。血脂的去路：①氧化分解；②构成生物膜；③进入脂库储存；④转变为其他物质。

正常人血脂的含量变化范围较大，受年龄、饮食、运动、代谢及性别等多种因素的影响。健康状况也会引起血脂的变化，如糖尿病、动脉粥样硬化和冠状动脉粥样硬化性心脏病（冠心病）的患者，血液总胆固醇和三酰甘油含量异常升高。因此测定血脂含量，在临床诊断上，特别是在心血管疾病的诊断中具有极其重要的意义。

表 8-1　我国成年人空腹血脂正常参考值

成　分	正常参考值（mmol/L）	空腹时主要来源
三酰甘油（TG）	0.11~1.69	肝
总胆固醇（TC）	2.59~6.47	肝
胆固醇酯（CE）	1.81~5.17	肝
游离胆固醇（FC）	1.03~1.81	肝
磷脂（PL）	48.44~80.73	肝
游离脂肪酸（FFA）	0.20~0.81	脂肪组织

二、血浆脂蛋白的分类与功能

（一）血浆脂蛋白

脂质的极性很小，难溶于水，不能单独存在于血液中。所以在血液中，脂质与蛋白质结合成可溶于水的复合体，这些复合体被称为血浆脂蛋白，简称脂蛋白（lipoprotein，LP）。其中蛋白质部分被称为载脂蛋白（apolipoprotein，Apo）。血液中的三酰甘油、磷脂、胆固醇等脂质主要以脂蛋白形式存在和运输。血浆脂蛋白中，疏水性的三酰甘油和胆固醇酯集中在颗粒的中心；而载脂蛋白、磷脂和游离胆固醇等两性分子，以极性基团朝向外侧，疏水基团朝向颗粒中心，并以单分子层包绕在颗粒表面，形成稳定的球状颗粒（图8-15）。

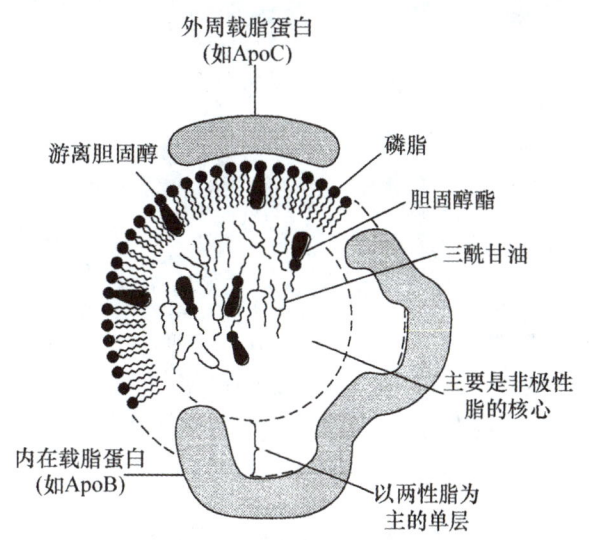

图 8-15　血浆脂蛋白结构示意图

（二）血浆脂蛋白的分类

1. 超速离心法　各种类型的血浆脂蛋白，由于脂质和载脂蛋白的种类和含量不同，形成的颗粒密度也不相同。当把血浆置于一定密度的盐溶液中进行超速离心时，由于各种脂蛋白的密度不同，沉降速度不同，可将血浆脂蛋白按密度由小到大分为4类：乳糜微粒

（chylomicrons，CM）、极低密度脂蛋白（very low density lipoprotein，VLDL）、低密度脂蛋白（low density lipoprotein，LDL）和高密度脂蛋白（high density lipoprotein，HDL）（图 8-16）。

2. 电泳法 不同的血浆脂蛋白所含蛋白质的种类、分子量大小、颗粒表面电荷不同，在电场中具有不同的电泳迁移率。按电泳速度快慢将脂蛋白分为 4 类：α-脂蛋白（α-LP）、前 β-脂蛋白（preβ-LP）、β-脂蛋白（β-LP）、乳糜微粒（图 8-17）。正常脂蛋白电泳图谱的量比：β-脂蛋白＞α-脂蛋白＞前 β-脂蛋白。乳糜微粒仅在进食后才有，空腹时难以检出。

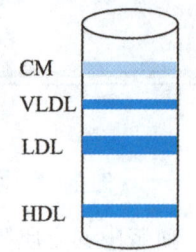

图 8-16 血浆脂蛋白的分类（超速离心法）

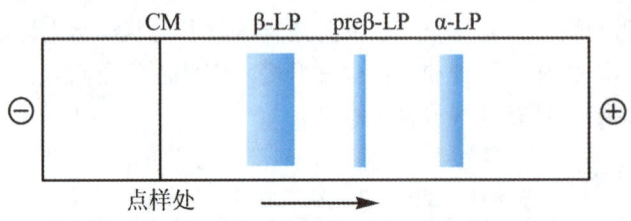

图 8-17 血浆脂蛋白电泳图谱

（三）血浆脂蛋白的功能

血浆脂蛋白主要由载脂蛋白、三酰甘油、磷脂、胆固醇和胆固醇酯组成。各种脂蛋白都含有这 5 种成分，但其组成比例、含量、来源不同，以及各类脂蛋白在体内合成部位不同，所以具有不同的生理功能（表 8-2）。

表 8-2 血浆脂蛋白组成、分类与功能

分类	密度分类 电泳分类	CM 乳糜微粒	VLDL 前 β-脂蛋白	LDL β-脂蛋白	HDL α-脂蛋白
物理性质	密度	<0.95	0.95~1.006	1.006~1.063	1.063~1.210
	颗粒直径（nm）	90~1000	30~90	20~30	7.5~10
化学组成（%）	蛋白质	0.5~2	5~10	20~25	50
	脂类	98~99	90~95	75~80	50
	三酰甘油	80~95	50~70	10	5
	磷脂	5~7	15	20	25
	总胆固醇	4~5	15~19	48~50	20~23
	胆固醇	1~2	5~7	8	5~6
	胆固醇酯	3	10~12	40~42	15~17
主要载脂蛋白		AⅠ、B48、C	B100、CⅡ、E	B100	AⅠ、AⅡ、CⅠ
合成部位		小肠	肝	血浆	肝、小肠
主要生理功能		转运外源性 TG	转运内源性 TG	转运肝内胆固醇至肝外	逆向转运胆固醇至肝内

1. 乳糜微粒 CM 由小肠黏膜细胞合成，它是机体转运外源性三酰甘油和胆固醇的主要形式。首先小肠黏膜细胞将吸收的单酰甘油和长链脂肪酸重新合成三酰甘油，再与磷脂、胆固醇酯及载脂蛋白等形成新生 CM，经淋巴管入血液。新生 CM 在血液中与 HDL 进行成分交换，接受 HDL 的 ApoC 和 ApoE，并将部分 ApoAⅠ、ApoAⅡ、ApoAⅣ转移给 HDL，形成成熟的 CM。在血液中，脂蛋白脂肪酶水解 CM 的 TG 后，生成 CM 残粒，CM 残粒被含 ApoE 受体的肝细胞降解。CM 颗粒半径较大，能使光散射而呈乳浊，这是饱食后血清混浊的原因。正

常人 CM 在血浆中代谢迅速，半衰期仅为 5~15 分钟，一般情况下，空腹 12~14 小时后血浆中不含乳糜微粒。

2. 极低密度脂蛋白　VLDL 主要由肝细胞合成，小部分在小肠黏膜细胞合成。肝细胞以葡萄糖代谢的中间产物或脂肪动员的脂肪酸等为原料合成三酰甘油，再与磷脂、胆固醇及 ApoB100、ApoE 等合成 VLDL，VLDL 颗粒中三酰甘油含量占 50%~70%。VLDL 中的三酰甘油是在肝合成的，所以 VLDL 的主要生理功能是运输内源性三酰甘油到肝外组织。VLDL 在血浆中的半衰期为 6~12 小时，正常人空腹时血浆中含量较低。磷脂是肝合成 VLDL 的重要原料，如果肝缺少磷脂时，肝合成 VLDL 下降，三酰甘油不能被利用，而堆积在肝内。当肝内脂质总量＞10% 或三酰甘油含量＞5% 时，称为脂肪肝。

3. 低密度脂蛋白　在血液中，VLDL 的 TG 被 LPL 水解，生成中间密度脂蛋白（IDL），IDL 的 TG 继续被 LPL 水解，最后生成 LDL。LDL 中胆固醇和胆固醇酯含量占 40%~50%，因此 LDL 的主要生理功能是从肝转运内源性胆固醇到肝外组织。LDL 是正常人空腹时血浆中的主要脂蛋白，占血浆脂蛋白总量的 2/3 左右。LDL 主要被含 LDL 受体细胞降解清除，而氧化型 LDL（oxLDL）则由含清道夫受体的细胞清除。

4. 高密度脂蛋白　HDL 主要在肝合成，小部分在小肠合成，正常成年人血浆中 HDL 含量约占脂蛋白总量的 1/3。HDL 分泌入血液以后，接受由其他脂蛋白转移而来的载脂蛋白、磷脂、胆固醇。同时，胆固醇在 LCAT 的催化下，酯化形成胆固醇酯。HDL 含胆固醇及其酯占 20%~23%，磷脂占 25%。HDL 可被肝细胞的 HDL 受体识别，进入肝细胞以后，所含的胆固醇酯分解为脂肪酸和胆固醇，后者转变为胆汁酸排出体外。因此，HDL 的主要生理功能是把肝外组织的胆固醇转运到肝进行代谢。这种将胆固醇从肝外向肝内转运的过程，称为胆固醇逆向转运。这一过程对清除外周血管壁胆固醇、防止心脑血管脂质沉积和粥样硬化有重要意义。

三、血浆脂蛋白代谢紊乱

脂蛋白代谢紊乱以高脂蛋白血症最为常见。而引起脂蛋白代谢紊乱的原因是多因素的，有遗传的因素，也有继发于其他疾病的因素。

（一）高脂蛋白血症

空腹血浆中三酰甘油（TG）或总胆固醇（TC）浓度升高，称为高脂血症。由于血脂在血浆中以脂蛋白形式运输，高脂血症也表现为不同类型脂蛋白升高，故高脂血症也称为高脂蛋白血症。一般以成年人空腹 12~14 小时血浆（清）总胆固醇＞6.21 mmol/L 或三酰甘油＞2.26 mmol/L 为高脂蛋白血症。1970 年世界卫生组织（WHO）建议将高脂蛋白血症分为 5 型（表 8-3）。

表 8-3　高脂蛋白血症分型

分型	脂蛋白变化	血脂变化	发病率
Ⅰ	CM ↑	TG ↑↑↑	罕见
Ⅱa	LDL ↑↑	TC ↑↑	常见
Ⅱb	LDL ↑ VLDL ↑	TG ↑↑ TC ↑↑	常见
Ⅲ	IDL ↑	TG ↑↑ TC ↑↑	罕见
Ⅳ	VLDL ↑	TG ↑↑ TC ↑	常见
Ⅴ	CM ↑↑ VLDL ↑↑	TG ↑↑ TC ↑	较少

1. Ⅰ型高脂蛋白血症　Ⅰ型高脂蛋白血症又称家族性高乳糜微粒血症。原发性主要见于 LPL 缺陷，继发性见于胰岛素依赖性糖尿病、胰腺炎等。由于 LPL 缺陷，CM 的三酰甘油不能被水解，而导致 CM 升高，空腹血清脂蛋白电泳图谱可见 CM 带。其特点是血清三酰甘油

明显升高，可达 11.3~45.2 mmol/L，总胆固醇升高不明显。

2. Ⅱ型高脂蛋白血症　Ⅱ型高脂蛋白血症又称高β脂蛋白血症，又分为Ⅱa和Ⅱb两型。LDL 受体缺陷为其原发性病因，继发性见于肾病综合征、糖尿病、甲状腺功能低下、肾上腺皮质功能亢进及阻塞性肝病等疾病。由于 LDL 受体缺陷，LDL 不能被细胞摄取和降解，血浆中 LDL 明显增加，血浆总胆固醇含量显著增高。Ⅱa 型仅 LDL 增加，而Ⅱb 型 LDL 和 VLDL 都增加，所以Ⅱb 型不仅胆固醇升高，三酰甘油也升高。

3. Ⅲ型高脂蛋白血症　Ⅲ型高脂蛋白血症又称宽β脂蛋白血症。血清总胆固醇和三酰甘油明显增高；电泳图谱出现β脂蛋白与前β脂蛋白区带融合，形成一条宽而浓的β带。患者主要临床特征是出现黄色瘤和早发动脉粥样硬化。

4. Ⅳ型高脂蛋白血症　Ⅳ型高脂蛋白血症又称高三酰甘油或高前β-脂蛋白血症。其特点是：前β-脂蛋白电泳区带增宽浓染，血清三酰甘油升高。病因是 VLDL 生成过多和 VLDL 分解代谢障碍。多见于肥胖的中、老年人，或糖尿病及慢性肾功能不全的患者。

5. Ⅴ型高脂蛋白血症　Ⅴ型高脂蛋白血症又称高乳糜微粒高β-脂蛋白血症。其特点是：前β-脂蛋白电泳区带增宽浓染，血清三酰甘油明显升高，总胆固醇也升高。临床上多出现在继发性高脂蛋白血症，特别是急性出血性胰腺炎时。

（二）动脉粥样硬化

动脉粥样硬化（atherosclerosis，AS）是指动脉内膜的脂质、血液成分的沉积，平滑肌细胞及胶原纤维增生，伴有坏死及钙化等不同程度病变的一类慢性进行性病理过程。AS 是心脏及脑血管常见病。AS 容易发生在主动脉、颈动脉、冠状动脉、脑动脉、肾动脉及周围动脉等。AS 主要损伤动脉内壁膜，使血管壁纤维化增厚、狭窄和阻塞，血流量减少，远端组织和器官缺血性损伤，严重时可导致冠心病。

1. 致动脉粥样硬化的脂蛋白　凡能增加动脉壁胆固醇内流和沉积的脂蛋白，称为致动脉粥样硬化脂蛋白，包括 VLDL、LDL、oxLDL、sLDL（小而密 LDL）和 Lp（a）等。高脂蛋白血症是动脉粥样硬化的危险因素。由于血浆胆固醇主要存在于 LDL 中，因此 LDL 增高，特别是 sLDL 含量升高与动脉粥样硬化的关系最为密切，认为 sLDL 是动脉粥样硬化发生的强危险因素。血浆胆固醇水平升高不仅可造成血管内皮细胞损伤，而且还刺激血管平滑肌细胞内胆固醇酯堆积而转变成泡沫细胞。泡沫细胞是动脉粥样硬化的典型损害之一。Lp（a）能损伤血管内皮细胞，促进泡沫细胞脂肪斑块形成和平滑肌细胞增生。故认为 Lp（a）是致 AS 的独立危险因素。

2. 抗动脉粥样硬化的脂蛋白　凡能促进胆固醇从血管壁外运的脂蛋白（如 HDL），称为抗动脉粥样硬化的脂蛋白。HDL 能清除周围组织的胆固醇，具有抗动脉粥样硬化的作用。因为胆固醇水平正常，保护血管内膜不受 LDL 损害，HDL 能抑制 LDL 氧化，抑制泡沫细胞脂肪斑块形成。研究表明，血浆 HDL 较高的人不仅长寿，而且很少会发生心肌梗死。糖尿病患者及肥胖者血浆中的 HDL 均比较低，因此容易患冠心病。

● 自测题 ●

一、选择题

1. 胆固醇的转化产物不包括
    A. 胆汁酸
    B. 维生素 D_3
    C. 胆红素
    D. 雌激素
    E. 雄激素

2. 下列属于酮体的化合物是
    A. 苹果酸

  B. 丙酮酸
  C. 草酰乙酸
  D. 丙酮
  E. 乙酰辅酶 A
3. 脂肪动员的限速酶是
  A. 激素敏感性脂肪酶（HSL）
  B. 胰脂酶
  C. 脂蛋白脂肪酶
  D. 组织脂肪酶
  E. 辅脂酶
4. 乙酰辅酶 A 用于合成脂肪酸时，需要由线粒体转运至胞质的途径是
  A. 三羧酸循环
  B. α- 磷酸甘油穿梭
  C. 苹果酸穿梭
  D. 柠檬酸 - 丙酮酸循环
  E. 鸟氨酸循环
5. 下列有关酮体的叙述，不正确的是
  A. 酮体是肝输出能源的重要方式
  B. 酮体包括乙酰乙酸、β 羟丁酸和丙酮
  C. 酮体在肝内生成、肝外氧化
  D. 饥饿可引起体内酮体增加
  E. 严重糖尿病患者，血酮体水平降低
6. 必需脂肪酸不包括
  A. 油酸
  B. 二十碳五烯酸
  C. 亚油酸
  D. 亚麻酸
  E. 花生四烯酸
7. 脂肪酸合成所需的供氢体是
  A. NADH
  B. $FADH_2$
  C. NADPH
  D. H_2O
  E. H_2
8. 脂肪酸氧化的限速酶是
  A. 肉碱脂酰转移酶 Ⅰ
  B. 肉碱脂酰转移酶 Ⅱ
  C. 烯酰水化酶
  D. 脂酰辅酶 A 脱氢酶
  E. L-β- 羟脂酰脱氢酶

二、名词解释

1. 高脂蛋白血症
2. 脂肪动员
3. 血脂

三、问答题

1. 以 1 分子十八碳饱和脂肪酸为例，脂肪酸氧化的过程是什么？净生成的 ATP 数是多少？
2. 血浆脂蛋白密度或电泳分类方法及各种脂蛋白的主要功能是什么？

（朱　江）

第九章 氨基酸代谢

学习目标

掌握：
氨基酸的脱氨基作用，转氨酶的作用，氨的代谢。

熟悉：
氮平衡、蛋白质的互补作用，腐败作用，α-酮酸的代谢，氨基酸的脱羧基作用，一碳单位代谢、含硫氨基酸的代谢、芳香族氨基酸的代谢。

了解：
蛋白质的消化与吸收，营养必需氨基酸的概念和种类，氨中毒的发生机制及相关治疗原则。
通过一组白化病患者艺术照片和科学家 Krebs 的生平，树立敬佑生命的职业精神和探索真理、不懈追求的科学精神。

案例导入

某患者，男性，45 岁。反复发作性昏迷半年。每次发病前均有进食高蛋白食物史，但未引起重视。近 3 个月患者出现意识丧失，间断性困乏，食欲下降，体重明显减轻。患者家属精神紧张，不知所措。医护人员耐心安慰。入院进行肝功能检查，结果如下：

清蛋白 38.2 g/L   A/G 1.4 : 1
球蛋白 27.4 g/L   ALT 135U/L
总胆红素 15.2 μmol/L   AST 45U/L
血氨 150 μmol/L

请分析：
1. 从生物化学角度探讨该病的发病机制是什么？
2. 如何与患者沟通进行用药和膳食指导？

组成蛋白质的基本单位是氨基酸。蛋白质在体内首先分解成氨基酸，再进一步代谢，所以氨基酸代谢是蛋白质分解代谢的中心内容。

第一节 蛋白质的营养作用

一、氮平衡与蛋白质的生理需要量

蛋白质的重要生理功能是维持组织和细胞的生长、更新和修复。另外，蛋白质是生命活动的物质基础，参与了几乎所有的生命活动，如催化、代谢调节、免疫、血液凝固、运输、协调运动等，因此，每日机体需要从膳食中摄取足量优质的蛋白质。蛋白质也可以作为能源物质在体内氧化分解供应能量，是体内能量来源之一，每克蛋白质在体内氧化分解产生 17 kJ（4 kcal）能量。

（一）氮平衡

测定每日机体摄入食物中的含氮量（摄入氮）及尿液与粪便中的含氮量（排出氮），称为氮平衡（nitrogen balance）试验。蛋白质的含氮量平均约为 16%，摄入的氮基本来自食物中的蛋白质，主要用于体内蛋白质的合成；尿液与粪便中排出的氮主要来自蛋白质在体内分解代谢的终产物，所以氮平衡试验可用来反映体内蛋白质代谢的概况。氮平衡有以下 3 种情况。

1. **氮的总平衡**　摄入氮＝排出氮，反映体内蛋白质的合成代谢与分解代谢处于动态平衡，即氮的"收支"平衡，见于正常成年人。

2. **氮的正平衡**　摄入氮＞排出氮，反映体内蛋白质合成代谢大于分解代谢，常见于儿童、妊娠期和哺乳期妇女以及恢复期患者。

3. **氮的负平衡**　摄入氮＜排出氮，反映体内蛋白质合成代谢小于分解代谢，常见于饥饿、营养不良、消耗性疾病、大面积烧伤患者。

（二）蛋白质的生理需要量

根据氮平衡试验计算，在不进食蛋白质条件下，成年人每日最低约分解 20 g 蛋白质。由于食物蛋白质与人体蛋白质组成有一定差异，不可能全部被利用，为了保持氮的总平衡，成年人每日最少需要 30~50 g 蛋白质。要长期保持氮的总平衡，中国营养学会推荐成年人每日蛋白质需要量为 80 g。

二、蛋白质的营养价值

（一）营养必需氨基酸

机体需要而不能自行合成、必须由食物供给的氨基酸称为必需氨基酸。人体内有 8 种必需氨基酸，它们分别是赖氨酸、色氨酸、苯丙氨酸、甲硫氨酸、苏氨酸、缬氨酸、异亮氨酸和亮氨酸。其余 12 种氨基酸在体内可以合成，不一定需要由外界食物供给，此类氨基酸称为非必需氨基酸。

蛋白质的营养价值是指食物蛋白质的利用率。蛋白质营养价值的高低主要取决于食物蛋白质中必需氨基酸的种类、数量和比例。一般来说，含有必需氨基酸种类全、比例高的蛋白质，其营养价值高；反之，营养价值低。由于动物性蛋白质所含人体必需氨基酸的种类和比例与人体需要氨基酸的组成及比例相接近，故营养价值高。

考点提示
必需氨基酸的概念和种类

（二）蛋白质的互补作用

将营养价值较低的蛋白质混合食用，则必需氨基酸可以互相补充，从而提高蛋白质的营养价值，这称为食物蛋白质的互补作用。例如谷类蛋白质中赖氨酸较少而色氨酸较多，而豆类蛋白质含赖氨酸多而色氨酸少，如将二者混合食用，使必需氨基酸互相补充，可满足机体对这两种氨基酸的需要，从而提高蛋白质营养价值。某些疾病的情况下，为保证患者氨基酸的需要，可进行混合氨基酸输液。

考点提示
食物蛋白质的互补作用

三、蛋白质的消化与吸收

（一）蛋白质的消化

食物蛋白质在胃肠道多种消化酶的催化下，最终水解为氨基酸（图 9-1）。

食物蛋白质的消化由胃开始，但主要在小肠进行。蛋白质在胃中经胃蛋白酶作用水解成多肽及少量氨基酸；在小肠中，未经消化或消化不完全的蛋白质经胰液分泌的多种蛋白酶（包括

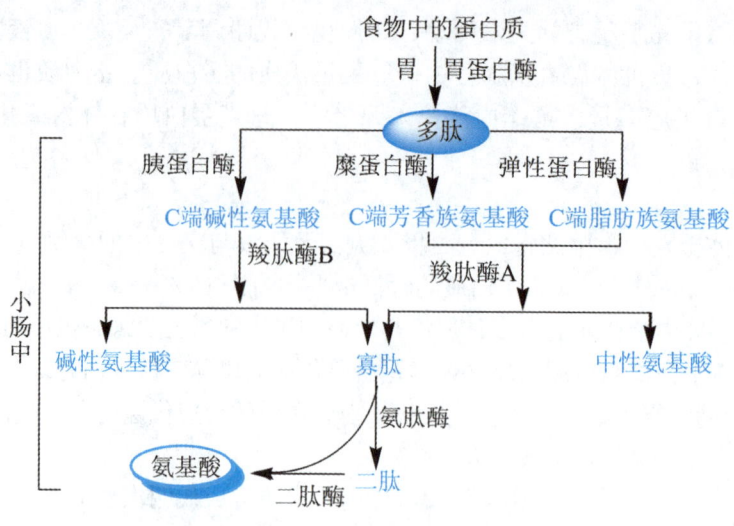

图 9-1 蛋白质的消化过程

胰蛋白酶、糜蛋白酶、弹性蛋白酶及羧肽酶 A 和羧肽酶 B）和肠黏膜细胞分泌的寡肽酶（包括氨肽酶和二肽酶）的协同作用，逐步水解为寡肽和氨基酸。

（二）氨基酸的吸收

小肠是各种氨基酸吸收的主要部位。其吸收方式主要通过氨基酸的转运载体吸收和 γ-谷氨酰基循环两种方式进行。

四、蛋白质在肠中的腐败作用

在消化过程中，食物中的蛋白质约 95% 被消化吸收，而有少量未消化的蛋白质和未被吸收的消化产物，被大肠下段细菌群作用的过程称腐败作用。腐败作用主要是细菌无氧分解过程。腐败作用的大多数产物对人体有害，但也生成少量脂肪酸和维生素等可被人体利用的物质。

（一）胺类的生成

肠道细菌的蛋白酶将未被消化的蛋白质水解成氨基酸，它再经脱羧作用生成各种胺类。某些氨基酸在肠道脱羧基生成的胺类见表 9-1。

表 9–1 氨基酸脱羧基生成的胺类

氨基酸	胺	生物学效应
组氨酸	组胺	扩血管、降血压，过敏反应
色氨酸	色胺	缩血管、升血压
酪氨酸	酪胺	升血压、转变成假神经递质
苯丙氨酸	苯乙胺	转变成假神经递质
赖氨酸	尸胺	降血压
鸟氨酸	腐胺	毒性物质

（二）氨的生成

肠道内未被吸收的氨基酸在肠道细菌作用下水解生成氨及血液中尿素渗入肠道，经肠道细菌尿素酶的作用水解生成氨。肠道 pH 可影响氨的吸收，降低肠道 pH，可减少氨的吸收。

（三）其他有害物质

其他有害物质主要有色氨酸分解生成的吲哚、甲基吲哚，酪氨酸分解生成的对苯酚、甲

苯酚，半胱氨酸分解生成的硫醇、甲烷及 H_2S 气体等。正常情况下，上述有害物质大部分随粪便排出体外，只有小部分被吸收，经肝的代谢转变为低毒甚至无毒物质，故不会发生中毒现象。

第二节　氨基酸的一般代谢

一、氨基酸代谢概况

人体内的蛋白质处于分解与合成的动态平衡之中。正常成年人每日有组织蛋白质的 1%～2% 被降解。体内各种组织蛋白质寿命差异很大，短则数十秒，长则数月。

食物蛋白质经消化与吸收的氨基酸、体内合成的非必需氨基酸以及组织蛋白质分解产生的氨基酸混合为一体，通过血液循环在各个组织间转运，构成氨基酸代谢库。由于氨基酸不能自由通过细胞膜，所以各组织中氨基酸的分布是不均一的。例如肌肉中的氨基酸占总代谢库的 50% 以上，肝约占 10%，肾约占 4%，血浆占 1%～6%。氨基酸代谢概况如图 9-2 所示。

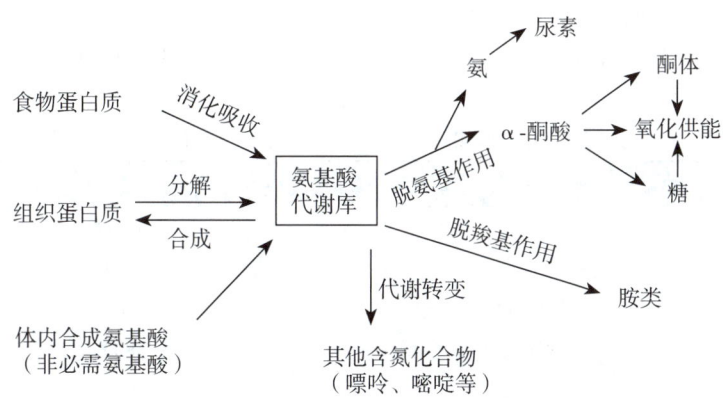

图 9-2　氨基酸代谢概况

二、氨基酸的脱氨基作用

氨基酸分解代谢的最主要途径是脱氨基作用。氨基酸的脱氨基作用方式主要有 4 种，即转氨基作用、氧化脱氨基作用、联合脱氨基作用和嘌呤核苷酸循环，其中联合脱氨基作用是体内最主要的脱氨基方式。

（一）转氨基作用

一种 α- 氨基酸和一种 α- 酮酸在转氨酶的催化下，进行氨基交换，生成相应的 α- 酮酸和 α- 氨基酸的过程，称为转氨基作用。转氨酶的辅酶是磷酸吡哆醛（维生素 B_6 的磷酸酯）。磷酸吡哆醛接受氨基酸分子中的氨基生成磷酸吡哆胺，后者将氨基传递给 α- 酮酸又生成磷酸吡哆醛，从而实现氨基转移。除甘氨酸、苏氨酸、赖氨酸、脯氨酸外，体内大多数氨基酸均可进行转氨基作用。

$$\begin{array}{c} R_1 \\ | \\ H-C-NH_2 \\ | \\ COOH \end{array} + \begin{array}{c} R_2 \\ | \\ C=O \\ | \\ COOH \end{array} \xrightleftharpoons[\text{磷酸吡哆醛}]{\text{转氨酶}} \begin{array}{c} R_1 \\ | \\ C=O \\ | \\ COOH \end{array} + \begin{array}{c} R_2 \\ | \\ H-C-NH_2 \\ | \\ COOH \end{array}$$

转氨酶几乎分布于所有的组织和细胞内，其中以丙氨酸氨基转移酶（ALT）、天冬氨酸氨基转移酶（AST）最为重要。它们的催化反应如下：

$$\underset{\text{谷氨酸}}{\begin{array}{c}\text{COOH}\\|\\(\text{CH}_2)_2\\|\\ \text{H}-\text{C}-\text{NH}_2\\|\\ \text{COOH}\end{array}} + \underset{\text{丙酮酸}}{\begin{array}{c}\\ \text{CH}_3\\|\\ \text{C}=\text{O}\\|\\ \text{COOH}\end{array}} \xrightleftharpoons{\text{ALT}} \underset{\alpha\text{酮戊二酸}}{\begin{array}{c}\text{COOH}\\|\\(\text{CH}_2)_2\\|\\ \text{C}=\text{O}\\|\\ \text{COOH}\end{array}} + \underset{\text{丙氨酸}}{\begin{array}{c}\\ \text{CH}_3\\|\\ \text{H}-\text{C}-\text{NH}_2\\|\\ \text{COOH}\end{array}}$$

$$\underset{\text{谷氨酸}}{\begin{array}{c}\text{COOH}\\|\\(\text{CH}_2)_2\\|\\ \text{H}-\text{C}-\text{NH}_2\\|\\ \text{COOH}\end{array}} + \underset{\text{草酰乙酸}}{\begin{array}{c}\text{COOH}\\|\\ \text{CH}_2\\|\\ \text{C}=\text{O}\\|\\ \text{COOH}\end{array}} \xrightleftharpoons{\text{AST}} \underset{\alpha\text{酮戊二酸}}{\begin{array}{c}\text{COOH}\\|\\(\text{CH}_2)_2\\|\\ \text{C}=\text{O}\\|\\ \text{COOH}\end{array}} + \underset{\text{天冬氨酸}}{\begin{array}{c}\text{COOH}\\|\\ \text{CH}_2\\|\\ \text{H}-\text{C}-\text{NH}_2\\|\\ \text{COOH}\end{array}}$$

转氨酶广泛分布于各种组织和细胞中，但不同组织和细胞中含量有明显差异（表9-2）。正常情况下，血清中转氨酶的活性较低，当组织和细胞受损，细胞膜通透性增加或细胞破坏，转氨酶大量释放入血，血清中相应酶活性则明显升高。如急性肝炎时，血清ALT活性显著升高；心肌梗死时，血清AST明显升高。因此，转氨酶活性可作为临床疾病诊断的指标。

表 9-2　正常人各组织和细胞 AST 及 ALT 活性（U/g 湿组织）

组 织 / 细 胞	AST	ALT
肝	142 000	44 000
肾	91 000	19 000
心脏	156 000	7100
骨骼肌	99 000	4800
胰腺	28 000	2000
脾	14 000	1200
肺	10 000	700
红细胞	300	100
血清	20	16

考点提示

ALT 及 AST 的临床应用

知识链接

肝功能检验转氨酶的意义

　　肝中含有大量酶类，当肝损伤时，细胞膜通透性增加，酶类释放入血清。因此，通过血清酶检查可评估肝细胞的受损状况。临床上，常用于反映肝细胞的损伤与否及损伤程度的转氨酶包括丙氨酸氨基转移酶（ALT）和天冬氨酸氨基转移酶（AST）。ALT 在各种急性病毒性肝炎、急性肝细胞损伤时，迅速释放入血清，作为肝细胞损伤最为敏感的指标。而在慢性肝炎或肝硬化时，AST 升高程度超过 ALT，当 AST/ALT ＞ 1 时，提示肝实质的广泛损害，因此，AST 主要反映肝细胞损伤的程度。

（二）氧化脱氨基作用

　　氧化脱氨基作用是指在酶的催化下氨基酸在氧化的同时脱去氨基的过程。催化氨基酸氧化脱氨基作用的酶有 L- 氨基酸氧化酶、D- 氨基酸氧化酶和 L- 谷氨酸脱氢酶。其中以 L- 谷氨酸脱氢酶的作用最为重要。L- 谷氨酸脱氢酶的辅酶为 NAD^+，此酶分布广，尤其在肝、肾中活性较高，催化 L- 谷氨酸生成 α 酮戊二酸和 NH_3。

$$\underset{\text{L-谷氨酸}}{\begin{array}{c}NH_2\\|\\HC-COOH\\|\\(CH_2)_2COOH\end{array}} \xrightleftharpoons[\text{L-谷氨酸脱氢酶}]{NAD^+ \quad NADH} \underset{\text{L-亚谷氨酸}}{\begin{array}{c}NH\\\|\\C-COOH\\|\\(CH_2)_2COOH\end{array}} \xrightarrow{H_2O} \underset{\text{α酮戊二酸}}{\begin{array}{c}O\\\|\\C-COOH\\|\\(CH_2)_2COOH\end{array}} + NH_3$$

（三）联合脱氨基作用

转氨基作用只是氨基转移，没有游离氨的生成。L- 谷氨酸脱氢酶活性虽高，却只能催化 L- 谷氨酸脱氨基。由转氨酶和 L- 谷氨酸脱氢酶联合作用，α- 氨基酸就可生成相应的 α- 酮酸和 NH_3。氨基酸的这种脱氨基方式称为联合脱氨基作用（图 9-3）。联合脱氨基作用是体内氨基酸脱氨基作用的主要方式，也是体内合成非必需氨基酸的主要途径。

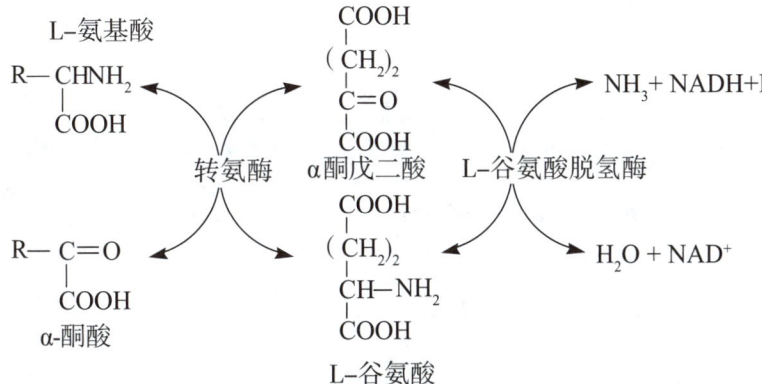

图 9-3 联合脱氨基作用

考点提示

氨基酸的脱氨基作用

（四）嘌呤核苷酸循环

骨骼肌、心肌等组织中 L- 谷氨酸脱氢酶活性较低，这些组织中的氨基酸经嘌呤核苷酸循环脱氨基。

嘌呤核苷酸循环过程中氨基酸首先通过一系列连续的转氨基作用，将氨基转移给草酰乙酸，生成天冬氨酸；天冬氨酸与次黄嘌呤核苷酸（IMP）反应生成腺苷酸代琥珀酸，后者裂解释放出延胡索酸，同时生成腺嘌呤核苷酸（AMP）。AMP 在腺苷酸脱氨酶催化下脱去氨基生成 IMP，最终完成氨基酸的脱氨基作用。由此可见，嘌呤核苷酸循环是另一种形式的联合脱氨基作用（图 9-4）。

三、α- 酮酸的代谢

氨基酸脱氨基作用生成的 α- 酮酸可进一步代谢，代谢途径主要有以下 3 条。

1. **生成非必需氨基酸** α- 酮酸经氨基化作用生成非必需氨基酸。例如丙酮酸、草酰乙酸、α 酮戊二酸，可生成丙氨酸、天冬氨酸和谷氨酸。

2. **转变成糖类或脂质** 分别用各种不同的氨基酸饲养实验性糖尿病犬时，发现喂食大多数氨基酸可使实验动物尿中排出的葡萄糖含量增加，而喂食亮氨酸和赖氨酸只能使酮体排出量增加。因此，将在体内可以转变成糖的氨基酸称为生糖氨基酸，能转变为酮体者称为生酮氨基酸，二者兼有者称为生糖兼生酮氨基酸（表 9-3）。

考点提示

α-酮酸的代谢途径

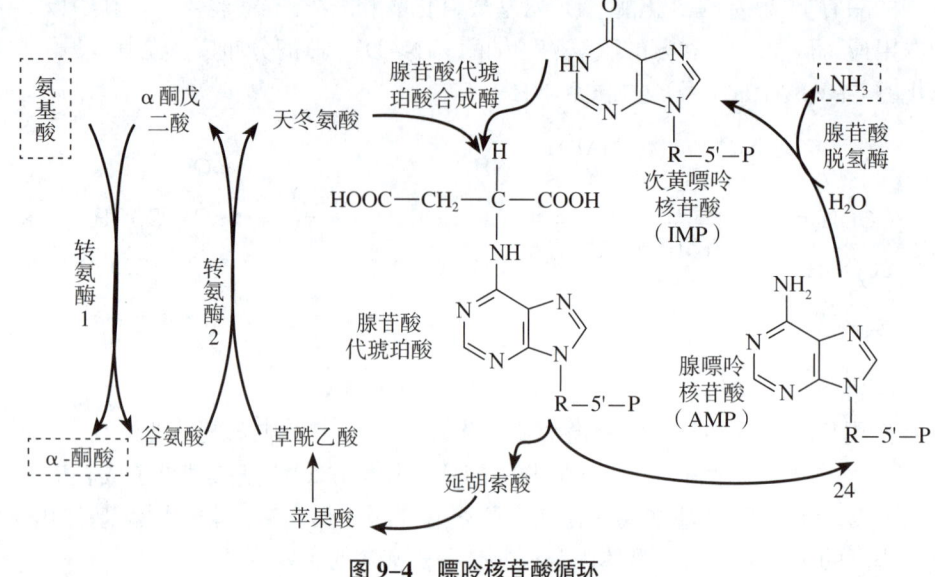

图 9-4 嘌呤核苷酸循环

表 9-3 氨基酸生糖及生酮性质分类

类别	氨基酸
生糖氨基酸	甘氨酸、丝氨酸、组氨酸、缬氨酸、精氨酸、甲硫氨酸、丙氨酸、谷氨酸、天冬氨酸、半胱氨酸、脯氨酸、羟脯氨酸、谷氨酰胺、天冬酰胺
生酮氨基酸	亮氨酸、赖氨酸
生糖兼生酮氨基酸	异亮氨酸、苯丙氨酸、酪氨酸、苏氨酸、色氨酸

3. 氧化供能　α-酮酸在体内可以通过三羧酸循环彻底氧化生成 H_2O、CO_2，并释放 ATP 供机体生命活动所需。

第三节　氨的代谢

体内代谢产生的氨及消化道吸收的氨进入血液，形成血氨。氨是机体的正常中间代谢产物，具有毒性。在正常情况下，机体血氨的来源与去路处于动态平衡，血氨浓度不超过 60 μmol/L 不会发生氨中毒现象。

一、体内氨的来源

（一）氨基酸脱氨基作用和胺类分解产生的氨

氨基酸脱氨基作用是体内氨的主要来源。此外，胺类物质的氧化分解也可以产生氨。其他含氮化合物分解可产生氨。

（二）肠道吸收的氨

肠道中氨的来源主要有两个途径：一是肠道内未消化的蛋白质经腐败作用产生的氨；二是血液中尿素渗入到肠道，经肠道细菌中脲酶作用水解生成的氨。

NH_3 比 NH_4^+ 易于透过细胞膜被吸收入血，因此，肠道 NH_3 的吸收状况与肠道 pH 有关。当肠道 pH 偏酸性时，NH_3 与 H^+ 结合生成 NH_4^+，易于随粪便排出体外；当肠道 pH 偏碱性时，NH_3 吸收增加。因此对高血氨的患者，不宜用碱性肥皂水灌肠，目的是减少 NH_3 吸收。

(三)肾小管上皮细胞分泌的氨

血液中的谷氨酰胺流经肾时,可被肾小管上皮细胞中的谷氨酰胺酶分解生成谷氨酸和 NH_3。正常情况下,这部分氨主要被分泌到肾小管管腔中,与 H^+ 结合生成 NH_4^+,并以铵盐的形式随尿排出,酸性尿可促使 NH_3 转变为 NH_4^+,有利于肾小管细胞的氨扩散入尿,碱性尿则不利于氨的排出,氨被吸收入血,引起血氨增高。因此,临床上对肝硬化腹水的患者,不宜用碱性利尿药,以免引起血氨增高。

二、体内氨的转运

氨是有毒物质,各组织代谢产生的氨必须以无毒的形式进行转运。氨在血液中有以下两种运输形式。

(一)谷氨酰胺的运氨作用

谷氨酰胺主要从脑、肌肉等组织向肝或肾运输氨。氨与谷氨酸在谷氨酰胺合成酶催化下形成谷氨酰胺,再由血液运输至肝或肾,经谷氨酰胺酶分解生成谷氨酸和氨。因此,谷氨酰胺是储存氨、运输氨及解除氨的重要形式。

(二)丙氨酸 - 葡萄糖循环

肌肉中的氨基酸以丙酮酸作为氨基受体,经转氨基作用生成丙氨酸。丙氨酸经血液运送至肝,在肝中丙氨酸通过联合脱氨基作用,生成丙酮酸和氨,氨经鸟氨酸循环合成尿素,丙酮酸经糖异生途径而生成葡萄糖。葡萄糖再经血液循环被肌肉摄取,形成丙氨酸 - 葡萄糖循环(图9-5)。通过这一过程,使肌肉中的氨以无毒的丙氨酸形式经血液运输到肝,肝通过糖异生生成的葡萄糖,可作为肌肉组织的供能物质。

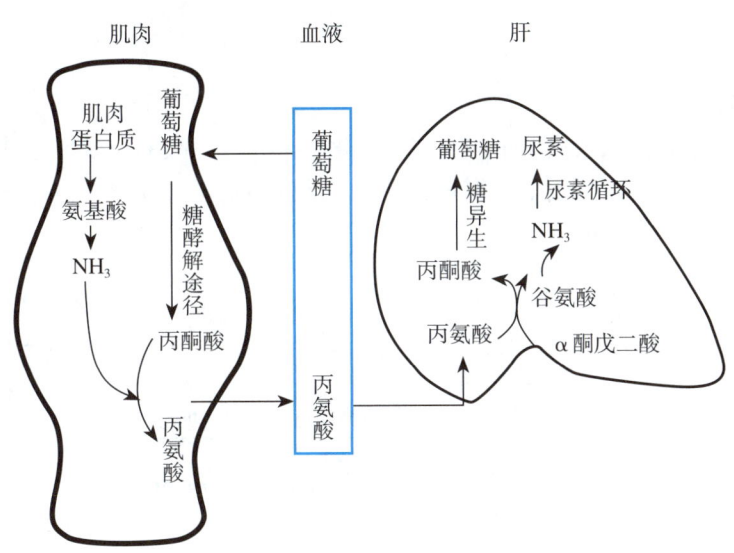

图 9-5 丙氨酸 – 葡萄糖循环

三、体内氨的去路

氨在体内的代谢去路有:在肝内合成尿素,在肾小管上皮细胞合成谷氨酰胺,合成非必需氨基酸,合成其他含氮化合物。其中合成尿素是氨的主要代谢去路,正常成年人尿素占排氮总量的 80%~90%。

肝是合成尿素的主要器官。实验证明,如将犬的肝切除,则血中尿素含量明显降低,而氨及氨基酸浓度升高。1932 年,Krebs 等人提出了尿素合成的鸟氨酸循环(ornithine cycle)学说。

详细过程如下。

（一）氨甲酰磷酸的合成

在 ATP、Mg^{2+} 及 N-乙酰谷氨酸（AGA）存在的情况下，氨与 CO_2 可以在肝细胞线粒体内存在的氨甲酰磷酸合成酶 I 的催化下，合成氨甲酰磷酸。此反应不可逆，消耗 2 分子 ATP。AGA 由乙酰辅酶 A 和谷氨酸合成，它是氨甲酰磷酸合成酶 I 的别构激活剂。

$$NH_3 + CO_2 + H_2O \xrightarrow[\text{2ATP} \quad Mg^{2+}, \text{ AGA} \quad \text{2ADP+Pi}]{\text{氨甲酰磷酸合成酶 I}} H_2N-\overset{\overset{O}{\|}}{C}-O\sim PO_3H_2$$

（二）瓜氨酸的合成

在鸟氨酸氨甲酰转移酶催化下，氨甲酰磷酸与鸟氨酸反应生成瓜氨酸。此反应不可逆。其中所需的鸟氨酸由胞质经线粒体膜上的载体转运进线粒体，瓜氨酸合成后由线粒体内膜上载体转运至胞质。

（三）精氨酸的合成

瓜氨酸在胞质中经精氨酸代琥珀酸合成酶催化，与天冬氨酸缩合成精氨酸代琥珀酸，后者又在精氨酸代琥珀酸裂解酶催化下，裂解成精氨酸及延胡索酸。其中，精氨酸代琥珀酸合成酶是鸟氨酸循环过程中的限速酶。

（四）精氨酸水解生成尿素

胞质中精氨酸在精氨酸酶的作用下，水解生成尿素和鸟氨酸。鸟氨酸通过线粒体内膜上的运载体的转运进入线粒体，然后再参与下一轮尿素循环过程。

$$\underset{\text{精氨酸}}{\begin{array}{c}NH_2\\|\\C=NH\\|\\NH\\|\\(CH_2)_3\\|\\CH-NH_2\\|\\COOH\end{array}} + H_2O \xrightarrow{\text{精氨酸酶}} \underset{\text{尿素}}{\begin{array}{c}NH_2\\|\\C=O\\|\\NH_2\end{array}} + \underset{\text{鸟氨酸}}{\begin{array}{c}NH_2\\|\\(CH_2)_3\\|\\CH-NH_2\\|\\COOH\end{array}}$$

现将鸟氨酸循环生成尿素的过程总结如图9-6所示。

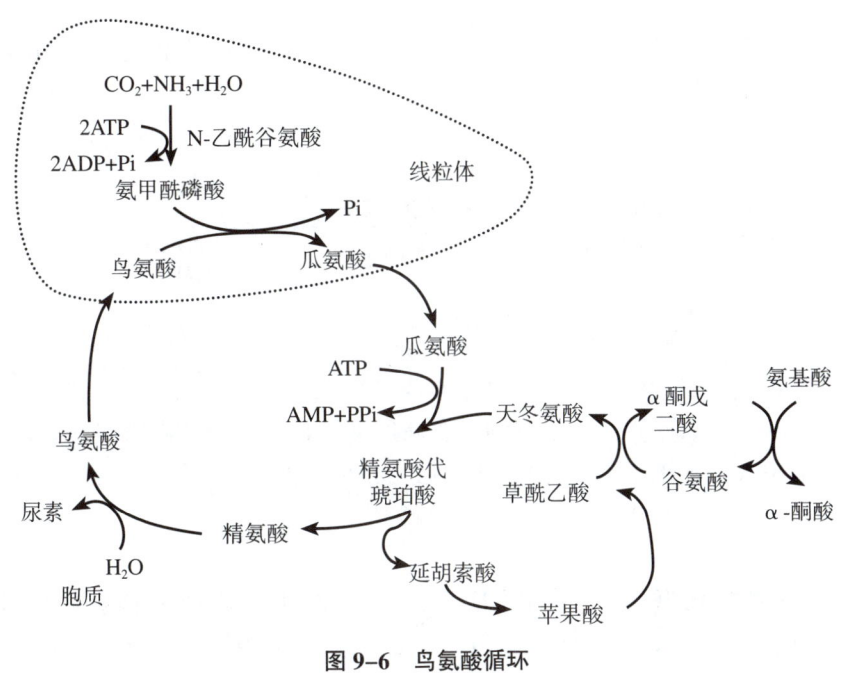

图 9-6　鸟氨酸循环

由此可见，尿素分子中的两个氮原子，一个来自氨基酸脱氨基作用生成的氨，另一个来自天冬氨酸。天冬氨酸又可由其他氨基酸转变而来，故尿素分子中的两个氮原子都是直接或间接来自多种氨基酸。另外，尿素合成是一个耗能过程，合成1分子尿素就要消耗3分子的ATP（消耗4个高能磷酸键的能量）。

血液中的尿素、尿酸、肌酸、肌酐、游离氨和胆红素等非蛋白含氮化合物主要通过肾排泄，血液中尿素含量可作为反映肾小球滤过功能的常用指标。

（五）高血氨与氨中毒

正常生理情况下，血氨的来源与去路保持动态平衡，血氨浓度处于较低水平。氨在肝中合成尿素是维持这种平衡的关键。当肝功能严重损伤时，尿素合成障碍，血氨浓度增高，称为高血氨症。

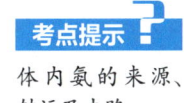

体内氨的来源、转运及去路

高血氨时，大量氨进入脑组织，可与脑中的α酮戊二酸结合生成谷氨酸，氨再与谷氨酸进一步结合生成谷氨酰胺。消耗了大脑中大量的α酮戊二酸，使得三羧酸循环减弱，从而导致脑组织中ATP的生成减少，引起大脑供能缺乏，严重时可产生昏迷，这就是肝性脑病的氨中毒学说基础。尿素合成相关酶的遗传性缺陷也可导致高氨血症。高氨血症时，可通过限制蛋白质摄入、口服或静脉输入谷氨酸盐和酸性液灌肠。

考点提示
氨中毒的发生机制及治疗原则

第四节 个别氨基酸代谢

氨基酸代谢除一般代谢途径外，有些氨基酸还有特殊的代谢途径，生成某些具有重要生理意义的物质。

一、氨基酸的脱羧基作用

有些氨基酸可通过脱羧基作用生成相应的胺类（表9-1），氨基酸脱羧酶的辅酶是磷酸吡哆醛。胺类含量虽然不高，但具有重要的生理功能。

（一）γ-氨基丁酸

谷氨酸脱羧生成γ-氨基丁酸（γ-aminobutyric acid，GABA）。催化反应的酶为谷氨酸脱羧酶，此酶在脑及肾组织中活性强。

$$\text{L-谷氨酸} \xrightarrow[\text{CO}_2]{\text{L-谷氨酸脱羧酶}} \gamma\text{-氨基丁酸}$$

GABA是抑制性神经递质，对中枢神经有高度抑制作用。磷酸吡哆醛是氨基酸脱羧酶的辅酶。临床上常用大量的维生素B_6治疗妊娠呕吐和小儿抽搐，是通过增强谷氨酸脱羧作用，产生较多GABA，从而导致中枢抑制作用以减轻症状。

（二）5-羟色胺

色氨酸在色氨酸羟化酶作用下首先生成5-羟色氨酸，后者再经脱羧酶作用生成5-羟色胺（5-HT）。在脑组织中，5-HT是一种抑制性神经递质。在外周组织，5-HT具有收缩血管功能。

$$\text{色氨酸} \xrightarrow{\text{色氨酸羟化酶}} \text{5-羟色氨酸}$$

$$\text{5-羟色氨酸} \xrightarrow[\text{CO}_2]{\text{5-羟色氨酸脱羧酶}} \text{5-羟色胺}$$

知识链接

5-羟色胺与睡眠

5-羟色胺最早从血清中发现，又名血清素，广泛存在于哺乳动物组织中，主要分布于松果体和下丘脑。研究发现，降低动物脑内的 5-羟色胺水平，动物出现不同程度的失眠。在动物失眠期间，通过静脉或脑内注射 5-羟色胺，经过一定时间的潜伏期，动物的睡眠能得到恢复。此外，将 5-羟色胺用于治疗严重失眠的患者，症状得到一定程度的改善。以上研究证明了 5-羟色胺能够引起睡眠的发生。

（三）组胺

组胺是由组氨酸脱羧而生成的。组胺在体内广泛分布在乳腺、肺、肝、肌肉及胃黏膜等的肥大细胞中。它是一种强烈的血管扩张剂，引起毛细血管扩张、通透性增加，造成血压下降，甚至休克。它还可使平滑肌收缩，引起支气管痉挛而发生哮喘。组胺还能促进胃黏膜细胞分泌胃蛋白酶及胃酸。

$$\begin{array}{c}\text{组氨酸} \xrightarrow[\text{— } CO_2]{\text{组氨酸脱羧酶}} \text{组胺}\end{array}$$

（四）多胺

鸟氨酸脱羧基生成腐胺，然后转变成多胺，包括精脒和精胺（图 9-7）。

精脒和精胺是调节细胞生长的重要物质。实验证明，凡是生长旺盛的组织，如胚胎、再生肝、癌瘤等组织，其鸟氨酸脱羧酶（多胺合成的限速酶）的活性较强，多胺的含量增加。临床上测定癌症患者血、尿中的多胺含量作为观察病情和辅助诊断的生化指标之一。

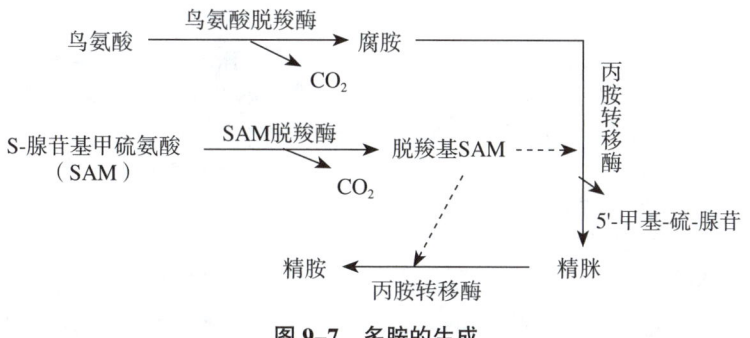

图 9-7　多胺的生成

（五）牛磺酸

半胱氨酸的巯基经连续氧化形成磺酸基（$-SO_3H$），然后脱羧，便形成牛磺酸。它主要在肝内用于合成结合型胆汁酸，还能促进婴幼儿脑组织和智力的发育。

$$\underset{\text{半胱氨酸}}{\begin{array}{c}COOH\\|\\CH-NH_2\\|\\CH_2-SH\end{array}} \xrightarrow{3[O]} \underset{\text{磺酸丙氨酸}}{\begin{array}{c}COOH\\|\\CH-NH_2\\|\\CH_2-SO_3H\end{array}} \xrightarrow[-CO_2]{\text{磺酸丙氨酸脱羧酶}} \underset{\text{牛磺酸}}{\begin{array}{c}CH_2-NH_2\\|\\CH_2-SO_3H\end{array}}$$

二、一碳单位的代谢

（一）一碳单位的概念

某些氨基酸分解代谢过程中产生的只含有一个碳原子的有机基团，称为一碳单位。常见的一碳单位有甲基（-CH$_3$）、亚甲基（-CH$_2$-）、次甲基（=CH-）、甲酰基（-CHO）、亚氨甲基（CH=NH）。一碳单位在体内不能游离存在，需要与四氢叶酸（FH$_4$）结合而转运。哺乳动物体内的 FH$_4$ 可由叶酸经二氢叶酸还原酶催化生成，反应如下：

FH$_4$ 分子上 N^5 和 N^{10} 是结合一碳单位的位置，如 N^5-甲基四氢叶酸（N^5-CH$_3$-FH$_4$）、N^5,N^{10}-亚甲基四氢叶酸（N^5,N^{10}-CH$_2$-FH$_4$），N^5,N^{10}-次甲基四氢叶酸（N^5,N^{10}=CH-FH$_4$），N^{10}-甲酰基四氢叶酸（N^{10}-CHO-FH$_4$），N^5-亚氨甲基四氢叶酸（N^5-CH=NH-FH$_4$）。

（二）一碳单位的来源、互变

体内重要的一碳单位分别来自不同的氨基酸（图 9-8）。

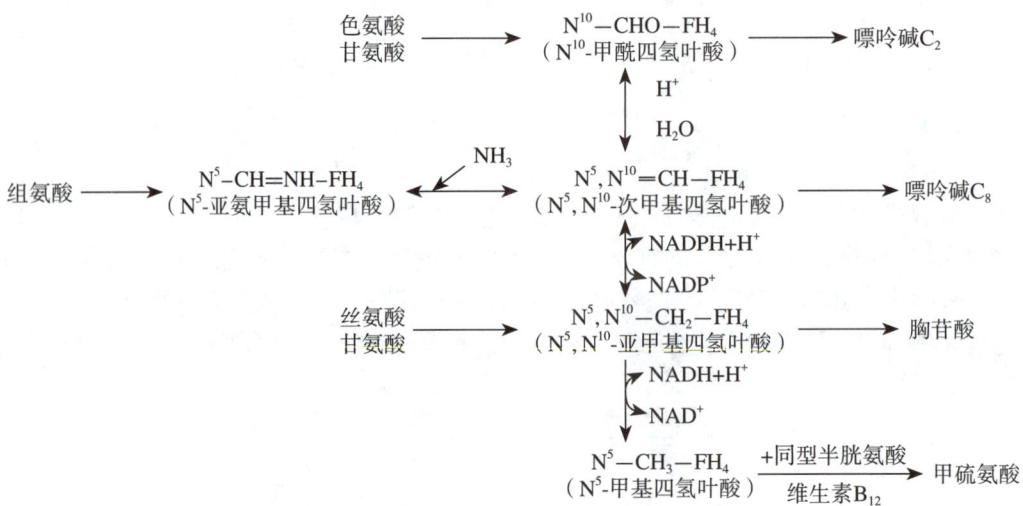

图 9-8　一碳单位来源及相互转变

（三）一碳单位的生理功能

1. 作为合成嘌呤、嘧啶的原料（图 9-8），在核酸的生物合成中具有重要意义。如 N^{10}-CHO-FH$_4$ 提供嘌呤环的 C$_2$，N^5,N^{10}=CH-FH$_4$ 提供 C$_8$。N^5,N^{10}-CH$_2$-FH$_4$ 为胸苷酸（dTMP）合成提供甲基。一碳单位代谢将氨基酸与核酸代谢密切联系起来。

2. 作为甲基的供体。N^{10}-CH$_3$-FH$_4$ 间接提供甲基，S-腺苷基甲硫氨酸直接提供甲基，用于肾上腺素、肌酸及胆碱等的合成。

三、含硫氨基酸的代谢

含硫氨基酸包括甲硫氨酸、半胱氨酸和胱氨酸。甲硫氨酸可以转变成半胱氨酸和胱氨酸，半胱氨酸和胱氨酸也可以相互转变，但半胱氨酸和胱氨酸不能转变成甲硫氨酸，因此，甲硫氨酸是必需氨基酸。

(一)甲硫氨酸代谢

甲硫氨酸在 ATP 供能的情况下,由甲硫氨酸腺苷转移酶催化生成 S-腺苷基甲硫氨酸(SAM)。

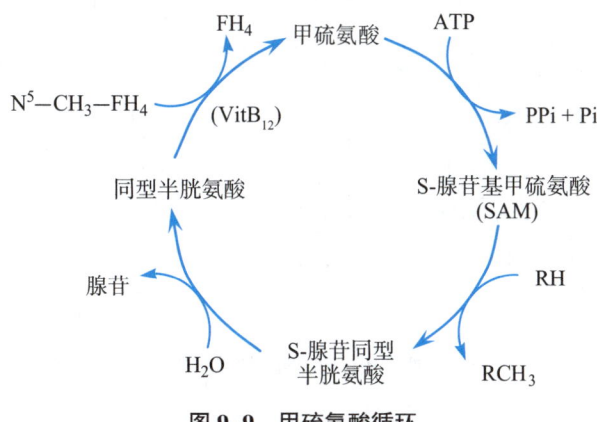

SAM 称为活性甲硫氨酸,是体内甲基的直接供体,将甲基转移给某化合物(RH)生成甲基化合物(RCH_3),然后水解去除腺苷生成同型半胱氨酸,后者在甲硫氨酸合成酶的催化下,接受 $N^5-CH_3-FH_4$ 的甲基再次合成甲硫氨酸,构成甲硫氨酸循环(图 9-9)。

甲硫氨酸循环的意义就在于通过 $N^5-CH_3-FH_4$ 供给甲基合成甲硫氨酸,再由 SAM 提供甲基进行广泛存在的甲基化反应,如肾上腺素、肉碱、肌酸、胆碱等。

图 9-9 甲硫氨酸循环

(二)半胱氨酸代谢

1. **合成谷胱甘肽** 半胱氨酸、谷氨酸和甘氨酸结合生成谷胱甘肽,有还原型和氧化型两种形式。还原性谷胱甘肽是体内重要的还原剂,保护生物膜上含有巯基的酶和蛋白质不被氧化。

$$2G-SH \underset{+2H}{\overset{-2H}{\rightleftharpoons}} G-S-S-G$$

还原型谷胱甘肽 氧化型谷胱甘肽

2. **合成活性硫酸根** 半胱氨酸是体内硫酸根的主要来源。半胱氨酸经非氧化脱氨基作用可分解生成 H_2S、NH_3 和丙酮酸。H_2S 经氧化生成硫酸根,硫酸根一部分以无机盐的形式随尿排出,另一部分再经 ATP 活化生成 3'-磷酸腺苷-5'-磷酰硫酸(PAPS),可作为硫酸基的供体,使某些物质形成硫酸酯,参与体内多种重要反应。

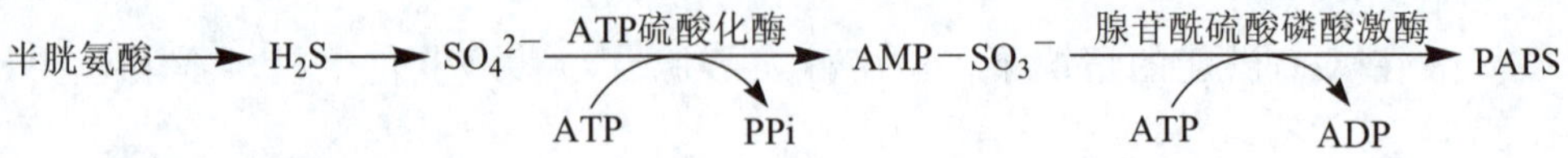

半胱氨酸 ⟶ H_2S ⟶ SO_4^{2-} —ATP硫酸化酶(ATP→PPi)→ $AMP-SO_3^-$ —腺苷酰硫酸磷酸激酶(ATP→ADP)→ PAPS

四、芳香族氨基酸的代谢

芳香族氨基酸包括苯丙氨酸、酪氨酸和色氨酸。酪氨酸可由苯丙氨酸羟化生成。苯丙氨酸和色氨酸为营养必需氨基酸。

（一）苯丙氨酸的代谢

苯丙氨酸羟化酶催化大部分的苯丙氨酸生成酪氨酸，是苯丙氨酸的重要代谢途径。苯丙氨酸羟化酶缺乏时，苯丙氨酸不能正常地转变成酪氨酸，经转氨基作用生成苯丙酮酸，造成苯丙氨酸蓄积。大量的苯丙酮酸由尿排出，尿中有霉臭味或鼠气味，称之为苯丙酮尿症。这是一种先天性氨基酸代谢酶缺陷病，患者多为婴幼儿。由于苯丙酮酸增多，对中枢神经系统有毒性，因此患儿的智力发育障碍，生长发育迟缓，脑电图异常。

（二）酪氨酸的代谢

1. 转变成儿茶酚胺　酪氨酸经酪氨酸羟化酶作用生成多巴，后者经脱羧反应生成多巴胺，再经 β- 羟化生成去甲肾上腺素，后者经甲基化生成肾上腺素。多巴胺、去甲肾上腺素和肾上腺素三者统称为儿茶酚胺类激素（图 9-10）。这些物质在体内属于神经递质或激素，具有重要的生理功能。

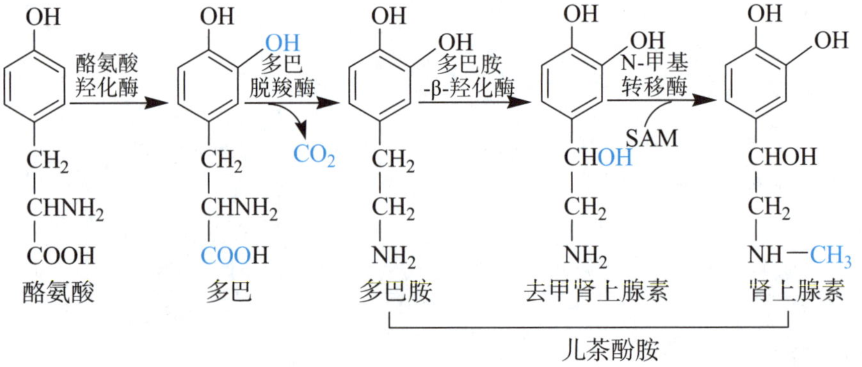

图 9-10　儿茶酚胺的合成

> **知识链接**
>
> **帕金森病**
>
> 帕金森病主要病变是黑质－纹状体变性，导致多巴胺生成减少，但引起黑质－纹状体变性的原因至今尚不清楚。该病的主要临床表现为静止性震颤、肌强直、运动减少和姿势及步态异常。

考点提示
苯丙酮尿症及白化病的发病原因

2. 转变成黑色素　经黑色素细胞酪氨酸酶的催化，酪氨酸羟化生成多巴，后者经氧化、脱羧等反应生成吲哚-5,6-醌，最后聚合为黑色素（图 9-11）。先天性缺乏酪氨酸酶的患者，因不能合成黑色素，患者皮肤及毛发呈白色，称为白化病。

3. 转变成甲状腺素　甲状腺激素是酪氨酸的碘化衍生物。甲状腺激素有两种，即四碘甲腺原氨酸（甲状腺素，T_4）和三碘甲腺原氨酸（T_3）（图 9-12）。T_3 的生物活性比 T_4 大 3~8 倍，

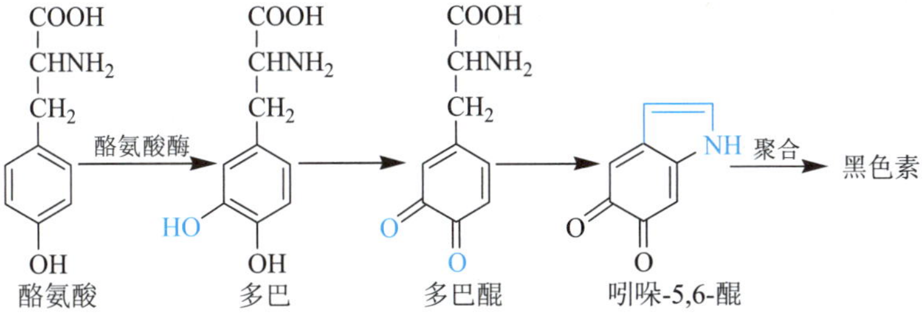

图 9-11 黑色素的合成

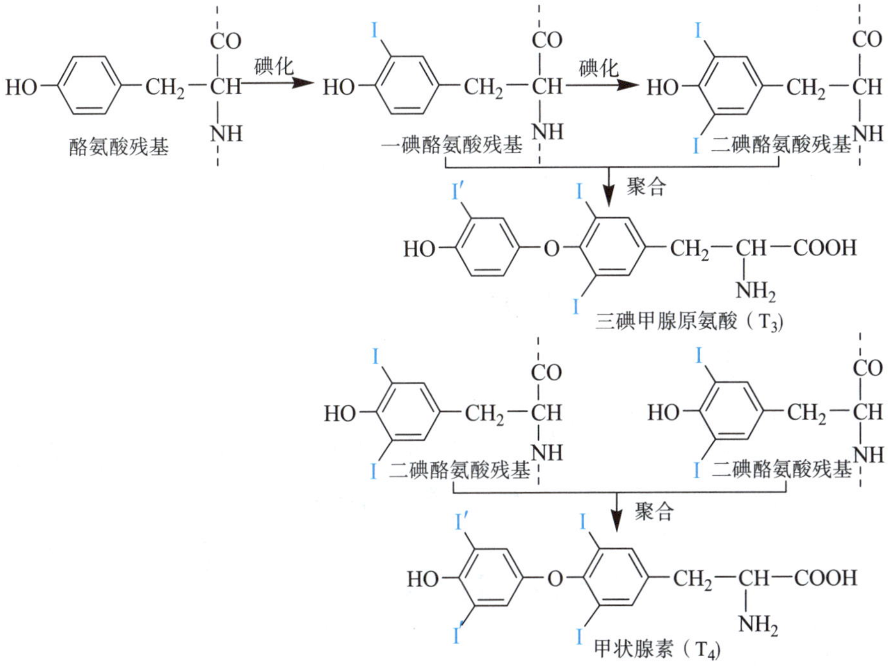

图 9-12 甲状腺素的合成

但含量远比 T₄ 少。临床上通过测定 T₃、T₄ 的含量可判断甲状腺功能状态。

4. 酪氨酸的分解代谢　酪氨酸在酪氨酸转氨酶催化下，生成对羟苯丙酮酸，进一步氧化为尿黑酸，后者在尿黑酸氧化酶作用下分解为乙酰乙酸和延胡索酸（图9-13）。如果先天缺乏尿黑酸氧化酶，尿黑酸不能氧化而从尿中排出，尿黑酸在空气中氧化而呈黑色，称为尿黑酸症。

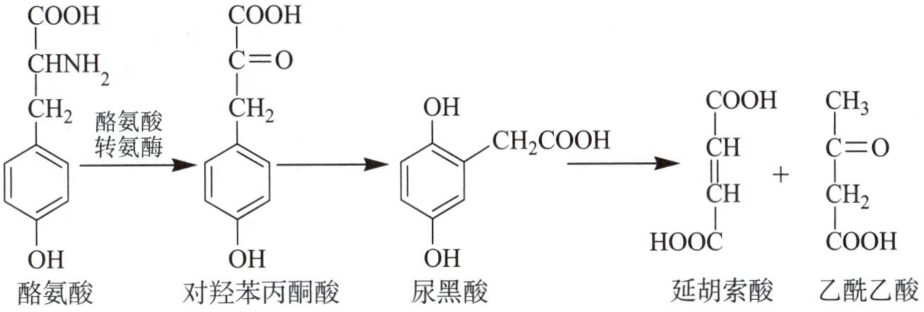

图 9-13 酪氨酸的分解代谢

现将苯丙氨酸及酪氨酸代谢总结如图 9-14 所示。

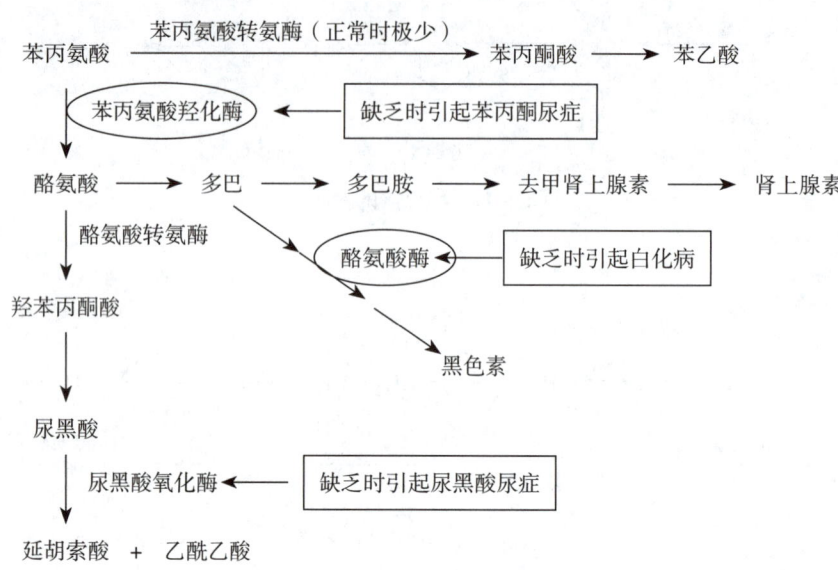

图 9-14 苯丙氨酸及酪氨酸代谢

（三）色氨酸的代谢

色氨酸除生成 5-羟色胺外，还可以生成一碳单位、极少量的烟酸。此外，色氨酸分解可产生丙酮酸与乙酰乙酸，所以色氨酸是一种生糖兼生酮氨基酸。

自测题

一、选择题

1. 生物体内氨基酸脱氨基的主要方式为
   A. 氧化脱氨基
   B. 直接脱氨基
   C. 转氨基
   D. 联合脱氨基
   E. 嘌呤核苷酸循环
2. 血氨的最主要来源是
   A. 氨基酸脱氨基作用生成的氨
   B. 蛋白质腐败产生的氨
   C. 尿素在肠道细菌脲酶作用下产生的氨
   D. 体内胺类物质分解释放出来的氨
   E. 肾小管远端谷氨酰胺水解产生的氨
3. 体内氨的主要代谢去路为
   A. 合成非必需氨基酸
   B. 合成必需氨基酸
   C. 合成 NH_4^+
   D. 合成尿素随尿排出
   E. 合成嘌呤和嘧啶
4. 对高血氨患者的错误处理是
   A. 低蛋白饮食
   B. 口服抗生素抑制肠道细菌
   C. 静脉注入谷氨酸钠
   D. 使用酸性液做结肠透析
   E. 使用碱性溶液（如肥皂水）灌肠
5. 肾中产生的氨主要来自
   A. 氨基酸的联合脱氨基作用
   B. 谷氨酰胺的水解
   C. 氨基酸的氧化脱氨基作用
   D. 尿素的水解
   E. 嘌呤核苷酸循环

6. 体内氨的储存及运输形式是
   A. 谷氨酸
   B. 酪氨酸
   C. 谷氨酰胺
   D. 谷胱甘肽
   E. 天冬酰胺
7. 体内转运一碳单位的载体是
   A. 叶酸
   B. 硫胺素
   C. 生物素
   D. 四氢叶酸
   E. 维生素 B_{12}
8. 下列物质中不是一碳单位的是
   A. —CH_3
   B. CO_2
   C. —CH_2—
   D. —CH=NH—
   E. —CH=
9. 白化症的根本原因之一是由于先天性缺乏
   A. 谷丙转氨酶
   B. 苯丙氨酸羟化酶
   C. 酪氨酸酶
   D. 尿黑酸氧化酶
   E. 对羟苯丙氨酸氧化酶
10. 苯丙酮尿症是由于先天性缺乏
    A. 谷丙转氨酶
    B. 苯丙氨酸羟化酶
    C. 酪氨酸酶
    D. 尿黑酸氧化酶
    E. 对羟苯丙氨酸氧化酶

二、名词解释

1. 必需氨基酸
2. 蛋白质的营养价值
3. 一碳单位

三、问答题

1. 体内氨基酸脱氨基作用的方式有哪些？最主要的方式是什么？
2. 血氨的来源与去路是什么？
3. 某患者，女性，9岁，出生时未见异常，出生12个月以后发现生长发育迟缓，智力明显低于同龄儿童，多动，毛发颜色浅淡，尿液中有大量苯丙酮酸。该患者可能患有什么病？该如何进行防治？

（李丽娟）

第十章数字资源

思政之光

第十章 核苷酸代谢

学习目标

掌握：
嘌呤核苷酸合成代谢的原料和基本途径，嘌呤核苷酸分解代谢的终产物，嘧啶核苷酸合成代谢的原料和基本途径，嘧啶核苷酸分解代谢的终产物，核苷酸抗代谢物。

熟悉：
脱氧核苷酸的生成，嘌呤核苷酸和嘧啶核苷酸的分解代谢，高尿酸血症与痛风，核苷酸各类抗代谢物的生化机制。

了解：
嘌呤核苷酸和嘧啶核苷酸从头合成的反馈调节。
通过社会上一些核酸保健品公司的例子，树立崇尚科学、明辨是非的人生观。

案例导入

某患者，男性，42岁，体态肥胖。近期患者发现餐后，尤其是食用海产品后夜间其足跟、跗指等关节剧烈疼痛并伴红、肿，甚至影响走路。经医院检查，血尿酸为 630 μmol/L，血脂、血糖偏高。

请分析：
1. 该患者可能患有什么疾病？使用何种药物治疗？
2. 医生应对该患者疾病的预防和生活习惯给予哪些建议？

核苷酸是核酸的基本组成单位，分为嘌呤核苷酸和嘧啶核苷酸两大类。人体内的核苷酸主要由机体自身合成，因此核苷酸不属于营养必需物质。食物中的核酸多与蛋白质结合为核蛋白。核蛋白在胃中受胃酸的作用，分解为核酸和蛋白质。核酸进入小肠后，受胰液和小肠液中各种水解酶的作用逐步水解，水解产物均可被肠黏膜吸收，大部分在肠黏膜细胞内又进一步分解，吸收后的戊糖参与体内的糖代谢，嘌呤和嘧啶主要被分解排出体外（图10-1）。

核苷酸不仅作为核酸的基本组成单位，参与 RNA 和 DNA 的生物合成，而且还参与能量代谢、物质代谢的调节和构成酶的辅因子等。体内核苷酸代谢与临床有密切的联系，核苷酸代谢障碍已被证实与很多遗传、代谢性疾病有关，核苷酸抗代谢药物已被临床广泛应用。

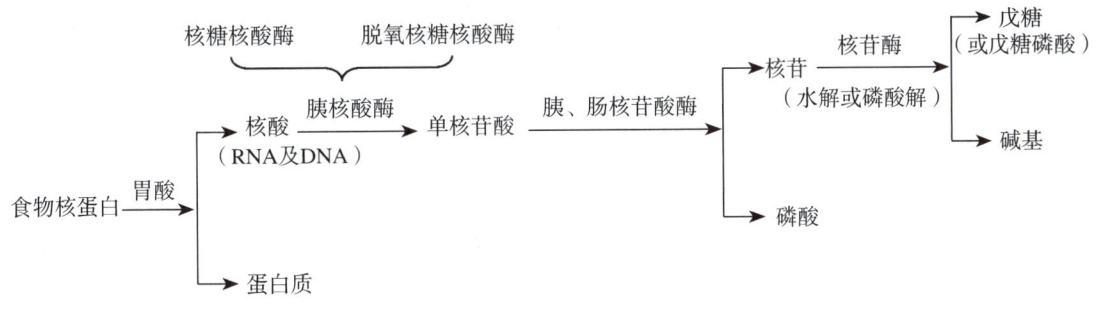

图 10-1 食物核酸的消化

第一节 嘌呤核苷酸的代谢

一、嘌呤核苷酸的分解代谢

嘌呤核苷酸分解代谢主要在肝、小肠及肾中进行。嘌呤核苷酸分解代谢过程与食物中核苷酸的消化过程类似。细胞中的嘌呤核苷酸在核苷酸酶的催化下水解脱去磷酸生成嘌呤核苷，嘌呤核苷经核苷磷酸化酶催化分解为嘌呤碱和 1-磷酸核糖。1-磷酸核糖可转变为核糖-5-磷酸，核糖-5-磷酸可经戊糖磷酸途径氧化分解，也可用于合成新的核苷酸。嘌呤碱既可以进一步降解，也可参加嘌呤核苷酸的补救合成。一般而言，体内大部分嘌呤碱最终分解生成尿酸（uric acid，UA）。AMP 经分解产生成次黄嘌呤（I），在黄嘌呤氧化酶催化下生成黄嘌呤，黄嘌呤经黄嘌呤氧化酶氧化生成尿酸；GMP 分解生成的鸟嘌呤经脱氨也生成黄嘌呤，最终也转变为尿酸（图 10-2）。脱氧嘌呤核苷酸的分解代谢途径基本相同。

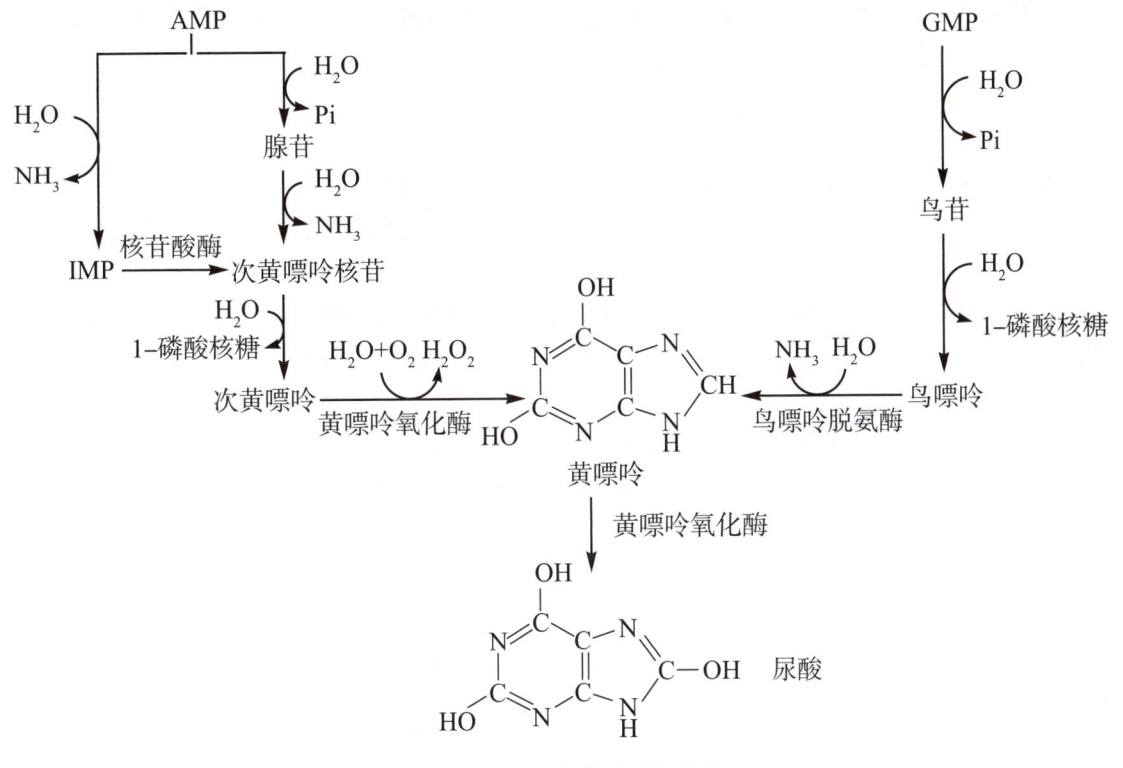

图 10-2 嘌呤核苷酸分解代谢

尿酸是嘌呤核苷酸分解代谢的最终产物，正常人血清中尿酸的含量为 0.12~0.36 mmol/L，男性略高于女性。

知识链接

现代文明病——痛风

痛风（gout）是一种因嘌呤代谢障碍，血中尿酸含量升高为主要特征的疾病。由于尿酸水溶性较差，当血中尿酸盐浓度超过 0.48 mmol/L 时，尿酸盐晶体即可沉积于关节、软组织、软骨及肾等处，导致关节炎、尿路结石及肾疾患，称为痛风。从发病人群的性别上看，痛风"重男轻女"，男女患者比例为 20：1；从职业上看，痛风"重脑力轻体力"，多见于运动少、长期伏案工作的人；从嗜好上看，痛风"重荤轻素"，喜肉好酒的人易发病。痛风古称"富贵病"，因为此症好发在"达官贵人"的身上。

原发性痛风是由于某些嘌呤核苷酸代谢相关酶遗传性缺陷导致尿酸生成异常增加，引起高尿酸血症。继发性痛风多因进食高嘌呤饮食、体内核酸大量分解（如白血病、恶性肿瘤等）或肾疾病导致尿酸排泄障碍等，引起血中尿酸升高。另外，自毁性综合征（Lesch-Nyhan syndrome）也归属于继发性痛风。

目前已知有两种酶活性异常可导致痛风。一是次黄嘌呤鸟嘌呤磷酸核糖基转移酶（HGPRT）缺乏，导致嘌呤核苷酸补救合成障碍，使体内游离嘌呤碱消耗减少；二是磷酸核糖基焦磷酸（PRPP）合成酶活性升高，加快了嘌呤核苷酸的从头合成，导致嘌呤核苷酸含量增加。除此之外，药物也可导致尿酸升高，如大剂量的阿司匹林可降低肾对尿酸盐的排泄，致使血中尿酸含量升高。

考点提示

嘌呤核苷酸的分解产物

临床上常用别嘌醇（allopurinol）来治疗痛风。因为别嘌醇的结构与次黄嘌呤类似，可竞争性抑制黄嘌呤氧化酶，抑制尿酸的生成。别嘌醇可与 PRPP 作用生成别嘌醇核苷酸，消耗了核苷酸合成所需的 PRPP，抑制了嘌呤核苷酸的合成。

二、嘌呤核苷酸的合成代谢

体内嘌呤核苷酸的合成代谢有两种形式：从头合成和补救合成。两者的重要性因组织不同而异。一般情况下，从头合成是体内大多数组织核苷酸合成的主要途径。

（一）嘌呤核苷酸的从头合成

机体利用磷酸核糖、氨基酸、一碳单位及 CO_2 等简单物质为原料，经过一系列酶促反应，合成嘌呤核苷酸的过程，称为嘌呤核苷酸的从头合成（de novo synthesis）。

1. 部位　肝是体内嘌呤核苷酸从头合成的主要器官，其次是小肠黏膜和胸腺。整个合成过程在胞质中完成，但体内并不是所有细胞都具有从头合成嘌呤核苷酸的能力。

2. 合成原料　嘌呤核苷酸从头合成的基本原料是：核糖-5-磷酸、谷氨酰胺、甘氨酸、天冬氨酸、一碳单位和 CO_2。嘌呤碱各元素来源如图 10-3。

3. 合成过程　合成过程较为复杂，可分为两个阶段。第一阶段：次黄嘌呤核苷酸（IMP）的合成；第二阶段：AMP 和 GMP 的合成。

（1）第一阶段——IMP 的合成：IMP 是嘌呤核苷酸合成的重要中间产物，由各种前体分子经多步酶促反应完成（图 10-4）。①核糖-5-磷酸（R-5-P）与 ATP 在 5-磷酸核糖-1-焦磷酸合成酶（PRPP 合成酶）的催化下首先生成 PRPP，此步反应是核苷酸合成代谢中的关键步骤，ATP 激活 PRPP 合成酶并参与反应过程；②PRPP 在 PRPP 酰胺转移酶的催化下，接受谷氨酰

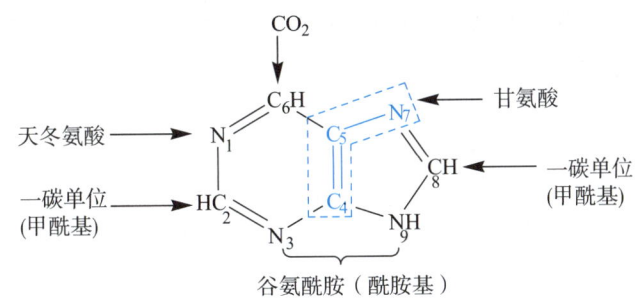

图 10-3 嘌呤碱各元素来源

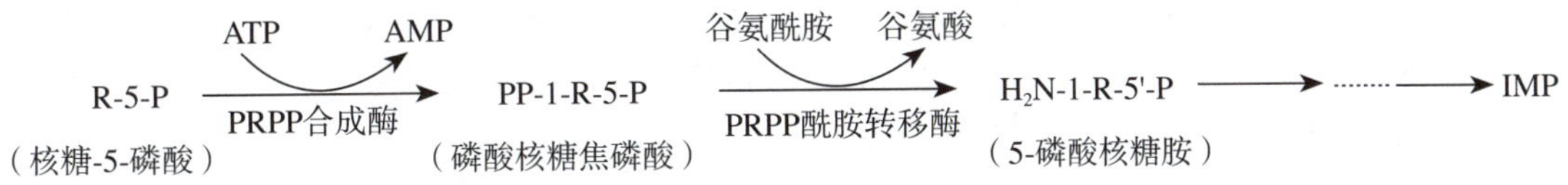

R-5-P ——ATP→AMP—— PRPP合成酶 → PP-1-R-5-P ——谷氨酰胺→谷氨酸—— PRPP酰胺转移酶 → H_2N-1-R-5'-P ········→ IMP
（核糖-5-磷酸）　　　　　　　（磷酸核糖焦磷酸）　　　　　　　（5-磷酸核糖胺）

图 10-4 IMP 的生成

胺的氨基形成 5- 磷酸核糖胺（PRA），再经加甘氨酸、羧化、脱水环化等多步酶促反应生成 IMP。

（2）第二阶段——由 IMP 合成 AMP 和 GMP：IMP 是合成 AMP 和 GMP 的共同前体，由 IMP 分别转变成 AMP 和 GMP 的过程见图 10-5。①由天冬氨酸提供氨基，GTP 供能，使 IMP 氨基化生成腺苷酸代琥珀酸，之后腺苷酸代琥珀酸裂解为 AMP；② IMP 先经氧化形成黄嘌呤核苷酸（XMP），再由谷氨酰胺提供氨基，ATP 供能，使 XMP 氧化生成 GMP。

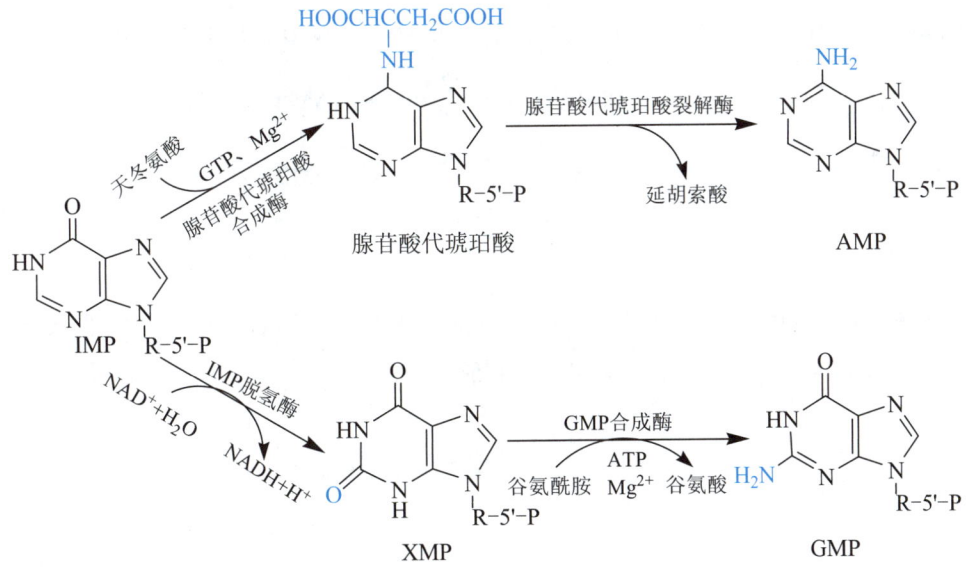

图 10-5 AMP 和 GMP 的生成

GMP 在一磷酸核苷激酶催化下与 ATP 作用生成 GDP，二磷酸核苷激酶继而催化 GDP 和 ATP 作用生成 GTP。同样，AMP 可经两步激酶催化生成 ADP 及 ATP。ATP 和 GTP 也可经底物磷酸化途径生成。

$$GMP + ATP \rightleftharpoons GDP + ADP$$
$$GDP + ATP \rightleftharpoons GTP + ADP$$
$$AMP + ATP \rightleftharpoons 2ADP$$

嘌呤核苷酸从头合成的重要特点是在核糖-5-磷酸分子上逐步合成嘌呤环结构，最先生成IMP，再由IMP转变生成AMP和GMP。

4. 合成的调节　整个反应过程中的关键酶包括PRPP酰胺转移酶、PRPP合成酶。从头合成的调节机制是反馈调节，主要发生在以下几个部位：形成IMP过程中，PRPP合成酶和PRPP酰胺转移酶活性受IMP、AMP及GMP的反馈抑制，而PRPP促进PRPP酰胺转移酶活性；在形成AMP和GMP过程中，AMP和GMP反馈抑制其自身的合成，过量的AMP抑制腺苷酸代琥珀酸合成酶，控制AMP的生成量，过量的GMP抑制次黄嘌呤核苷酸脱氢酶，控制XMP及GMP的生成量；ATP/ADP对核苷酸合成起调节作用，合成PRPP需要ATP，而ADP和GDP都是磷酸核糖焦磷酸激酶的抑制剂，故当细胞内ATP/ADP的比值降低时，影响PRPP的生成，不利于核苷酸合成；IMP转变为AMP需GTP供能，IMP转变为GMP需ATP参与，因此，过量的GTP促进AMP的生成，过量的ATP促进GMP的生成。这种交叉调节作用对维持ATP及GTP浓度的平衡具有重要意义。

（二）嘌呤核苷酸的补救合成

骨髓、脑及脾等组织利用现成的嘌呤碱或嘌呤核苷合成嘌呤核苷酸，这样的合成过程称为补救合成，是次要的合成途径。

1. 部位　补救合成主要在脑和骨髓等组织进行。这些组织缺乏从头合成嘌呤核苷酸的酶体系。

2. 合成过程　补救合成较简单，能量和氨基酸等的消耗比从头合成少得多。

（1）嘌呤碱与PRPP直接合成嘌呤核苷酸：此合成途径中，由PRPP提供磷酸核糖，催化反应的酶有两种：腺嘌呤磷酸核糖基转移酶（APRT）和次黄嘌呤鸟嘌呤磷酸核糖基转移酶（HGPRT）。前者催化腺嘌呤与PRPP反应形成AMP，后者催化次黄嘌呤（鸟嘌呤）与PRPP作用形成IMP（GMP）。APRT和HGPRT分别受其相应产物AMP、IMP和GMP的反馈抑制。

$$腺嘌呤（A）+ PRPP \xrightarrow{APRT} AMP + PPi$$

$$次黄嘌呤（I）+ PRPP \xrightarrow{HGPRT} IMP + PPi$$

$$鸟嘌呤（G）+ PRPP \xrightarrow{HGPRT} GMP + PPi$$

（2）腺嘌呤核苷的重新利用：腺嘌呤核苷经腺苷激酶催化与ATP作用，生成AMP。类似的其他核苷也可由对应的核苷激酶磷酸化生成相应的核苷酸。

$$腺嘌呤核苷 \xrightarrow[ATP \quad ADP]{腺苷激酶} AMP$$

3. 生理意义　嘌呤核苷酸补救合成的意义不仅在于能利用现成的嘌呤或嘌呤核苷合成核苷酸，过程简单，可减少能量和一些氨基酸的消耗。更为重要的是，脑、骨髓等组织和细胞由于缺乏从头合成嘌呤核苷酸的酶体系，只能进行嘌呤核苷酸的补救合成。这一合成方式对这些组织和细胞具有非常重要的意义，其过程受阻可诱发一些疾病，如因遗传性基因缺陷导致HGPRT缺失引发的自毁性综合征。

知识链接

自毁性综合征

自毁性综合征（Lesch-Nyhan syndrome）在 1964 年首先由 Lesch 和 Nyhan 报道。患儿表现为脑发育不全、智力减退、有自残和攻击行为。患儿常咬伤自己的嘴唇、手和足趾，或利用各种器械把自己面部弄得狰狞可怕，故将此病称为自毁性综合征。患者伴有高尿酸血症等，大多死于儿童期，极少能活过 20 岁。研究表明，这是 X 连锁隐性遗传的先天性嘌呤代谢缺陷病，由次黄嘌呤鸟嘌呤磷酸核糖基转移酶（HGPRT）的遗传缺陷引起。由于 HGPRT 缺乏，组织和细胞更新核酸（尤其是 RNA）过程中，产生的游离碱基（如次黄嘌呤和鸟嘌呤）不能转变为 IMP 和 AMP，而是降解为尿酸。

（三）脱氧嘌呤核苷酸的合成

DNA 是由脱氧核苷酸组成的，体内的脱氧核苷酸包括嘌呤脱氧核苷酸和嘧啶脱氧核苷酸。核苷酸转变为脱氧核苷酸在核苷二磷酸（NDP）水平上进行，反应由核糖核苷酸还原酶催化，4 种核苷二磷酸（ADP、GDP、CDP 和 UDP）都可转变为相应的脱氧衍生物（图 10-6）。如 ADP 和 GDP 在核糖核苷酸还原酶作用下可分别生成 dADP 和 dGDP。dADP 和 dGDP 在磷酸激酶作用下可分别生成 dATP 和 dGTP。

$$\left.\begin{array}{l}\text{ADP}\\\text{GDP}\\\text{CDP}\\\text{UDP}\end{array}\right\} + (\text{NADPH}+\text{H}^+) \xrightarrow{\text{核糖核苷酸还原酶}} \left\{\begin{array}{l}\text{dADP}\\\text{dGDP}\\\text{dCDP}\\\text{dUDP}\end{array}\right. + \text{NADP}^+ + \text{H}_2\text{O}$$

图 10-6　脱氧核苷二磷酸的生成

（四）嘌呤核苷酸代谢障碍与抗代谢物

1. **嘌呤核苷酸代谢障碍**　参与核苷酸代谢的某些酶先天性缺陷或调节机制失常，可引起核苷酸代谢障碍。嘌呤核苷酸代谢的遗传缺陷较嘧啶核苷酸的多见。表 10-1 列举了几种由嘌呤核苷酸代谢相关的酶缺陷所引起的遗传性疾病。

表 10-1　核苷酸代谢的酶异常及相应的遗传性缺陷

缺陷的酶	临床疾病	临床特点
PRPP 合成酶	痛风	嘌呤产生过多
HGPRT 部分欠缺	痛风	嘌呤产生过多
腺苷脱氨酶（ADA）严重欠缺	免疫缺陷	T 细胞及 B 细胞免疫欠缺，脱氧腺苷尿症
嘌呤核苷磷酸化酶（PNP）严重欠缺	免疫缺陷	T 细胞欠缺、低尿酸血症
HGPRT 完全欠缺	自毁性综合征	嘌呤产生、排泄过多、脑性瘫痪、自毁性综合征
APRT 完全欠缺	肾结石	2,8- 二羟腺嘌呤肾结石

2. **嘌呤核苷酸抗代谢物**　有些人工合成的或天然存在的化合物的结构与生物体内的一些代谢物相似，将其引入生物体后，与生物体内的代谢物会发生拮抗作用，从而影响生物体中的

正常代谢，这些化合物为抗代谢物。嘌呤核苷酸的抗代谢物是一些嘌呤碱基、氨基酸或叶酸等的类似物，它们以多种方式干扰或阻断核苷酸的合成代谢，从而进一步阻止核酸及蛋白质的生物合成，这些代谢物具有抗肿瘤作用。

（1）嘌呤类似物：嘌呤类似物有 6-巯基嘌呤（6-mercaptopurine，6-MP）、6-巯基鸟嘌呤、8-氮杂鸟嘌呤等，其中以 6-MP 在临床上应用较多。6-MP 的结构与次黄嘌呤相似，与次黄嘌呤唯一不同的是，嘌呤环 C_6 上连接的是巯基（硫）而不是羟基（氧）（图 10-7）。6-MP 在体内干扰嘌呤核苷酸合成的机制：① 6-MP 经磷酸核糖化生成 6-巯基嘌呤核苷酸，其结构与 IMP 相似，抑制 IMP 转变为 AMP 及 GMP；②反馈性抑制 PRPP 酰胺转移酶，使 PRA 合成受阻，阻断嘌呤核苷酸的从头合成；③直接通过竞争性抑制次黄嘌呤鸟嘌呤磷酸核糖基转移酶活性，阻断嘌呤核苷酸的补救合成。

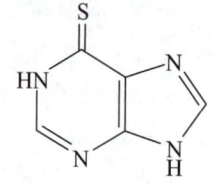

图 10-7　嘌呤类似物

（2）氨基酸类似物：氨基酸类似物有氮杂丝氨酸及 6-重氮-5-氧正亮氨酸等。它们的化学结构与谷氨酰胺类似（图 10-8），可干扰谷氨酰胺在核苷酸合成中的作用，从而抑制嘌呤、嘧啶核苷酸的合成。

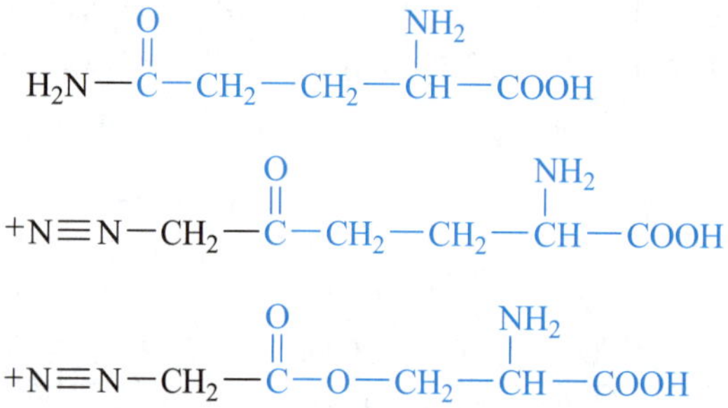

$$H_2N-\overset{O}{\underset{}{C}}-CH_2-CH_2-\overset{NH_2}{\underset{}{CH}}-COOH \quad 谷氨酰胺$$

$$^+N\equiv N-CH_2-\overset{O}{\underset{}{C}}-CH_2-CH_2-\overset{NH_2}{\underset{}{CH}}-COOH \quad 6\text{-重氮-5-氧正亮氨酸}$$

$$^+N\equiv N-CH_2-\overset{O}{\underset{}{C}}-O-CH_2-\overset{NH_2}{\underset{}{CH}}-COOH \quad 氮杂丝氨酸$$

图 10-8　氨基酸类似物

（3）叶酸类似物：氨蝶呤及氨甲蝶呤（MTX）等与叶酸的结构类似（图 10-9），能竞争性地抑制二氢叶酸还原酶活性，从而抑制 FH_4 的生成，干扰一碳单位代谢。如使嘌呤环中 C_8 与 C_2 的一碳单位得不到供应，使嘌呤核苷酸的合成受到抑制；dUMP 不能利用一碳单位甲基化生成 dTMP，进而影响 DNA 的合成。MTX 在临床上用于白血病等的治疗。

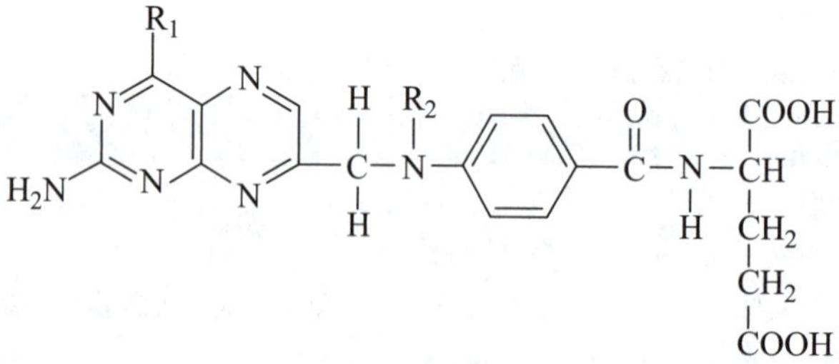

图 10-9　叶酸类似物

$R_1=OH，R_2=H$　叶酸
$R_1=NH_2，R_2=H$　氨蝶呤
$R_1=NH_2，R_2=CH_3$　氨甲蝶呤

（4）核苷类似物：如阿糖胞苷和环胞苷，能抑制 CDP 还原成 dCDP，影响 DNA 的合成。

第二节 嘧啶核苷酸的代谢

一、嘧啶核苷酸的分解代谢

嘧啶核苷酸经过核苷酸酶及核苷酸磷酸化酶催化，水解下磷酸及核糖，产生嘧啶碱。嘧啶碱主要在肝内进一步开环分解，最终的分解产物为 NH_3、CO_2 和 β- 氨基酸（图 10-10）。胞嘧啶脱氨基转化成尿嘧啶，尿嘧啶还原成二氢尿嘧啶，再经水解开环最终生成 NH_3、CO_2 及 β-丙氨酸。胸腺嘧啶降解成 NH_3、CO_2 及 β 氨基异丁酸，后者可作为一种氨基酸进一步分解或直接随尿排泄。β 氨基异丁酸在尿中的排泄量一定程度上可反映 DNA 的破坏程度。白血病患者、肿瘤患者经放疗或化疗后，由于 DNA 破坏过多，常导致尿中 β 氨基异丁酸排泄量增加。

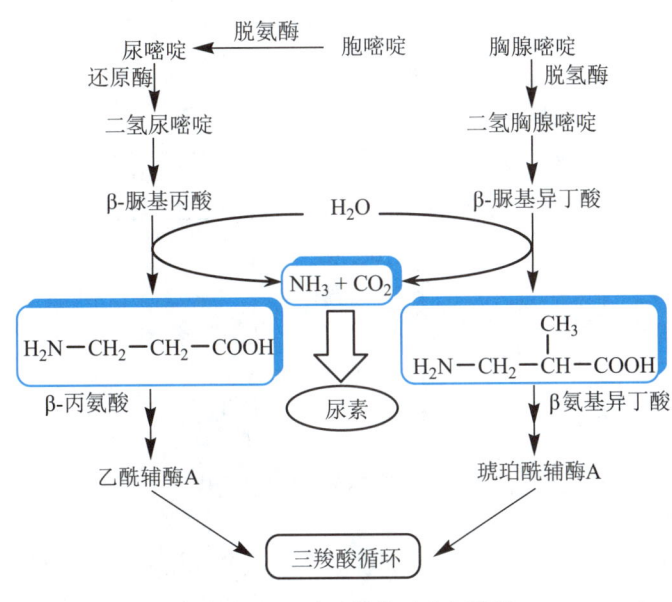

图 10-10 嘧啶核苷酸分解代谢

考点提示

嘧啶核苷酸的分解代谢产物

二、嘧啶核苷酸的合成代谢

嘧啶核苷酸合成代谢途径也有从头合成及补救合成。

（一）嘧啶核苷酸的从头合成

1. 合成原料 谷氨酰胺、天冬氨酸、CO_2、核糖 -5- 磷酸。经同位素示踪实验证明，嘧啶环的各元素来源如图 10-11 所示。

2. 合成过程 嘧啶核苷酸从头合成与嘌呤核苷酸从头合成有所不同，其特点是：在胞质中先形成嘧啶环，再连接 PRPP 提供的磷酸核糖，首先合成尿嘧啶核苷酸（UMP），然后在 UTP 水平上经氨基化转变为 CTP。整个合成过程可分为两个阶段（图 10-12）。

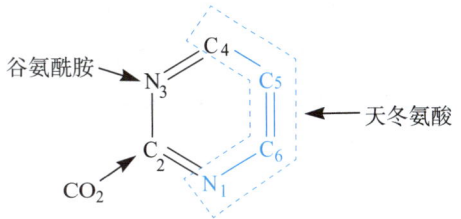

图 10-11 嘧啶环的各元素来源

（1）UMP 的合成：由 6 步反应完成。第一步是谷氨酰胺和 CO_2 在氨甲酰磷酸合成酶 Ⅱ（CPS-Ⅱ）的催化下合成氨甲酰磷酸。第二步在天冬氨酸氨基甲酰基转移酶的催化下，氨甲酰磷酸与天冬氨酸化合生成氨甲酰天冬氨酸，然后再经脱氢、环化等反应，生成乳清酸，再由

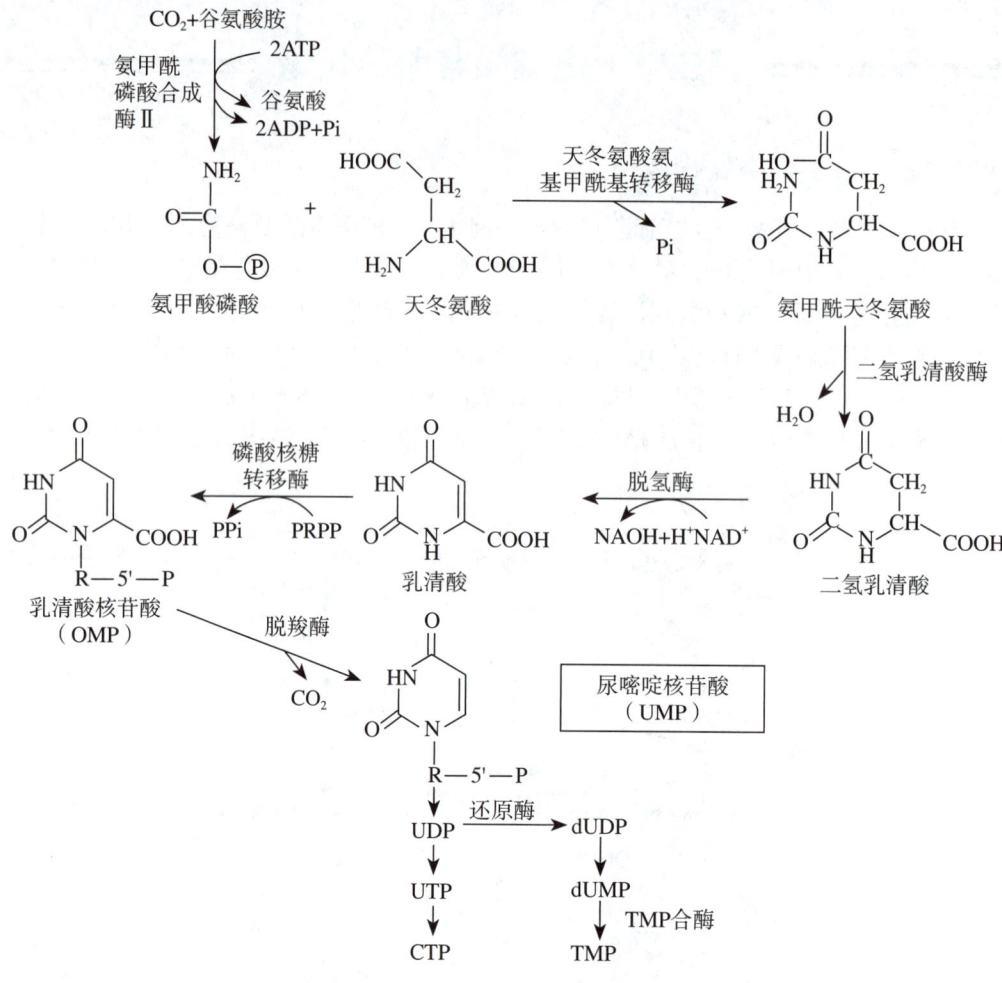

图 10-12 嘧啶核苷酸从头合成

PRPP 提供磷酸核糖生成乳清酸核苷酸，再经脱羧、脱氢合成第一个嘧啶核苷酸，即 UMP。

肝细胞中存在两种氨甲酰磷酸合成酶：氨甲酰磷酸合成酶 I（CPS-I）存在于肝细胞线粒体中，催化 NH_3 和 CO_2 生成氨甲酰磷酸，用于合成尿素；氨甲酰磷酸合成酶 II（CPS-II）存在于肝细胞胞质中，以谷氨酰胺和 CO_2 为原料合成氨甲酰磷酸，用于嘧啶核苷酸的合成。

（2）CTP 的合成：UMP 可在 ATP 供给磷酸基团的条件下，经尿苷酸激酶和二磷酸核苷激酶的连续催化生成 UTP。UTP 在 CTP 合成酶作用下，接受谷氨酰胺的氨基转变为 CTP，反应消耗 1 分子 ATP。

（3）dTMP 的合成：dTMP 由 dUMP 经甲基化而生成（图 10-13），反应由胸腺嘧啶核苷酸合成酶催化，N^5,N^{10}- 甲烯四氢叶酸提供甲基。dUMP 主要经 dCMP 脱氨基生成，也可经 dUDP 水解除去磷酸生成 dUMP。

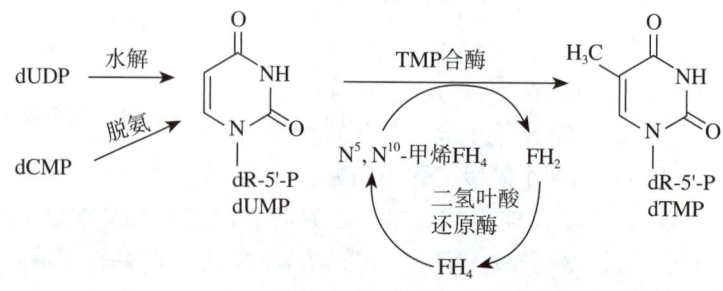

图 10-13 dTMP 的合成

dTMP 还可以借助补救合成由胸腺嘧啶核苷生成。

3. 合成的调节　在哺乳动物细胞中，嘧啶核苷酸合成的调节酶主要是氨甲酰磷酸合成酶Ⅱ，受到从头合成产物 UMP 和 CTP 的反馈抑制。此外，PRPP 合成酶是嘧啶与嘌呤两类核苷酸合成过程中共同所有的酶，它可同时接受嘧啶核苷酸及嘌呤核苷酸的反馈抑制。

（二）嘧啶核苷酸的补救合成

生物体内嘧啶核苷酸的补救合成有两种方式（图 10-14）：①嘧啶碱在嘧啶磷酸核糖转移酶催化下，接受 PRPP 供给的磷酸核糖基，直接生成核苷酸，嘧啶磷酸核糖转移酶是嘧啶核苷酸补救合成的主要酶，但酶对胞嘧啶不起作用；②嘧啶碱在核苷磷酸化酶的催化下，先与 1- 磷酸核糖反应，生成嘧啶核苷，后者在嘧啶核苷激酶作用下，被磷酸化而形成核苷酸。

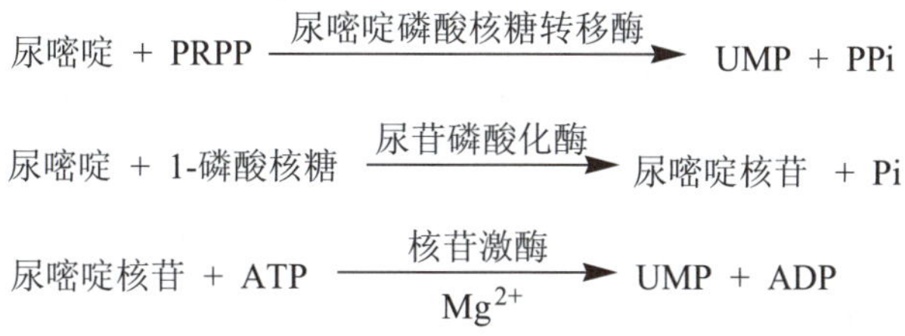

$$\text{尿嘧啶} + \text{PRPP} \xrightarrow{\text{尿嘧啶磷酸核糖转移酶}} \text{UMP} + \text{PPi}$$

$$\text{尿嘧啶} + \text{1-磷酸核糖} \xrightarrow{\text{尿苷磷酸化酶}} \text{尿嘧啶核苷} + \text{Pi}$$

$$\text{尿嘧啶核苷} + \text{ATP} \xrightarrow[\text{Mg}^{2+}]{\text{核苷激酶}} \text{UMP} + \text{ADP}$$

图 10-14　嘧啶核苷酸的补救合成

正常肝细胞中胸苷激酶活性很低，再生肝中活性升高，若恶性肝肿瘤时则明显升高，可用作评估恶性程度的肿瘤标志物。

（三）嘧啶核苷酸的抗代谢物

嘧啶类似物主要有 5- 氟尿嘧啶（5-fluorouracil，5-FU），是临床上常用的抗肿瘤药物，其结构与胸腺嘧啶相似（以氟代替甲基），如图 10-15。5-FU 本身并无生物活性，在体内需转变成 5- 氟尿嘧啶衍生物——脱氧氟尿嘧啶核苷一磷酸（5FdUMP）及氟尿嘧啶核苷三磷酸（FUTP）后才能发挥作用。5FdUMP 与 dUMP 结构相似，可阻断 dTMP 的合成，从而影响 DNA 的生物合成；FUTP 可以假底物形式掺入 RNA 分子中影响 RNA 的功能。

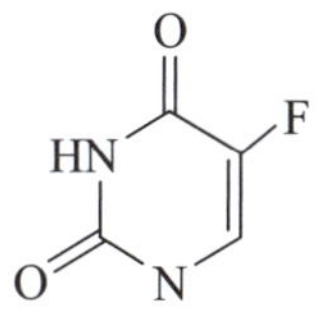

图 10-15　5-FU

自测题

一、选择题

1. 嘌呤碱在体内分解的终产物是
   A. 次黄嘌呤
   B. 黄嘌呤
   C. 别嘌醇
   D. 氨、CO_2 和有机酸
   E. 尿酸

2. 某患者，男性，51 岁。近 3 年来出现关节炎症状和尿路结石，进食肉类食物时病情加重。该患者发生的疾病涉及的代谢途径是
   A. 糖代谢
   B. 脂代谢
   C. 嘌呤核苷酸代谢
   D. 核苷酸代谢
   E. 氨基酸代谢

3. 嘌呤从头合成的氨基酸是
   A. 鸟氨酸
   B. 谷氨酸
   C. 天冬酰胺
   D. 天冬氨酸
   E. 丙氨酸

二、名词解释

1. 从头合成
2. 补救合成
3. 抗代谢物

三、问答题

某患儿,3岁,智力发育低下,时常躁动不安、啼哭、言语含糊不清,并有咬破自己口唇、舌头、手指等自伤行为。查体可见多处痛风结节。临床诊断:自毁性综合征。此病的发病机制是什么?

（刘艳艳）

第十一章

血液生化

第十一章数字资源

思政之光

学习目标

掌握：
非蛋白含氮化合物的种类及临床意义，血浆蛋白质的分类与功能，成熟红细胞的代谢特点，血红素生物合成的原料和关键酶。

熟悉：
血液的基本成分，血红素生物合成的基本过程及调节。

了解：
血浆蛋白质的特点，血红蛋白的气体运输功能。
通过身边好乡医陈伟琳的故事，发扬医者仁心、人间大爱的职业精神。

案例导入

某患者，女性，20岁。因患癫痫服用黄丹（PbO），剂量为每日1丸（含PbO约0.2 g）。服完30丸后，患者出现恶心、呕吐、便秘、阵发性腹痛进行性加重，并伴有头痛、乏力、记忆减退、四肢麻木和腰痛等。实验室检查 Hb 7.3 g/L，RBC 2.67×10^{12}/L，网织红细胞3.5%，点彩红细胞0.23%，尿铅0.2 mg/L、尿卟啉（++++），ALA 83.58 mg/L；尿含有微量蛋白、脓细胞（++）及颗粒管型；肝功能、B超和心电图结果正常。

请分析：
1. 该患者最有可能的临床诊断是什么？
2. 哪些实验室项目具有诊断价值？

血液（blood）由血细胞、血小板和血浆（plasma）组成，为心血管系统内循环流动的液体组织。血浆占全血容积的55%~60%，加入抗凝剂的离体血液离心后，血细胞下沉，其浅黄色上清液即为血浆。若离体血液自然凝固，血块收缩析出的淡黄色清亮液体称为血清（serum）。血液凝固过程中，血浆中纤维蛋白原转变为纤维蛋白而析出，故血清中不含纤维蛋白原。正常生理状态下，血液在循环系统中不停地流动，对维持机内环境稳定、保证物质在体内的运输及机体防御等方面有着重要的意义。

第一节 概 述

一、血液的基本成分

正常人血液中主要含有水、可溶性固体及少量气体（O_2、CO_2、N_2）等成分。其中含水量为 77%～81%，比重为 1.050～1.060，血液 pH 为 7.40±0.05，渗透压约 7.70×10^2 kPa[300 mOsm/(kg·H_2O)]。血液总量约占正常人体重的 8%。一次失血少于总量的 10%，对身体影响不大；若一次失血大于总量的 20% 以上，则可严重影响身体健康；当失血超过总量的 30% 时则危及生命。

血液中的固体成分可分为无机物与有机物两大类。无机物以电解质为主，主要的阳离子有 Na^+、K^+、Ca^{2+}、Mg^{2+} 等；主要的阴离子有 Cl^-、HCO_3^-、HPO_4^{2-} 等；有机物包括蛋白质（血红蛋白、血浆蛋白质、酶与蛋白类激素等）、非蛋白含氮化合物、糖类、脂质和维生素等。

二、非蛋白含氮化合物

血液中非蛋白含氮化合物主要包括尿素、尿酸、肌酸、肌酐、氨基酸、多肽、氨及胆红素等。非蛋白质氮（non-protein nitrogen，NPN）是指非蛋白含氮化合物中的氮总量，正常人血中 NPN 含量为 14.3～25.0 mmol/L。非蛋白含氮化合物多为蛋白质或核酸分解代谢的终产物，可经血液运输到肾随尿液排出体外。肾功能严重障碍影响尿液排泄是导致血 NPN 升高的常见原因；此外，肾血流量下降、体内蛋白质分解加强（如消化道大出血、大手术后、烧伤及高热等）也会引起血中 NPN 浓度的升高。

（一）尿素与尿酸

尿素是人体内氨基酸分解代谢的终产物之一，是非蛋白含氮化合物中含量最多的一种物质。正常人血尿素氮（blood urea nitrogen，BUN）含量占血中 NPN 总量的 1/2。在临床上，测定血中尿素（1 mmol/L 尿素等于 2 mmol/L 尿素氮）与测定 NPN 的临床意义基本相同，目前尿素已取代 NPN 作为判断肾排泄功能的常用指标。

尿酸是人体内嘌呤核苷酸分解代谢的终产物，男性血清含量为 150～420 μmol/L，女性为 90～360 μmol/L。血液中尿酸升高临床上常见于痛风症、核酸分解增强（如白血病、恶性肿瘤）或肾排泄功能障碍等疾患。

（二）肌酸与肌酐

肌酸是以甘氨酸为骨架，由精氨酸提供脒基、S-腺苷基甲硫氨酸（SAM）提供甲基合成的，主要在肝细胞内合成。肌酸和 ATP 反应生成的磷酸肌酸是体内能量储存形式，在心肌、骨骼肌和脑组织中含量丰富。肌酐是肌酸和磷酸肌酸的终末代谢产物，由肌酸脱水或由磷酸肌酸脱磷酸脱水生成（图 11-1）。男性血清肌酐含量为 53～106 μmol/L，女性为 44～97 μmol/L。肌酐全部随尿排出，正常人每日尿中肌酐的排出量恒定。肾功能障碍时，肌酐排出受阻，血肌酐浓度升高。故临床检测血肌酐含量较尿素更能准确地了解肾功能状况。

（三）氨基酸和氨

正常人血浆游离氨基酸约有 20 多种，肝在维持血浆游离氨基酸浓度中起着重要作用。肝细胞大量破坏时，血浆游离氨基酸浓度升高；肝硬化时，可出现芳香族氨基酸浓度（苯丙氨酸、酪氨酸）升高，支链氨基酸浓度下降等。

血氨主要来源于氨基酸的脱氨基作用和肠道吸收，正常人血氨浓度不超过 60 μmol/L（0.1 mg/dl）。氨具有毒性，特别是脑组织对氨的作用尤为敏感，高血氨可致大脑功能障碍，严重可导致昏迷。

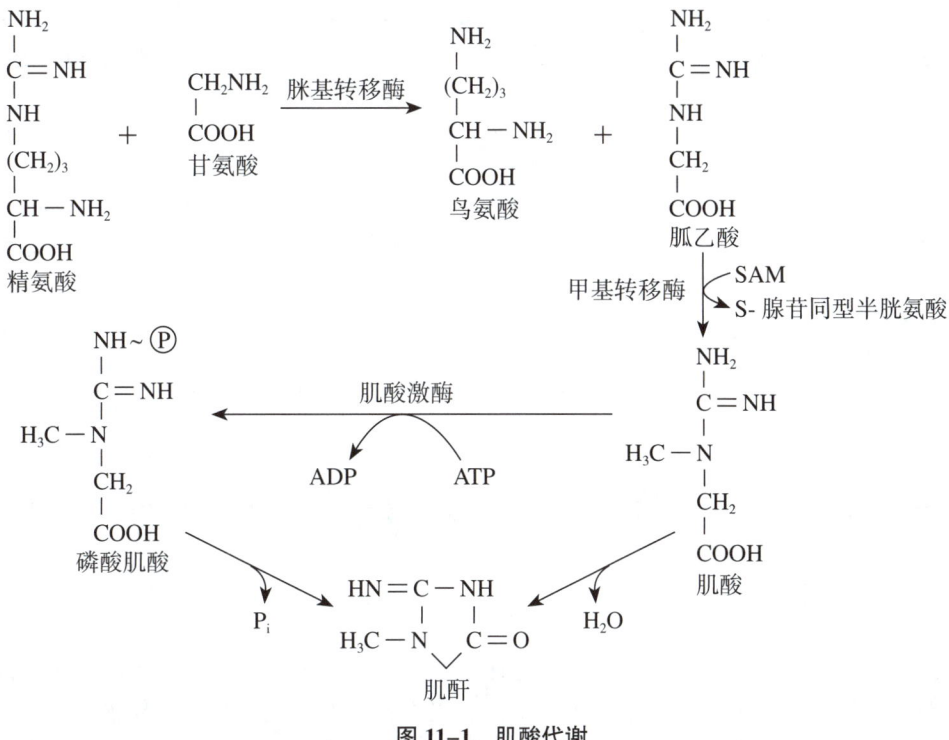

图 11-1　肌酸代谢

三、不含氮的化合物

在血液中，不含氮的有机化合物主要包括葡萄糖、乳酸、酮酸、酮体及脂质物质等。这些物质含量与机体的糖代谢及脂质代谢密切相关。

生理状态下，血液中各种成分的含量相对恒定，仅在一定范围内波动。当机体出现代谢障碍或紊乱时，可导致某些成分的含量异常。临床上常对血液成分进行分析，为疾病的诊断、疗效的观察和预后的估计提供参考信息。此外，血液各成分的含量常受饮食的影响，检测时应采用餐后 12~14 小时的空腹血。血液的主要成分及正常参考值参见表 11-1。

表 11-1　正常成年人血液主要成分及正常参考值

组成成分	标本	正常参考值	组成成分	标本	正常参考值
蛋白质			不含氮化合物		
血红蛋白	全血	男：120~160 g/L	葡萄糖	血清	3.9~6.1 mmol/L
		女：110~150 g/L	三酰甘油	血清	0.45~1.69 mmol/L
总蛋白	血清	60~80 g/L	总胆固醇	血清	2.85~5.69 mmol/L
清蛋白	血清	35~55 g/L	磷脂	血清	1.7~3.2 mmol/L
球蛋白	血清	20~30 g/L	酮体	血清	0.08~0.49 mmol/L
纤维蛋白原	血浆	2~4 g/L	乳酸	血清	0.6~1.8 mmol/L
非蛋白含氮化合物			无机盐		
NPN	全血	14.3~25.0 mmol/L	Na^+	血清	135~145 mmol/L
尿素	血清	1.78~7.14 mmol/L	K^+	血清	3.5~5.5 mmol/L

（续表 11-1）

组成成分	标本	正常参考值	组成成分	标本	正常参考值
氨	全血	<60 μmol/L	Ca^{2+}	血清	2.1~2.7 mmol/L
尿酸	血清	男：150~420 μmol/L	Mg^{2+}	血清	0.8~1.2 mmol/L
		女：90~360 μmol/L	Cl^-	血清	98~106 mmol/L
肌酐	血清	男：53~106 μmol/L	HCO_3^-	血浆	22~27 mmol/L
		女：44~97 μmol/L	无机磷	血清	1.0~1.6 mmol/L
肌酸	血清	0.19~0.23 mmol/L			
氨基酸	血清	2.6~5.0 mmol/L			
总胆红素	血清	1.7~17.1 μmol/L			

第二节 血浆蛋白质

一、血浆蛋白质的分类

正常人血浆蛋白质含量为 70~75 g/L，是血浆主要的固体成分，目前已知的血浆蛋白质种类有 200 多种，包括单纯蛋白质和结合蛋白质。血浆中各种蛋白质的含量差异很大，多者每升达数十克，少的仅为毫克水平。按不同的分离方法，可将血浆蛋白质分为不同组分，常用的方法有盐析法及电泳法。

（一）盐析法

盐析法是根据各种血浆蛋白质在不同浓度的盐溶液中溶解度不同而进行分离的方法，其本质是破坏蛋白质表面电荷与水化膜。常用的盐溶液有硫酸铵、硫酸钠及氯化钠溶液等，可将血浆蛋白质分为清蛋白（albumin，A）、球蛋白（globulin，G）和纤维蛋白原（fibrinogen）。经饱和硫酸铵沉淀的是清蛋白；球蛋白和纤维蛋白原可被半饱和硫酸铵沉淀；纤维蛋白原又可被半饱和氯化钠沉淀。清蛋白是人体血浆中最主要的蛋白质，正常人清蛋白（A）含量为 38~48 g/L，约占血浆总蛋白的 50%；球蛋白（G）为 15~30 g/L，正常的清蛋白与球蛋白的比值（A/G）为 1.5~2.5。

（二）电泳法

电泳是分离蛋白质最常用的方法，其原理是根据在同一电场中，不同蛋白质因分子大小、分子形状及表面电荷的差异而导致泳动速度不同而加以分离。如使用 pH8.6 的巴比妥溶液做缓冲液，可将血清蛋白质分为清蛋白、$α_1$ 球蛋白、$α_2$ 球蛋白、β 球蛋白和 γ 球蛋白（图 11-2，表 11-2）。

表 11-2 正常人血清蛋白各种成分的相对含量

蛋白质	占血清蛋白质总量比例（%）
清蛋白（白蛋白）	55~61
$α_1$ 球蛋白	4~5
$α_2$ 球蛋白	6~9
β 球蛋白	9~12
γ 球蛋白	12~30

若用分辨率更高的聚丙烯酰胺凝胶电泳，还可将血浆蛋白质分成数十条区带，目前已分离

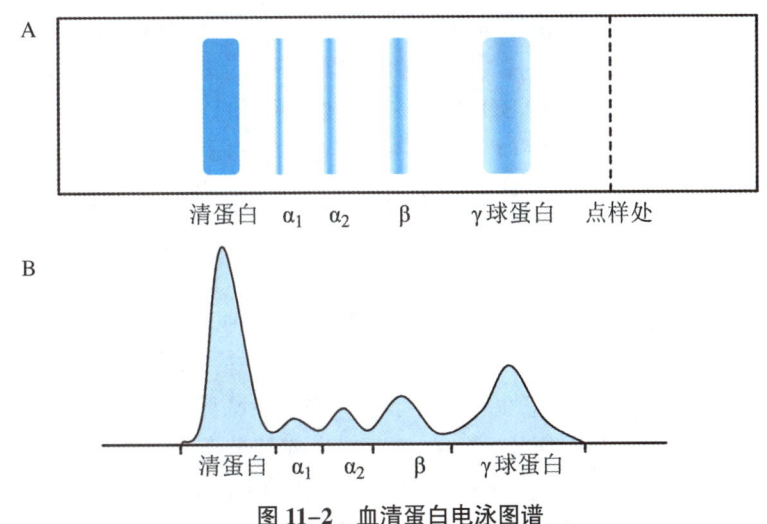

图 11-2 血清蛋白电泳图谱
A．染色后的图谱；B．光密度扫描后的电泳峰

出的人血浆中重要的蛋白质见表 11-3。

表 11-3 人体血浆中的重要蛋白质

蛋白质名称	主要生物学作用
前清蛋白	参与甲状腺激素、视黄醇的转运
清蛋白	维持血浆胶体渗透压及 pH、运输和营养
α 球蛋白	
皮质激素传递蛋白	肾上腺皮质激素载体
甲状腺素结合球蛋白	与甲状腺激素特异结合
铜蓝蛋白	具亚铁氧化酶活性、与铜结合
结合珠蛋白	特异地与血红蛋白结合
α 脂蛋白	运输脂类
β 球蛋白	
β 脂蛋白	运输脂类
转铁蛋白	运输铁
血红素结合蛋白	与血红素特异结合
免疫球蛋白 G、A、M、D、E	抗体活性
纤溶酶原	纤溶酶前体，活化后可分解纤维蛋白
纤维蛋白原	凝血因子

二、血浆蛋白质的特点

血浆蛋白质虽然种类繁多，但由于血浆蛋白质较易获得，目前对各类血浆蛋白质的结构、功能、合成和更新等已有较深入的了解，现将血浆蛋白质的性质及特点归纳如下。

1. 血浆蛋白质主要在肝合成　绝大多数血浆蛋白质由肝合成，如清蛋白、纤维蛋白原和纤维粘连蛋白等；少数蛋白质由其他组织和细胞合成，如 γ 球蛋白由浆细胞合成。

2. 血浆蛋白质为分泌型蛋白质　血浆蛋白质一般是由与粗面内质网结合的核糖体合成，先合成蛋白质前体，进入内质网池，经翻译后修饰加工，如信号肽的切除、糖基化、磷酸化等转变为成熟蛋白质，经高尔基复合体再抵达质膜而分泌进入血液。血浆蛋白质由肝合成后分泌入血的时间为 30 分钟到数小时不等。

3. 绝大多数血浆蛋白质为糖蛋白　除清蛋白外，几乎所有的血浆蛋白质均为糖蛋白，含有 N 或 O 连接的寡糖链。寡糖链包含了各种生物信息，有些生物信息可起识别作用，如红细胞的血型物质含糖达 80%～90%，ABO 血型系统中血型物质 A、B 均是在血型物质 O 的糖链非还原端各加上 N-乙酰氨基半乳糖（GalNAc）或半乳糖（Gal），仅一个糖基的差别，使得红细胞能识别不同抗体。血浆蛋白质合成后的定向输送过程需要寡糖链。此外，有些血浆蛋白质的糖链可使其半衰期延长。

4. 血浆蛋白质具多态性　多态性是孟德尔式或单基因遗传的性状。在人群中，如果某一蛋白质具有多态性，说明该蛋白质至少有两种表型，每一种表型的发生率不少于 1%～2%。ABO 血型的多态性广为人知。此外，结合珠蛋白、转铁蛋白、铜蓝蛋白及免疫球蛋白等也都具有多态性。研究血浆蛋白质的多态性对遗传学、人类学及临床医学均有重要的意义。

5. 血浆蛋白质含量变化与疾病相关　在急性炎症或某种类型组织损伤等情况下，一些血浆蛋白质水平会发生明显变化，称为急性时相蛋白质。增高的蛋白质有 C 反应蛋白、α_1 抗胰蛋白酶、结合珠蛋白、α_1 酸性蛋白、纤维蛋白原等，这些蛋白质增高的水平少则增加 50%，多则可增加上千倍。此外，急性期亦有少数蛋白质水平出现降低，如清蛋白和转铁蛋白等。

6. 各种血浆蛋白质均具有特异的半衰期　各种血浆蛋白质具有差异较大的半衰期，如清蛋白的半衰期为 20 天，而结合珠蛋白的半衰期仅为 5 天。

三、血浆蛋白质的功能

（一）维持血浆胶体渗透压

血浆胶体渗透压占血浆总渗透压的极少部分（约为 1/230），但对血管内外的水分布起决定性作用。血浆胶体渗透压的大小取决于蛋白质的摩尔浓度。在血浆内，清蛋白的含量最多，摩尔浓度高，且分子量相对小（69 kD），加之生理 pH 条件下电负性高，能使大量水分子聚集在其表面，因此清蛋白可最有效地维持血浆胶体渗透压。清蛋白所产生的胶体渗透压大约占血浆胶体总渗透压的 75%～80%。清蛋白由肝合成，占肝合成蛋白质总量的 50%。临床上清蛋白由于合成原料不足（如营养不良等）、合成能力降低（如严重肝病）、丢失过多（肾疾病、大面积烧伤等）、分解过多（如甲状腺功能亢进、发热）等原因致使清蛋白浓度过低时，引起血浆胶体渗透压下降，从而导致水在组织间隙潴留而产生水肿。

（二）维持血浆正常 pH

正常生理状态下，血液 pH 为 7.35～7.45。蛋白质为两性电解质，血浆蛋白质的等电点大部分在 pH 4.0～7.3，故血浆蛋白质能与相应蛋白盐组成缓冲对，维持血液正常 pH。

（三）运输作用

血浆蛋白质分子表面分布着许多亲脂性结合位点，难溶于水的脂溶性物质可与其结合而运输，如脂肪酸与血浆清蛋白结合而在血液中运输。易从尿液排泄的小分子物质通过结合血浆蛋白质，避免了其经肾丢失。如视黄醇（脂溶性维生素 A）与视黄醇结合蛋白形成复合物，使得视黄醇水溶性增加，便于在血液中运输，但小分子的视黄醇-视黄醇结合蛋白复合物仍可经肾丢失，当其再与前清蛋白以非共价键缔合成视黄醇-视黄醇结合蛋白-前清蛋白复合物时，可阻止视黄醇经肾的丢失。血浆清蛋白也可与 Ca^{2+}、胆红素、磺胺等多种物质结合。此外，血浆中还有一些皮质激素传递蛋白、转铁蛋白、铜蓝蛋白等，它们除了运输作用外，还有调节被运输物质代谢的作用。

（四）免疫作用

机体可对抗原刺激产生具有保护作用的特异性蛋白质即抗体，血液中具有抗体作用的蛋白质称为免疫球蛋白（immunoglobulin, Ig）。免疫球蛋白主要包括 IgG、IgA、IgM、IgD 及 IgE 5 大类，在体液免疫中起至关重要的作用。另外，血浆中还存在一些称之为补体

（complement）的蛋白酶体系，它们能协助抗体完成免疫功能。免疫球蛋白识别特异性抗原并与之结合，形成抗原-抗体复合物，进而激活补体系统，产生溶菌和溶细胞现象。

（五）催化作用

血浆中的酶类统称为血清酶。按其来源与功能可分为3类。

1. 血浆功能酶 血浆功能酶是指在血浆中发挥催化作用的酶类。如凝血及纤溶系统中的多种蛋白水解酶，它们均以酶原形式存在，在一定条件下被激活后发挥作用。另外还有生理性抗凝物质、脂蛋白脂肪酶、肾素及卵磷脂-胆固醇酰基转移酶等。血浆功能酶绝大多数由肝细胞合成并分泌入血，在血浆中发挥催化作用。

2. 外分泌酶 外分泌酶指由外分泌腺所分泌的酶类，包括唾液淀粉酶、胃蛋白酶、胰淀粉酶、胰蛋白酶、胰脂肪酶等。生理条件下，外分泌酶仅少量逸入血浆，故它们的催化活性与血浆正常生理功能无直接关系。外分泌酶血浆含量和活性的增高，在临床上有诊断价值。如急性胰腺炎时，血浆中淀粉酶含量及活性明显增高。

3. 细胞酶 细胞酶是指在细胞中参与物质代谢的酶类。在生理状态下，细胞酶随着细胞不断更新而释放入血，正常时血浆中的含量甚微。细胞酶来自机体各组织和细胞，大部分无器官特异性，小部分来源于特定器官。当特定器官因病变致使其细胞损伤时，相应细胞酶逸出，血浆中酶含量及活性增高，故可用于临床酶学检验。如肝功能严重受损时，血浆中谷丙转氨酶活性会显著升高。

（六）凝血与抗凝血和纤溶作用

在血液中，多数凝血因子（如凝血因子Ⅰ、Ⅱ、Ⅴ、Ⅶ、Ⅷ、Ⅸ等）、抗凝血因子及纤溶系统物质均属血浆蛋白质。它们在血液中相互作用、相互制约，维持循环血流通畅。当血管受损，血液流出血管时，各种凝血因子被激活，出现血液凝固，从而防止血液大量流失。

知识链接

血浆蛋白质异常与临床疾病

血浆蛋白质在维持人体正常代谢过程中有重要意义，血浆蛋白质异常可见于多种临床疾病。如急性肝炎时，可发生非典型的急性时相反应，前清蛋白是肝功能损害的早期灵敏指标。肝硬化时，血浆蛋白质含量呈现特征性改变，如清蛋白减少、球蛋白增加及清蛋白/球蛋白（A/G）倒置等。风湿病时，血浆蛋白质的异常改变主要由于急性炎症反应和免疫系统增强反应所导致，其特点主要是免疫球蛋白升高，尤其是IgA增高，并可有IgG和IgM增高。此外，炎症活动期亦有$α_1$AG、Hp和C3成分增高。多发性骨髓瘤是由浆细胞恶性增生所致的一种肿瘤，在总蛋白电泳图谱上，原γ区带外出现一特征性的M蛋白峰，而清蛋白区带下降。巨球蛋白血症是一种源于B淋巴细胞恶性增生性疾病，其主要临床表现为血中出现异常增多的IgM。

（七）营养作用

血浆蛋白质可被分解为氨基酸进入氨基酸代谢池，用于合成组织蛋白质，或转变成其他含氮化合物。此外，血浆蛋白质也可氧化分解，为机体提供能量。

第三节　血细胞的代谢

红细胞是血液中最主要的血细胞，由骨髓造血干细胞定向分化而成。在成熟过程中，红细胞需经历一系列形态和代谢上的改变（图11-3）。早、中幼红细胞有分裂繁殖能力，细胞内包含细胞核、线粒体等细胞器，能合成核酸和蛋白质，可通过有氧氧化获得能量。晚幼红细胞不再进行分裂，并失去合成 DNA 的能力。网织红细胞已无细胞核，不能合成核酸，但尚含少量的线粒体与 RNA，故仍可合成蛋白质。成熟红细胞无细胞核，呈圆碟双凹状，除细胞膜和细胞质外，无其他细胞器结构，细胞内的蛋白质约 95% 为血红蛋白。

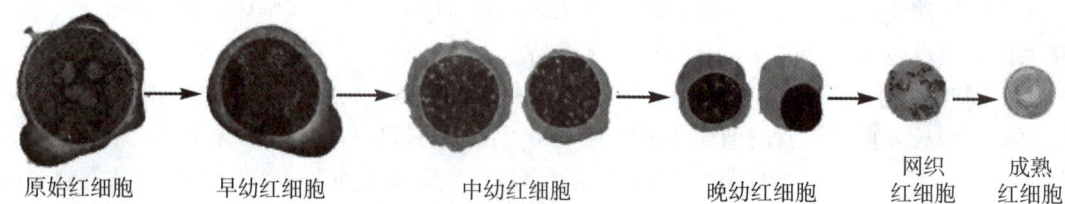

图 11-3　红细胞发育及成熟过程

一、成熟红细胞的代谢特点

成熟红细胞具有独特的细胞结构，使其代谢比一般细胞单纯。葡萄糖是红细胞的主要能源物质，循环血液中的红细胞每日从血浆中约摄入 30 g 葡萄糖，其中 90%~95% 经糖酵解途径和 2,3-双磷酸甘油酸（2,3-BPG）支路进行代谢，5%~10% 通过戊糖磷酸途径进行代谢。

（一）糖酵解是红细胞获得能量的唯一途径

糖酵解是红细胞获取能量的唯一途径。红细胞中存在催化糖酵解所需要的所有的酶，1 mol 葡萄糖经糖酵解可产生 2 mol ATP，使得红细胞中 ATP 浓度维持在 1.85×10^3 mol/L 水平。红细胞中的 ATP 生理功能主要体现在以下几个方面。

1. 维持红细胞膜上钠泵（钠钾 ATP 酶）的运转　ATP 为钠泵提供能量，将 Na^+ 泵出至红细胞外，K^+ 泵入红细胞内，维持了红细胞离子的平衡以及容积和双凹盘状形态的稳定。

2. 维持红细胞膜上钙泵（Ca^{2+}-ATP 酶）的运转　生理状态下，红细胞内 Ca^{2+} 浓度很低，约为 20 μmol/L，血浆 Ca^{2+} 浓度 2~3 mmol/L，血浆内的 Ca^{2+} 会被动扩散进入红细胞。通过 ATP 供能，红细胞内 Ca^{2+} 被钙泵泵出至血浆，从而得以维持红细胞内的低钙状态。ATP 缺乏使得钙泵不能正常运行，钙聚集并沉积在红细胞膜上，膜失去韧性且脆性增加，当红细胞流经狭窄的脾窦时易发生破碎。

3. 为红细胞膜上脂质交换提供能量　红细胞膜上的脂质通过与血浆脂蛋白中的脂质不停地交换从而进行更新，该过程需消耗红细胞的 ATP。缺乏 ATP 时，红细胞膜脂质更新受阻，致使红细胞可塑性降低，也易于被破坏。

4. 少量 ATP 用于谷胱甘肽、$NAD^+/NADP^+$ 的生物合成。

（二）红细胞代谢的 2,3-BPG 支路途径

2,3-BPG 支路是指红细胞内糖酵解过程中，由 1,3-双磷酸甘油酸（1,3-BPG）经双磷酸甘油酸变位酶催化生成 2,3-BPG，再经 2,3-BPG 磷酸酶的催化转变为甘油酸-3-磷酸的侧支途径（图 11-4）。2,3-BPG 支路占红细胞糖酵解的 15%~50%。

由于红细胞内 2,3-BPG 磷酸酶活性较低，致使红细胞内 2,3-BPG 的生成大于分解，红细胞内 2,3-BPG 浓度升高（达 4~5 mmol/L）。红细胞内 2,3-BPG 的主要作用：①降低血红蛋白

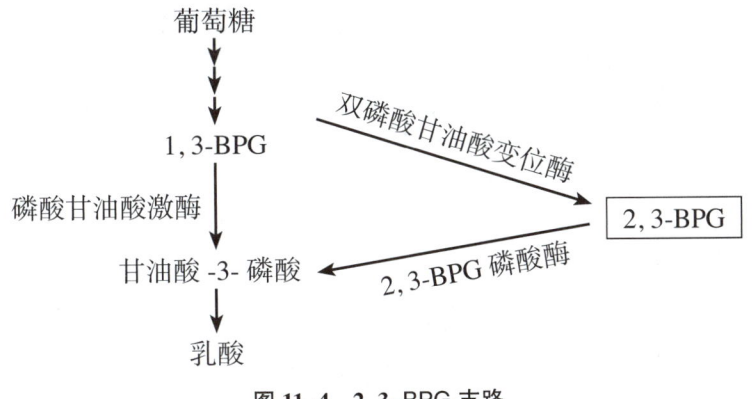

图 11-4 2,3-BPG 支路

与氧的亲和力，调节血红蛋白的运氧功能，当血液流经氧分压较低的组织时，随着 2,3-BPG 浓度的升高，使得血红蛋白对氧的亲和力下降，使组织获取更多的氧；②红细胞不能储存葡萄糖，故 2,3-BPG 在红细胞内可起到储能、供能的作用。

（三）红细胞内的戊糖磷酸途径

在红细胞内，5% ~ 10% 的葡萄糖经戊糖磷酸途径代谢，其主要生理功能是提供 $NADPH+H^+$。NADPH 和 NADH 是红细胞内重要的还原当量，戊糖磷酸途径是红细胞产生 $NADPH + H^+$ 的唯一途径，这对维持红细胞内谷胱甘肽（GSH）的还原状态以及还原高铁血红蛋白有着重要的意义。

1. NADPH 维持 GSH 的还原状态　GSH 可由红细胞合成，是体内重要的还原剂，可保护红细胞膜蛋白、酶分子中的巯基及血红蛋白免遭氧化，从而维持红细胞的正常功能。在谷胱甘肽过氧化物酶的催化作用下，红细胞内产生的 H_2O_2 被 GSH 还原成 H_2O，GSH 则被氧化成氧化型谷胱甘肽（GSSG），使得红细胞重要成分免遭 H_2O_2 氧化。NADPH 作为还原当量，在谷胱甘肽还原酶催化下，GSSG 重新还原成 GSH，继续发挥抗氧化作用（图 11-5）。

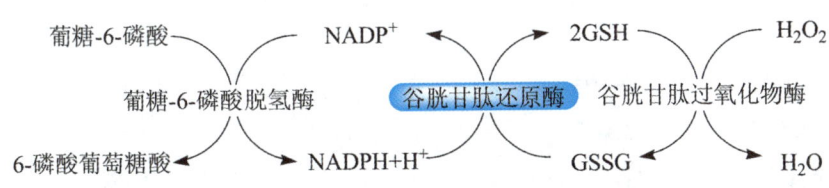

图 11-5　戊糖磷酸途径与谷胱甘肽的氧化还原

2. 高铁血红蛋白的还原　血红蛋白的铁是 Fe^{2+}，但由于氧化作用，红细胞也会产生少量的高铁血红蛋白（methemoglobin，MHb），其分子中铁为 Fe^{3+}，MHb 不能携带氧。在红细胞内，MHb 主要由 NADH- 高铁血红蛋白还原酶和 NADPH- 高铁血红蛋白还原酶还原成血红蛋白。另外，维生素 C 和 GSH 也可还原 MHb，但以 NADH- 高铁血红蛋白还原酶最为重要。所以，生理状态下，MHb 一般只占血红蛋白的 1% ~ 2%。

二、血红素的生物合成

血红蛋白（hemoglobin，Hb）由珠蛋白和血红素构成。血红素是一种含铁的卟啉化合物，除作为 Hb 的辅基外，肌红蛋白、过氧化氢酶、过氧化物酶、细胞色素等蛋白质也包含血红素。

（一）血红素合成部位和原料

血红素可由机体多种细胞合成，血红蛋白中的血红素主要在骨髓幼红细胞和网织红细胞内合成。合成的起始和终末阶段在线粒体内反应，中间反应阶段则在胞质中进行。血红素合成的基本原料是琥珀酰辅酶A、甘氨酸和Fe^{2+}。

（二）血红素合成的过程

血红素合成过程可分为4个阶段。

1. δ-氨基-γ-酮戊酸（ALA）的生成　在线粒体内，由 ALA 合酶催化，琥珀酰辅酶 A 与甘氨酸脱羧合成 ALA（图 11-6）。ALA 合酶是血红素生物合成的关键酶，磷酸吡哆醛为其辅酶。

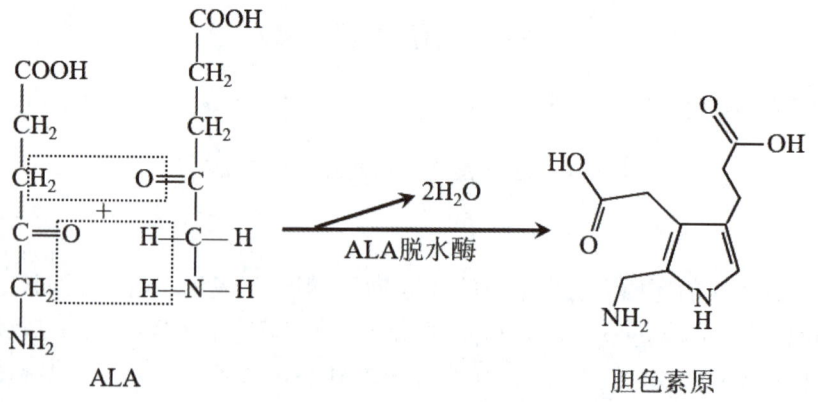

图 11-6　ALA 的合成

2. 胆色素原（PBG）的生成　线粒体中 ALA 生成后进入胞质，由 ALA 脱水酶催化，2 分子 ALA 脱水缩合生成 1 分子的 PBG（图 11-7）。ALA 脱水酶的分子中含有巯基，铅等可抑制该酶的活性。

图 11-7　PBG 的合成

3. 尿卟啉原与粪卟啉原的生成　胞质中，在胆色素原脱氨酶（又称卟胆原脱氨酶）催化作用下，4 分子胆色素原脱氨生成 1 分子线状四吡咯，经尿卟啉原Ⅲ同合酶催化，四吡咯转变成尿卟啉原Ⅲ，再经尿卟啉原Ⅲ脱羧酶催化，尿卟啉原Ⅲ变成粪卟啉原Ⅲ（图 11-8）。

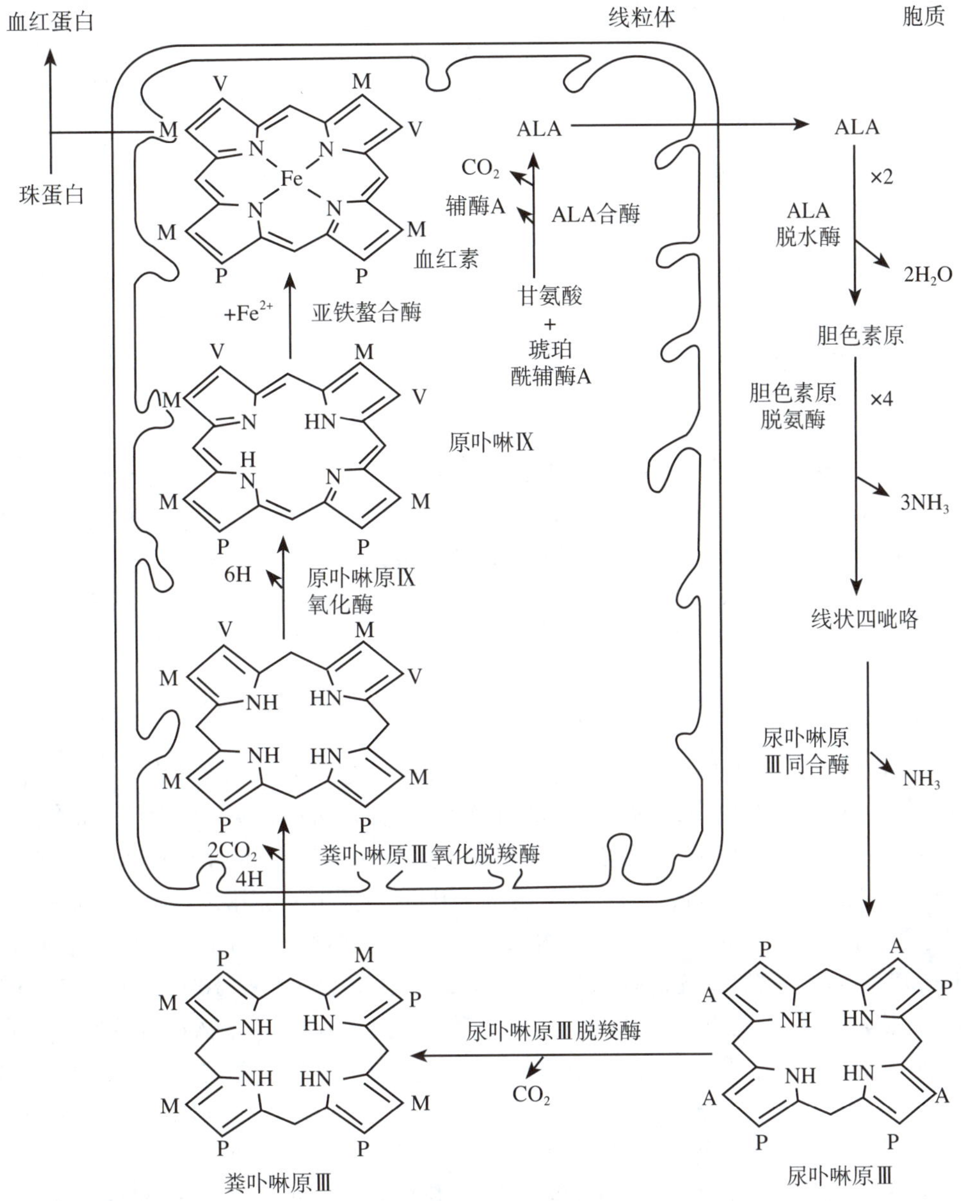

图 11-8 血红素的生物合成

A. 乙酸基；P. 丙酸基；M. 甲基；V. 乙烯基

4. 血红素的生成 粪卟啉原Ⅲ再进入线粒体,在粪卟啉原Ⅲ氧化脱羧酶作用下生成原卟啉原Ⅸ,接着原卟啉原Ⅸ氧化酶继续催化,原卟啉原Ⅸ生成原卟啉Ⅸ,原卟啉Ⅸ再经血红素合成酶(又称亚铁螯合酶)催化,原卟啉Ⅸ与 Fe^{2+} 螯合,生成血红素(图 11-8)。

(三)血红素合成的调节

血红素的生物合成可受多种因素调节,最主要的调节是通过影响限速酶(ALA 合酶)来调节 ALA 的生成。

1. ALA 合酶 血红素可反馈抑制 ALA 合酶的活性,还可以阻遏 ALA 合酶的生成。正常情况下,血红素生成后迅速与珠蛋白结合生成血红蛋白,当过多的血红素生成时,其可自发氧化成高铁血红素,后者能强烈抑制 ALA 合酶,从而抑制血红素的合成。ALA 合酶的辅基是磷酸吡哆醛,维生素 B_6 缺乏也能降低血红素的合成速度。一些固醇类激素,如睾酮的 5β 还原物能诱导 ALA 合酶生成,促进血红素合成。此外,某些药剂、致癌物、杀虫剂等可促进肝 ALA

合酶的合成，从而加速血红素的合成。

2. 促红细胞生成素　促红细胞生成素（erythropoietin，EPO）是红细胞生成的主要调节剂。成年人 EPO 由肾合成，它是一种糖蛋白，由 166 个氨基酸残基构成，分子量约为 34 000。在机体缺氧或红细胞容积减少时，EPO 分泌入血量增加，在骨髓等造血组织中，EPO 促进原始红细胞的增殖和分化，并促进 ALA 合酶生成，从而使血红素和血红蛋白的生物合成加速。在临床上，慢性肾炎及肾功能障碍患者出现的贫血现象与 EPO 生成减少有关。

3. ALA 脱水酶与血红素合成酶　ALA 脱水酶和血红素合成酶对重金属的抑制作用特别敏感，故血红素合成降低是机体铅中毒的一个重要特征。此外，血红素合成酶还需还原剂（如 GSH），因此体内还原剂的丢失也会导致血红素合成受到抑制。

三、血红蛋白的气体运输功能

血红蛋白（Hb）是成熟红细胞中含量最多的蛋白质成分，是红细胞执行氧气运输功能的结构基础。在正常成年人红细胞中，Hb 是由 2 条 α 肽链和 2 条 β 肽链组成的四级结构蛋白质。每条多肽链结构中含有一个疏水性的"口袋"，可以结合 1 分子血红素，Fe^{2+} 位于血红素卟啉环的中央部位，形成 6 个配位键，其中 4 个与卟啉环的 N 配位结合、1 个配位键与多肽链上组氨酸残基结合，O_2 分子与 Fe^{2+} 形成第 6 个配位键。Hb 每个亚基中的血红素可结合 1 分子 O_2，因此 1 分子 Hb 能结合 4 分子 O_2。

（一）氧的运输

1. 氧的运输形式　在血液中，氧主要以物理溶解和化学结合两种形式存在。血液中物理溶解的氧很少，如在动脉血中，物理溶解的氧只占总氧含量的 1.6%，化学结合是氧在血液中运输的主要形式。氧的化学结合形式是 O_2 与 Hb 结合成氧合血红蛋白（HbO_2），HbO_2 在动脉血中占总氧含量的 98.4%。在隔绝空气条件下，100 ml 血液中的实际含氧量称为血氧含量，它包括物理溶解的氧与化学结合的氧。生理状态下，动脉血氧含量约为 190 ml/L，静脉血氧含量约为 140 ml/L，即血液循环一次释放的氧约 50 ml/L。血氧容量是指 100 ml 血液中 Hb 被氧充分饱和时的最大携氧量，其中与 Hb 结合的氧量称为氧结合量，由于物理溶解的氧量非常少，故血氧容量近似于氧结合量。氧随着血液从肺部运输到全身各组织，主要依赖 O_2 与 Hb 的结合与释放过程。肺泡的氧分压高，O_2 分子从肺泡进入血液并与 Hb 结合成 HbO_2，HbO_2 随血液到达氧分压较低的组织和细胞时，HbO_2 释放出 O_2 供组织和细胞利用。

2. 血氧饱和度及影响因素　血氧饱和度是指血氧含量占血氧容量的百分比，即血液中 HbO_2 与 Hb 总量之比。正常动脉血的血氧饱和度为 93%~98%；静脉血的血氧饱和度为 60%~70%。血氧饱和度的影响因素有以下几个。

（1）氧分压（PO_2）：以血液 PO_2 为横坐标，血氧饱和度为纵坐标，可绘制成表示 PO_2 与血氧饱和度关系的曲线，即氧解离曲线（图 11-9）。该曲线可表示在不同 PO_2 下 Hb 与 O_2 的解离情况，同时也可反映不同 PO_2 时 Hb 与 O_2 的结合情况。由于 Hb 的别构效应，氧解离曲线呈特殊的"S"形曲线。曲线上段较平坦，PO_2 从 13.3 kPa（100 mmHg）下降至 9.3 kPa（70 mmHg）时，血氧饱和度从 97% 下降至 94%，仅下降了约 3%，因此在高原、高空或呼吸系统疾病时，虽肺泡气的 PO_2 有所降低，只要不低于 9.3 kPa，则对血氧饱和度影响不大。曲线中段较陡直，PO_2 从 8 kPa（60 mmHg）下降至 4 kPa（30 mmHg）时，血氧饱和度从 90% 迅速下降至 55%，整体下降了 35%，表明血液流经 PO_2 较低的组织和细胞时，大量 O_2 迅速从 HbO_2 中释放出来，以供组织和细胞利用。曲线下段也较陡，表明血液 PO_2 较小的变化即可致使血氧饱和度的明显改变，反映了 Hb 对组织 PO_2 的波动具有缓冲作用，对组织供氧具有很强的储备能力。P_{50} 为血氧饱和度为 50% 时的氧分压，可表示 Hb 与 O_2 的亲和力。当 P_{50} 增大时，氧解离曲线右移，表示 Hb 与 O_2 的亲和力降低；相反，P_{50} 减小，则表示 Hb 与 O_2 的亲和力增加，氧解离

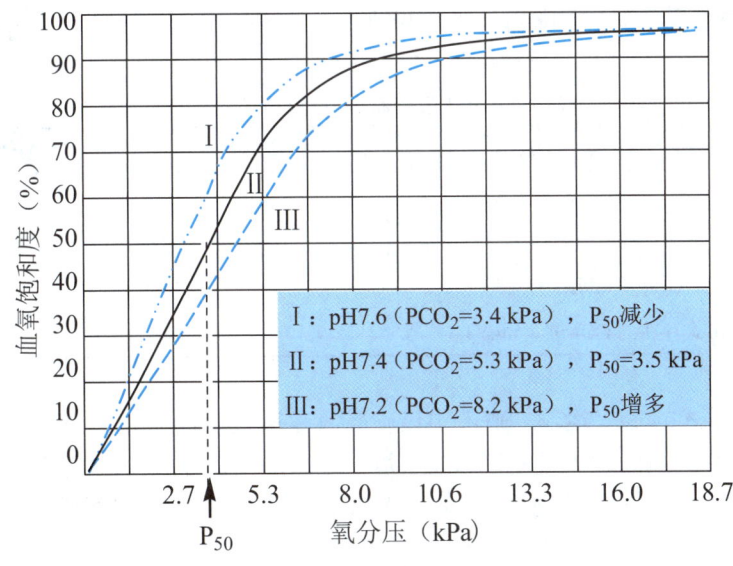

图 11-9 血红蛋白的氧解离曲线

曲线左移。

 知识链接

血氧饱和度与发绀

发绀是指由于血液中 Hb 氧合不全、脱氧、Hb 增高，致使患者的皮肤和黏膜呈现出青紫色改变的一种临床表现。临床上毛细血管内脱氧 Hb 含量超过 50 g/L，即可出现发绀。常见的原因：①心脏、肺疾病致使动脉血氧饱和度降低。因呼吸系统疾病所导致的发绀称为肺性发绀，如呼吸道阻塞、肺水肿、自发性气胸等。因心血管系统疾病引起的发绀则称为心源性发绀，如法洛四联症等。②异常 Hb 也可引起发绀。如血中高铁血红蛋白超过 30 g/L 或硫化血红蛋白超过 5 g/L 时也可导致发绀。

（2）pH 和二氧化碳分压（PCO_2）：在血液中，CO_2 与水形成的 H_2CO_3 可离解为 HCO_3^- 和 H^+。血液 pH 降低或 PCO_2 升高可使得 Hb 与 O_2 的亲和力降低，血氧饱和度降低，曲线发生右移；相反，当血液 pH 增高或 PCO_2 降低时，则曲线左移（图 11-9）。pH 与 PCO_2 对于氧解离曲线的影响称为波尔效应。波尔效应的生理意义：它既可促进肺泡毛细血管中的 O_2 与 Hb 结合，也有利于组织毛细血管血液中 O_2 从 HbO_2 释放。

（3）2,3-BPG：2,3-BPG 浓度升高时，Hb 与 O_2 的亲和力降低，氧解离曲线向右移动；反之，2,3-BPG 浓度降低时，Hb 与 O_2 的亲和力增加，氧解离曲线向左移动。当血液流经肺部时，PO_2 高，此时 2,3-BPG 对 Hb 与 O_2 的亲和力影响不大；当血液流经组织时，由于 PO_2 降低，此时红细胞内产生的 2,3-BPG 对 Hb 与 O_2 的亲和力影响明显增加，促进了 HbO_2 对 O_2 的释放以供组织和细胞利用。在贫血、高山低氧及肺气肿等情况下，红细胞内糖酵解增强，使得 2,3-BPG 的浓度增高，氧解离曲线右移，有利于释放更多的 O_2，改善组织的缺氧状态。

（二）二氧化碳的运输

与 O_2 相同，CO_2 也是以物理溶解和化学结合两种形式存在于血液中。物理溶解的量仅占 CO_2 总量的 7% 左右，化学结合的量占 CO_2 总量的 93% 左右（表 11-4）。CO_2 在血液中化学结

合形式主要为碳酸氢盐和氨基甲酸血红蛋白两种。

表 11-4　正常人安静状态下血中 CO_2 的含量

	动脉血	静脉血	差值
CO_2 含量（ml/L）	477	518	41（100%）
物理溶解的 CO_2 量（ml/L）	24	27	3（7.3%）
以碳酸氢盐形式存在的 CO_2 量（ml/L）	431	459	28（68.3%）
以氨基甲酸血红蛋白形式存在的 CO_2 量（ml/L）	22	32	10（24.4%）

1. 碳酸氢盐形式的 CO_2 运输　血液中以碳酸氢盐形式存在的 CO_2 占 CO_2 总量的 68.3%。血液流经组织时，CO_2 从组织和细胞进入血浆后，绝大部分扩散进入红细胞。红细胞内含有较高浓度的碳酸酐酶，促使 CO_2 与水结合变成 H_2CO_3，H_2CO_3 再迅速解离成 HCO_3^- 和 H^+，如下反应式：

$$CO_2 + H_2O \xrightleftharpoons{\text{碳酸酐酶}} H_2CO_3 \rightleftharpoons HCO_3^- + H^+$$

红细胞内的脱氧 Hb 以钾盐形式（KHb）存在。上式解离出来的 H^+ 被 KHb 所缓冲，如下反应式：

$$KHb + H_2CO_3 \longrightarrow KHCO_3 + HHb$$

生成的 $KHCO_3$ 解离度大，使得电离出的 HCO_3^- 透过红细胞膜扩散至浓度较低的血浆中，同时血浆中 Cl^- 转移至红细胞内，这一现象称氯转移，用于维持膜两侧的电平衡。进入血浆的 HCO_3^- 随后与 Na^+ 结合成 $NaHCO_3$，即 CO_2 以 $NaHCO_3$ 与 $KHCO_3$ 两种形式运输至肺部。

2. 氨基甲酸血红蛋白形式的 CO_2 运输　CO_2 能直接与 Hb 分子中的氨基结合，形成氨基甲酸血红蛋白，并迅速解离，如下反应式：

$$HbNH_2 + CO_2 \longrightarrow HbNHCOOH \longrightarrow HbNHCOO^- + H^+$$

该反应不需酶催化。脱氧 Hb 与 CO_2 反应形成 HbNHCOOH 的能力较 HbO_2 强。在组织，HbO_2 释放出 O_2 使得脱氧 Hb 增多，故结合 CO_2 形成 HbNHCOOH 也增多；在肺部，HbO_2 生成增多，促使 HbNHCOOH 解离，CO_2 由肺排出。由 HbNHCOOH 运输的 CO_2 量占肺部 CO_2 总排出量中的 20%～30%。CO_2 在血液的运输量取决于 PCO_2。PCO_2 增高，运输量则相应增多。在相同 PCO_2 下，动脉血中 HbO_2 携带的 CO_2 量要比静脉血少。

3. HCO_3^- 运输与 HCO_3^--Cl^- 交换　在组织部位，代谢产生的 CO_2 经血液扩散进入红细胞后，经碳酸酐酶作用转变为 HCO_3^-。HCO_3^- 通过红细胞膜上的 HCO_3^--Cl^- 交换蛋白进入血浆，而 Cl^- 则进入红细胞。静脉血到达肺组织后，红细胞内的碳酸酐酶此时将 HCO_3^- 转变成 CO_2，后者从红细胞扩散进入血浆，并进一步扩散入肺泡而排出体外。此时，血浆中的 HCO_3^- 便通过 HCO_3^--Cl^- 交换进入红细胞以补充消耗的 HCO_3^-，这样，以 HCO_3^- 形式运输的 CO_2 得以源源不断地从肺排出（图 11-10）。

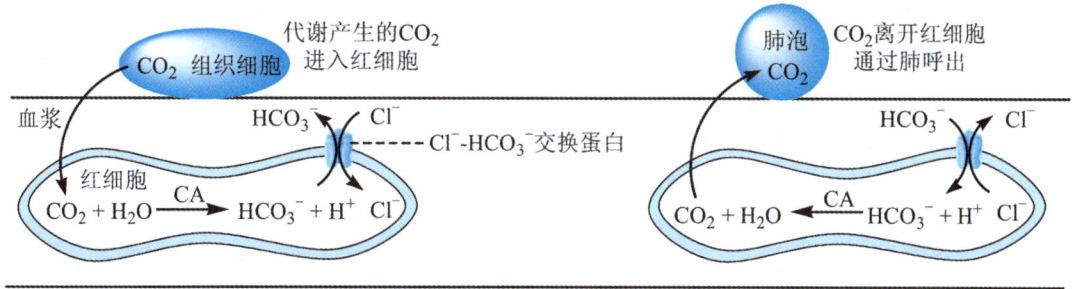

图 11-10　红细胞膜上的 HCO_3^--Cl^- 交换蛋白与血浆 CO_2 的运输

● 自测题 ●

一、选择题

1. 有关血液化学成分的说法,错误的是
   A. 当机体失血超过总量的 30% 时则危及生命
   B. 血氨主要来源于氨基酸的脱氨基作用和肠道吸收
   C. 血细胞下沉,其浅黄色上清液为血清
   D. 血液各成分含量检测时,应采用餐后 12~14 小时的空腹血
   E. 肝硬化时,可出现芳香族氨基酸浓度升高,支链氨基酸浓度下降

2. 使用盐析法对血浆蛋白质分类时,下列正确的是
   A. 可将血清蛋白质分为清蛋白、α_1 球蛋白、α_2 球蛋白、β 球蛋白和 γ 球蛋白
   B. 纤维蛋白原可被半饱和氯化钠沉淀
   C. 球蛋白可被饱和硫酸铵沉淀
   D. 清蛋白可被半饱和硫酸铵沉淀
   E. 纤维蛋白原可被饱和硫酸铵沉淀

3. 下列有关血浆蛋白质的说法,错误的是
   A. 血浆蛋白质主要在肝合成
   B. 绝大多数血浆蛋白质为糖蛋白
   C. 血浆胶体渗透压占血浆总渗透压的极少部分
   D. 严重肝病可引起血浆胶体渗透压下降
   E. 视黄醇可与视黄醇结合蛋白形成复合物,可避免其经肾丢失

4. 下列有关血浆蛋白质异常与临床疾病之间关系的说法,正确的是
   A. 前清蛋白是肝功能损害的早期灵敏指标
   B. 肝硬化时,清蛋白增加、球蛋白减少
   C. 风湿病时,免疫球蛋白升高,尤其是 IgE 增高
   D. 巨球蛋白血症是一种源于 T 淋巴细胞恶性增生性疾病
   E. 多发性骨髓瘤在总蛋白电泳图谱上,清蛋白区带升高

5. 有关成熟红细胞的代谢特点,下列说法错误的是
   A. 葡萄糖无氧氧化是成熟红细胞的主要产能方式
   B. 成熟红细胞内,5%~10% 葡萄糖通过戊糖磷酸途径进行代谢
   C. 2,3-BPG 支路占红细胞糖酵解的 15%~50%
   D. 2,3-BPG 能降低血红蛋白与氧的亲和力
   E. 高铁血红蛋白分子中铁为 Fe^{3+},能携带氧

6. 血红素合成原料包括
   A. 乙酰辅酶 A、甘氨酸和 Fe^{2+}
   B. 乙酰辅酶 A、丙氨酸和 Fe^{2+}
   C. 琥珀酰辅酶 A、甘氨酸和 Fe^{2+}
   D. 琥珀酰辅酶 A、丙氨酸和 Fe^{2+}
   E. 琥珀酰辅酶 A、甘氨酸和 Fe^{3+}

7. 血红素合成的限速酶是指
   A. 尿卟啉原Ⅲ脱羧酶
   B. 尿卟啉原Ⅲ同合酶
   C. 血红素合成酶
   D. ALA 脱水酶
   E. ALA 合酶

8. 下列有关血氧饱和度的说法,错误的是
   A. 血氧饱和度是指血氧含量占血氧容量的百分比
   B. 正常动脉血的血氧饱和度为 93%~98%
   C. 正常静脉血的血氧饱和度为 60%~70%
   D. 在高原或高空时,只要肺泡气 PO_2 不低于 9.3 kPa,血氧饱和度可维持在 90% 以上
   E. 当 P_{50} 增大时,氧解离曲线右移,表示 Hb 与 O_2 的亲和力增加

9. 下列会导致氧解离曲线右移的是
   A. 血液 pH 增高时
   B. PCO_2 降低时
   C. 2,3-BPG 浓度降低时
   D. 在贫血、高山低氧及肺气肿等情况下
   E. Hb 与 O_2 的亲和力增高时

10. 有关 CO_2 运输的说法,正确的是
    A. 在血液中,CO_2 物理溶解的量占 CO_2 总量的 20% 左右
    B. 脱氧 Hb 与 CO_2 反应形成 HbNHCOOH 的能力较 HbO_2 弱
    C. CO_2 能直接与 Hb 分子中的羧基结合,形成氨基甲酸血红蛋白
    D. 红细胞内含有高浓度的碳酸酐酶,促使 CO_2 与水结合变成 H_2CO_3
    E. 血液中以碳酸氢盐形式存在的 CO_2 占 CO_2 总量的 98.3%

二、名词解释

1. 非蛋白质氮
2. 2,3-双磷酸甘油酸支路
3. 血氧饱和度

三、问答题

1. 血浆蛋白质按照电泳方法可分为几类? 血浆蛋白质的主要功能有哪些?
2. 成熟红细胞内没有细胞核,那么葡萄糖在红细胞内是如何进行代谢的?

(李俊涛)

第十二章

肝的生物化学

第十二章数字资源

思政之光

学习目标

掌握：
生物转化的概念、反应类型及特点，胆汁酸的肠肝循环及意义，胆红素的正常代谢与胆素原的肠肝循环。

熟悉：
肝在物质代谢中的作用，胆汁酸的生成、分类及功能，黄疸的概念、分类及3种黄疸的生化特点。

了解：
肝的结构特点，生物转化的反应机制。
通过酒精性肝病的知识及名医华佗用茵陈蒿治疗黄疸的故事，树立健康生活的理念及救死扶伤、精益求精的职业精神。

案例导入

某患者，男性，43岁。近2个多月来食欲缺乏、乏力，因腹部不适、发热3天来院就诊。体格检查：T39 ℃，皮肤、巩膜明显黄染，肝区叩击痛阳性，肝大，位于肋下1 cm，皮肤瘙痒，浅表淋巴结未触及肿大，双下肢无水肿。实验室检查：血清总蛋白68 g/L，清蛋白37 g/L，总胆红素122.5 μmol/L，结合胆红素113.6 μmol/L，ALT 396 U/L，GGT 91 U/L，TBA 56 μmol/L，TC 10.8 mmol/L，TG 3.3 mmol/L。尿常规：尿液颜色变深，胆红素强阳性，其他均正常。粪便常规：粪便呈灰白色，其他均正常。血常规：WBC $13×10^9$/L，N 76%，L 22%，E 2%，其余正常。超声检查，肝大，胆囊萎缩，胰、脾和肾未见明显异常。

请分析：
1. 该患者最有可能的临床诊断是什么？
2. 诊断的依据是什么？

肝是人体内最大的多功能实质性器官，成年人肝组织约占体重的2.5%。肝具有来自肝动脉和门静脉的双重血液供应，既可从肝动脉获取充足的氧，又能从门静脉获得从消化道吸收的大量营养物质。肝还具有肝静脉和胆道系统两条输出通道，肝静脉与体循环相连，可将肝内的代谢中间物或代谢产物运输到其他组织利用或排出体外；胆道系统与肠道相连，可将肝分泌的胆汁排入肠道，同时排出代谢废物。除此以外，肝还含有丰富的肝血窦和丰富的细胞器（如内质网、线粒体、溶酶体、过氧化物酶体）和多种酶类。血窦使肝细胞与血液的接触面积扩大，有利于肝细胞与血液进行充分的物质交换。目前已知肝细胞内的酶有数百种之多，而且大多活性高，有些酶是肝特有的，因此肝细胞除存在一般细胞所具有的代谢途径外，还具有一些特殊的代谢功能。

第一节 肝在物质代谢中的作用

一、肝在糖类代谢中的作用

肝在糖代谢中的主要作用是维持血糖浓度的相对恒定，这一作用主要受神经系统与激素调控。肝是激素作用的主要靶器官，肝细胞主要通过糖原的生成、分解及糖异生途径来维持血糖浓度的相对恒定，从而确保全身各组织（特别是大脑和红细胞）的能量供给。

肝细胞含有特异的己糖激酶同工酶Ⅳ，即葡糖激酶，其 K_m 较肝外组织的己糖激酶高得多，且不被其产物葡糖-6-磷酸所抑制。这使得肝能在饱食状态下血糖浓度很高时，仍可持续将葡萄糖磷酸化生成葡糖-6-磷酸，并将其合成肝糖原贮存。饱食后肝糖原总量可达70～100 g，占肝重的6%～8%，肝糖原的生成使进食后机体的血糖浓度不致过高。血糖高时，葡糖-6-磷酸除氧化供能以及合成糖原储存外，还可在肝内转变成脂肪，并以极低密度脂蛋白的形式运出肝外，贮存于脂肪组织。

空腹时，血糖浓度呈下降趋势，此时肝糖原在其特有的葡糖-6-磷酸酶作用下，能直接分解成葡萄糖释放入血补充血糖，保证全身各组织（特别是脑组织）糖的供应，使血糖浓度不致过低。

较长时间禁食时，有限的肝糖原在12～18小时内几乎被耗尽。此时，肝细胞可利用非糖物质（如甘油、乳酸和某些氨基酸）进行糖异生作用，生成葡萄糖进入血液，以维持饥饿状态下血糖浓度的相对恒定。因此，肝功能严重受损时，患者容易出现糖代谢紊乱。

二、肝在脂质代谢中的作用

肝在脂质的消化、吸收、分解、合成、运输及转化过程中均具有重要作用。

肝所分泌的胆汁中含有胆汁酸盐，可乳化脂肪、激活胰脂肪酶，促进脂质食物及脂溶性维生素的消化及吸收。肝损伤时，肝分泌胆汁能力下降；胆管阻塞时，胆汁排出障碍，均可导致脂质的消化及吸收不良，产生厌油和脂肪泻等临床症状。

肝细胞中富含脂肪酸β氧化和酮体合成的酶系，故脂肪酸β氧化非常活跃。肝细胞中脂肪酸β氧化产生的乙酰辅酶A，部分经三羧酸循环彻底氧化分解，释放能量供肝利用，其余大部分则在肝细胞内合成酮体，肝是体内产生酮体的唯一器官。酮体则是肝向肝外组织输出脂质能源的一种形式，能供肝外组织（尤其是脑和肌肉）氧化利用，饥饿时酮体可占大脑能量供应的60%～70%。

肝是合成和转化胆固醇的主要器官。肝合成的胆固醇占全身合成胆固醇总量的3/4以上；肝又能将胆固醇转化为胆汁酸，是体内胆固醇分解代谢的主要途径。肝对胆固醇的酯化也具有重要作用。肝合成的卵磷脂-胆固醇酰基转移酶（LCAT），在血浆中将胆固醇转化为胆固醇酯以利运输。

肝磷脂的合成非常活跃，尤其是卵磷脂的合成。磷脂合成障碍可影响 VLDL 的合成和分泌，导致肝内脂肪运出障碍，脂肪在肝中堆积，成为脂肪肝发生的机制之一。

肝是合成脂蛋白的主要场所，脂蛋白是体内运输脂质的载体。VLDL 和大部分 HDL 均在肝中合成，在血液中肝合成的部分 VLDL 将会转变为 LDL，VLDL 能将肝合成的脂肪转运到肝外组织利用。这也是为什么肝、胆疾病的患者常出现脂质的消化及吸收不良，易出现脂肪

泻、厌油腻、脂溶性维生素缺乏等症状的原因。

三、肝在蛋白质代谢中的作用

肝在人体蛋白质合成、分解和氨基酸代谢中起重要作用。

肝不仅合成大量蛋白质以满足自身结构和功能的需要，还合成大量蛋白质输出肝，以满足机体一些肝外功能的需要。肝能合成及分泌90%以上的血浆蛋白质。除γ球蛋白外，几乎所有的血浆蛋白质均来自肝，如清蛋白，凝血酶原，纤维蛋白原，铜蓝蛋白，凝血因子Ⅰ、Ⅱ、Ⅴ、Ⅶ、Ⅸ和Ⅹ等。正常情况下，血浆清蛋白与球蛋白的比值（A/G）为（1.5~2.5）∶1。若肝功能严重受损时，血浆清蛋白合成减少，因免疫刺激作用，浆细胞合成γ球蛋白增加，出现A/G比值下降，甚至倒置，引起水肿和腹水，并伴有凝血时间延长及出血倾向。

肝分泌的主要蛋白质及其生理功能见表12-1。

表12-1　肝分泌的主要蛋白质及其生理功能

名称	主要功能	结合性质
清蛋白	转运和结合蛋白、调节渗透压	激素、类固醇、脂肪酸、胆红素等
α_1抗胰蛋白酶	胰蛋白酶和蛋白酶抑制剂	蛋白酶
α甲胎蛋白	调节渗透压、转运和结合蛋白	在胎儿血中存在、激素、氨基酸
α_2巨球蛋白	蛋白酶抑制剂	蛋白酶
抗凝血酶Ⅲ	内源性凝血系统的蛋白酶抑制剂	与蛋白酶1∶1结合
血浆铜蓝蛋白	转运铜	6原子铜/分子
C反应蛋白	参与炎症反应	补体C_1q
纤维蛋白原	纤维蛋白的前体	
结合珠蛋白	结合和转运血红蛋白	与血红蛋白1∶1结合
血液结合素	与卟啉或血红素结合	与血红素1∶1结合
转铁蛋白	转运铁	2原子铁/分子
载脂蛋白B	装配脂蛋白颗粒	脂质
凝血因子Ⅱ、Ⅶ、Ⅸ、Ⅹ	血液凝固	
胰岛素样生长因子	调节生长激素的合成	IGF-受体
类固醇激素结合球蛋白	转运和结合蛋白	皮质醇
甲状腺素结合球蛋白	转运和结合蛋白	T_3、T_4

肝是体内除支链氨基酸（亮氨酸、异亮氨酸、缬氨酸）以外的所有氨基酸分解和转变的重要器官。氨基酸的转氨基、脱氨基、转甲基、脱羧基等反应在肝中进行得十分活跃。肝细胞内谷丙转氨酶（ALT）的活性高，当肝细胞坏死或肝细胞膜的通透性增加时，血中ALT的活性会异常升高，临床上常利用此检测指标诊断肝病的发生。

肝的另一重要功能是解氨毒。肝通过鸟氨酸循环将有毒的氨合成无毒的尿素，通过肾排泄。合成中所需的氨甲酰磷酸合成酶Ⅰ及鸟氨酸氨甲酰转移酶只存在于肝细胞线粒体中，所以，肝是机体合成尿素的特异器官。其次，肝还可将氨转变成谷氨酰胺。严重肝病的患者，肝解氨毒能力下降，导致血氨升高和氨中毒，是导致肝性脑病发生的重要生化机制之一。

四、肝在维生素代谢中的作用

肝在维生素吸收、储存、运输、代谢等方面起重要作用。

肝细胞合成并分泌的胆汁酸盐能促进脂质的消化与吸收，所以也能促进脂溶性维生素A、

D、E、K 的吸收，故肝细胞受损或胆道梗阻时，会伴有脂溶性维生素的吸收障碍，导致某些维生素的缺乏症发生。人体内维生素 A、维生素 E、维生素 K 及维生素 B_{12} 主要储存于肝中，肝中维生素 A 的含量占体内总量的 95%。肝几乎不储存维生素 D，但可合成和分泌维生素 D 结合蛋白，血浆中 85% 的维生素 D 代谢产物通过与维生素 D 结合蛋白结合而运输。肝还参与多种维生素的转化，可将胡萝卜素转化为维生素 A，将维生素 PP 转变为辅酶 I 和辅酶 II，将泛酸转变为辅酶 A，将维生素 B_1 转变为硫胺素焦磷酸，将维生素 D_3 转化为 25-OH-D_3 等。维生素 K 在肝细胞中可促进凝血酶原及凝血因子 II、VII、IX、X 的合成，因此，严重肝病时可出现凝血功能障碍。

五、肝在激素代谢中的作用

肝是激素灭活的主要场所。许多激素在体内发挥调节作用后，主要在肝内发生转化、降解或丧失活性，此过程称为激素灭活。激素灭活对于激素作用时间的长短及强度起调控作用，灭活后的产物大部分随尿排出。在肝中灭活的激素有醛固酮、抗利尿激素、胰岛素、胰高血糖素、肾上腺素、甲状腺素、雌激素等。肝细胞严重损伤时，激素的灭活功能降低，体内的雌激素、醛固酮、抗利尿激素等水平升高，可出现男性乳房女性化、蜘蛛痣、肝掌及水钠潴留等。

第二节　肝的生物转化作用

一、生物转化的概念与生理意义

（一）生物转化的概念

考点提示
生物转化的概念

人体内的一些物质既不能作为构建组织和细胞的成分，又不能作为能源物质，甚至还可能对人体有一定的生物学效应或潜在的毒性作用，这类物质称为非营养物质。机体在排出这些物质之前，需对它们进行代谢转变，使其水溶性提高，极性增强，从而达到易于通过胆汁或尿液排出的目的，这一过程称为生物转化（biotransformation）。肝是体内生物转化的主要器官，此外，肾、肠、肺、皮肤等组织也有一定的生物转化功能。

需要进行生物转化的物质按其来源可分为内源性和外源性两大类。内源性非营养物质是体内代谢产生的各种生物活性物质，如激素、神经递质及一些对机体有毒的物质（如氨、胆红素）；外源性非营养物质是从外界摄入的药物、食品添加剂、毒物和农药等以及从肠道吸收的腐败产物（如腐胺、苯酚、吲哚和硫化氢）。这些物质多为脂溶性，需经生物转化作用才能排出体外。

（二）生物转化的意义

生物转化的生理意义：一方面，通过生物转化作用对体内大部分非营养物质进行代谢转化，使其生物学活性降低或丧失（灭活），或使有毒物质的毒性降低或消除（解毒）；另一方面，可使非营养物质的水溶性增加，极性增强，使其易随胆汁或尿液排出。因此，生物转化作用是机体重要的保护机制。但应特别强调的是，有些物质经过肝的生物转化作用后，虽然溶解性增加，但其毒性反而增强；有的还可能出现溶解性下降，不易排出体外。如甲硫磷在体内经生物转化作用后，生成甲氧磷，其水溶性约增加了 100 倍，但甲氧磷的毒性比甲硫磷更大。因此，不能将肝的生物转化作用简单地理解为"解毒作用"。

二、生物转化的反应类型

生物转化涉及多种酶促反应，其反应类型总体上按其性质可分为两相四型。第一相反应包括氧化、还原、水解；第二相反应为结合反应。许多物质通过第一相反应就能使其极性增强，水溶性增加，即可排出体外。但有些物质即使经过第一相反应后极性和水溶性改变仍不明显，还必须再通过第二相反应，与某些极性更强的物质（如葡糖醛酸、硫酸、乙酰基等）结合，使其溶解度增加，才能排出体外。

(一)第一相反应——氧化、还原、水解反应

1. 氧化反应　氧化反应是体内最常见的生物转化第一相反应。肝细胞的微粒体、线粒体和胞质中含有参与生物转化的不同氧化酶系，催化不同类型的氧化反应。

(1) 单加氧酶系：是氧化异源物最重要的酶，存在于肝微粒体中，由细胞色素 P450 和 NADPH-细胞色素 P450 还原酶组成。该酶系反应的特点是直接激活分子氧，使分子氧中的一个氧原子加在底物分子上使其羟化，另一个氧原子被 NADPH 还原生成水。由于一个氧分子发挥了两种功能，故也称混合功能氧化酶或羟化酶。反应通式如下：

$$RH + O_2 + NADPH + H^+ \xrightarrow{\text{单加氧酶系}} ROH + NADP^+ + H_2O$$
底物　　　　　　　　　　　　　　　　　氧化产物

此酶特异性低，可催化烷烃、芳香烃、N-烷基和氨基氮等多种非营养物质进行羟化反应，使其溶解度增大而易于随尿排出。单加氧酶系还参与体内许多重要物质的羟化过程，如维生素 D_3 的羟化、胆汁酸和类固醇激素合成过程中的羟化等。

(2) 单胺氧化酶系：是存在于肝线粒体中的一种黄素酶类。此酶可催化胺类物质氧化脱氨基生成相应的醛，后者再进一步在胞质中的醛脱氢酶催化下氧化为酸。从肠道吸收的腐败产物（如组胺、腐胺、尸胺）和体内许多生理活性物质（如 5-羟色胺）等均可在此酶的作用下降低毒害作用。其反应通式如下：

$$RCH_2NH_2 + O_2 + H_2O \xrightarrow{\text{单胺氧化酶}} RCHO + NH_3 + H_2O_2$$
胺类　　　　　　　　　　　　　　　　　醛类

(3) 脱氢酶系：肝胞质中存在十分活跃的以 NAD^+ 为辅酶的醇脱氢酶和醛脱氢酶，分别催化醇类或醛类氧化，生成相应的醛类或酸类。

$$RCH_2OH \xrightarrow[NAD^+ \quad NADH+H^+]{\text{醇脱氢酶}} RCHO \xrightarrow[H_2O+NAD^+ \quad NADH+H^+]{\text{醛脱氢酶}} RCOOH$$

进入体内的乙醇主要在肝进行生物转化，由醇脱氢酶和醛脱氢酶将乙醇最终氧化成乙酸。乙醇的氧化使肝细胞胞质中 $NADH/NAD^+$ 比值增高，过多的 NADH 可将胞质中丙酮酸还原成乳酸。严重酒精中毒会导致乳酸和乙酸堆积，可引起酸中毒和电解质平衡紊乱，还可使糖异生受阻引起低血糖。长期饮酒还可使肝内质网增殖并启动肝微粒体乙醇氧化系统，可催化脂质过氧化产生羟乙基自由基，后者可进一步促进脂质过氧化，产生大量脂质过氧化物，引发肝细胞氧化损伤。

2. 还原反应　肝细胞微粒体中含有的还原酶系主要是硝基还原酶和偶氮还原酶两类，分别作用于硝基化合物和偶氮化合物。硝基化合物多见于食品防腐剂、工业试剂等；偶氮化合物常见于食品色素、化妆品、药物等。这两种酶在反应中所需的氢由 NADPH 提供，可使相应物质还原生成胺类。如白浪多息是无活性的药物前体，经还原生成具有抗菌活性的氨苯磺胺。

$$\text{白浪多息} \xrightarrow{} \text{氨苯磺胺}$$

3. **水解反应** 肝细胞的胞质与微粒体中含有多种水解酶，如酯酶、酰胺酶、糖苷酶等，分别催化脂质、酰胺类及糖苷类等化合物的水解，以降低或消除其生物活性。水解后的产物通常还需进行第二相反应后才能排出体外。如乙酰水杨酸（阿司匹林）是无活性的药物前体，经水解后生成有解热镇痛作用的水杨酸，然后与葡糖醛酸结合形成多种结合产物而排泄。

$$\text{乙酰水杨酸} \xrightarrow[+H_2O]{\text{酯酶}} \text{水杨酸} + CH_3COOH$$

（二）第二相反应——结合反应

第一相反应生成的产物可直接排出体外。但如果其水溶性仍不够大，则需再进行第二相反应，生成极性更强的化合物。结合反应是体内最重要的生物转化方式。催化结合反应进行的酶类主要位于肝细胞微粒体、胞质或线粒体内。凡含有羟基、羧基或氨基的化合物均可与葡糖醛酸、硫酸、谷胱甘肽、甘氨酸等发生结合反应，其中以与葡糖醛酸的结合最为普遍。

1. **葡糖醛酸结合反应** 在肝细胞微粒体中含有 UDP-葡糖醛酸转移酶（UGT），它以尿苷二磷酸葡糖醛酸（UDPGA）为直接供体，将 UDPGA 分子中的葡糖醛酸基转移到含羟基、巯基、氨基、羧基等极性基团的化合物上，使其水溶性增强，易于从尿液和胆汁中排泄。

$$\text{苯甲酸} + UDPGA \xrightarrow{\text{葡糖醛酸转移酶}} \text{苯甲酰-β-葡糖醛酸苷} + UDP$$

2. **硫酸结合反应** 在肝细胞胞质中含有硫酸转移酶，以 3'-磷酸腺苷-5'-磷酸硫酸（PAPS）作为硫酸基的供体，可催化硫酸基转移到醇、酚、芳香胺类及内源性的固醇类物质分子上，生成硫酸酯化合物。

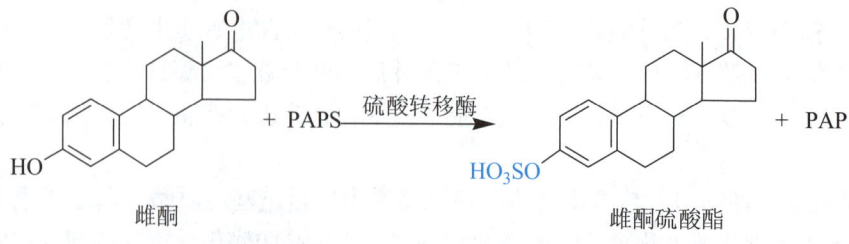

3. **酰基结合反应** 肝细胞胞质中含有丰富的乙酰基转移酶，催化乙酰辅酶 A 把乙酰基转移到芳香胺类化合物，如苯胺、硫胺、异烟肼等的分子上，生成相应的乙酰化合物。该酶表达呈多态性，使得个体有快速或迟缓乙酰化之分，影响诸如异烟肼等药物在血液中的清除速率，

考点提示
生物转化的反应类型

迟缓乙酰化个体对异烟肼的某些毒性反应较快速乙酰化个体敏感。

$$\underset{\text{异烟肼}}{\underset{N}{\bigcirc}\text{—OCNHNH}_2} + \text{CH}_3\text{CO~SCoA} \xrightarrow{\text{乙酰基转移酶}} \underset{\text{乙酰异烟肼}}{\underset{N}{\bigcirc}\text{—OCNHNHCOCH}_3} + \text{HSCoA}$$

三、生物转化的特点

（一）反应的连续性

许多物质的生物转化过程非常复杂，一种物质有时需要连续进行几种反应类型才能实现生物转化的目的，这体现了肝生物转化作用的连续性特点。

（二）反应类型的多样性

同一类物质由于存在结构上的差异，因此可进行多种生物转化反应。即使是同一种物质，也可进行多种类型的反应，生成不同的代谢产物后排出体外。这体现了肝生物转化作用的多样性特点。

（三）反应的双重性

大多数非营养物质经过体内的生物转化作用后，能够增强极性和水溶性，最终随胆汁或尿液排出，同时其生物活性（或毒性）得到降低或消除。但也有少数物质经过生物转化作用后活性（或毒性）增强，甚至出现毒性。这体现了肝生物转化作用的解毒与致毒双重性的特点。

四、影响生物转化作用的因素

生物转化作用常受年龄、性别、疾病、诱导物及肝功能状况等因素的影响，存在个体差异。

（一）生理及遗传因素对生物转化的影响

肝中的生物转化酶有一个发育的过程。新生儿由于肝生物转化酶系发育尚不完善，对内、外源性待转化物质的转化能力较弱，容易发生药物及毒素中毒。老年人肝的生物转化能力仍属正常，但老年人肝血流量及肾的廓清速率下降，导致药物在老年人体内的半衰期延长，常规剂量用药后可发生药物蓄积。因此，临床上对新生儿及老年人的药物用量应较成年人低。

另外，某些生物转化反应存在明显的性别差异，例如女性体内醇脱氢酶活性高于男性，女性对乙醇的代谢处理能力比男性强；营养状况对生物转化作用也会产生影响，蛋白质的摄入可以增加肝细胞整体生物转化酶的活性，提高生物转化的效率。遗传因素可显著影响生物转化酶的活性，遗传变异可引起个体之间生物转化酶类分子结构的差异或酶合成量的差异。变异产生的低活性酶可因影响药物代谢而造成药物在体内的蓄积。反之，变异导致的高活性酶则可缩短药物的作用时间或造成药物代谢毒性产物的增多。

（二）异源物质的诱导作用

一些药物可诱导某些生物转化酶的合成，使肝的生物转化能力增强，例如长期服用苯巴比妥，可诱导肝微粒体单加氧酶系的合成，从而使机体对苯巴比妥类催眠药产生耐药性。由于单加氧酶特异性差，可利用诱导作用增强某些药物代谢，如用苯巴比妥减低地高辛中毒。另外，由于多种药物的代谢转化常由同一种酶系催化，同时服用多种药物时，可因竞争同一酶系而出现相互抑制的现象，故临床上用药时应加以注意。

（三）疾病因素对生物转化的影响

严重的肝病可明显影响生物转化作用。肝的损伤会影响肝生物转化酶类的合成，导致单加

氧酶系活性大幅降低，还会导致 NADPH 合成减少，从而影响肝对血浆药物的清除率。肝功能低下会使对包括药物或毒物在内的许多异源物的摄取及灭活速度下降，容易造成肝损害，故对肝病患者用药应特别慎重。

第三节　胆汁与胆汁酸代谢

一、胆汁

胆汁（bile）是由肝细胞分泌并最终储存在胆囊中的物质。由肝细胞最初分泌的胆汁称肝胆汁。肝胆汁进入胆囊后，胆囊壁上皮细胞吸收其中的部分水分和其他一些成分，并分泌黏液渗入胆汁，浓缩成为胆囊胆汁，颜色转变为暗褐色或棕绿色，密度增大。胆汁中含有胆汁酸、胆色素、黏蛋白、磷脂、胆固醇、无机盐等。胆汁酸（bile acid）是胆汁的主要固体成分，占固体成分总量的 50%~70%，在胆汁中与钠盐或钾盐结合后称为胆汁酸盐。胆囊胆汁可经胆总管排入十二指肠，其中的胆汁酸盐和酶类在肠道中参与食物的消化和吸收；其他多为经肝的生物转化后产生的排泄物，随胆汁排入肠道，伴随粪便排出体外。肝胆汁与胆囊胆汁的成分见表 12-2。

表 12-2　肝胆汁与胆囊胆汁的成分

	肝胆汁（%）	胆囊胆汁（%）
水	96~97	80~86
总固体	3~4	14~20
胆汁酸盐	0.2~2	1.5~10
胆色素	0.05~0.17	0.2~1.5
胆固醇	0.05~0.17	0.2~0.9
磷脂	0.05~0.08	0.2~0.5
无机盐	0.2~0.9	0.5~1.1
黏蛋白	0.1~0.9	1~4
相对密度	1.009~1.013	1.026~1.060
pH	7.1~8.5	5.5~7.7

胆汁酸按其来源可分为初级胆汁酸和次级胆汁酸两类。在肝细胞以胆固醇为原料直接合成的胆汁酸称为初级胆汁酸。初级胆汁酸排入肠道后，在肠道细菌的作用下，第 7 位 α 羟基脱氧生成的胆汁酸称为次级胆汁酸。胆汁中的初级胆汁酸与次级胆汁酸均以钠盐或钾盐的形式存在，形成相应的胆汁酸盐，简称胆盐。胆汁酸按其结构还可分为游离胆汁酸和结合胆汁酸两大类。游离胆汁酸包括胆酸、鹅脱氧胆酸、脱氧胆酸和少量石胆酸。上述游离胆汁酸的 24 位羧基分别与甘氨酸或牛磺酸结合后生成各种相应的结合胆汁酸。

二、胆汁酸代谢

（一）胆汁酸的生成

1. 初级胆汁酸的生成　初级胆汁酸是肝细胞以胆固醇为原料合成的，是胆固醇在体内的主要代谢去路。正常人每日合成 1.0~1.5 g 胆固醇，其中 0.4~0.6 g 在肝内转化为胆汁酸。肝细胞合成胆汁酸的反应步骤较为复杂。胆固醇首先在胆固醇 7α- 羟化酶（胆汁酸合成过程的关键酶）的作用下生成 7α- 羟胆固醇，然后再经过异构化、羟化、还原、氧化、加水等多步酶促反应，

生成初级游离胆汁酸,即胆酸和鹅脱氧胆酸。胆酸和鹅脱氧胆酸可分别与甘氨酸、牛磺酸结合生成初级结合胆汁酸,即甘氨胆酸、甘氨鹅脱氧胆酸、牛磺胆酸及牛磺鹅脱氧胆酸(图12-1)。

图 12-1 初级胆汁酸的结构式

2. 次级胆汁酸的生成　次级胆汁酸是在肠道中由肠道细菌作用生成的。进入肠道的初级胆汁酸在发挥促进脂质的消化及吸收作用后,在回肠和结肠上段,由肠菌酶催化,发生去结合反应和脱7α-羟基作用,生成次级胆汁酸,即脱氧胆酸和石胆酸。

3. 胆汁酸的肠肝循环　各种胆汁酸(包括初级和次级、游离和结合型)进入肠道后,约95%以上被肠壁重吸收,其余随粪便排出。胆汁酸的重吸收有两种方式:结合型胆汁酸在回肠部位被主动重吸收,游离型胆汁酸在小肠各部及大肠被动重吸收。重吸收的胆汁酸经门静脉重新入肝。在肝细胞内,游离胆汁酸被重新转变成结合胆汁酸,与重吸收及新合成的结合胆汁酸一起重新随胆汁入肠。胆汁酸在肝和肠之间的这种不断循环的过程称为胆汁酸的肠肝循环,见图 12-2。

胆汁酸的肠肝循环具有重要的生理意义。成年人的胆汁酸库共 3~5 g,而每日脂质乳化需 10~32 g 胆汁酸,因此难以满足每日正常膳食中脂质消化、吸收的需要。但通过每日 6~12 次的肠肝循环,从肠道吸收的胆汁酸总量可达 12~32 g,实现了有限的胆汁酸库的循环利用。正

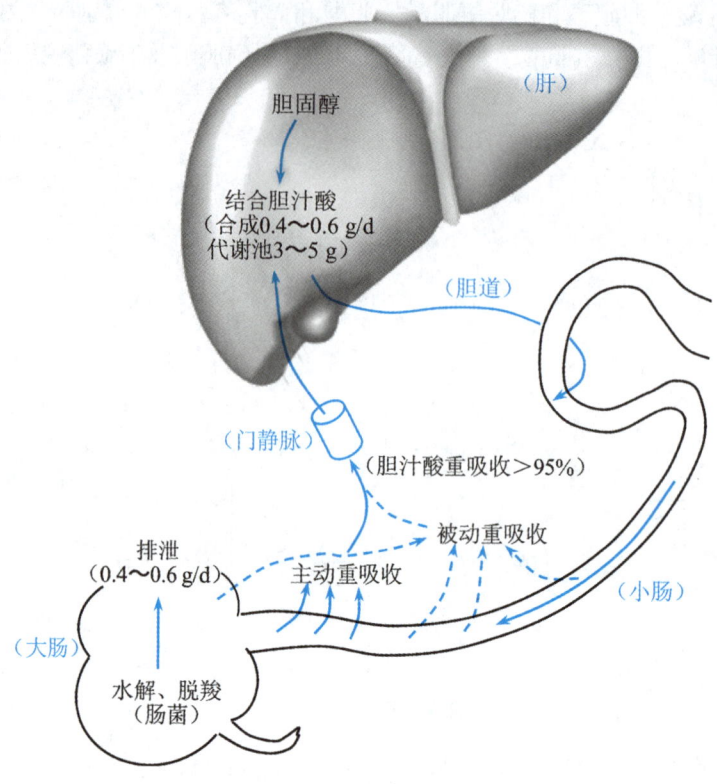

图 12-2 胆汁酸代谢及其肠肝循环

常人每日仅有 0.4~0.6 g 胆汁酸随粪便排出，与新合成的胆汁酸量相平衡。

知识链接

Heinrich Otto Wieland 与胆汁酸

Heinrich Otto Wieland 是德国有机化学家。他最重要的贡献是对胆汁酸化学结构的确定。早在 1912 年 Heinrich Otto Wieland 就开始研究胆汁酸，后来他证明了胆酸、胆汁酸与胆甾醇的关系。他和合作者多年探索着胆甾醇分子中某个特定部位的氧化作用，终于得出胆酸和其他胆汁酸的部分正确结构。Heinrich Otto Wieland 因研究胆汁酸及其类似物质而获得 1927 年诺贝尔化学奖。此后的 4 年里，他继续研究胆汁酸的结构，终于在 1932 年修正了他以前公布的结构式，得出目前在国际上一致公认的胆汁酸结构式。

（二）胆汁酸的生理功能

1. 促进脂质的消化与吸收　胆汁酸分子既含有亲水基团，又含有疏水基团，两类不同性质的结构使胆汁酸在立体构型上具有亲水和疏水两个侧面（图 12-3）。这种结构特点赋予了胆汁酸很强的界面活性，能降低油/水两相的界面张力，成为较强的乳化剂，使脂质乳化为 3~10 μm 的微团，有利于脂肪酶的附着和脂肪的消化。

2. 维持胆汁中胆固醇溶解状态　人体内约 99% 的胆固醇随胆汁经肠道排出体外，其中 1/3 以胆汁酸形式，2/3 以直接形式。由于胆汁中的胆固醇难溶于水，需要经过胆汁酸及卵磷脂的协同作用，使胆固醇分散形成可溶的微团，不易析出沉淀，才能经胆道转运至肠道排泄。胆固醇是否从胆汁中沉淀及析出主要取决于胆汁中胆汁酸盐和卵磷脂与胆固醇之间的比例。肝

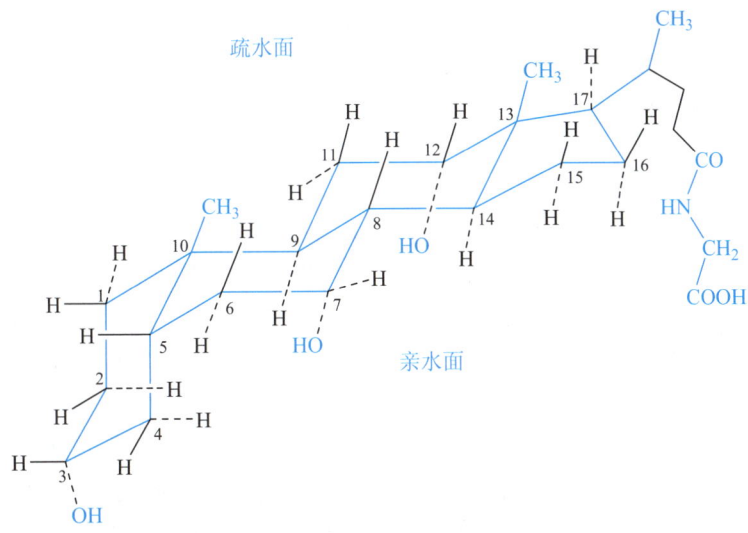

图 12-3　甘氨胆酸的立体构型

合成胆汁酸或卵磷脂能力下降、消化道丢失胆汁酸过多或胆汁酸肠肝循环减少，以及排入胆汁中的胆固醇过多等，均可造成胆汁中胆汁酸和卵磷脂与胆固醇比例下降（小于10∶1），引发胆固醇析出、沉淀，形成胆结石。

第四节　胆色素代谢

体内的铁卟啉类化合物包括血红蛋白、肌红蛋白、细胞色素、过氧化氢酶和过氧化物酶等。胆色素是体内铁卟啉类化合物的主要分解代谢产物，包括胆绿素、胆红素、胆素原和胆素，除胆素原外均有一定颜色。其中胆红素（bilirubin）居于胆色素代谢的中心，是人体胆汁中的主要色素，呈橙黄色。这些化合物主要随胆汁排出体外。

考点提示
胆色素的概念

一、胆红素的生成

正常人每日可生成250~350 mg胆红素，其中约80%以上来自衰老红细胞被破坏后所释放的血红蛋白的分解。还有小部分胆红素来自造血过程中红细胞的过早破坏和其他含铁卟啉化合物的分解。红细胞的平均寿命约120天，衰老的红细胞被肝、脾、骨髓等单核吞噬细胞系统识别并吞噬，每日释放约6 g血红蛋白，释放出的血红蛋白随后分解为珠蛋白和血红素。珠蛋白可降解为氨基酸，供体内再利用，血红素则由单核吞噬细胞系统降解生成胆红素，每克血红蛋白约可产生35 mg胆红素。胆红素是在血红素加氧酶和胆绿素还原酶催化下生成的，血红素由单核吞噬细胞系统微粒体的血红素加氧酶催化，在至少3分子氧和3分子NADPH的存在下，血红素原卟啉环上的α次甲基发生氧化断裂，释放出1分子一氧化碳和Fe^{2+}，生成水溶性的胆绿素，胆绿素再进一步被胞质中的胆绿素还原酶催化生成胆红素。胆红素的结构使得其具有疏水亲脂的特点，极易透过细胞膜进入血液。

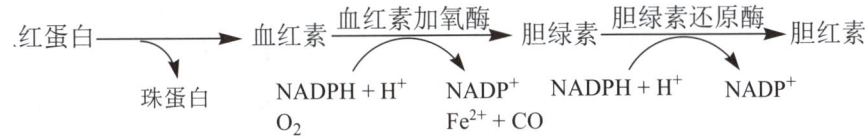

胆红素过量可引起组织黄染及大脑不可逆性损害，但适宜水平的胆红素对人体是有益的。近年来的研究表明，胆红素具有抗氧化功能，其作用甚至优于维生素E，是人体内强有力的内源性抗氧化剂，也是血清中主要的抗氧化活性成分，能有效地清除超氧化物和过氧化自由基。

二、胆红素在血液中的运输

胆红素释放入血后，主要以胆红素-清蛋白复合体的形式在血浆中存在和运输。这种复合体的存在一方面增加了胆红素的水溶性，有利于血浆对胆红素的运输；另一方面限制了胆红素自由透过细胞膜的能力，避免了其对组织和细胞造成毒害。胆红素与清蛋白的结合是非特异性、非共价、可逆性的。若清蛋白含量明显降低、结合部位被其他物质占据或降低胆红素对结合部位的亲和力，均可促使胆红素从血浆向组织和细胞转移。某些有机阴离子如磺胺药、抗生素、胆汁酸、造影剂、利尿剂、脂肪酸等均可与胆红素竞争性地结合清蛋白。过多的胆红素若因未与清蛋白结合而游离后穿过细胞膜进入细胞，尤其进入富含脂质的脑部基底核的神经细胞，会干扰脑的正常功能，称为胆红素脑病或核黄疸。因此，有黄疸倾向的患者或生理性黄疸期的新生儿应慎用上述药物。血浆清蛋白与胆红素的结合仅起到暂时性的解毒作用，其根本性的解毒依赖于发生在肝的生物转化。这种未经肝生物转化的、在血浆中与清蛋白结合运输的胆红素称为未结合胆红素、血胆红素或游离胆红素。未结合胆红素因分子内氢键存在，不能直接与重氮试剂反应，只有在加入乙醇或尿素等破坏氢键后才能与重氮试剂反应，生成紫红色偶氮化合物，故未结合胆红素又称为间接反应胆红素或间接胆红素。另外，胆红素-清蛋白复合物相对分子量大，不能经过肾小球滤过随尿排出，所以尿中不会出现未结合胆红素。

三、胆红素在肝中的转变

胆红素在肝内的代谢包括肝细胞对胆红素的摄取、转化与排泄3个过程。

（一）肝细胞对胆红素的摄取

胆红素以胆红素-清蛋白复合体的形式运输到肝后，先与清蛋白分离，然后透过细胞膜而被肝细胞摄取。胆红素进入肝细胞后，在胞质中主要与胞质Y蛋白和Z蛋白两种配体蛋白结合，其中，以与Y蛋白的结合为主。这两种配体蛋白是胆红素在肝胞质内的主要载体，对胆红素具有较高的亲和力，结合后形成的胆红素-Y蛋白或胆红素-Z蛋白被输送至肝细胞滑面内质网进行后续的转化。新生儿出生后7周，Y蛋白合成量才接近成年人水平，这是新生儿出现生理性黄疸的原因。苯巴比妥可诱导新生儿Y蛋白的合成，故临床上用其减轻新生儿生理性黄疸。

 知识链接

新生儿黄疸

新生儿生理性黄疸是由于其胆红素代谢尚不完善所引起的暂时性黄疸。据报道，80%的新生儿出生24小时后血浆胆红素由出生时的17~51 μmol/L（1~3 mg/dl），逐步上升到86 μmol/L（5mg/dl）以上，临床上出现黄疸而无其他症状，1~2周自行消退。

新生儿生理性黄疸的发生与其胆红素代谢特点有关。①新生儿红细胞寿命短（70~90天），循环中的红细胞数量多，故胆红素产生过多；②肝细胞受体蛋白缺乏，对胆红素的摄取能力下降；③肝酶系统发育不完善；④胆红素排泄障碍，可导致暂时性肝内胆汁淤积；⑤胆素原的肠肝循环增加，刚出生的新生儿肠道无菌，无胆素原形成，小肠内葡糖醛酸苷酶使结合胆红素脱去葡糖醛酸成为未结合胆红素，被肠道吸收。

（二）肝细胞对胆红素的转化

存在于滑面内质网上的 UDP-葡糖醛酸转移酶催化胆红素分子生成葡糖醛酸胆红素，包括胆红素二葡糖醛酸酯和少量胆红素单葡糖醛酸酯（图 12-4），两者均可被分泌进入胆汁。此外，另有小部分胆红素可与活性硫酸、甲基、乙酰基等进行结合，生成硫酸酯等物质。胆红素与葡糖醛酸的结合是肝对胆红素的一种根本性的生物转化解毒方式，这些在肝与葡糖醛酸结合转化的胆红素称为结合胆红素或肝胆红素。与葡糖醛酸结合的胆红素因分子内不再有氢键，分子中的亚甲桥不再深埋于分子内部，可以迅速、直接与重氮试剂发生反应，故结合胆红素又称为直接反应胆红素或直接胆红素。正常人血中结合胆红素含量很少，因此尿中无结合胆红素。当胆道阻塞时，结合胆红素随胆汁反流入血，在血中和尿中均可出现。两类胆红素的比较见表 12-3。

胆红素 + UDP-葡糖醛酸 —葡糖醛酸转移酶→ 胆红素单葡糖醛酸酯 + UDP

胆红素单葡糖醛酸酯 + UDP-葡糖醛酸 —葡糖醛酸转移酶→ 胆红素二葡糖醛酸酯 + UDP

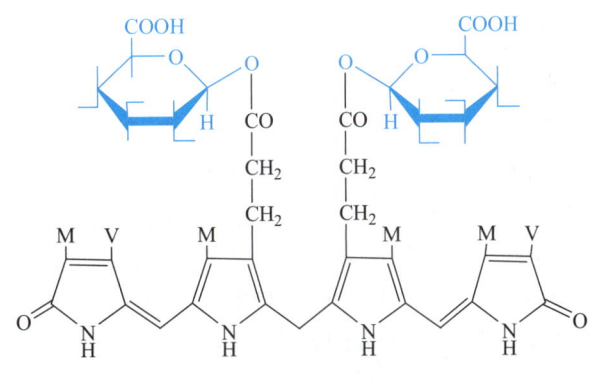

图 12-4　葡糖醛酸胆红素

表 12-3　两类胆红素的比较

	未结合胆红素	结合胆红素
常见其他名称	间接胆红素、血胆红素	直接胆红素、肝胆红素
与葡糖醛酸结合	未结合	结合
与重氮试剂反应	慢或者间接反应	迅速、直接反应
水中溶解度	小	大
经肾随尿排出	不能	能
毒性作用	大	无

考点提示

未结合胆红素与结合胆红素

（三）肝细胞对胆红素的排泄

通过生物转化作用产生的结合胆红素水溶性很强，能进入胆管系统，随胆汁排入小肠，肝细胞向胆小管分泌结合胆红素依赖于肝细胞膜胆小管域的多耐药相关蛋白-2（MRP2）的转运。此过程被认为是肝代谢胆红素的限速步骤，亦是肝处理胆红素的薄弱环节。胆红素排泄一旦发生障碍，结合胆红素就可反流入血，导致血、尿中胆红素浓度明显升高。由此可见，血浆中的未结合胆红素通过肝细胞膜上的受体蛋白、细胞内的载体蛋白、内质网葡糖醛酸转移酶及

转运蛋白的联合作用，不断被摄取、转化与排泄，保证了血浆中胆红素经肝细胞而被清除（图12-5）。所以上述任何环节出现障碍均可导致胆红素代谢紊乱，使血中胆红素水平升高。

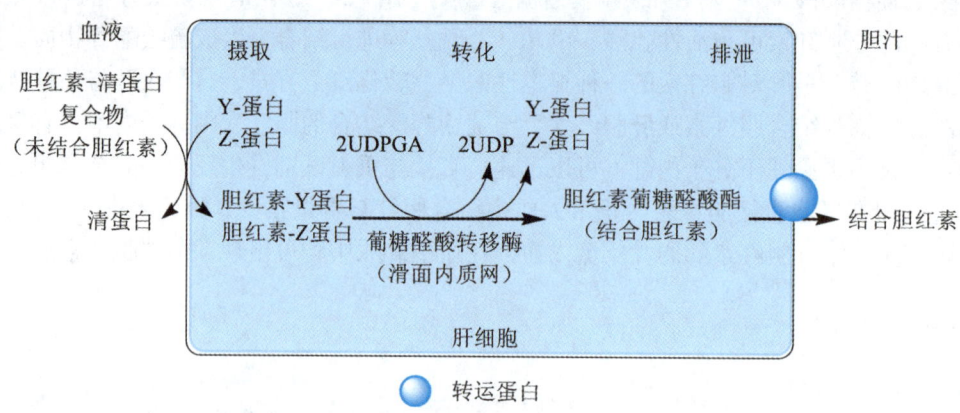

图 12-5　肝在胆红素代谢中的作用

四、胆红素在肠道中的转变

考点提示
胆红素在肠道中的变化

经肝细胞转化生成的结合胆红素随胆汁排入肠道，在回肠下段和结肠的肠菌作用下，脱去葡糖醛酸基，被还原生成无色的d-尿胆素原和中胆素原，后者又可进一步还原生成粪胆素原，这些物质统称为胆素原。大部分胆素原（80%~90%）随粪便排出体外，在肠道下段，这些胆素原接触空气后分别被氧化为相应的d-尿胆素、i-尿胆素和粪胆素，三者合称胆素。胆素呈黄褐色，成为粪便的主要颜色。胆道完全梗阻时，胆红素不能排入肠道形成胆素原和形成粪胆素，因此粪便呈灰白色或白陶土色。婴儿肠道细菌稀少，未被细菌作用的胆红素随粪便排出，粪便呈现橘黄色。肠道中生成的胆素原有10%~20%可被肠黏膜细胞重吸收，经门静脉入肝，其中约90%以原型随胆汁排入肠腔，形成胆素原的肠肝循环（图12-6）。另有10%的胆素原

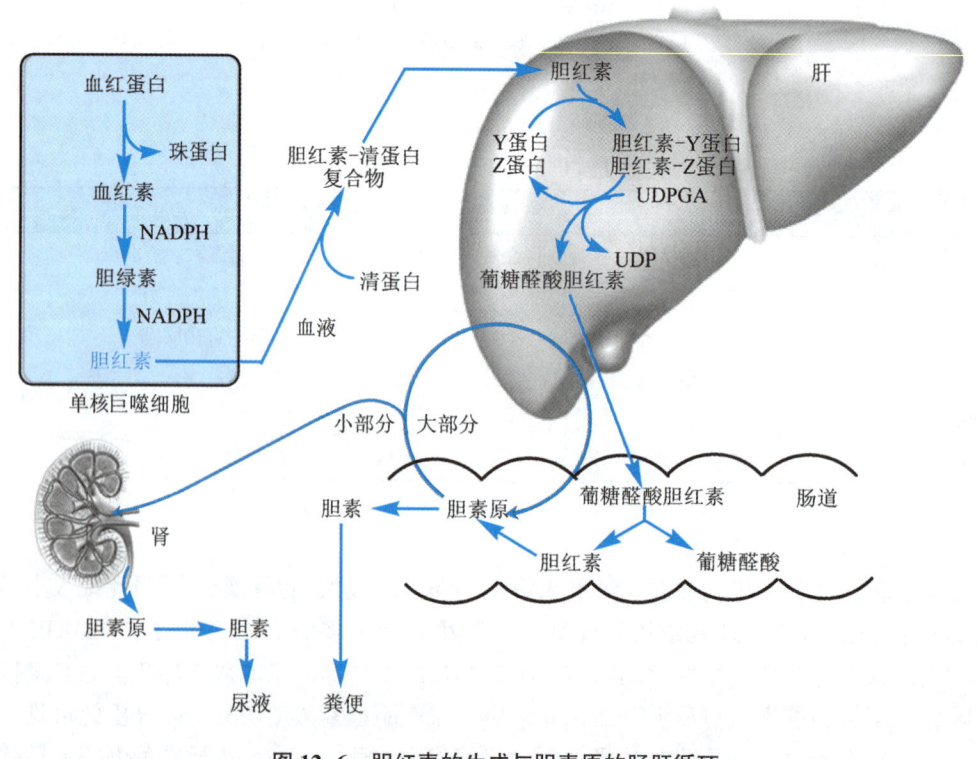

图 12-6　胆红素的生成与胆素原的肠肝循环

可以进入体循环经肾小球过滤随尿排出，称为尿胆素原，尿胆素原与空气接触后被氧化成尿胆素，成为尿的主要色素。临床上将尿胆素原、尿胆素及尿胆红素合称为尿三胆，是判断黄疸类型、进行鉴别诊断的常用指标。正常人尿中检测不到尿胆红素。

五、血浆胆红素与黄疸

正常人血浆中胆红素含量甚微，为 3.4~17.1 μmol/L（2~10 mg/L），这是由于肝细胞对胆红素有强大的处理能力，正常人每日从单核吞噬细胞系统产生 250~350 mg 胆红素，但正常人肝每日可清除 3000 mg 以上的胆红素。血浆中的胆红素约 80% 是未结合胆红素，其余为结合胆红素。但如果体内胆红素生成过多，或肝细胞对胆红素的摄取、转化及排泄能力下降等原因造成胆红素正常代谢发生障碍，使血浆胆红素含量升高，当血浆胆红素含量超过 17.1 μmol/L 时，称为高胆红素血症。胆红素为橙黄色的亲脂物质，可扩散进入组织造成黄染现象，这一体征称为黄疸（jaundice）。根据胆红素浓度的不同，可将黄疸分类。血浆胆红素浓度超过 34.2 μmol/L 时，肉眼可见皮肤、黏膜及巩膜等黄染，临床上称为显性黄疸；血浆胆红素浓度在 17.1~34.2 μmol/L 时，肉眼观察不到皮肤与巩膜等黄染现象，称为隐性黄疸。

临床上常根据黄疸发病的原因不同，将黄疸分为溶血性黄疸、阻塞性黄疸、肝细胞性黄疸 3 类。

（一）溶血性黄疸

溶血性黄疸又称为肝前性黄疸。发病原因为各种因素导致的红细胞的大量破坏，某些药物和某些疾病（如恶性疟疾、过敏、镰状细胞贫血、蚕豆病等）及输血不当等因素均可引起大量红细胞受到破坏而使单核吞噬细胞系统产生过多胆红素，超过肝细胞摄取、转化和排泄的能力，造成血液中未结合胆红素浓度显著增高。其特征为：①血浆总胆红素、未结合胆红素含量增高；②结合胆红素的浓度改变不大，尿胆红素呈阴性；③因肝对胆红素的摄取、转化和排泄增多，过多的胆红素进入胆道系统，肠肝循环增多，使得尿胆原和尿胆素含量增多，粪胆原与粪胆素亦增加；⑤粪便及尿液颜色加深，粪便呈现咖啡色，尿液多为浓茶色。

（二）阻塞性黄疸

阻塞性黄疸又称为肝后性黄疸。发病原因为各种因素引起的胆管系统阻塞，胆汁排泄通道受阻，使胆小管和毛细胆管内压力增高而破裂，导致结合胆红素反流入血，使得血清结合胆红素明显升高。阻塞性黄疸常见于胆管炎、肿瘤（如胰头癌）、胆结石或先天性胆管闭锁等疾病。其特征为：①结合胆红素明显升高，未结合胆红素升高不明显；②大量结合胆红素可从肾小球滤出，所以尿胆红素呈强阳性，尿的颜色加深，可呈茶叶水色；③由于胆管阻塞，排入肠道的结合胆红素减少，导致肠道细菌生成胆素原减少，粪便中胆素原及胆素含量降低，胆管完全阻塞的患者粪便可变成灰白色或白陶土色。

（三）肝细胞性黄疸

肝细胞性黄疸又称为肝源性黄疸。发病原因为肝细胞功能受损。肝实质性疾病，如各种肝炎、肝硬化、肝肿瘤及中毒（如氯仿、四氯化碳）等引发肝损伤，从而造成其摄取、转化和排泄胆红素的能力降低。一方面，肝摄取胆红素障碍，造成血中未结合胆红素升高；另一方面，肝细胞受损、肿胀，压迫毛细胆管，造成肝内毛细胆管阻塞，而后者与肝血窦直接相通，使肝内部分结合胆红素反流入血，造成血清结合胆红素亦增高。此外，经肠肝循环入肝的胆素原可经损伤的肝细胞进入体循环，并从尿中排出，使尿胆素原升高。其特征为：①血清未结合胆红素和结合胆红素均升高。②尿胆红素呈阳性。③尿胆素原升高，但若胆小管堵塞严重，则尿胆素原反而降低。④粪胆素原含量正常或降低，由于肝功能障碍，结合胆红素在肝内生成减少，粪便颜色可变浅。

3 种类型黄疸的病因及血、尿、便的改变见表 12-4。

表 12-4　3种类型黄疸生理指标变化

类型	血液		尿液		尿液颜色	粪便颜色
	未结合胆红素	结合胆红素	胆红素	胆素原		
正常	有	无或极微	阴性	阳性	淡黄色	黄色
溶血性黄疸	明显增加	正常或微增	阴性	显著增加	加深（浓茶色）	咖啡色
阻塞性黄疸	不变或微增	明显增加	强阳性	减少或无	加深（茶叶水色）	变浅或白陶土色
肝细胞性黄疸	增加	增加	阳性	不定	加深	变浅

考点提示
胆色素代谢与黄疸

● 自测题 ●

一、选择题

1. 由肝细胞特异性合成的是
   A. ATP
   B. 糖原
   C. 尿素
   D. 脂肪
   E. 蛋白质

2. 人体合成胆固醇速度最快和合成量最多的器官是
   A. 肝
   B. 肾
   C. 脾
   D. 心脏
   E. 肾上腺

3. 最普遍进行的生物转化第二相反应是代谢物与
   A. 硫酸结合
   B. 乙酰基结合
   C. 谷胱甘肽结合
   D. 甲基结合
   E. 葡糖醛酸结合

4. 胆汁酸合成的限速酶是
   A. 胆固醇 7α- 羟化酶
   B. β- 羟 -β- 甲戊二酸单酰辅酶 A 还原酶
   C. β- 羟 -β- 甲戊二酸单酰辅酶 A 裂解酶
   D. β- 羟 -β- 甲戊二酸单酰辅酶 A 合酶
   E. 胆固醇 1α- 羟化酶

5. 胆红素主要来源于
   A. 血红蛋白分解
   B. 肌红蛋白分解
   C. 细胞色素分解
   D. 过氧化氢酶分解
   E. 过氧化物酶分解

6. 阻塞性黄疸尿中的胆红素主要是
   A. 胆红素 -Y 蛋白
   B. 未结合胆红素
   C. 胆红素 -Z 蛋白
   D. 葡糖醛酸胆红素
   E. 胆红素 - 清蛋白

7. 生物转化中参与氧化反应最重要的酶是
   A. 单加氧酶
   B. 双加氧酶
   C. 胺氧化酶
   D. 水解酶
   E. 醇脱氢酶

8. 结合胆红素是指
   A. 胆红素与血浆中球蛋白结合
   B. 胆红素与血浆中清蛋白结合
   C. 胆红素与肝细胞内 Y 蛋白结合
   D. 胆红素与肝细胞内 Z 蛋白结合
   E. 胆红素与葡糖醛酸结合

9. 生物转化中第一相反应最主要的是
   A. 还原反应
   B. 水解反应
   C. 结合反应
   D. 氧化反应
   E. 脱羧反应

10. 下列有关胆汁酸盐的叙述，错误的是
    A. 为脂肪消化和吸收所必需
    B. 胆汁中只有胆酸和鹅脱氧胆酸

  C. 能进行肠肝循环
  D. 是乳化剂
  E. 缺乏可导致机体维生素 A、维生素 D、维生素 E、维生素 K 的缺乏

二、名词解释

1. 生物转化
2. 激素的灭活
3. 黄疸

三、问答题

1. 慢性肝功能受损患者体内糖类、脂质、蛋白质的代谢可能出现哪些异常变化？
2. 体内严重缺乏葡糖 –6– 磷酸脱氢酶时，胆色素的代谢将会发生什么变化？

（邵旻玮）

第十三章

水和无机盐代谢

学习目标

掌握：
水和电解质的生理功能，水平衡，钠、氯、钾的代谢，血钙与血磷。

熟悉：
体液的含量与分布，体液电解质分布特点，钙、磷代谢的调节，微量元素代谢。

了解：
镁代谢，高血钾的治疗措施，缺钙出现手足抽搐的原因。
通过学习微量元素硒的生理功能及各地富硒产业的简介，树立科学助农、精准扶贫的社会责任感。

案例导入

某患儿，男性，16个月。因腹泻、呕吐4天入院。发病以来，患儿每日腹泻7~9次，腹泻物为水样便，呕吐5次，不能进食，每日补5%葡萄糖溶液500 ml，尿量减少，腹胀。体格检查：精神萎靡，T37.5 ℃（肛），P150次/分，脉搏弱，R55次/分，呼吸浅快，BP86/50 mmHg，皮肤弹性减退，两眼凹陷，前囟下陷，腹胀，肠鸣音减弱，腹壁反射消失，膝反射迟钝，四肢发凉。实验室检查：血清 Na^+ 123 mmol/L，血清 K^+ 3.1 mmol/L。

请分析：
1. 该患儿发生了何种水、电解质代谢紊乱？为什么？
2. 如何治疗？

人体内的各种代谢都是在体液中进行的。体液由水、无机盐、低分子有机物和蛋白质组成，是广泛分布于细胞内、外的液体。它们的含量、分布和组成的改变，将直接影响细胞的正常代谢和功能，严重时可危及生命。因此，掌握体液平衡的基本理论、水和无机盐的代谢与功能，对于在临床工作中正确处理水、电解质平衡失调，进行体液疗法，提高疾病治愈率，减少病死率，具有重要的指导意义。

体液分布于全身各处。以细胞膜为界，把体液分为两大部分，即细胞内液和细胞外液。成年人体液约占体重的60%，其中细胞内液约占体重的40%，细胞外液约占体重的20%。细胞外液又包括血浆（约占体重的5%）和组织液（约占体重的15%）。消化液、淋巴液、脑脊液及渗出液等可以认为是细胞外液的特殊部分，若这些特殊液体大量丢失，可影响体液的容量、渗透压和酸碱平衡。

体液（占体重的60%） ｛ 细胞外液（占体重的20%） ｛ 血浆（占体重的5%）
组织液（占体重的15%）
细胞内液（占体重的40%）

各部分体液具有各自不同的生理意义。细胞内液是大部分生化反应进行的场所，其容量和化学组成直接影响细胞的代谢和功能；血浆、组织液沟通了各组织和细胞之间的联系，同时也是细胞摄入所需营养物质和排出代谢产物的渠道，故细胞外液被视为机体的"内环境"。

体液量受年龄、性别和胖瘦等因素的影响。一般而言，体液量随年龄的增加而减少（表13-1）。由于脂肪组织含水量为15%~30%，而肌肉组织含水量为75%~80%，所以，体重相同的情况下，瘦者的体液量比肥胖者要多，女性脂肪较多，体液量少于男性。

表13-1 不同年龄体液量与分布（占体重%）

年龄	体液总量	细胞内液	细胞外液		
			总量	组织间液	血浆
新生儿	80	35	45	40	5
婴儿	70	40	30	25	5
儿童	65	40	25	20	5
成年人	60	40	20	15	5
老年人	55	30	25	18	7

知识链接

婴幼儿体液代谢特点

婴幼儿体表面积相对比成人大；体液总量比成人高（按体重百分比），尤其是组织液所占比例较大；新陈代谢旺盛；神经系统发育不够完善；肾的浓缩能力差。因此，婴幼儿对水的调控能力较差，对水的需要更迫切，易发生水和电解质代谢紊乱。

第一节 水代谢

一、水的功能

水是生物体内含量最多、最重要的物质。水在维持生物体的生理活动和新陈代谢方面起着不可替代的作用。生物体内的水以两种形式存在：一种是与蛋白质、多糖等物质结合存在的结合水；另一种是可自由流动的自由水。

（一）运输作用

水的黏度小、流动性大，有利于营养物质和代谢产物的运输。许多营养物质和代谢产物皆能溶于水中，即使是难溶或不溶于水的物质，也能与亲水性的蛋白质分子结合而分散于水相中，通过血液循环而运输。

（二）促进并参与物质代谢

水是物质进行化学反应的良好媒介，各种营养物质、代谢产物等可溶于水中，利于参加化学反应。水还直接参与一些代谢反应，如水解、水化、脱水、加水脱氢等。

（三）调节体温

水能调节体温，使机体不致因外环境温度的变化而使体温明显波动。这主要是由水的3种特性决定的：水的比热大，吸收或释放较多的热量而本身温度变化不大；水的蒸发热大，因而蒸发少量的汗就能散发大量的热；水的流动性大，通过血液循环和体液交换，使代谢产生的热量均匀分布于全身并从体表散发。

（四）润滑作用

水是良好的润滑剂，能减少摩擦。如唾液有利于食物的吞咽及咽部湿润；关节腔的滑液可减少关节活动的摩擦；泪液可防止眼球干涩，有利于眼球的转动。

（五）维持组织的形态和功能

结合水在维持组织和器官形态、硬度和弹性等方面有重要作用。如心肌含水量约为79%，血液含水量约为83%，两者相差无几，然而血液能在心肌有力的推动下进行循环，这是因为心肌主要是结合水，具有一定的形态，而血液中主要是自由水，故能循环流动。

二、水的摄入与排出

（一）水的摄入

正常成年人每日需水量为2500 ml。

1. 饮水　成年人每日以饮水方式摄入的水量约1200 ml，饮水量随气候、劳动强度和生活习惯而不同，变化幅度较大。

2. 食物水　成年人每日随食物摄入的水量约1000 ml，因食物种类和数量而异。

3. 代谢水　体内由糖、脂肪及蛋白质等营养物质氧化分解过程产生的水，称为代谢水，又称内生水。每日体内生成的代谢水约为300 ml。临床上，当急性肾衰竭的患者需严格限制水摄入量时，应将代谢水计入水的出入量。

（二）水的排出

1. 呼吸蒸发　成年人每日由肺呼吸以水蒸气形式排出的水量约350 ml。肺的排水量随呼吸的深度和频率而变化。各种原因造成呼吸急促的患者由呼吸排出的水量增多。

2. 皮肤蒸发　皮肤排水有两种方式。①非显性汗：即体表水分的蒸发，成年人每日由皮肤蒸发的水约500 ml，其中电解质含量甚微，故可将其视为纯水。②显性汗：是通过皮肤汗腺排出水分，其量的多少与环境温度、湿度及劳动强度有关。显性汗是低渗液，含少量K^+、Na^+、Cl^-等电解质，故大量出汗时，除补充水分外，还应补充电解质。

3. 粪便排出　各种消化腺分泌进入胃肠道的消化液，包括唾液、胃液、胆汁、胰液和肠液等，平均每日分泌量约8000 ml，其中98%在肠道被重新吸收，少量随粪便排出体外。成年人每日由粪便排出水量约150 ml。消化液中含有大量电解质，呕吐、腹泻不但丢失大量水，同时也丢失电解质，造成体内水、电解质代谢紊乱。因此，对这些患者应补充水分和相应的电解质。

4. 肾排出　肾是机体排水的主要器官，对体内水的平衡起着重要的调节作用。正常成年人每日尿量平均为1500 ml，受饮水、出汗、生活环境等因素的影响。正常成年人体内每日至少有35 g固体代谢产物随尿排出，每克代谢产物至少需要15 ml尿液才能溶解，所以成年人每日尿量至少需要500 ml才能将代谢废物排尽，此量称为最低尿量。每日尿量低于500 ml，临床上称为少尿，低于100 ml称为无尿。尿量过少，会导致尿素等代谢废物在体内潴留，引起尿毒症。

正常成年人每日水的出入量大致相等，约为 2500 ml（表 13-2）。每日摄入 2500 ml 水可满足需要，称为生理需水量。但在缺水或不能进水时，每日仍然要从肺、皮肤、消化道和肾丢失约 1500 ml 水，称为水的必然丢失量。因此，除去每日产生的 300 ml 代谢水，成年人每日最少应补充 1200 ml 水才能维持最低限度的水平衡，此量称为最低需水量，是临床补充水的依据。

表 13-2 正常成年人每日水的出入量（ml）

水的摄入量		水的排出量	
饮料（水、汤、其他流质）	1 200	肾排出	1 500
食物（固体、半固体）	1 000	皮肤蒸发	500
代谢水	300	肺部呼出	350
		经粪便排出	150
共　计	2 500	共　计	2 500

第二节　电解质代谢

体内的电解质主要是各种无机盐，总量占体重的 4%～5%。无机盐种类繁多，功能各异，有些无机盐含量甚微，却具有重要的生理功能。

一、电解质的功能

（一）维持体液的渗透压和酸碱平衡

Na^+、Cl^- 是维持细胞外液渗透压的主要离子；K^+、HPO_4^{2-} 是维持细胞内液渗透压的主要离子。当这些电解质的浓度发生改变时，细胞内、外液的渗透压也随之发生改变，从而影响水平衡。

体内各组织和细胞内的酶促反应必须在适宜的 pH 条件下进行。正常人的组织间液及血浆的 pH 为 7.35~7.45，在血液缓冲系统、肺和肾的调节下维持相对稳定。体液中的 Na^+、K^+、HCO_3^-、HPO_4^{2-} 等参与缓冲体系的构成，可以缓冲酸性物质和碱性物质对体液 pH 的影响，从而维持体液的酸碱平衡。

（二）维持神经肌肉的应激性

神经肌肉的应激性和兴奋性与多种无机离子的浓度及比例密切相关，其关系可用下式表达：

$$神经肌肉应激性 \propto \frac{[Na^+]+[K^+]+[OH^-]}{[Ca^{2+}]+[Mg^{2+}]+[H^+]}$$

从式中可以看出，Na^+、K^+ 能增强神经肌肉的应激性，而 Ca^{2+}、Mg^{2+}、H^+ 可降低神经肌肉的应激性。因此，当血浆 Na^+、K^+ 浓度增高时，神经肌肉的应激性增强，反之则降低，可出现肌肉软弱无力，肠蠕动减弱，甚至麻痹等；当血浆 Ca^{2+}、Mg^{2+}、H^+ 浓度增高时，神经肌肉的应激性降低，当血浆 Ca^{2+} 浓度过低时，神经肌肉的应激性增高，出现手足搐搦甚至惊厥。

对于心肌细胞，Ca^{2+} 与 K^+ 的作用恰好与上式相反：

$$心肌细胞应激性 \propto \frac{[Na^+]+[Ca^{2+}]+[OH^-]}{[K^+]+[Mg^{2+}]+[H^+]}$$

在上述影响心肌细胞的无机离子中，K^+、Ca^{2+}的影响最大，常被临床工作者重视。K^+可抑制心肌细胞的应激性，血钾高时，心脏舒张期延长，心率减慢，严重时可致心搏停止在舒张期；低血钾常出现心律失常，当血钾过低时，心搏停于收缩期。Ca^{2+}可增强心肌细胞的应激性，增加心肌收缩力。由于Na^+和Ca^{2+}可拮抗K^+对心肌的作用，因此，临床上可通过静脉注射含Ca^{2+}的溶液来纠正血浆K^+浓度过高对心肌的不利影响。

（三）构成组织和细胞成分

所有组织和细胞中都有电解质。如钙、镁、磷是骨和牙的主要成分；含硫酸根的蛋白多糖则参与软骨、皮肤和角膜等组织的构成。

（四）参与细胞物质代谢

有些无机离子是某些酶的辅因子或激活剂。如K^+参与细胞内糖原及蛋白质合成，Mg^{2+}参与蛋白质、核酸、脂质的合成，Cl^-是唾液淀粉酶的激活剂。这一切都说明无机盐在机体物质代谢及其调控中起着重要的作用。

二、体液电解质的含量及分布特点

体液中的无机盐常以离子的形式存在，故称为电解质。主要的阳离子有K^+、Na^+、Ca^{2+}、Mg^{2+}，阴离子有Cl^-、HCO_3^-、HPO_4^{2-}和$H_2PO_4^-$。细胞内液与细胞外液电解质的含量与分布有以下特点。

（一）体液中电解质含量

各种电解质在细胞内、外液中的含量及分布见表13-3。

表13-3 体液中电解质的含量与分布（mmol/L）

电解质	血浆		组织液		细胞内液	
	离子	电荷	离子	电荷	离子	电荷
阳离子						
Na^+	145	145	139	139	10	10
K^+	4.5	4.5	4	4	158	158
Mg^{2+}	0.8	1.6	0.5	1	15.5	31
Ca^{2+}	2.5	5	2	4	3	6
合计	152.8	156	145.5	148	186.5	205
阴离子						
Cl^-	103	103	112	112	1	1
HCO_3^-	27	27	25	25	10	10
HPO_4^{2-}	1	2	1	2	12	24
SO_4^{2-}	0.5	1	0.5	1	9.5	19
蛋白质	2.25	18	0.25	2	8.1	65
有机酸	5	5	6	6	16	16
有机磷酸	—	—	—	—	23.3	70
合计	138.75	156	144.75	148	79.9	205

（二）体液的电解质分布特点

1. 体液呈电中性　各部分体液的阳离子与阴离子电荷量相等，呈电中性。
2. 细胞内、外液的电解质分布差异很大　细胞外液中的主要阳离子以Na^+为主，主要的阴离子为Cl^-和HCO_3^-；而细胞内液主要的阳离子为K^+，主要的阴离子为HPO_4^{2-}和蛋白质。

这种差异的存在与维持是完成人体生命活动必不可少的条件。

3. 各种体液渗透压相等　细胞内液电解质总量高于细胞外液，但渗透压基本相等。这是因为细胞内液蛋白质和二价离子较多，而这些电解质产生的渗透压较小。

4. 血浆蛋白质含量高于组织液　血浆与组织液二者之间的无机离子与小分子有机酸分布及含量相近，但血浆蛋白质含量明显大于组织液，这对于维持血容量和血浆与组织液之间水的交换有重要的作用。

三、钠、氯代谢

（一）含量与分布

正常成年人体内钠含量约为 45 mmol/kg，其中约 40% 存在于骨骼中，10% 存在于细胞内液，50% 存在于细胞外液。血清钠浓度为 135~145 mmol/L。成年人体内氯的含量约为 33 mmol/kg，婴儿体内氯的含量多至 52 mmol/kg，其中 70% 存在于细胞外液，血清氯浓度为 98~106 mmol/L。

（二）吸收与排泄

体内的钠与氯主要来自于食盐，其摄入量因个人饮食习惯不同而有很大差异。成年人每日 NaCl 的需要量为 4.5~9.0 g。低盐饮食患者，每日摄入量也不应少于 0.5~1.0 g，以保证机体的需要。摄入体内的 NaCl 几乎全部被消化道所吸收，故因膳食而缺钠的现象一般很少见，仅在严重呕吐、腹泻、长期大量出汗时才导致钠过多丢失。

Na^+ 的摄入量与健康的关系很密切。若 Na^+ 摄入过多，主要通过肾排 Na^+ 进行调节。长期高 Na^+ 饮食的人，一方面加重肾负担；另一方面血容量长期处于较高水平，患高血压的可能性增大，成为诱发心血管疾患的危险因素。对于儿童、老年人或肾病患者，因肾功能较弱，应低盐饮食，不宜多食咸菜等高盐食品，以保护肾，避免水肿、高血压等疾患。

Na^+ 和 Cl^- 主要经肾随尿排出，少量由粪便及汗腺排出。肾对 Na^+ 的排出有很强的调节能力，肾排钠的特点是"多吃多排，少吃少排，不吃不排"。人若连续数日摄入无盐饮食，肾排钠量近于零。因此，临床上对于低盐饮食的患者，如果无额外丢失，则不必顾虑会出现低钠症状。

四、钾代谢

（一）含量与分布

K^+ 是细胞内液主要阳离子。正常成年人体内钾含量约为 45 mmol/kg（约 2 g/kg），其中 98% 左右分布在细胞内液，细胞外液仅占 2% 左右。血清钾浓度为 3.5~5.5 mmol/L。K^+ 分布有如下特点：

1. K^+ 在细胞内、外的分布极不均匀　主要是由于细胞膜上的钠泵的作用。

2. K^+ 进入细胞内的速度极慢　K^+ 进入细胞需依赖钠泵的主动转运，平衡速度较慢，约需 15 小时才能达到细胞内、外的平衡，心脏病患者则需 45 小时左右才能达到平衡。因此，临床上在给缺钾患者补钾时，严禁静脉推注而应尽量口服或静脉缓慢滴注，遵循"不宜过浓、不宜过多、不宜过快、不宜过早、见尿补钾"的原则，以免发生高血钾。

3. 物质代谢影响 K^+ 的分布　K^+ 由细胞外进入细胞内参与糖原和蛋白质的合成，每合成 1 g 糖原或 1g 蛋白质，分别有 0.15 mmol 或 0.45 mmol K^+ 进入细胞内。故当糖原或蛋白质合成增强时，K^+ 由细胞外转入细胞内，血钾降低。相反，当糖原或蛋白质分解增强时，K^+ 由细胞内释放到细胞外，使血钾升高。故临床上可同时注射葡萄糖和胰岛素以纠正高血钾。在创伤恢复期，蛋白质合成增强，大量 K^+ 从细胞外进入细胞内，可使血钾降低，此时应注意补钾；当严重创伤、组织破坏、感染或缺氧时，蛋白质分解增强，细胞释出较多的 K^+ 到细胞外，可引

起高血钾。

4. H^+ 浓度对 K^+ 分布的影响　　酸中毒时，血浆中 H^+ 浓度升高，部分 H^+ 与细胞内的 K^+ 进行交换，引起高血钾；反之，碱中毒则可引起低血钾。

（二）吸收与排泄

正常成年人每日钾的需要量为 2~3 g。食物中钾含量丰富，水果、蔬菜和肉类是钾的主要来源，食入后约 90% 被肠道吸收。因此，人只要能进食，一般不会缺钾。

钾主要通过肾排泄，每日有 80% 的钾随尿排出，10% 经粪便排出，汗液中排钾量极少。肾排钾的特点是"多吃多排，少吃少排，不吃也排"。由于肾的排钾能力强而保钾能力差，即使在不摄入钾的情况下，每日仍然有钾从尿排出。所以，对于禁饮食或大量丢失钾（腹泻、肠瘘等）的患者，应及时补钾，防止发生低血钾。

 知识链接

高血钾与低血钾

血钾浓度高于 5.5 mmol/L 时称高血钾。其原因主要有：①输入钾过多，如临床上输钾过多、过快，或输入大量的库存血，使短时间内进入体内的钾增多；②排泄障碍，如肾衰竭、肾上腺皮质功能低下等使钾的排泄减少；③大量钾向细胞外转移，如大面积烧伤或创伤、严重挤压伤或酸中毒等使细胞内钾转移到细胞外。高血钾时，神经肌肉应激性增高，导致肌肉酸痛、极度疲乏、面色苍白、嗜睡等。同时，高血钾可使心肌兴奋性及收缩力降低，出现心搏无力、心动过缓，严重时心搏骤停在舒张状态。

血钾浓度低于 3.5 mmol/L 时称低血钾。其原因主要有：①钾摄入不足，如进食障碍、禁食等；②钾排泄过多，如严重呕吐、腹泻、大量使用排钾利尿药等；③大量钾向细胞内转移，如严重创伤恢复期、大量合成蛋白质、用胰岛素治疗糖尿病、碱中毒等。低血钾时，神经肌肉兴奋性降低，出现肌无力，表现为倦怠、四肢无力、腹胀、呼吸困难、尿潴留等。同时，低血钾使心肌自动节律性增高，易产生期前收缩和异位心律，严重时心搏骤停在收缩状态。

第三节　钙、磷代谢

钙和磷在体内具有广泛的生理功能，维持机体生命活动的正常进行。体内钙、磷代谢紊乱可以导致多种疾病。

一、钙、磷的分布与功能

（一）钙、磷的含量与分布

钙和磷是体内含量最多的无机盐。正常成年人体内总钙量为 700~1400 g，总磷量为 400~800 g。其中 99% 以上的钙和 86% 左右的磷以羟基磷灰石的形式构成骨盐，沉积于骨骼及牙齿中，其余部分则以溶解状态分布于体液和软组织中。细胞内含钙极少，只相当于细胞外液的千分之一。细胞膜上有钙泵，可把细胞内 Ca^{2+} 不断泵到细胞外，以维持细胞内外 Ca^{2+} 浓度梯度。

（二）钙、磷的生理功能

体内绝大部分钙与磷以骨盐形式沉积在骨组织，是构成骨骼和牙齿的主要成分，赋予骨骼硬度，使骨骼能作为机体的支架，同时又是体内钙、磷的贮存库。

1. 钙的生理功能

（1）增强心肌收缩力：与促进心肌舒张的 K^+ 相拮抗，维持心肌的正常收缩与舒张。

（2）降低毛细血管及细胞膜的通透性：临床上常用钙剂治疗荨麻疹等过敏性疾病，以减轻组织的渗出性病变。

（3）降低神经肌肉的应激性：当血浆 Ca^{2+} 浓度降低时，引起神经肌肉的应激性增高，发生抽搐。

（4）作为第二信使：通过 Ca^{2+}-依赖性蛋白激酶途径，Ca^{2+} 在生物信号转导过程中发挥重要作用。腺体分泌、肌肉收缩、糖原的生成与分解、离子的转移、基因表达都与 Ca^{2+} 有关。

（5）是体内某些酶的激活剂或抑制剂：Ca^{2+} 参与多种酶促反应，对物质代谢起调节作用。

（6）作为凝血因子：参与血液凝固过程。

2. 磷的生理功能

（1）参与辅酶的形成：磷是 NAD^+、$NADP^+$、TPP、FMN、FAD 等多种辅酶的重要组成成分。

（2）参与能量的生成、储存与利用：如 ATP、GTP、UTP、磷酸肌酸等，都是体内重要的高能磷酸化合物。

（3）参与物质代谢及其调节：磷以磷酸基的形式参与体内许多物质代谢（如核苷酸、核酸、磷脂、甘油醛-3-磷酸、葡糖-6-磷酸等）过程。此外，通过蛋白质或酶的磷酸化和脱磷酸的修饰方式改变酶的活性，对物质代谢进行调节，也可通过第二信使（cAMP、cGMP、IP_3）来传递信息，发挥对物质代谢的调节作用。

（4）参与酸碱平衡的调节：血液中的磷酸盐构成缓冲体系，调节体液酸碱平衡。

二、钙、磷的吸收与排泄

（一）钙的吸收和排泄

1. 钙的吸收　机体对钙的需要量和吸收量随年龄及生理状态的改变有较大差异。钙的需要量为：婴儿 360~540 mg/d，儿童 800 mg/d，青春期 1200 mg/d，成年人 800 mg/d，妊娠期及哺乳期妇女 1500 mg/d。食物钙主要在十二指肠及空肠上段被吸收。钙的吸收率一般为 25%~40%，体内缺钙或钙需要量增加时，吸收率增加。影响钙吸收的因素有多种。

（1）活性维生素 D：1, 25-$(OH)_2$-D_3 是维生素 D_3 的活性形式，可促进小肠对钙和磷的吸收，是调节钙、磷代谢的主要因素。

（2）肠道 pH：能降低肠道 pH 的物质可促进钙盐溶解，促进钙吸收，如乳酸、氨基酸、糖（主要是乳糖）、中链及短链脂肪酸等。特别是处于生长发育期的儿童，多食酸奶可调节肠道菌群。临床上补钙多用乳酸钙、葡萄糖酸钙等，可促进肠道内钙的吸收。

（3）食物成分：过多的碱性磷酸盐、草酸及植酸与钙结合生成不溶性钙盐，从而阻碍钙的吸收；钙、镁吸收有竞争作用，镁盐过多可抑制钙的吸收。

（4）年龄：钙的吸收率与年龄成反比。婴儿对食物钙吸收率达 50% 以上，儿童为 40%，成年人则只能吸收 20%，尤其是 40 岁以后，不管其营养状况如何，钙吸收率都明显下降，平均每 10 年减少 5%~10%，女性比男性更显著。故老年人易出现许多与钙相关的病变，如骨质疏松、骨关节退行性变、易骨折等。

2. 钙的排泄　正常成年人每日排出的钙约 80% 经肠道排泄，20% 经肾排出。肠道排出的

钙主要是食物中未被吸收的以及消化液中的钙。肾排钙较恒定，不受食物含钙量的影响，主要随血钙浓度而增加或减少。当血钙降至 1.9 mmol/L（7.5 mg/dl）时，尿钙几乎为零。故临床上常采用简便易行的尿钙测定来大致了解血钙水平。正常成年人每日钙的摄入量与排出量大致相等，多进多排，少进少排，保持动态平衡。

（二）磷的吸收与排泄

1. 磷的吸收　正常成年人每日磷的需要量 1.0~1.5 g。食物中的磷主要是有机磷酸酯（磷脂、磷蛋白及磷酸酯），经消化水解成无机磷酸盐后被吸收。小肠上段是磷吸收的主要部位，以空肠段吸收率最高，可达 70%~90%，故缺磷在临床上极为罕见。食物中的 Ca^{2+}、Mg^{2+}、Fe^{2+} 等过多时，可与磷结合成不溶性的磷酸盐，从而妨碍磷的吸收。

2. 磷的排泄　磷的排泄与钙相反，60%~80% 由肾排出，20%~40% 随粪便排出。当肾功能不全时，尿磷减少，血磷升高。肾对磷的排泄主要受维生素 D 和甲状旁腺激素的调控。

三、血钙与血磷

（一）血钙

血液中的钙几乎全部存在于血浆中，故血钙是指血浆中的钙。血钙正常参考范围为 2.25~2.75 mmol/L（9~11 mg/dl）。

血钙主要有两种存在形式：离子钙和结合钙，其中离子钙约为 47%，结合钙约为 53%。结合钙主要包括与血浆蛋白质（清蛋白）结合的蛋白结合钙和少量与柠檬酸结合的柠檬酸结合钙（也称复合钙）。离子钙和柠檬酸结合钙易透过毛细血管壁，故称为可扩散钙；蛋白结合钙不能透过毛细血管壁，称为非扩散钙。在体内发挥生理作用的是离子钙。

血浆蛋白结合钙与离子钙之间可相互转化，保持动态平衡。血浆 pH 影响该平衡。当血浆 pH 下降时，结合钙释放出 Ca^{2+}，使 Ca^{2+} 浓度升高；pH 升高时，蛋白结合钙增多，离子钙浓度下降。因此，碱中毒时，血浆中 Ca^{2+} 的浓度降低，神经肌肉的兴奋性增高，可出现手足搐搦。

$$\text{蛋白质结合钙} \underset{HCO_3^-}{\overset{H^+}{\rightleftharpoons}} \text{蛋白质} + Ca^{2+}$$

（二）血磷

血磷通常是指血液中的无机磷酸盐，主要以 HPO_4^{2-} 和 $H_2PO_4^-$ 的形式存在。正常成年人血磷浓度为 1.0~1.6 mmol/L（3~5 mg/dl），儿童稍高，为 1.2~2.1 mmol/L。血磷不如血钙稳定，其浓度可受生理因素的影响而变动。随着年龄的增大，血磷浓度缓慢降低，绝经后妇女却略有增高。

（三）血钙与血磷的关系

血钙和血磷之间关系密切，相互影响。正常成年人钙、磷浓度（mg/dl）的乘积为 35~40，即 [Ca]×[P] = 35~40。乘积大于 40 时，钙、磷以骨盐的形式沉积于骨组织中，有利于骨钙化；若乘积小于 35 时，则发生骨盐的溶解，导致儿童发生佝偻病，成年人发生软骨病。临床上常利用该指标来判断体内的钙、磷代谢情况及骨化程度。

四、钙、磷与骨的关系

骨是体内钙、磷最大的储存库。在人的一生中，骨始终进行着代谢更新，通过成骨作用和溶骨作用不断地与细胞外液进行钙、磷交换。在骨骼生长时，血中钙、磷沉积于骨组织，构成骨盐；在骨骼更新时，骨盐溶解，骨中的钙、磷释放入血。因此，骨的代谢影响血中钙、磷浓

度，而血中钙、磷含量也影响骨的代谢。

（一）骨的组成

骨组织主要由骨细胞、骨基质和无机盐3部分组成。骨细胞可合成和分泌骨基质，骨基质与无机盐以特殊方式附着在一起，使骨组织坚硬而富有韧性，构成了人体的支架组织。

1. 骨细胞　骨细胞有骨原细胞、成骨细胞、破骨细胞和骨细胞4种，他们都起源于未分化的间质细胞。

2. 骨盐　骨中的无机盐，称骨盐，占骨干重的65%～70%，其主要成分为羟基磷灰石结晶和无定型的磷酸氢钙。羟基磷灰石是一种柱状或针状结晶，具有广大的吸附面，晶格之间可吸附体液中的Ca^{2+}、Mg^{2+}、Cl^-、HCO_3^-等，这些离子可以与细胞外的离子进行自由交换，且速度较快。所以，骨在维持细胞外液钙和磷的含量中起着重要的作用。

3. 骨基质　骨基质是骨的有机成分，占骨总量的30%。骨基质中约95%为胶原，其余为少量的糖蛋白、脂质和酶等。胶原和糖蛋白使骨有良好的韧性。

（二）成骨作用与钙化

骨的生长、修复或重建过程，称为成骨作用。成骨作用包括两个方面：一是由成骨细胞合成与分泌胶原蛋白等骨的有机基质；二是经钙化作用形成骨盐并沉积于基质中。在成骨过程中，碱性磷酸酶起了相当重要的作用，故碱性磷酸酶活力的改变可作为成骨作用或成骨细胞活动的指标。生长发育的婴幼儿和某些佝偻病、骨质软化病、甲状旁腺功能亢进症等患者，血液中碱性磷酸酶活力升高。

（三）溶骨作用与脱钙

在破骨细胞的作用下，骨基质水解和骨盐溶解的过程，称为溶骨作用。骨盐的溶解又称脱钙。坚硬的骨组织也处在不断更新之中，在新骨生成的同时，原有的旧骨持续溶解，达到动态平衡。破骨细胞的溶酶体可释放出多种水解酶，使骨组织的有机质被溶解；还可使柠檬酸和乳酸等酸性物质增加并扩散到溶骨区，促进局部骨盐溶解。

成骨作用与溶骨作用是构成骨代谢对立统一的两个方面，不断地交替进行，使骨组织得以更新。在骨骼生长发育时期，成骨作用大于溶骨，而老年人溶骨作用则显著增强。正常成年人两者基本保持平衡，有3%～5%的骨质需要更新，以改变骨骼的形态与结构，适应功能的需要。

五、钙、磷代谢的调节

体内调节钙、磷代谢的因素主要有$1,25-(OH)_2-D_3$、甲状旁腺激素和降钙素，它们主要通过对小肠、骨骼和肾的调节作用来维持血钙和血磷浓度恒定，以保证钙、磷代谢的正常进行。

（一）$1,25-(OH)_2-D_3$

人体内的维生素D_3可从食物中获得，还可由体内的胆固醇转化而来。维生素D_3不能直接发挥作用，必须经血液运至肝、肾，经过两次羟化形成$1,25-(OH)_2-D_3$才能到达靶器官发挥作用。

1. 对骨的作用　$1,25-(OH)_2-D_3$作用于骨组织，有溶骨和成骨的双重作用。一方面，$1,25-(OH)_2-D_3$能增强破骨细胞的活性和数量，加速破骨细胞的形成，促进骨盐溶解；另一方面，由于$1,25-(OH)_2-D_3$促进小肠对钙、磷的吸收，升高血浆钙、磷浓度，促进骨骼钙化。所以，$1,25-(OH)_2-D_3$的作用是促进钙和磷的周转利用。整体而言，它促进了溶骨和成骨两个对立的过程，促进骨的代谢，利于骨的生长和钙化，使骨质在不断更新的同时维持血钙平衡。

2. 对肾的作用　促进肾近曲小管对钙和磷的重吸收，减少尿钙、尿磷的排出。

3．对小肠的作用　1,25-（OH）$_2$-D$_3$ 促进小肠对钙、磷的吸收。钙的吸收是一种耗能的主动转运过程，除需要 ATP 供能、Ca^{2+}-ATP 酶和碱性磷酸酶参与外，还需一种特殊的载体蛋白——钙结合蛋白的运载。1,25-（OH）$_2$-D$_3$ 能促进肠黏膜上皮细胞钙结合蛋白的合成，使无活性的钙结合蛋白转变为有活性的钙结合蛋白；还能加强肠黏膜细胞刷状缘上钙泵的活性。同时，1,25-（OH）$_2$-D$_3$ 可直接促进磷的吸收，提高血浆钙、磷浓度。

1,25-（OH）$_2$-D$_3$ 总的作用结果是使血钙、血磷的浓度均升高，有利于骨的生长和钙化。

（二）甲状旁腺激素

甲状旁腺激素（parathyroid hormone，PTH）由甲状旁腺主细胞合成及分泌，是由 84 个氨基酸残基组成的多肽激素，其分泌受血钙浓度的调节。血钙浓度与 PTH 的分泌呈负相关：当血钙浓度升高时，PTH 分泌减少；当血钙浓度降低时，PTH 的分泌增加。

1．对骨的作用　PTH 具有溶骨作用，促进骨组织中的间叶细胞转化为破骨细胞，使骨组织中破骨细胞数目增多，活性增强，能释放多种水解酶，使骨基质水解及骨盐溶解，其结果是骨组织中的钙和磷释放入血，致血钙、血磷升高。

2．对肾的作用　PTH 能促进肾远曲小管对钙的重吸收，抑制其对磷的重吸收，从而使血钙升高、血磷降低、尿磷排出增多、尿钙排出减少。

3．对小肠的作用　由于 PTH 能激活肾中 1-α- 羟化酶，使 25-OH-D$_3$ 活化为 1,25-（OH）$_2$-D$_3$，所以能促进小肠对钙、磷的吸收。同时，PTH 还可直接作用于肠黏膜，增加对钙的吸收。

甲状旁腺激素总的作用结果是升高血钙，降低血磷。

（三）降钙素

降钙素（calcitonin，CT）是甲状腺滤泡旁细胞（C 细胞）合成、分泌的一种多肽激素，由 32 个氨基酸残基组成。降钙素的分泌直接受血钙浓度调节，血钙浓度升高，可使其分泌增多；血钙浓度降低，则使其分泌减少。

1．对骨的作用　CT 能抑制间叶细胞转化为破骨细胞，并抑制破骨细胞的活性，阻止骨盐溶解及骨基质的分解；同时能促进破骨细胞转化为成骨细胞，并增加其活性，促使钙、磷在骨中沉积，结果是血钙、血磷浓度下降。

2．对肾的作用　CT 可抑制肾小管对钙和磷的重吸收，使尿钙、尿磷排出增加。

3．对肠的作用　CT 还抑制肾 1-α- 羟化酶的活性，使 1,25-（OH）$_2$-D$_3$ 合成减少，从而抑制肠道对钙、磷的吸收。

降钙素总的作用结果是使血钙降低、血磷降低，促进成骨。

综上所述，正常情况下，体内通过 1,25-（OH）$_2$-D$_3$、PTH、CT 三者的协同作用，共同维持血钙、磷浓度的动态平衡，促进骨的代谢（表 13-4）。

表 13–4　3 种激素对钙、磷代谢的影响

调节因素	肠钙吸收	溶骨	成骨	肾排钙	肾排磷	血钙	血磷
1,25-（OH）$_2$-D$_3$	↑↑	↑	↑	↓	↓	↑	↑
PTH	↑	↑↑	↑	↓	↑	↑	↓
CT	↓	↓	↑	↑	↑	↓	↓

注：↑. 升高；↑↑. 显著升高；↓. 降低

第四节 微量元素及镁代谢

一、微量元素代谢

组成人体的元素有几十种，根据其在体内含量的不同，可分为常量元素和微量元素两大类。含量占人体总重量0.01%以上的称为常量元素，主要有碳、氢、氧、氮、硫、磷、钙、镁、钾、钠、氯等，占人体总重量的99.95%以上；含量占人体总重量0.01%以下的称为微量元素，目前认为人体必需的微量元素主要有铁、锌、铜、碘、硒、钴、锰、铬、氟、钒、镍、锡、钼和硅等。微量元素主要来自食物，在人体内主要通过与蛋白质、酶、激素和维生素等结合而发挥作用。微量元素对维持人体健康和正常代谢起着不可忽视的作用。

（一）铁的代谢

1. 含量与分布　铁是体内含量最多的微量元素，正常成年人体内含铁总量为54~90 mmol（3~5 g），女性略低于男性。铁在体内分布很广，约75%存在于铁卟啉化合物（血红蛋白、肌红蛋白和细胞色素等）中；25%存在于其他含铁化合物（含铁血黄素、铁硫蛋白和运铁蛋白等）中。

2. 来源、吸收与排泄　人体内铁的来源：一是食物中的铁，含铁较丰富的食物主要有肝、鱼类、蛋黄、豆类及某些蔬菜（如菠菜、莴苣、韭菜等），一般膳食中含铁10~15 mg/d，但吸收率在10%以下。二是体内血红蛋白分解释放的铁。成年人每日红细胞衰老破坏释放铁约25 mg，80%用于重新合成血红蛋白，20%以铁蛋白等形式储存备用。

铁的吸收部位主要在十二指肠及空肠上段，溶解状态的铁易于吸收。影响铁吸收的主要因素有：①胃酸可促进铁的吸收、有机铁的分解和铁盐的溶解；②某些氨基酸、柠檬酸、苹果酸和胆汁酸能与铁结合形成可溶性螯合物，有利于铁的吸收；③Fe^{2+}较Fe^{3+}易吸收，维生素C、半胱氨酸和谷胱甘肽等还原性物质可使Fe^{3+}还原成易吸收的Fe^{2+}；④血红蛋白及其他铁卟啉蛋白在消化道中分解而释出的血红素铁，可直接被吸收；⑤食物中的植酸、磷酸、草酸、鞣酸等能与铁结合成难溶的铁盐，因而妨碍铁的吸收。

肠中吸收入血的Fe^{2+}被血浆铜蓝蛋白氧化成Fe^{3+}，后与运铁蛋白结合而运输。血浆运铁蛋白将90%以上的铁运到骨髓，用于合成血红蛋白，小部分储存于肝、脾、骨髓等组织。

人体大部分的铁随粪便排出，少部分从尿液或皮肤排出。成年男子每日排泄铁0.5~1.0 mg。

3. 生理功能　铁是体内各种含铁蛋白质的重要组成成分，如血红蛋白、肌红蛋白、细胞色素体系、过氧化物酶、过氧化氢酶等。铁参与氧和二氧化碳的运输，组成呼吸链参与氧化磷酸化作用，作为过氧化物酶和过氧化氢酶的辅因子参与代谢。

（二）锌的代谢

1. 含量与分布　正常成年人体内含锌量2~3 g，广泛分布于各组织中，以皮肤和毛发含锌量最高，约占全身总含锌量的20%，故测定头发含锌量既可以反映体内含锌总量，又可以反映膳食锌的供给情况。血浆锌含量为0.1~0.15 mmol/L。

2. 来源、吸收与排泄　许多天然食物中均含有锌，以贝类、肉类、肝和豆类尤为丰富。锌主要在小肠吸收，吸收率为20%~30%。锌吸收入血后与清蛋白结合而运输。主要随胰液和胆汁经肠道排泄，部分随尿和汗排出。

3. 生理功能

（1）参与酶的组成：锌的生理功能通过含锌酶的作用来完成。现已知体内有200多种酶含锌，例如碳酸酐酶、DNA聚合酶、乳酸脱氢酶、谷氨酸脱氢酶等都含锌。锌缺乏会影响核酸

和蛋白质生物合成，使儿童发育停滞，智力下降。

（2）对激素的作用：锌与胰岛素结合形成以 Zn^{2+} 为中心排列的胰岛素六聚体，使胰岛素活性增强。结合型胰岛素能与精蛋白结合，延长胰岛素的作用时间。缺锌者有糖耐量降低、胰岛素释放迟缓的表现。

（3）对大脑功能的影响：锌是脑组织中含量最多的微量元素。锌有抑制 γ 氨基丁酸（GABA）合成酶的作用，在维持调节神经元的 GABA 浓度中发挥关键作用。妊娠妇女若缺乏锌，将引起后代学习、记忆能力下降。

（4）在基因调控中的作用：许多蛋白质如反式作用因子、类固醇激素及甲状腺素受体的 DNA 结合区，都有锌参与形成锌指结构，在基因转录调控中起着重要的作用。

锌在体内的储存量很少，所以食物中锌供应不足时，容易出现缺乏症，如伤口难愈、食欲减退、味觉丧失等。儿童缺锌可引起生长发育停滞、生殖器官发育不良等。妊娠妇女缺锌可造成胎儿畸形和智力低下等。

（三）铜的代谢

1. 含量与分布　成年人体内含铜量为 100~150 mg。人体各组织均含铜，其中以肝、脑、心脏、肾和胰腺含量较多。成年人血清铜含量约为 0.02 mmol/L。

2. 吸收与排泄　成年人每日铜的需要量为 1~3 mg，食物中铜主要在十二指肠吸收，入血后与清蛋白结合，运至肝细胞，参与铜蓝蛋白的组成，然后再进入血浆。在组织中，铜以铜蛋白的形式储存，其中肝和脑是铜的重要储库。体内的铜 80% 以上随胆汁分泌至肠道排出体外，少量通过肾随尿液排出体外。

3. 生理功能

（1）参与能量代谢：铜是细胞色素氧化酶的组成成分，参与生物氧化过程，起电子传递体的作用。

（2）参与铁的代谢：铜是血浆铜蓝蛋白的组成成分，参与铁的吸收、运输和利用，加速血红蛋白的合成及红细胞的成熟和释放。因此，对于缺铁性贫血患者，在补铁治疗效果不佳时，辅以微量铜可以提高疗效。

（3）参与自由基的清除：铜是超氧化物歧化酶的组成成分，该酶具有清除自由基、抗氧化、抗衰老作用。

（4）维持单胺氧化酶、抗坏血酸氧化酶的活性：促进弹性蛋白纤维交联结构的形成，维持血管壁、结缔组织和骨基质的韧性与弹性。

（5）参与毛发和皮肤色素的代谢：铜是酪氨酸酶的组成成分，该酶可催化黑色素的合成。缺铜时常引起毛发脱色。

（四）碘的代谢

1. 含量与分布　成年人体内含碘总量为 25~50 mg，其中 70%~80% 在甲状腺内。碘是合成甲状腺激素必需的原料。

2. 吸收与排泄　成年人每日需碘量为 100~300 μg。碘最为有效的食物来源是碘化食盐。自然界中，含碘丰富的食物主要有干海藻、海带、紫菜等海产品。体内碘 90% 随尿排泄，约 10% 随粪便排出，极少量随汗液和呼吸排出。

3. 生理功能　碘的主要生理功能是参与合成甲状腺激素（T_3 和 T_4），调节物质代谢，促进儿童的生长发育。它具有促进糖和脂质氧化分解、促进蛋白质合成、调节能量代谢、促进骨骼生长、维持中枢神经系统的正常功能等重要作用。成年人缺碘可引起单纯性甲状腺肿，胎儿和新生儿缺碘可影响个体和智力发育，引起呆小症。

（五）硒的代谢

1. 含量与分布　成年人体内含硒量为 14~21 mg，主要分布于肝、胰和肾。

2. 吸收与排泄　成年人每日需要量为30～50 μg，含硒丰富的食物有动物内脏、海产品和蛋类等。硒主要在十二指肠吸收，维生素E可促进硒的吸收。硒主要经肠道排泄，小部分由肾、肺及汗腺排出。

3. 生理功能　硒是谷胱甘肽过氧化物酶（GSH-Px）活性中心的组成成分，GSH-Px 催化还原型谷胱甘肽转变成氧化型谷胱甘肽，防止过氧化物对人体的损害，保护细胞膜结构和功能的完整性；硒参与辅酶A和辅酶Q的合成；硒还能拮抗和降低镉、汞、砷等元素的毒性作用；硒还具有抗癌作用，流行病学调查发现，癌症的病死率与膳食硒的摄入量呈负相关。

二、镁代谢

（一）含量与分布

成年人体内镁的含量为20～28 g，在体内的金属元素中仅次于钙、钾、钠，居第4位。体内的镁50%～60%沉积在骨骼，吸附在羟基磷灰石表面，是体内的镁库，20%存在于肌肉细胞内，其余分布在肝、脑、肾等组织和细胞中。

镁主要分布于细胞内，几乎不参与交换；细胞外液的镁只占总镁量的1%。正常血镁浓度为0.7～1.0 mmol/L。

（二）吸收与排泄

人体镁的需要量为0.2～0.4 g/d。许多食物都含有镁，尤其是绿色蔬菜和谷物。镁的吸收主要在小肠，吸收率约30%，正常膳食可满足镁的需要量。钙与镁的吸收有竞争作用，食物中含钙过多则妨碍镁的吸收；草酸、脂肪也能妨碍镁的吸收。维生素D和高蛋白饮食则可促进镁的吸收。体内的镁60%～70%随粪便排出，其余自尿液中排出。

（三）生理功能

1. 镁是多种酶的辅因子　镁能激活细胞内许多酶系统，参与核酸、蛋白质、糖、脂肪等重要代谢过程。

2. 镁对中枢神经系统具有抑制作用　Mg^{2+}和Ca^{2+}都能使神经肌肉兴奋性降低。对于心肌的兴奋性，Mg^{2+}有抑制作用，而Ca^{2+}则有兴奋作用。

3. 镁可使周围血管扩张　因而有降血压的作用。

4. 镁是骨细胞结构和功能所必需的元素　镁与骨骼的生长和更新有密切关系。

5. 镁有镇静作用　镁能使乙酰胆碱释放减少，阻滞冲动传导。

● 自测题 ●

一、选择题

1. 正常成年人的体液总量约占体重的
   A. 40%
   B. 50%
   C. 60%
   D. 70%
   E. 80%

2. 正常成年人维持正常生理功能，每日经肾排出的尿液量最少为
   A. 100 ml
   B. 1500 ml
   C. 1000 ml
   D. 500 ml
   E. 2500 ml

3. 人体排水的最主要途径是
   A. 非显性汗
   B. 经粪排出
   C. 经肾排出
   D. 呼吸蒸发
   E. 显性汗

4. 一位老年人，喜欢吃水果及谷类食物，不愿吃动物性食物，最近感到手、足麻木及关节痛，并有"抽筋"现象，这种现象最可能的解释是
   A. 血清铁降低
   B. 血清钙降低
   C. 血清磷降低
   D. 血清钠降低
   E. 血清锌降低

5. 浓度升高时，既能降低神经肌肉应激性，又能提高心肌应激性的是
   A. Na^+
   B. K^+
   C. Ca^{2+}
   D. Mg^{2+}
   E. H^+

6. 维持细胞外液容量和渗透压的主要离子是
   A. K^+
   B. Na^+
   C. Ca^{2+}
   D. H^+
   E. Mg^{2+}

7. 钾、钠排泄的主要部位是
   A. 肝
   B. 肺
   C. 肾
   D. 肠道
   E. 皮肤

8. 输入大量库存的血液易导致
   A. 高钠血症
   B. 低钠血症
   C. 低钾血症
   D. 高钾血症
   E. 低镁血症

9. 下列因素抑制钙的吸收的是
   A. 维生素 D_3
   B. 酸性氨基酸
   C. 草酸盐
   D. 乳酸
   E. 柠檬酸

10. 血浆中直接发挥生理作用的物质是
    A. 碳酸氢钙
    B. 草酸钙
    C. 羟基磷灰石
    D. 离子钙
    E. 结合钙

二、名词解释

体液

三、问答题

1. 大面积烧伤的患者血钾浓度有何变化？为什么？
2. 当给患者注入胰岛素和葡萄糖时，血钾浓度有何变化？为什么？
3. 碱中毒为什么会引起手足抽搐？

（刘庆春）

第十四章

酸碱平衡

思政之光

学习目标

掌握：
体内酸性、碱性物质的来源及特点，血液缓冲体系及其作用，肺及肾的调节作用。

熟悉：
酸碱平衡的常用生化指标及意义，代谢性酸中毒和代谢性碱中毒的代偿调节过程。

了解：
酸碱平衡失常的基本类型。
通过了解所谓的"酸碱体质理论"，加强科学素养，树立科学世界观。

案例导入

某患者，女性，70岁。患有糖尿病10余年，因昏迷状态入院。体格检查：R 25次/分，呼吸深大，P 101次/分，BP 90/50 mmHg。实验室检查：血液检查，血糖 10.8 mmol/L，β羟丁酸 1.0 mmol/L，尿素 8.0 mmol/L，K^+ 5.6 mmol/L，Na^+ 150 mmol/L，Cl^- 104 mmol/L，pH 7.0，$PaCO_2$ 15 mmol/L，HCO_3^- 7.0 mmol/L，AB 10.0 mmol/L，SB 10.9 mmol/L，BE −18 mmol/L。尿液检查，酮体（+++），糖（+++），酸性。

请分析：
1. 该患者发生了哪种酸碱平衡失调？原因是什么？
2. 哪些指标的改变说明发生了酸碱平衡失调？

机体内各种组织、细胞等必须处于适宜的体液酸碱度环境中（表14-1）才能进行正常的生命活动。尽管体内不断地生成和从外界摄入酸性或碱性物质，但体液pH并不发生显著变化。这是因为机体依靠各种缓冲系统，以及肺和肾等一系列调节机制来实现体液pH的相对恒定，这种调节过程称为酸碱平衡。

临床上某些疾病，如胃肠道疾病、感染、创伤以及外环境变化等因素使体内酸性物质或碱性物质过多或不足，或者肺、肾功能不全致调节机制障碍，都会导致体液酸碱稳态破坏，出现酸碱平衡失调。失调一旦发生，就会使病情更加复杂化，甚至危及患者生命。因此应及时纠正酸碱平衡失调，否则会影响机体正常功能。

表 14-1　不同部位体液 pH 参考区间

体液	pH	体液	pH
动脉血	7.35 ~ 7.45	脑脊液	7.31 ~ 7.34
胃液	0.80 ~ 1.5	小肠液	7.60 ~ 8.00
尿液	4.8 ~ 8.4	唾液	6.50 ~ 7.50

第一节　体内酸碱物质的来源

根据酸碱质子理论，在一个化学反应中，凡是能释放出 H^+ 的化学物质称为酸，如 HCl、CH_3COOH 等。反之，凡是能接受 H^+ 的化学物质为碱，如 OH^-、NH_3、HCO_3^- 等。通常酸和碱在一个化学反应中形成共轭体系，同时存在。

机体内的酸性或碱性物质来自于两个方面：一是体内细胞的分解代谢；二是从体外少量摄入。在普通膳食条件下，代谢产生的酸性物质远远超出碱性物质。

一、酸性物质的来源

机体内酸性物质的主要来源是糖、脂质、蛋白质等分解代谢的产物，少量来自某些食物和药物。按其来源和产生过程，酸性物质可分为挥发性酸和固定酸。

（一）挥发性酸

糖、脂质、蛋白质在体内完全氧化生成 CO_2 与 H_2O，在碳酸酐酶（CA）作用下结合成 H_2CO_3，并随血液循环运至肺部后，分解成 CO_2 呼出体外，故 H_2CO_3 称为挥发性酸。正常成年人安静状态下每日经代谢产生的 CO_2 300~400 L，相当于 15 mol H_2CO_3。因此，H_2CO_3 是体内产生的主要酸性物质。

（二）固定酸

糖、脂质、蛋白质在体内分解代谢过程中除生成 CO_2 外，还产生一些无机酸和有机酸，主要包括蛋白质分解代谢产生的磷酸、硫酸、尿酸；糖酵解产生的甘油酸、乳酸、丙酮酸；脂肪分解代谢产生 β 羟丁酸、乙酰乙酸等。这些酸性物质不能由肺呼出，必须经肾排出体外，故称为固定酸或非挥发性酸。正常成年人每日产生的固定酸仅 50~90 mmol，比每日产生的挥发酸要少得多。此外，机体有时会摄入一些酸性食物（如醋酸）或服用酸性药物（如水杨酸、阿司匹林等），这也是固定酸的另一来源。

二、碱性物质的来源

体内的碱性物质主要来自于蔬菜、水果中所含的有机酸盐，如柠檬酸盐、苹果酸盐和草酸盐（主要是 Na^+ 和 K^+ 盐）。其中有机酸根在细胞内转化成为柠檬酸、苹果酸和草酸，经三羧酸循环氧化分解生成 CO_2 和 H_2O，剩下的 Na^+、K^+ 则与 HCO_3^- 结合生成碳酸氢盐，使体液中碱性盐的含量增多。另一来源是代谢过程中产生的碱性物质，如氨基酸脱氨基生成的 NH_3。此外，服用碱性药物（如抑制胃酸的药物 $NaHCO_3$）也可增加体内的碱量。

在正常物质代谢水平下，机体代谢产生的酸性物质远多于碱性物质。因此机体对酸碱平衡的调节作用以对酸的调节为主。

第二节　酸碱平衡的调节

机体在正常情况下不断生成和摄入酸性或碱性物质，但血液 pH 仍在一个相对稳定的范围

内,这是因为机体存在着精细的调节机制,从而维持了酸碱平衡稳态。调节机制主要依赖3个方面:①血液的缓冲作用;②肺对酸碱平衡的调节作用;③肾对酸碱平衡的调节作用。这3个方面的调节作用相互协调,共同维持血液pH相对恒定。

一、血液缓冲系统及其缓冲作用

缓冲作用是指血液能够对抗外来的酸性或碱性物质的影响,以维持溶液pH相对不变。血液的缓冲系统由弱酸及其对应的盐组成,主要通过对固定酸、挥发性酸以及碱的调节来实现其缓冲作用。

(一)血液缓冲体系

1. 血液缓冲系统的组成　血液缓冲系统包括血浆缓冲系统和红细胞缓冲系统,主要有碳酸氢盐缓冲系统、磷酸氢盐缓冲系统、血浆蛋白质缓冲系统、血红蛋白缓冲系统,它们以缓冲对的形式分布在血浆和红细胞中。

血浆缓冲系统:$\dfrac{NaHCO_3}{H_2CO_3}$　$\dfrac{Na_2HPO_4}{NaH_2PO_4}$　$\dfrac{NaPr}{HPr}$　(Pr. 血浆蛋白)

红细胞缓冲系统:$\dfrac{KHCO_3}{H_2CO_3}$　$\dfrac{K_2HPO_4}{KH_2PO_4}$　$\dfrac{KHb}{HHb}$　$\dfrac{KHbO_2}{HHbO_2}$　(Hb. 血红蛋白)

其中血浆中以$NaHCO_3/H_2CO_3$缓冲对最为重要,用以缓冲固定酸和碱,占血液缓冲总量的1/2以上;红细胞中以血红蛋白和氧合血红蛋白缓冲对最为重要,是缓冲挥发性酸的主要成分。

2. 血浆pH与碳酸氢盐缓冲体系　血浆pH主要取决于血浆中$NaHCO_3$和H_2CO_3浓度的比值。根据Henderson-Haselbalch方程式:

$$pH = pKa + \lg \dfrac{[NaHCO_3]}{[H_2CO_3]}$$

式中pKa为H_2CO_3解离常数的负对数值,37℃时为6.1。H_2CO_3的浓度因测定较困难,一般利用二氧化碳分压($PaCO_2$)来计算,即$[H_2CO_3] = \alpha \times PaCO_2$($\alpha=0.03$,为$CO_2$溶解度)。在正常情况下,血浆$NaHCO_3$的浓度约为24 mmol/L,$PaCO_2$平均值为40 mmHg,代入上式为:

$$pH = pKa + \lg \dfrac{[NaHCO_3]}{\alpha \times PaCO_2}$$

$$= 6.1 + \lg \dfrac{24}{0.03 \times 40}$$

$$= 6.1 + \lg \dfrac{24}{1.2}$$

$$= 7.4$$

从公式中可知,即使$NaHCO_3$与H_2CO_3的绝对浓度发生变化,只要浓度比维持在20/1,血浆pH就不会发生变动。

(二)血液缓冲体系的缓冲作用

进入血液的固定酸或碱性物质主要被碳酸氢盐缓冲体系所缓冲;而挥发性酸则主要被血红蛋白缓冲体系所缓冲。

1. 对固定酸的缓冲　代谢过程中产生的固定酸(以HA表示)进入血浆时,主要由$NaHCO_3$中和,使酸性较强的固定酸转变为酸性较弱的H_2CO_3,H_2CO_3则进一步分解成CO_2和

H_2O、CO_2 可经肺排出体外。在碳酸氢盐缓冲系统中,$NaHCO_3$ 是缓冲固定酸的主要成分,其含量在一定程度上代表了机体缓冲酸的能力,习惯上将血浆 $NaHCO_3$ 称为碱储。

$$HA + NaHCO_3 \rightarrow NaA + H_2CO_3$$

$$H_2CO_3 \overset{CA}{\rightleftharpoons} H_2O + CO_2$$

2. 对挥发性酸的缓冲 主要依靠红细胞内的血红蛋白缓冲系统,包括 Hb^-/HHb 和 $HbO_2^-/HHbO_2$。组织代谢产生的 CO_2 在血液中绝大部分扩散入红细胞,与 H_2O 经碳酸酐酶催化结合成 H_2CO_3,被 Hb^-/HHb 和 $HbO_2^-/HHbO_2$ 系统缓冲最终生成 CO_2 经肺排出。

3. 对碱的缓冲 碱性物质进入血液后被血浆缓冲体系中的 H_2CO_3、NaH_2PO_4 及 HPr 所缓冲。缓冲结果是强碱变成弱碱,最后由肾排出,血液 pH 没有发生明显变化。

如上所述,血液缓冲系统在缓冲酸性和碱性物质中起重要作用。但这种缓冲作用有一定的限度,血液缓冲只会引起 $NaHCO_3$ 和 H_2CO_3 含量与比值的变化,并未排出酸性或碱性物质,因此,还需肺和肾的进一步调节作用,以维持体液酸碱平衡。

二、肺对酸碱平衡的调节作用

肺的调节作用受延髓呼吸中枢的控制,而呼吸中枢又受血液中 $PaCO_2$ 和 pH 的影响。当血浆 $PaCO_2$ 升高或 pH 降低时,刺激位于主动脉体和颈动脉窦的化学感受器,反射性地使延髓呼吸中枢兴奋,引起呼吸加深、加快,加速 CO_2 排出,使血中 H_2CO_3 浓度下降。相反,当血浆 $PaCO_2$ 降低或 pH 升高时,呼吸中枢受抑制,呼吸变浅、变慢,CO_2 排出量减少,使血中 H_2CO_3 浓度升高。

总之,肺通过呼吸频率和深浅的改变控制 CO_2 排出量,从而调节血 H_2CO_3 浓度,以维持 $[NaHCO_3]/[H_2CO_3]$,使血液 pH 保持相对恒定。因此临床上对酸碱平衡失调的诊疗中,应注意询问患者的呼吸频率和深浅度。

正常情况下,肺可以迅速、灵敏地调节血中 H_2CO_3 的浓度。但肺只能调节挥发性酸,对于固定酸的排出还必须依赖肾的调节。

三、肾对酸碱平衡的调节作用

机体代谢所产生较多的酸性物质,需 $NaHCO_3$ 等碱性物质中和。若不及时排出过多的酸以及补充碱性物质,血液 pH 就会发生改变。肾主要调节固定酸和重吸收 Na^+ 和 HCO_3^-,以维持 pH 相对恒定。其调节主要由肾小管细胞的活动实现,包括 H^+-Na^+ 交换、尿液的酸化和 NH_3 的分泌等。

(一)肾小管分泌 H^+ 和 $NaHCO_3$ 的重吸收

生理状态下,肾小球滤液中 $NaHCO_3$ 含量与血浆相同,其中 85%~90% 在近曲小管重吸收,其余 10%~15% 在远端肾单位重吸收,排出体外的仅为 0.1%,几乎没有丢失。

肾小管上皮细胞内 CO_2 和 H_2O 在碳酸酐酶催化下生成 H_2CO_3,H_2CO_3 又解离出 H^+ 和 HCO_3^-。

$$CO_2 + H_2O \overset{CA}{\rightleftharpoons} H_2CO_3 \overset{CA}{\rightleftharpoons} HCO_3^- + H^+$$

解离出的 H^+ 可通过肾小管上皮细胞膜上的 H^+-Na^+ 转运体与管腔液中的 Na^+ 相互交换。进入细胞的 Na^+ 与解离出的 HCO_3^- 结合为 $NaHCO_3$,由基侧膜载体吸收入血。肾小管细胞每分泌 1 mol H^+,则在血浆内同时增加 1 mol HCO_3^-。分泌入管腔的 H^+ 和滤液中 HCO_3^- 结合生成

H_2CO_3，又分解成 CO_2 和 H_2O，CO_2 再扩散入肾小管上皮细胞，进入血液运至肺呼出，而 H_2O 随尿排出。此过程没有 H^+ 的排出，但管腔中的 $NaHCO_3$ 得以全部重吸收（图 14-1）。

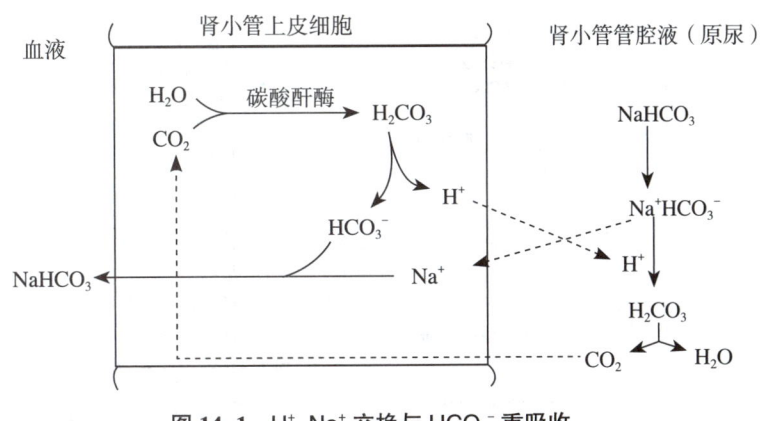

图 14-1　H^+–Na^+ 交换与 HCO_3^- 重吸收

（二）尿液的酸化

正常血液 pH 条件下，血浆与原尿中 $[Na_2HPO_4]/[NaH_2PO_4]$ 为 4∶1，但终尿 $[Na_2HPO_4]/[NaH_2PO_4]$ 变小，尿排出 NaH_2PO_4 增加，尿液 pH 降低。此过程为尿液的酸化，或称磷酸盐的酸化，是肾小管排 H^+ 的另一种方式。

通过肾小球滤出进入近曲小管的磷酸盐主要是 Na_2HPO_4，当其流经远曲小管和集合管时，所解离的 Na^+ 可与上皮细胞分泌入管腔的 H^+ 进行交换，使碱性的 Na_2HPO_4 转变为酸性的 NaH_2PO_4，随尿排出体外。重吸收的 Na^+ 与上皮细胞内 HCO_3^- 则生成 $NaHCO_3$ 回流入血（图 14-2）。这种交换使小管内 $[Na_2HPO_4]/[NaH_2PO_4]$ 从原尿中的 4∶1 逐渐下降，滤液 pH 逐渐降低，当尿液 pH 降至 4.8 时，比值变为 1∶99，说明滤液中几乎全部转变为 NaH_2PO_4。

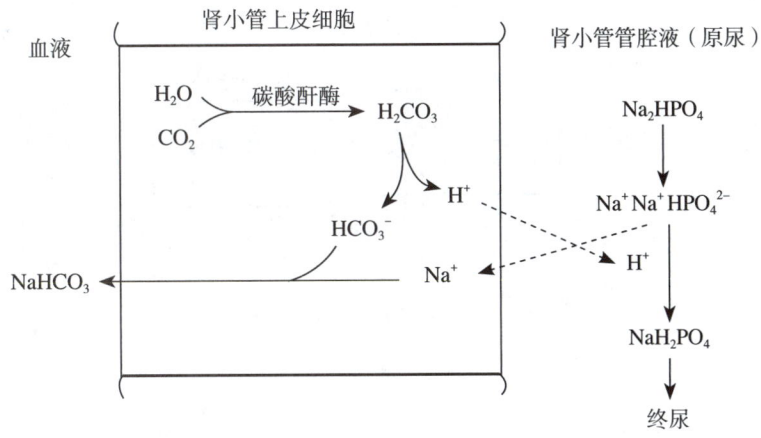

图 14-2　H^+–Na^+ 交换与尿液酸化

（三）肾小管分泌 NH_3 和 $NaHCO_3$ 的重吸收

肾小管上皮细胞有分泌 NH_3 的作用。NH_3 主要由上皮细胞内谷氨酰胺在谷氨酰胺酶催化下水解生成，另一部分来自氨基酸脱氨基作用产生。NH_3 是脂溶性物质，可透过细胞膜弥散进入肾小管管腔，与肾小管上皮细胞分泌的 H^+ 结合形成 NH_4^+，并与强酸盐（如 $NaCl$、Na_2SO_4

等）的负离子结合形成铵盐随尿排出。同时，肾小管液中强酸盐解离出 Na^+ 重吸收入细胞，与 HCO_3^- 进入血液结合生成 $NaHCO_3$，以维持血浆中的正常浓度（图 14-3）。NH_4^+ 的生成和排出是受 pH 影响的。严重酸中毒时，谷氨酰胺酶活性显著增高，尿排出 NH_4^+ 增多。

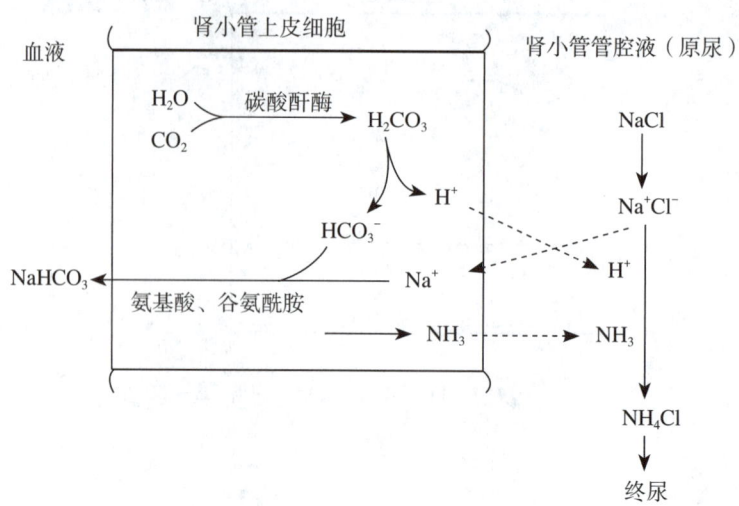

图 14-3 H^+-Na^+ 交换与铵盐的排出

（四）肾小管分泌 K^+ 与 Na^+ 的重吸收

肾远曲小管上皮细胞有主动泌钾换回钠的作用，即 K^+-Na^+ 交换。在远曲小管，K^+ 被主动分泌，与管腔中的 Na^+ 交换，Na^+ 吸收入血，K^+ 随终尿排出体外。H^+-Na^+ 交换与 K^+-Na^+ 交换均在肾远曲小管进行，两者形成相互竞争作用。当细胞外液 K^+ 浓度升高时，可抑制肾小管上皮细胞分泌 H^+，此时，K^+-Na^+ 交换加强，而 H^+-Na^+ 交换减弱，尿中 K^+ 排出增加，H^+ 排出减少，因此，高血钾可引起酸中毒；细胞外液 K^+ 浓度降低时，K^+-Na^+ 交换减弱，H^+-Na^+ 交换加强，因此，低血钾可引起碱中毒（图 14-4）。

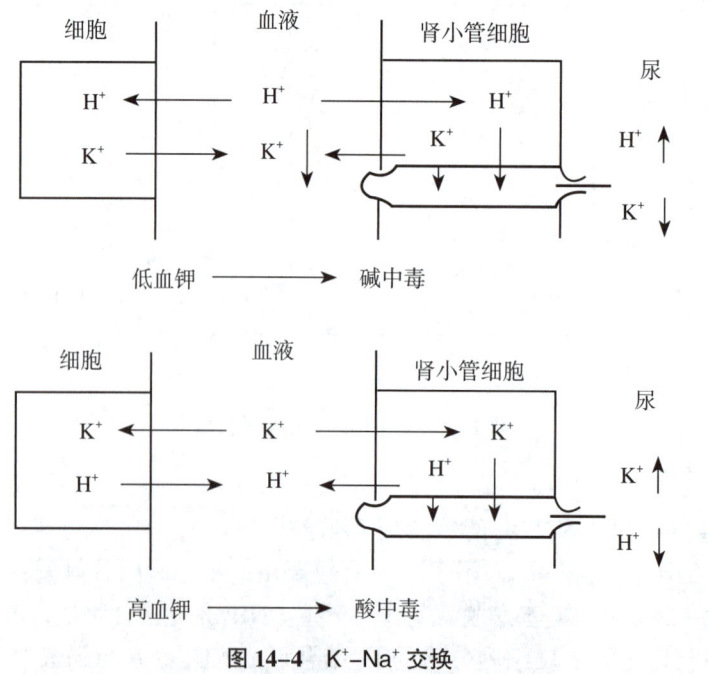

图 14-4 K^+-Na^+ 交换

综上所述，体内酸碱平衡主要是通过血液缓冲体系、肺、肾的调节维持的，三大体系共同参与，缺一不可。首先，血液缓冲体系反应最为迅速，几秒钟内即可发生作用。以 $NaHCO_3/H_2CO_3$ 的缓冲尤为重要，可将强酸或强碱变成弱酸或弱碱。其次，肺对 CO_2 呼出的调节在血液 pH 改变后 15～30 分钟发生。通过改变 CO_2 的呼出量，调节血液 H_2CO_3 的浓度。肾通过排酸、保碱、泌 NH_3 作用，调节血液 $NaHCO_3$ 的浓度。肾的调节较慢，常需数小时后发挥作用，但效率高且持久，是最重要的一道防线。

上述任何一方面的调节作用发生障碍，或体内产生的酸碱物质超过了机体的调节能力，都可能导致体液酸碱平衡失调，从而出现酸中毒或碱中毒。

知识链接

酸碱平衡与所谓的"酸碱体质"

2018 年 11 月，美国《圣迭戈论坛报》报道，大学肄业的 Robert Oldham Young 试图利用在癌症患者体内注射小苏打的"土办法"，来实践他的"酸碱体质"理论。结果延误了患者的治疗时机，酿成了悲剧。Robert Oldham Young 创造的所谓"酸碱体质"理论鼓吹偏酸性的体质者容易导致包括癌症在内的各种疾病，而碱性体质者则更有利于健康。

实际上，酸碱平衡调节机制表明，在正常情况下，人体摄入及产生的酸性物质虽多于碱性物质，但机体通过血液的缓冲、肺和肾的调节，可自我调整，保持体内的酸碱平衡，维持血液的 pH7.35～7.45，人体内的各种代谢能正常进行。若血液 pH＜7.35 或 pH＞7.45，则出现失代偿性酸中毒或碱中毒，应及时就诊。因此，对待伪科学，我们不能以谣传谣，而是要确认它的有效性、真实性和科学性，切勿让谣言影响了我们的生活。

第三节 酸碱平衡失调

酸碱平衡失调是临床常见的症状。当体内产生或丢失的酸性、碱性物质过多，超出了机体的调节能力，或肺、肾功能不全，以及电解质平衡紊乱等原因，都会导致体内酸碱平衡失调。酸碱平衡失调时，势必影响血浆中 $NaHCO_3$ 和 H_2CO_3 的含量和比值。

由 $NaHCO_3$ 含量原发性减少或增多而引起的酸碱平衡失调，称为代谢性酸中毒或代谢性碱中毒；由 H_2CO_3 含量原发性增多或减少所引起的酸碱平衡失调，称为呼吸性酸中毒或呼吸性碱中毒。

当 $NaHCO_3$ 含量发生原发性改变时，H_2CO_3 即发生相应的继发性的变化；同理，当 H_2CO_3 含量发生原发性改变时，$NaHCO_3$ 即发生相应的继发性变化。这种继发性变化是机体为了使血液 pH 尽可能接近正常而做出的生理调节过程，称为代偿。代偿是通过肺或肾来实现的，是机体的一种保护性机制。但代偿需要有一定时间，是有限度的。

在酸碱平衡失调的初期，由于体液的缓冲，肺及肾的调节，可使酸、碱中毒获得部分代偿。此时，$NaHCO_3$ 和 H_2CO_3 的绝对浓度虽已变化，但二者的比值仍维持在 20/1 左右，血 pH 尚能在正常范围，所以称为代偿性酸中毒或碱中毒。随着疾病的发展，酸性、碱性物质不断增加或减少，当它们的浓度变化超过了机体的代偿能力，$[NaHCO_3]/[H_2CO_3]$ 就不能维持在 20/1，血液 pH 超出 7.35～7.45 范围，此时称为失代偿性酸中毒或碱中毒。

临床上，患者情况复杂多变。若同一患者发生一种酸碱平衡失调，称为单纯型酸碱平衡失

调；若患者同时发生两种或两种以上的酸碱平衡失调，称为混合型酸碱平衡失调。本章叙述单纯型酸碱平衡失调的4种类型。

一、酸碱平衡失调的基本类型

（一）代谢性酸中毒

代谢性酸中毒是临床上最为常见的酸碱平衡失调，是由于血浆中$NaHCO_3$浓度原发性减少所致。

1. 病因　①体内固定酸生成过多，超过了肾排泄的能力：如糖尿病并发酮症酸中毒、缺氧引起乳酸性酸中毒、服用过多的酸性药物等。②固定酸排出过少：如肾排酸保碱功能障碍。③ $NaHCO_3$ 丢失过多：因胰液、肠液和胆汁中碳酸氢盐含量均高于血浆，当出现严重腹泻、肠道引流或肠瘘时，可引起 $NaHCO_3$ 大量丢失。

2. 代偿　①血液缓冲：过多的固定酸使$NaHCO_3$浓度原发性降低。②呼吸调节：H^+浓度的升高使呼吸中枢兴奋性增加，呼吸加深、加快，CO_2排出增多，血浆H_2CO_3浓度代偿性降低。③肾调节：肾小管排酸和泌NH_3作用增强，$NaHCO_3$重吸收增加。

经过上述代偿，血浆 $[NaHCO_3]/[H_2CO_3]$ 在 20/1，处在代谢性酸中毒的代偿阶段。若超出机体的代偿能力，$[NaHCO_3]/[H_2CO_3]$ 下降，pH＜7.35，则为失代偿性代谢性酸中毒。

3. 特征　血浆 pH↓、$[HCO_3^-]$↓↓（原发性）、$PaCO_2$↓、$[H_2CO_3]$↓（代偿性）。

4. 治疗原则　治疗原发病以消除病因；改善机体缺氧状态，减少乳酸生成；改善肾功能，促进$NaHCO_3$重吸收和固定酸排出；给予碱性药物（如$NaHCO_3$）以补充体内碱储量不足。

（二）代谢性碱中毒

代谢性碱中毒由细胞外液碱增多或H^+丢失过多引起，血浆中$NaHCO_3$浓度原发性增多所致。

1. 病因　①酸性物质丢失过多：如幽门梗阻或高位肠梗阻时出现剧烈呕吐，直接丢失胃酸。②碱性物质摄入过多：如溃疡患者服用过量的碳酸氢钠，超过肾排泄能力。③低血钾：致肾小管 K^+-Na^+ 交换减弱，H^+-Na^+ 交换增强，使 $NaHCO_3$ 增多。

2. 代偿　血浆$NaHCO_3$浓度原发性升高，H^+浓度下降，导致呼吸中枢兴奋性降低，呼吸变浅、变慢，保留CO_2，使H_2CO_3浓度代偿性升高；同时肾小管上皮细胞泌H^+和泌NH_3作用减弱，$NaHCO_3$重吸收减少。

经过上述代偿，血浆 $[NaHCO_3]/[H_2CO_3]$ 在 20/1，处在代谢性碱中毒的代偿阶段。若超出机体的代偿能力时，$[NaHCO_3]/[H_2CO_3]$ 增加，pH＞7.45，则为失代偿性代谢性碱中毒。

3. 特征　血浆 pH↑、$[HCO_3^-]$↑↑（原发性）、$PaCO_2$↑、$[H_2CO_3]$↑（代偿性）。

4. 治疗原则　治疗原发病以消除病因；对轻症患者可以补充适量生理盐水；对严重患者给予一定量的酸性药物。

（三）呼吸性酸中毒

呼吸性酸中毒主要是由于肺的呼吸功能障碍，不能充分排出体内生成的CO_2，导致CO_2潴留，使血浆中H_2CO_3浓度原发性升高。

1. 病因　①呼吸中枢受抑制：如脑炎、脑膜炎、颅脑外伤或酒精中毒等，呼吸中枢活动受抑制，使通气减少，CO_2蓄积。此外，麻醉药、镇静药（吗啡、巴比妥钠等）均有抑制呼吸的作用，剂量过大亦可引起通气不足。②广泛性肺部疾患：如肺气肿、支气管哮喘、气胸、肺心病等，均可严重妨碍肺泡的通气而发生呼吸性酸中毒。③呼吸系统及神经、肌肉功能障碍：如脊髓灰质炎、重症肌无力、低钾血症、高位脊髓损伤等，严重者可引起呼吸肌麻痹。

2. 代偿　呼吸性酸中毒由呼吸障碍引起，呼吸代偿难以发挥，故肾代偿是呼吸性酸中毒的主要代偿途径。当血浆 $PaCO_2$ 及 H_2CO_3 浓度升高时，肾小管上皮细胞泌 H^+、泌 NH_3 作用增

强，$NaHCO_3$ 重吸收增加，血浆中 $NaHCO_3$ 浓度代偿性升高，如果 $[NaHCO_3]/[H_2CO_3]$ 在 20/1，则血浆 pH 仍在正常范围，此为代偿性呼吸性酸中毒。若血浆 H_2CO_3 浓度过高，超过代偿能力时，则 $[NaHCO_3]/[H_2CO_3]$ 下降，血浆 pH＜7.35，此为失代偿性呼吸性酸中毒。

3. 特征　血浆 pH↓、$PaCO_2$↑↑（原发性）、$[HCO_3^-]$↑（代偿性）。

4. 治疗原则　针对病因改善通气和换气功能，以促进 CO_2 及时排出。

（四）呼吸性碱中毒

呼吸性碱中毒是由于肺换气过度，CO_2 呼出过多，血浆 H_2CO_3 浓度原发性降低。

1. 病因　①精神性过度通气：如癔症发作患者。②代谢过程异常：如甲状腺功能亢进、高热等，通气明显增加。③水杨酸中毒：水杨酸能直接刺激呼吸中枢使其兴奋性增高，出现通气过度。④中枢神经系统疾患：如脑炎、脑膜炎、脑肿瘤及颅脑损伤患者，有的呼吸中枢受到刺激而兴奋，出现通气过度。

2. 代偿　当 CO_2 排出过量，血浆 $PaCO_2$ 及 H_2CO_3 浓度降低时，肾小管上皮细胞碳酸酐酶活性降低，分泌 H^+、NH_3 作用减弱，$NaHCO_3$ 重吸收减少，血浆 $NaHCO_3$ 浓度代偿性降低，$[NaHCO_3]/[H_2CO_3]$ 维持在 20/1，则血浆 pH 在正常范围内，此为代偿性呼吸性碱中毒；若血浆 H_2CO_3 浓度降低超过机体代偿能力时，$[NaHCO_3]/[H_2CO_3]$ 增大，血浆 pH＞7.45，此为失代偿性呼吸性碱中毒。

3. 特征　血浆 pH↑、$PaCO_2$↓↓（原发性）、$[HCO_3^-]$↓（代偿性）。

4. 治疗原则　针对病因，及时消除引起呼吸过度的因素。

二、酸碱平衡的常用生化指标及意义

临床上，全面、正确地掌握机体酸碱平衡的状况，对疾病的治疗，特别是对严重的呼吸、心脏、肾功能不全的患者病情的分析及诊断和抢救具有重要的价值。为此，需要对血液中各项有关酸碱平衡的生化指标进行测定。

（一）pH

pH 即 H^+ 浓度的负对数，是酸碱度的指标。体液中 H^+ 很少，因此广泛使用 pH 表示体液酸碱度。

生理状态时，由于代谢特点不同，体内各个部位组织中 pH 有一定差异。当血液流经全身各处，与组织间液、细胞内液进行物质交换，血液 pH 实际上是各个组织 pH 变化的总结果，因此，血液 pH 可反映机体酸碱平衡紊乱的性质、程度和代偿状况。

正常动脉血 pH 7.35~7.45，平均为 7.4，相当于 $[H^+]$ 45~35 nmol/L。pH＜7.35 为失代偿性酸中毒；pH＞7.45 为失代偿性碱中毒。生命可耐受的最大范围是 pH 6.8~7.8。只看血液 pH 不能鉴别酸碱中毒是代谢性的还是呼吸性的。由于机体具有代偿调节机制，即使 pH 在正常范围内，也不能完全排除酸碱平衡紊乱。

（二）动脉血二氧化碳分压（$PaCO_2$）

动脉血 $PaCO_2$ 指物理溶解于血浆中的 CO_2 分子所产生的张力。测定动脉血 $PaCO_2$ 可了解肺泡通气量的情况，即 $PaCO_2$ 与肺泡通气量成反比，通气不足时，$PaCO_2$ 升高；反之，$PaCO_2$ 降低。因此，$PaCO_2$ 是反映呼吸性酸碱平衡紊乱的重要指标。正常参考值为 35~45 mmHg（4.67~6.0 kPa），平均值为 40 mmHg（5.33 kPa）。

（三）标准碳酸氢盐和实际碳酸氢盐

1. 标准碳酸氢盐（SB）　SB 是指全血在标准条件下（温度 37℃，血红蛋白氧饱和度 100%，用 $PaCO_2$ 5.3 kPa 的气体平衡）测得的血浆 HCO_3^- 的含量。正常值为 22~26 mmol/L，平均为 24 mmol/L。由于 $PaCO_2$ 的变化可直接影响血浆 HCO_3^- 的含量，全血标本经上述标准

化条件处理后,实际上已消除了呼吸因素的影响。故 SB 是判断代谢性因素的指标。SB 降低,为代谢性酸中毒;SB 升高,为代谢性碱中毒。

2. 实际碳酸氢盐(AB)　AB 是指隔绝空气的血液标本在保持其原有的 $PaCO_2$ 和血氧饱和度不变的条件下测得的血浆 HCO_3^- 的真实含量。AB 受呼吸和代谢双重因素的影响。由于正常人的条件和测定 SB 的人工条件是相同的,因此,AB 的正常值同 SB。

正常人 AB=SB。若 AB=SB 但均低于正常值,为代谢性酸中毒;若 AB=SB 但均高于正常值,为代谢性碱中毒。AB 与 SB 的差值反映了呼吸因素对酸碱平衡的影响。若 AB>SB,表明有 CO_2 潴留,为呼吸性酸中毒;若 AB<SB,表明 CO_2 排出过多,为呼吸性碱中毒。

(四)缓冲碱

缓冲碱(BB)指全血中具有缓冲作用的阴离子的总和,包括血液和红细胞中的 HCO_3^-、HPO_4^{2-}、Hb^-、Pr^- 等。通常在标准条件下测定,正常值为 45~52 mmol/L,平均为 48 mmol/L。缓冲碱是反映代谢因素的指标。代谢性酸中毒时,BB 减少;代谢碱中毒时,BB 升高。

(五)碱剩余

碱剩余(BE)是指标准条件下,用酸或碱滴定全血标本至 7.4 时所需的酸或碱的量,是反映代谢性因素的指标。若需用酸滴定才能达到 7.4,说明被测血液碱过多,BE 用正值表示;若需用碱滴定,说明被测血液碱缺失,BE 用负值表示。全血 BE 正常值范围为 −3.0~+3.0 mmol/L。BE>+3.0 mmol/L,表示体内碱过剩,为代谢性碱中毒;若 BE<−3.0 mmol/L,表示体内碱欠缺,为代谢性酸中毒。

(六)阴离子间隙

阴离子间隙(AG)是指血浆中未测定阴离子(UA)与未测定阳离子(UC)的差值,是近年来受到广泛关注的一项酸碱指标。阴离子间隙增高通常是代谢性酸中毒发生时第一个有提示性的指标。

临床实际测定血浆离子时,因限于条件和需要,一般只测定 Na^+、Cl^- 和 HCO_3^-,即为可测定的阳离子和可测定的阴离子。血浆中未测定的阳离子包括 K^+、Ca^{2+} 和 Mg^{2+},未测定的阴离子包括 Pr^-、HPO_4^{2-}、SO_4^{2-} 和有机酸阴离子。因正常机体血浆中的阳离子与阴离子总量相等,故 AG 可用血浆中可测定阳离子与可测定阴离子的差计算出,即:

$$可测定阳离子(Na^+)+ 未测定阳离子(UC)$$
$$= 可测定阴离子(HCO_3^-+Cl^-)+ 未测定阳离子(UC)$$
$$阴离子间隙(AG)=[Na^+]-([HCO_3^-]+[Cl^-])$$

AG 正常范围为 8~16 mmol/L。AG 作为衡量血浆中固定酸含量的指标,其增高对区分不同类型的代谢性酸中毒和诊断某些混合型酸碱平衡失调有重要价值。AG>16 mmol/L 常见于乳酸堆积、磷酸盐硫酸盐潴留、酮体过多、水杨酸中毒、甲醇中毒等固定酸增多的情况。AG 降低在酸碱失衡诊断方面价值不大。

以上酸碱平衡的各项指标中,反映呼吸性因素的指标为 $PaCO_2$,反映代谢性因素的指标有 AB、SB、BB、BE 和 AG,它们都反映 HCO_3^- 的变化,pH 则是两种因素综合的结果(表 14-2)。

虽然各项指标在诊断酸碱平衡失调中具有重要的意义,但临床上仍要根据病史、症状及测定多项酸碱平衡指标进行综合分析,才能对酸碱平衡失调做出正确的判断,给予患者合理治疗。

表 14-2　单纯性酸碱平衡失调的生化指标变化

生化指标	代谢性酸中毒	代谢性碱中毒	呼吸性酸中毒	呼吸性碱中毒
原发改变	HCO_3^- ↓↓	HCO_3^- ↑↑	H_2CO_3 ↑↑	H_2CO_3 ↓↓
pH	↓	↑	↓	↑
$PaCO_2$	↓	↑	↑↑	↓↓
SB 与 AB	SB=AB 均↓	SB=AB 均↑	SB<AB	SB>AB
BE	负值↑	正值↑	-	-

● 自测题 ●

一、选择题

1. 全血中,碳酸氢盐与碳酸浓度正常比值约为
   A. 10∶1
   B. 1∶10
   C. 20∶1
   D. 1∶20
   E. 1∶1
2. 酸碱平衡中起代谢性代偿作用的器官是
   A. 肝
   B. 肾
   C. 肺
   D. 消化道
   E. 胰
3. 体内固定酸主要通过
   A. 粪便排出
   B. 肾排出
   C. 肺排出
   D. 胆汁排出
   E. 皮肤排出
4. 可引起呼吸性酸中毒的情况是
   A. 发热
   B. 哮喘
   C. 肺气肿
   D. 贫血
   E. 癔症
5. 严重腹泻可引起
   A. 碳酸氢盐丢失,造成酸中毒
   B. 肾对 $NaHCO_3$ 重吸收代偿降低
   C. 胃酸丢失
   D. 碱中毒
   E. 低血钾
6. 红细胞缓冲系统中最重要的是
   A. 血浆 $NaHCO_3/H_2CO_3$ 缓冲系统
   B. 血浆 $KHCO_3/H_2CO_3$ 缓冲系统
   C. 氧合血红蛋白和血红蛋白缓冲系统
   D. Na_2HPO_4/NaH_2PO_4 缓冲系统
   E. K_2HPO_4/KH_2PO_4 缓冲系统
7. 阴离子间隙是判断何种酸碱平衡紊乱的指标
   A. 代谢性酸中毒
   B. 代谢性碱中毒
   C. 呼吸性酸中毒
   D. 呼吸性碱中毒
   E. 代偿性呼吸性碱中毒
8. 关于酸碱平衡的阐述,错误的是
   A. 调节酸碱平衡主要有体液的缓冲系统、肺和肾
   B. 体内代谢主要产生酸性产物,机体功能正常时可调节及维持 pH 相对恒定
   C. 正常生命活动依赖体液适宜的酸碱度
   D. 酸碱平衡与电解质平衡密切相关
   E. 通过测定血液 pH,可诊断酸碱平衡紊乱
9. 下述不是肾对酸碱调节作用的特点的是
   A. 作用发生较慢

B. 重吸收 NaHCO₃ 主要在近曲小管
  C. 排泄固定酸,保留并维持血中碱储
  D. 肾小管上皮细胞可产氨,而从尿排出多余的 H⁺
  E. 可通过增减肾小球滤过率调节酸碱排出

10. 直接受呼吸功能影响的指标是
  A. $PaCO_2$
  B. pH
  C. SB
  D. AB
  E. BE

二、名词解释

1. 酸碱平衡
2. 固定酸
3. 代谢性酸中毒

三、问答题

1. 糖尿病酮症酸中毒为什么容易出现代谢性酸中毒?
2. 某患者动脉血 pH 7.4,该患者有没有酸碱平衡失调? 为什么?

(徐建永)

第十五章

遗传信息的传递与表达

第十五章数字资源

思政之光

学习目标

掌握：
遗传信息传递的中心法则，复制、转录与翻译的概念及特点，DNA、RNA 和蛋白质生物合成的基本过程。

熟悉：
DNA 的损伤与修复，RNA 转录后的加工与修饰。

了解：
蛋白质合成后的加工，蛋白质生物合成与医学的关系。
通过基因编辑婴儿事件，树立尊重生命、遵守伦理道德的职业精神。通过介绍 HIV 的危害与"命门"，树立洁身自好的生活态度。

案例导入

1996 年 7 月 5 日，英国科学家 Ian Wilmut 用一只成年羊的体细胞成功地克隆出了一只小羊，即克隆羊多莉。多莉的产生与三只母羊有关，一只是芬兰多塞特母绵羊（白脸绵羊），另两只是苏格兰黑面母绵羊（黑脸绵羊）。芬兰多塞特母绵羊提供了乳腺细胞的细胞核；一只苏格兰黑面母绵羊提供了无细胞核的卵细胞；另一只苏格兰黑面母绵羊提供羊胚胎的发育环境——子宫，是多莉的"生"母。

请分析：
1. 多莉是一只白脸绵羊还是一只黑脸绵羊？
2. 哪只羊是多莉遗传上的生母？为什么？

生命的基本特征是具有遗传性，DNA 是主要的遗传物质，生物体遗传信息就贮存在 DNA 分子核苷酸的排列顺序中。各物种通过遗传将遗传信息传递给子代，使物种可以稳定地延续，这种遗传现象依赖于亲代基因准确、完整的复制（replication）。基因（gene）是具有遗传效应的 DNA 片段，是生物体遗传的结构单位和功能单位。细胞在分裂之前，通过以亲代 DNA 为模板合成子代 DNA，并将遗传信息准确地传递到子代 DNA 分子中，该过程称为复制。在子代的个体发育过程中，遗传信息将以 DNA 为模板，合成与 DNA 某一段核酸序列相对应的 RNA 分子（mRNA），该过程称为转录（transcription）。然后，以 mRNA 为模板，指导蛋白质生物合成，这一过程称为翻译（translation）。通过复制、转录和翻译，使 DNA 分子中的遗传信息转变成蛋白质，蛋白质执行各种生理功能，使后代表现出与亲代相似的性状。

遗传信息沿复制-转录-翻译的方向进行传递的这一规律称为遗传信息传递的中心法则（central dogma）。这一法则由 Crick 于 1958 年提出并被广泛地接受。随着研究的深入，1970 年，H.M.Temin 和 D.Baltimore 等发现了逆转录酶，它能以 RNA 为模板合成 DNA，这样，遗传信息的传递方向就和上述转录过程相反，因此称为逆转录（reverse transcription）。另外，某些病毒 RNA 亦可进行自我复制。于是，由 Crick 提出的中心法则便得到了补充和修正（图 15-1）。

> **考点提示**
> 中心法则的概念

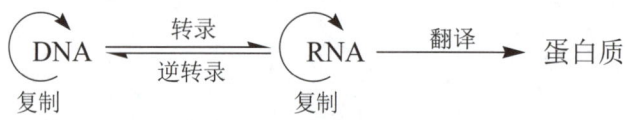

图 15-1　遗传信息传递中心法则

第一节　DNA 的生物合成

生物体内进行的 DNA 合成过程主要包括 DNA 复制、DNA 损伤与修复和逆转录等过程。

一、DNA 复制

DNA 复制是以亲代的 DNA 为模板，按照碱基互补配对原则合成子代 DNA 的过程。DNA 复制的主要特征：半保留复制、双向复制和半不连续复制。

（一）DNA 复制的方式——半保留复制

> **考点提示**
> 半保留复制的概念

DNA 复制时，首先是将亲代 DNA 分子两条链之间的氢键断裂，解开成两条单链，然后分别以每一条单链为模板，按照碱基互补配对原则，各自合成一条新的 DNA 链，这样新合成的每个子代 DNA 分子中，一条链来自亲代 DNA，另一条链是新合成的，这种复制方式称为半保留复制（图 15-2）。

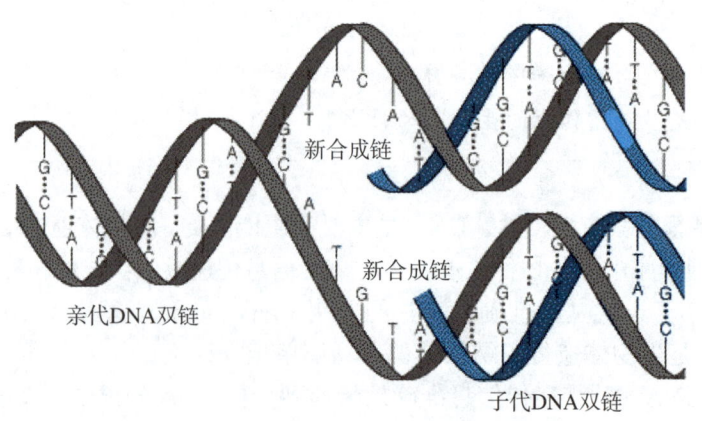

图 15-2　DNA 半保留复制示意图

知识链接

DNA 半保留复制的证实实验

1958 年，M. Meselson 和 F. Stahl 利用同位素标记技术在大肠埃希菌中首次证实了 DNA 的半保留复制。他们将大肠埃希菌放在含有 ^{15}N 标记的 NH_4Cl 培养基中繁殖了 15 代，使所有的大肠埃希菌 DNA 被 ^{15}N 所标记，可以得到 ^{15}N-DNA。然后将细菌转移到含有 ^{14}N 标记的 NH_4Cl 培养基中进行培养，在培养不同代数时收集细菌，裂解细胞，用氯化铯密度梯度离心法观察 DNA 所处的位置。由于 ^{15}N-DNA 的密度比普通 DNA（^{14}N-DNA）密度大，在氯化铯密度梯度离心时，两种密度不同的 DNA 分布在不同的区带（图 15-3）。

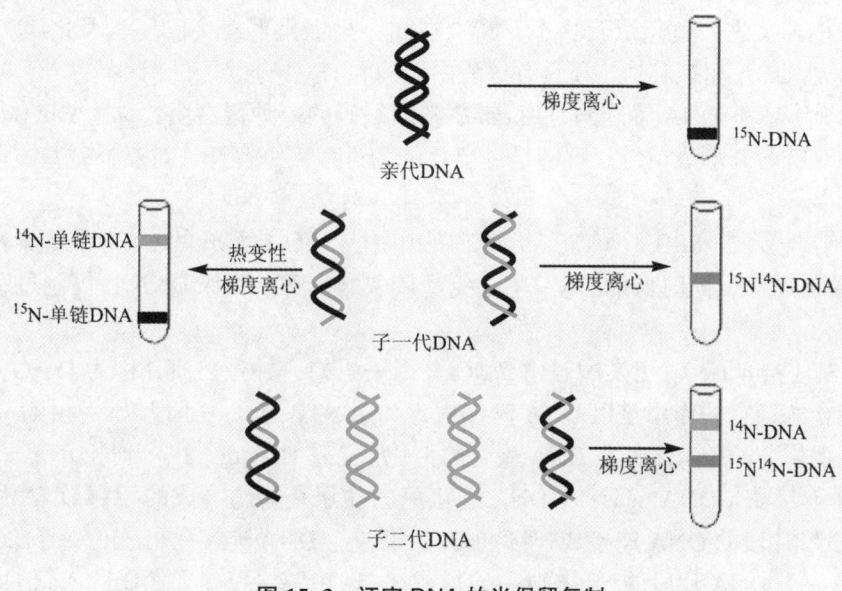

图 15-3　证实 DNA 的半保留复制

（二）参与 DNA 复制的重要酶类与蛋白质

1. DNA 聚合酶　DNA 聚合酶是指将 DNA 合成的底物（dNTP）通过 3',5'-磷酸二酯键聚合成一条与 DNA 模板链完全互补的新 DNA 链的一类酶。因需要 DNA 母链为模板，故又称 DNA 指导的 DNA 聚合酶（DNA-directed DNA polymerase，DDDP）。

在原核生物大肠埃希菌中的 DNA 聚合酶主要有 3 种，分别称为 DNA 聚合酶 I、II 和 III。现将它们的特点总结于表 15-1。

表 15-1　大肠埃希菌 DNA 聚合酶特征

特性	DNA 聚合酶 I	DNA 聚合酶 II	DNA 聚合酶 III
组成	单条肽链	≥4	多亚基不对称二聚体
5'→3' 聚合活性	+	+	+
5'→3' 外切活性	+	−	−
3'→5' 外切活性	+	+	+
37℃转化率（核苷酸数/酶分子·秒）	10~20	40	250~1000
功能	修复、去除引物、填补空缺	应急修复	复制

真核细胞内的 DNA 聚合酶常见的有 5 种，即 DNA 聚合酶 α、β、γ、δ 和 ε。这 5 种 DNA 聚合酶都具有 5′→3′ 聚合酶活性。DNA 聚合酶 α 及 δ 是复制的主要酶，DNA 聚合酶 α 参与引物的合成；DNA 聚合酶 δ 是复制时新链延长的主要催化酶，参与新链的延长，并具有切除引物后填补空隙的作用；DNA 聚合酶 β 复制的保真度低，可能是参与应急修复的酶；DNA 聚合酶 γ 参与线粒体 DNA 的复制；DNA 聚合酶 ε 可能与原核生物的 DNA 聚合酶 I 相似，在复制中起校对、修复和填补引物水解后所留下的缺口的作用。

2. DNA 拓扑异构酶　DNA 拓扑异构酶的作用是使 DNA 超螺旋松弛，并克服 DNA 复制解链时分子高速反向旋转造成的分子打结、缠绕、连环现象。DNA 拓扑异构酶主要有两种：Ⅰ 型 DNA 拓扑异构酶（Topo Ⅰ）和 Ⅱ 型 DNA 拓扑异构酶（Topo Ⅱ）。Topo Ⅰ 切开 DNA 双链中的一股，使 DNA 链末端沿螺旋轴松解的方向转动，适时又把切口封闭，使 DNA 变为松弛状态，反应不需要 ATP 参与。Topo Ⅱ 在无 ATP 情况下，切断 DNA 双链某一部位，DNA 断端通过切口沿螺旋轴朝松解的方向转动，使 DNA 变为松弛状态；在利用 ATP 供能的条件下，松弛状态的 DNA 又进入负超螺旋状态，断端在同一酶催化下连接恢复。因此，DNA 拓扑异构酶除了能松弛 DNA 超螺旋外，还具有核酸内切酶和 DNA 连接酶的活性。

3. DNA 解旋酶　DNA 解旋酶是由 *dnaB* 基因编码的一种蛋白质，称为 DnaB。它的作用是将 DNA 的双链解开形成单链。解链是一个耗能的过程，每解开一对互补碱基，需消耗 2 分子 ATP。

4. 单链结合蛋白（SSB）　单链结合蛋白的作用是与已被解开的 DNA 单链紧密结合，维持模板处于单链状态，同时保护 DNA 单链免遭核酸酶水解，确保 DNA 在复制过程中模板单链的完整性。

5. 引发酶（primase）　引发酶是由 *dnaG* 基因编码的一种蛋白质，称为 DnaG，是一种特殊的 RNA 聚合酶，它的作用是以 DNA 为模板，利用 NTP 合成一小段 RNA 引物。RNA 引物为 DNA 复制提供 3′-OH 末端，在 DNA 聚合酶催化下逐一加入 dNTP，延长 DNA 子链。

6. DNA 连接酶（DNA ligase）　DNA 连接酶的作用是将新合成的相邻 DNA 片段连接起来，从而使 2 个片段的 DNA 连接成连续的 DNA 长链。DNA 连接酶可催化一个 DNA 片段的 3′-OH 端与另一个 DNA 片段的 5′-末端磷酸形成 3′,5′-磷酸二酯键（图 15-4），但这两个片段必须是和 DNA 模板链相结合的，反应消耗 ATP 能量。DNA 连接酶不仅在复制中起连接缺口的作用，在 DNA 损伤的修复及基因工程中也起缝合缺口的作用。

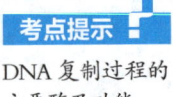
考点提示
DNA 复制过程的主要酶及功能

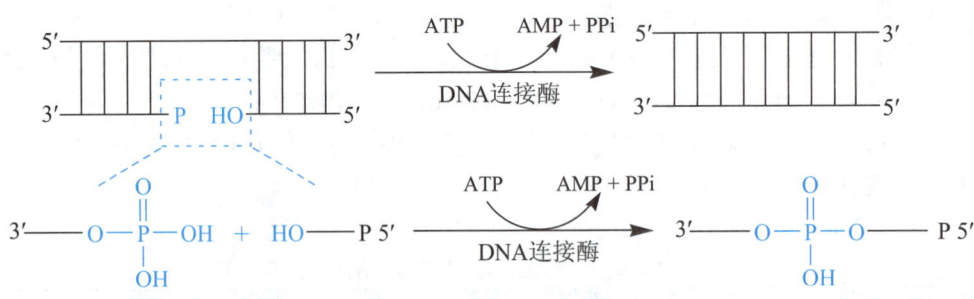

图 15-4　DNA 连接酶的作用

（三）DNA 复制的基本过程

DNA 的复制是以 DNA 为模板，在 DNA 聚合酶的作用下，将游离的 4 种脱氧核苷酸聚合成 DNA 的过程。通常人为地把该过程分为起始、延长和终止 3 个阶段。

原核生物 DNA 复制是从固定的起始点开始的，同时向两个相反方向进行，称为双向复制。原核生物的基因组 DNA 较小，呈闭合环状，一般只有一个复制起始点（ori），真核生物基因组 DNA 庞大，呈线性，有多个复制起始点（图 15-5）。

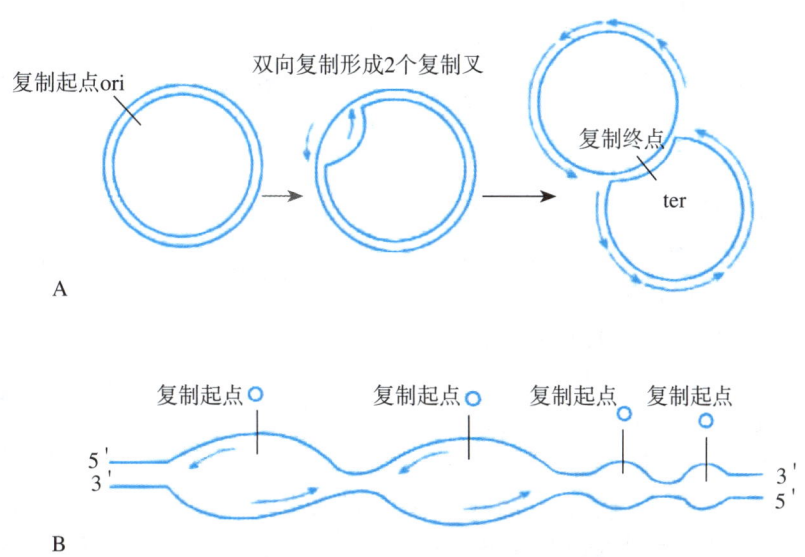

图 15–5　原核生物和真核生物 DNA 复制的起点和方向的比较
A. 原核生物环状 DNA 的单点起始双向复制；B. 真核生物 DNA 的多点起始双向复制

1. 起始阶段　主要包括 DNA 解链形成复制叉及合成引物。在大肠埃希菌中，解链过程由 3 种蛋白质（DnaA、DnaB、DnaC）和拓扑异构酶共同完成。首先由 DnaA 识别复制起始点并与之结合，然后 DnaB（DNA 解旋酶）在 DnaC 的协同下对 DNA 进行解链。当 DNA 双链解开足够的长度后，单链结合蛋白结合到开放的单链上，形成复制叉（图 15-6）。当两股单链暴露出足够数量的碱基后，引发酶发挥作用。它能以 4 种 NTP 为原料，以解开的一段 DNA 单链为模板，按 $5' \rightarrow 3'$ 的延伸方向合成 RNA 引物。引物的长度为十几个至几十个核苷酸。DNA 复制时，第一个脱氧核苷酸就是加在引物的 3'-OH 末端上的。

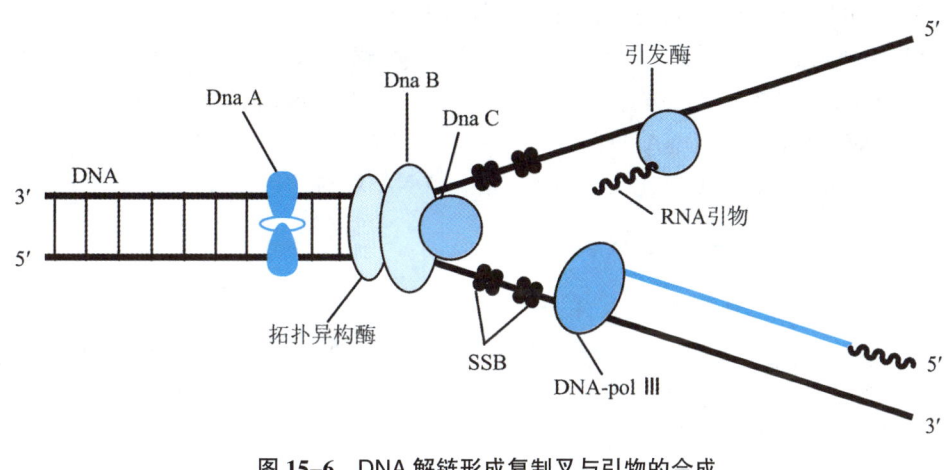

图 15–6　DNA 解链形成复制叉与引物的合成

2. 延长阶段　引物合成后，从引物的 3'-OH 末端开始，DNA 聚合酶Ⅲ催化 dNTP 发生聚合反应，DNA 新链延长分别以两条 DNA 链为模板，按照碱基互补配对的原则各自指导合成一条新的 DNA。由于模板 DNA 双链的方向相反，而 DNA 聚合酶只能按照 5'→3' 的方向合成子链 DNA，因此新合成的两条子链走向相反。以 3'→5' 方向的母链为模板时，新链的合成方向与复制叉前进的方向一致，可以连续合成，称为前导链或领头链；以 5'→3' 方向的母链为模板时，新链是逆向复制叉的前进方向分段合成的，称为随从链或滞后链。随从链复制时有多个起始点，每个起始点都要先合成一段 RNA 引物，再合成小片段的 DNA，这些不连续的 DNA 片段称为冈崎片段（Okazaki fragment）。在 DNA 双链中，前导链的复制连续，随从链的复制不连续，这种 DNA 复制方式称为半不连续复制。

考点提示
DNA 复制的概念及过程，冈崎片段的概念

在 DNA 聚合酶Ⅲ的作用下，随从链与前导链是同时合成的。所以，随从链的模板须在 DNA 聚合酶Ⅲ所在的位置回折 180°，使得 RNA 引物的 3' 端靠近 DNA 聚合酶Ⅲ的一个催化位点，以保证随从链的延伸方向能顺应前导链和复制叉的推进方向（图 15-7）。

3. 终止阶段　包括切除引物、填补空缺和连接冈崎片段。前导链因为可以不间断地延长，它的合成随着复制叉到达模板链的终点而终止。在随从链中，随着复制的进行，第二个冈崎片段的 3' 端总要延伸到第一个冈崎片段引物 5' 端，这时 DNA 聚合酶 I 即发挥 5'→3' 外切酶的作用，将第一个冈崎片段的引物切除，并利用其 5'→3' 聚合酶的活性，催化第二个冈崎片段继续延伸，将切除引物后留下的空缺填满。最后，DNA 连接酶将相邻的片段连接起来，封闭缺口，成为完整的长链。细菌环状染色体的两个复制叉分别向前推移，最后在终止区相遇，复制停止，但其间仍有 50~100 bp 未被复制，可通过其后的 DNA 修复方式来填补。

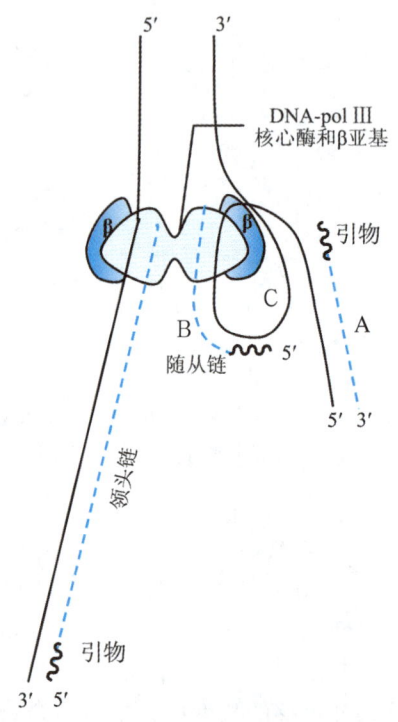

图 15-7　同一复制叉上领头链和随从链由相同的 DNA-pol 催化延长
A. 随从链上已复制的片段；B. 随从链上正在复制的片段；C. 随从链上尚未复制的片段

与上述原核生物 DNA 的复制相比较，真核生物 DNA 的复制有以下不同：①真核生物 DNA 是线性分子，它的复制是从多个起始点开始同时进行的。②参与真核生物 DNA 复制的聚合酶是 α、β、γ、δ 等。③真核生物 DNA 的末端有端粒结构，它可以确保在多次复制的过程中 DNA 链不会因为末端引物的切除而逐渐被截短。④真核生物的引物与冈崎片段均比原核生物的短。⑤在真核生物 DNA 复制的同时，还要合成组蛋白，形成核小体。⑥在全部复制完成之前，真核生物 DNA 的各起始点上不能开始下一轮 DNA 的复制，而在快速生长的原核生物中，在起始点上可以连续开始新一轮的 DNA 复制。

二、DNA 损伤（突变）与修复

（一）DNA 损伤

考点提示
DNA 损伤的概念及意义

DNA 损伤又称突变，是指 DNA 分子中由于碱基结构改变导致生物遗传信息改变的过程。许多理化及生物因素都可以造成 DNA 损伤，如电离辐射、紫外线、烷化剂、氧化剂、致癌病毒等。DNA 复制的高保真性是维持物种相对稳定的主要因素。然而，在长期的生物进化过程中，DNA 常受各种环境因素的影响，因而不可避免地发生突变。无论是低等生物还是高等生物，均已经形成了自己的 DNA 损伤修复系统，使损伤的 DNA 得到及时修复，恢复其正常的

结构，使细胞正常功能得以维持。

1. DNA 损伤常见的类型

（1）点突变：DNA 上单一碱基被另一碱基所取代。其中嘌呤代替嘌呤（A 与 G 之间替代）、嘧啶代替嘧啶（C 与 T 之间替代）称为转换；嘌呤变嘧啶或嘧啶变嘌呤称为颠换。如亚硝酸盐影响 DNA 的复制而改变碱基序列可使 C→U，这样使得原有的 C-G 配对变为 U-G。点突变如果发生在基因的编码区，可导致蛋白质中氨基酸的改变。

（2）插入：在 DNA 分子中插入一个原来不存在的核苷酸或一段核苷酸链。如病毒 RNA 通过逆转录生成 DNA，可整合于宿主细胞 DNA 分子中，并随宿主基因一起复制和表达。

（3）缺失：DNA 分子中一个核苷酸或一段核苷酸链丢失。如烷化剂可使鸟嘌呤 N-7 甲基化及核苷酸脱落而导致缺失，插入和缺失都可造成移码突变（也称框移突变）。移码突变是指三联体密码的阅读方式改变，造成翻译出的蛋白质氨基酸完全不同。

（4）断裂：代谢过程产生的活性氧等因素可引起 DNA 单链断裂等损伤。DNA 双链中一条链断裂，称单链断裂；DNA 双链在同一处或相近处断裂，称双链断裂。单链断裂发生频率为双链断裂的 10~20 倍，但较容易修复，而双链断裂对单倍体细胞来说（如细菌）就是一次致死事件。

（5）交联：包括 DNA 交联和 DNA-蛋白交联。双功能基烷化剂（如氮芥、硫芥等）和一些抗癌药物（如环磷酰胺、苯丁酸氮芥、丝裂霉素等），其两个功能基可同时使两处烷基化，结果就能造成 DNA 链内、链间以及 DNA 与蛋白质间的交联（图 15-8）。如紫外线能使 DNA 分子中同一条链相邻嘧啶碱基之间形成二聚体（最易形成的是 TT，其次是 CT、CC 二聚体）（图 15-9）。

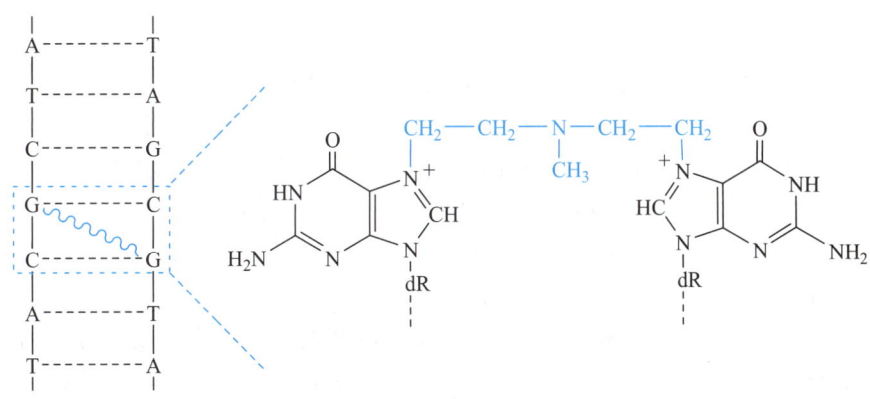

图 15-8 氮芥引起 DNA 分子两条链在鸟嘌呤上的交联

2. DNA 损伤（突变）的生物学意义

（1）突变是生物进化的分子基础：生物的进化是基因不断发生突变的结果，没有突变就不可能有现今适应各种环境的生物世界。大量的突变都属于这种类型，但目前尚未能认识其发生的真正原因，因而称为自发突变或自然突变。

（2）形成 DNA 的多态性：如果基因突变没有可察觉的表型改变，只是形成个体之间基因型差别，称为基因的多态性。应用 DNA 多态性分析技术可识别个体差异和种、株间差异，用于法医学上的个体识别、亲子鉴定、器官移植配型、个体对某些疾病的易感性分析。

（3）突变是某些疾病的发病基础：目前详细记载的 4000 余种疾病中，约有 1/3 以上属于遗传性疾病或有遗传倾向的疾病。如血友病是凝血因子基因的突变；地中海贫血是血红蛋白基因的突变。有遗传倾向的疾病，包括常见的高血压病、糖尿病和肿瘤等，是众多基因与生活环

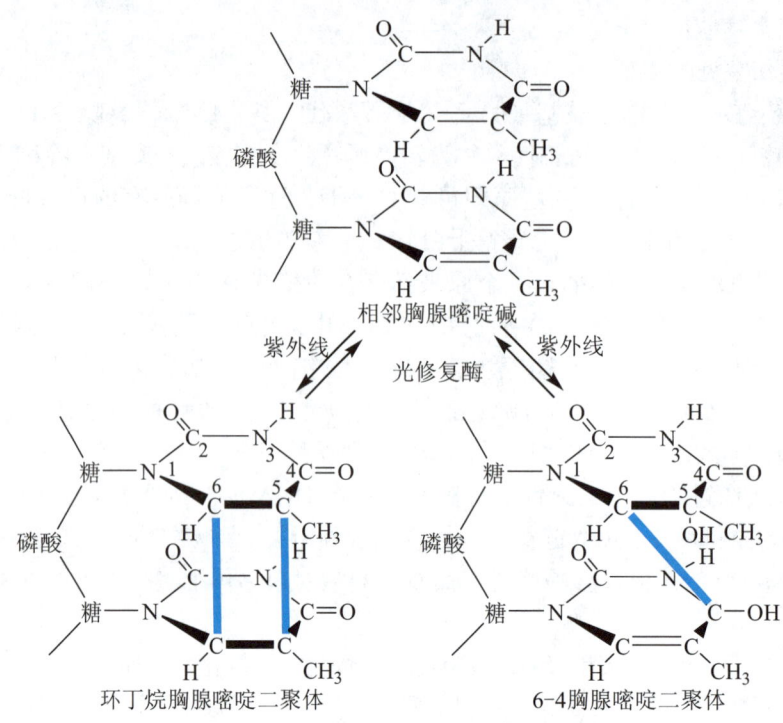

图 15-9　胸腺嘧啶二聚体的形成与解聚

境因素共同作用的结果。

（4）突变具有致死性：突变可导致个体、细胞的死亡，如果突变发生在对生命过程至关重要的基因上，可导致个体、细胞的死亡。人类常利用这一特性消灭有害病原体。

（二）DNA 修复

在一定的条件下，损伤的 DNA 在机体内能得到修复。DNA 的修复作用是生物体长期进化过程中获得的一种保护功能。DNA 修复的主要类型有以下几种。

考点提示
DNA 修复的概念及意义

（1）光修复：几乎所有生物的细胞内均具有光复活酶，它在可见光的照射下被激活。通过此酶的作用，嘧啶二聚体可恢复到原来的非聚合状态（图 15-9）。

（2）切除修复：切除修复是细胞内 DNA 最重要的修复方式，主要由特异的内切核酸酶、DNA 聚合酶 I 及 DNA 连接酶来完成。首先，由一种特异的内切核酸酶将 DNA 损伤处靠近 5' 端的部位切开，然后切除损伤的 DNA，再在 DNA 聚合酶 I 的作用下，以另一条完整的 DNA 链为模板进行修复合成，将空隙填补，最后由 DNA 连接酶将修复处遗留的两端点进行连接（图 15-10）。

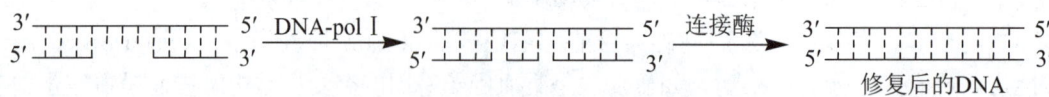

图 15-10　DNA 损伤的切除修复

（3）重组修复：当 DNA 分子损伤面积较大，还来不及修复就进行复制时，可利用重组修复来进行 DNA 损伤后的修复（图 15-11）。因复制时 DNA 损伤部位不能作为模板来指导子链的合成，使子链上形成缺口。这时重组蛋白 A（RecA）发挥核酸酶活性，将另一股正常母链上的相应的一段 DNA 切下并填补到该缺口处。正常母链上出现的缺口可在 DNA 聚合酶 I 及 DNA 连接酶的作用下，以其对应的子链为模板进行填补。重组修复虽不能消除损伤部位，但随着多次复制及重组修复，损伤链因所占比例越来越小而被"稀释"掉，不致影响细胞的正常功能。

（4）SOS 修复：是一类应急性的修复方式，即当 DNA 分子受到广泛损伤而难以继续复制时，细胞内所启动的一种修复方式。通过 SOS 修复，复制如能继续，细胞是可以存活的。

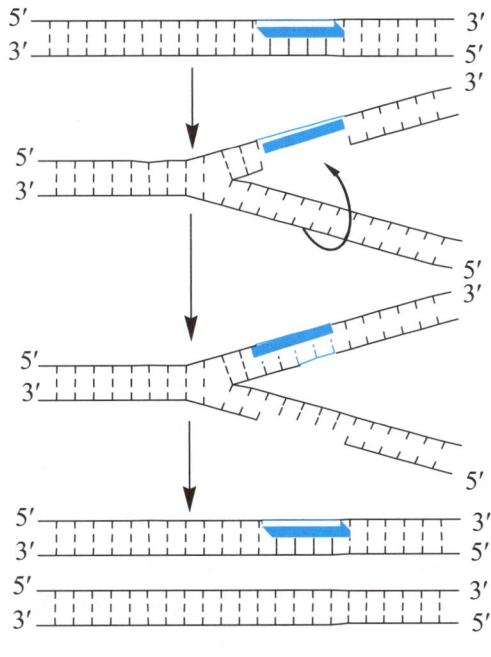

图 15-11 DNA 损伤的重组修复

 知识链接

DNA 修复与疾病

DNA 修复能力的异常可能与衰老和某些疾病发生有关。例如，老年动物的 DNA 修复能力较差，这可能是发生衰老的原因之一。又如着色性干皮病的患者对日光或紫外线特别敏感，易发生皮肤癌，其原因是皮肤细胞中存在 DNA 修复酶体系的缺陷，以致日光或紫外线照射后产生的 DNA 损伤不能修复，使细胞发生癌变。而当它破坏癌细胞 DNA 时，则可导致癌细胞死亡，故又可以当作抗癌药物。

三、逆转录

（一）逆转录的基本过程

DNA 合成都是以 DNA 为模板。在一些病毒和真核生物中，还存在以 RNA 为模板合成 DNA 的机制。在遗传信息的传递中，以 DNA 为模板合成 RNA 称为转录，所以，这种以 RNA 为模板合成 DNA 的过程，则称为逆转录或反转录。逆转录是 RNA 病毒复制的形式之一，需要逆转录酶（reverse transcriptase）的催化，因此 RNA 病毒也称逆转录病毒（retrovirus）。艾滋病病毒（HIV）就是典型的逆转录病毒。

考点提示

逆转录的概念

从单链的 RNA 到双链的 DNA 可分为 3 步：首先是逆转录酶以病毒 RNA 为模板，以 4 种 dNTP 为底物，按 5'→3' 的方向合成一条与 RNA 模板互补的 DNA 单链，这条 DNA 单链称为互补 DNA（complementary DNA，cDNA）单链，形成了 RNA/DNA 杂化双链。其次，RNA/DNA 杂化双链中的 RNA 链被核糖核酸酶 H 水解。最后，再以 cDNA 单链为模板合成双链的 cDNA 分子（图 15-12）。

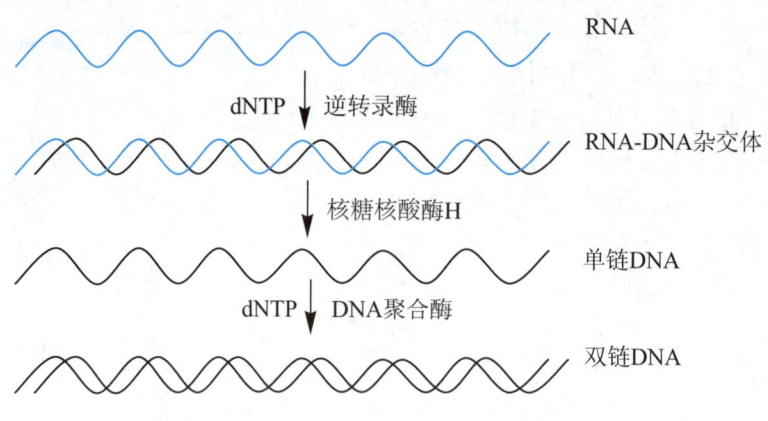

图 15-12 逆转录酶催化合成 cDNA 双链

逆转录酶具有多种酶活性，主要包括以下3种活性。①DNA聚合酶活性：以RNA为模板，催化dNTP聚合成DNA的过程。逆转录酶不具有3'→5'外切酶活性，因此没有校正功能，所以由逆转录酶催化合成的DNA错误频率比较高。②核糖核酸酶H活性：由逆转录酶催化合成的cDNA与模板RNA形成的杂交分子，将由核糖核酸酶H从RNA 5'端开始水解掉RNA分子。③有些逆转录酶还有DNA内切酶活性，这可能与病毒基因整合到宿主细胞染色体DNA中有关。

（二）逆转录的意义

逆转录现象的发现具有重要的理论和实践意义：①逆转录酶的发现表明遗传信息可以从RNA传递到DNA，从而进一步补充和完善了分子生物学的中心法则。②逆转录现象拓宽了RNA病毒致癌、致病的研究。目前已从逆转录病毒中发现了数十种可使细胞癌变的基因，即病毒癌基因（viral oncogene）。在某些情况下，病毒癌基因可通过基因重组加入到宿主细胞基因组内，并随宿主基因一起复制和表达，这种重组方式称为整合，是病毒致病、致癌的重要原因。近年来还发现在脊椎动物的正常基因组中均含有和肿瘤病毒癌基因相同的碱基序列，称为细胞癌基因（cellular oncogene）。这些癌基因的激活可导致细胞的癌变。③在基因工程中，逆转录酶已经作为获得目的基因的重要方法之一。用组织细胞提取mRNA并以它为模板，在逆转录酶的作用下，合成出互补的DNA（cDNA），由此可构建出不同种属，不同细胞条件的cDNA文库（cDNA library），比较cDNA文库之间的差异即可筛选特异的目的基因，这是基因工程技术中最常用的获得目的基因的方法。

第二节　RNA 的生物合成

以DNA为模板，合成与之互补的RNA链的过程称为转录（transcription），即遗传信息由DNA向RNA传递的过程，是基因表达的第一步，也是最为关键的一步。因此，转录是遗传信息传递过程中的重要环节。

RNA合成的转录过程与DNA合成的复制过程有许多共同点：两者都是以DNA为模板，链的延长方向都从5'→3'，核苷酸之间连接键都是3',5'-磷酸二酯键。但是，由于复制和转录的目的不同，转录又具有其特点（表15-2）。

表 15–2 复制和转录的区别

比较项目	DNA 复制	转录
合成模板	DNA 两条链均作为模板	DNA 一条链作为模板
合成原料	dNTP	NTP
主要酶	DNA 聚合酶	RNA 聚合酶
产物	子代双链 DNA 分子	mRNA、tRNA、rRNA
碱基配对	A-T、G-C	A-U、T-A、G-C

一、RNA 转录体系

转录体系主要包括模板（双链 DNA 中的一条单链）、RNA 聚合酶、原料 NTP（ATP、GTP、CTP 和 UTP）。此外，参与反应的还有某些蛋白质因子及无机离子。转录生成的产物在加工后转变成 mRNA、tRNA 和 rRNA。

（一）模板

转录是在细胞不同的发育阶段，按生存条件和需要进行的。在基因组庞大的 DNA 双链分子上能转录出 RNA 的 DNA 区段，称为结构基因（structural gene）。结构基因 DNA 区段不是两条链都可以转录，只有其中一条 DNA 单链可以作为模板。转录的这种选择性称为不对称转录。能够充当模板的 DNA 单链称为模板链，与模板链相对应的 DNA 互补链称为编码链。转录出来的 RNA 初级产物与模板链互补，与编码链在碱基排列顺序上基本相同（只是 RNA 中的 U 代替了编码链中的 T）。模板链或编码链并非永远在同一条单链上（图 15-13）。

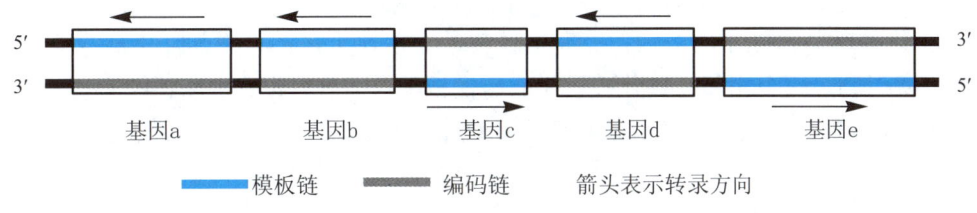

图 15–13 不对称转录

（二）RNA 聚合酶

RNA 聚合酶又称 DNA 指导的 RNA 聚合酶（DNA-directed RNA polymerase，DDRP）。

1. 原核生物 RNA 聚合酶　目前，在原核生物只发现一种 RNA 聚合酶，它是一种多聚体蛋白质，兼有合成各种 RNA 的功能。如大肠埃希菌（E.coli）的 RNA 聚合酶全酶是由 4 种亚基（$\alpha_2\beta\beta'\sigma$）组成的五聚体蛋白质。各亚基及功能见表 15-3。全酶去除 σ（sigma）亚基后，$\alpha\alpha\beta\beta'$ 称为核心酶，核心酶不具备起始合成 RNA 的能力，其作用是使已经开始合成的 RNA 链延长。σ 亚基又称 σ 因子，能辨认模板上的转录起始部位，协助转录的起始，所以又称为起始因子。核心酶与 σ 因子结合在一起后的形式（$\alpha\alpha\beta\beta'\sigma$）称全酶，它能识别和启动某一特异基因的转录。抗结核药利福平或利福霉素能特异地与 β 亚基结合，从而抑制原核生物 RNA 聚合酶活性，即使是在转录开始后才加入利福平，仍能发挥其抑制转录的作用，这也说明 β 亚基在转录的全过程都起作用。RNA 聚合酶缺乏 3' → 5' 外切酶活性，所以它不像 DNA 聚合酶那样具有校对功能，这就决定了转录的错误发生率比复制要高很多。

表15-3 大肠埃希菌 RNA 聚合酶

亚基	分子量	亚基数目	功能
α	36 512	2	决定哪些基因被转录
β	150 618	1	催化聚合反应
β'	155 613	1	结合 DNA 模板（开链）
σ	70 263	1	辨认起始点，结合启动子

2. 真核生物 RNA 聚合酶 真核生物已发现的 RNA 聚合酶有 4 种，分别是 RNA 聚合酶Ⅰ、RNA 聚合酶Ⅱ、RNA 聚合酶Ⅲ和线粒体 RNA 聚合酶。它们在细胞核内的定位不同，催化合成 RNA 的种类也不同。RNA 聚合酶Ⅰ定位在核仁，催化合成 rRNA 的前体；RNA 聚合酶Ⅱ定位在核质，催化合成 mRNA 的前体；RNA 聚合酶Ⅲ定位在核质，催化合成 tRNA 和 5S rRNA；线粒体 RNA 聚合酶定位在线粒体，催化合成线粒体 RNA。

二、转录的过程

考点提示
转录的概念、体系及 RNA 聚合酶的组成

由于真核生物与原核生物的 RNA 聚合酶种类不同，其结合 DNA 模板的特性也不一样，因此，真核生物的转录过程远比原核生物的转录过程复杂，且有些过程尚未明确，但基本过程都可分为起始、延长、终止 3 个阶段。下面以原核生物为例，介绍转录的基本过程。

（一）起始阶段

转录是从 DNA 分子的特定部位开始的，这个部位是 RNA 聚合酶全酶结合的部位，这一部位称为启动子。首先，RNA 聚合酶全酶中的 σ 因子辨认 DNA 的启动子，并引导全酶与启动子结合。当 RNA 聚合酶全酶与启动子结合后，启动子区域的 DNA 发生局部的构象改变，导致结构变得松弛，于是一段 DNA 双链（约十几个碱基对）被解开，暴露出 DNA 模板链。其次，RNA 聚合酶与启动子结合后，即向下游移动，在到达转录起始点后开始转录。转录的起始并不需要引物，两个相邻的核苷酸只要能与模板配对，就可以在 RNA 聚合酶的催化下形成一个以 3',5'-磷酸二酯键连接的二核苷酸。在这个二核苷酸中，第一个（5'端）核苷酸通常是 GTP，二核苷酸的 3'端有游离的羟基，可以继续加入 NTP 而使 RNA 链进一步延长。

（二）链的延长

当第一个 3',5'-磷酸二酯键形成后，σ 亚基从转录起始复合物上脱落。核心酶沿 DNA 模板链 3'→5' 方向移动，而新生 RNA 链按碱基配对原则（A-U、T-A、G-C），以 5'→3' 方向进行延伸。在延伸新生 RNA 链时，新合成的部分能暂时与模板 DNA 形成一段 8bp RNA-DNA 杂化双链。随着 RNA 链的延长，RNA 链的 5' 端不断从 RNA-DNA 杂合体上解离，模板链与编码链之间恢复双螺旋结构。RNA 聚合酶在合成 RNA 时，DNA 双螺旋局部解开，形成所谓"转录泡"。大肠埃希菌的 RNA 聚合酶使 DNA 双螺旋解开的范围约 17bp，上述 8bp 的 RNA-DNA 杂合体就在其中（图 15-14）。新合成的 RNA 链和模板链在方向上是相反的，在碱基顺序上是互补的，但其与编码链不仅方向相同，在碱基顺序上也是相同的（只是 T 被 U 取代），RNA 链把编码链的碱基顺序抄录了过来，为蛋白质生物合成提供了条件。

（三）终止阶段

当核心酶沿模板链滑行到终止区域时，转录便终止。原核生物的转录终止有两种类型。①依赖 ρ 因子的转录终止：ρ 因子是一种特殊的蛋白质因子，在进入终止区域后能与 RNA 聚合酶结合，并使 RNA 聚合酶别构，从而失去聚合酶活性；ρ 因子还能与 RNA 链结合，并发挥其 ATP 酶活性，催化 ATP 水解，然后利用 ATP 水解释放的能量将新合成的 RNA 链与 DNA 模板链分离，使转录终止。②不依赖 ρ 因子的转录终止：DNA 模板上靠近终止处有特殊的碱基序列，使转录出的这一段 RNA 形成发夹结构，从而阻止 RNA 聚合酶继续向下游滑动，使

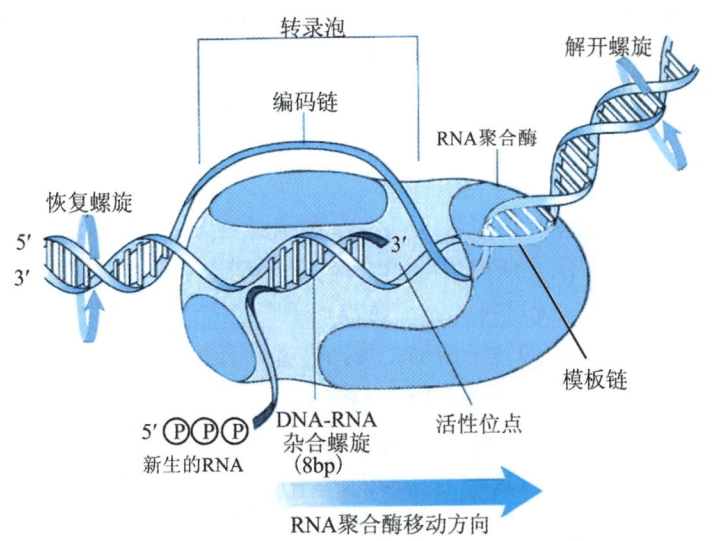

图 15-14　RNA 聚合酶沿 DNA 模板链移动合成 RNA

转录终止。在终止阶段，新合成的 RNA 链首先从模板链上解离出来，继而与核心酶分离，随后核心酶与双链 DNA 解离。此时解离出来的核心酶又能与 σ 因子结合，开始另一次转录过程（图 15-15）。

> **考点提示**
> 转录的基本过程

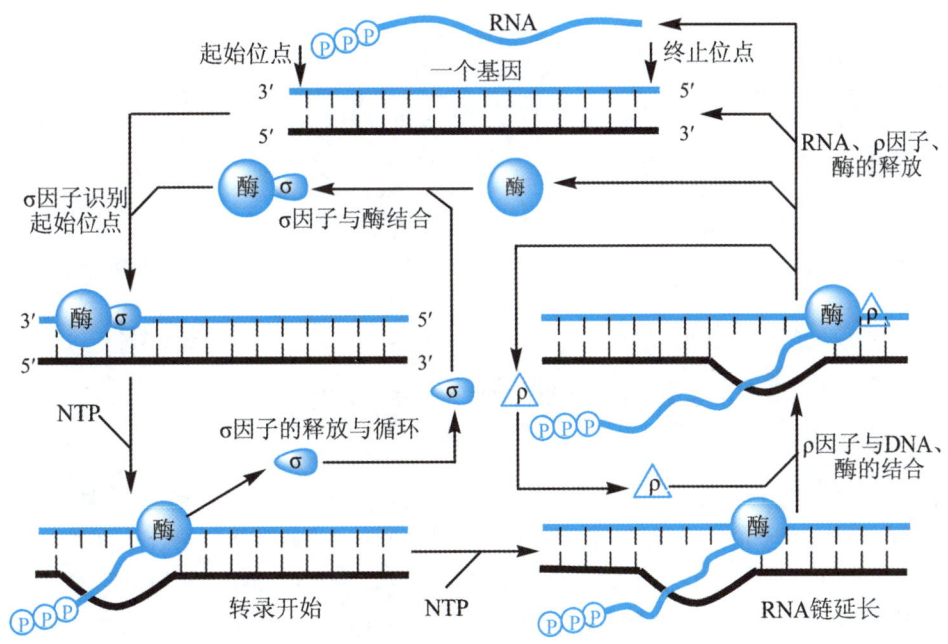

图 15-15　RNA 合成过程示意图

三、转录后的加工与修饰

原核或真核生物的 RNA 都是以初级转录产物形式被合成的。然后这些转录产物需要经过一系列的剪切、拼接和化学修饰后才能转变为具有生物学活性的 RNA 分子，称为转录后的加工。真核生物刚转录出来 mRNA 是分子很大的前体，称为初级 mRNA 转录物，或称为核内不均一 RNA（hnRNA）。hnRNA 分子中大约只有 10% 的部分转变成成熟的 mRNA，其余部分将在转录后的加工过程中被降解掉。原核生物 mRNA 通常不需要转录后加工，但 tRNA 和 rRNA 需要经过剪切和修饰。

（一）mRNA 的加工修饰

原核生物中转录生成的 mRNA 为多顺反子，即几个结构基因利用共同的启动子和共同终止信号经转录生成一条 mRNA，所以，此 mRNA 分子编码几种不同的蛋白质。原核生物中没有核膜，所以转录与翻译是连续进行的，往往转录还未完成，翻译已经开始了，因此，原核生物转录生成的 mRNA 没有特殊的转录后加工修饰过程。真核生物转录生成的 mRNA 为单顺反子，即一个 mRNA 分子只编码一种蛋白质。真核生物 mRNA 转录后的加工修饰主要包括对 5' 端加"帽"和 3' 端接"尾巴"，以及对中间部分的剪接。

1. 在 5' 端加"帽" 成熟的真核生物 mRNA，其结构的 5' 端都有一个 m^7 甲基鸟嘌呤核苷（m^7GpppN）结构，该结构被称为帽子结构，即 5'- 末端的核苷酸与 7- 甲基鸟苷通过 5'-5' 三磷酸连接键相连（图 15-16）。此过程由加帽酶和甲基转移酶催化完成，甲基由 S- 腺苷基甲硫氨酸提供。帽子结构的主要功能可能是：①稳定 mRNA 结构，使 mRNA 免遭核酸外切酶的攻击而降解破坏。②参与 mRNA 和特异蛋白质结合，作为翻译起始必需的一种因子。

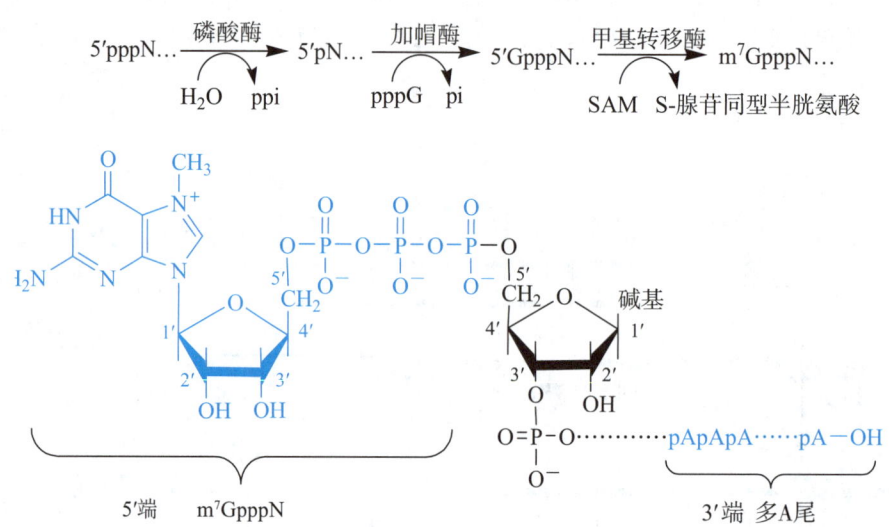

图 15-16 真核生物 mRNA 的帽子结构及形成过程

2. 在 3' 端接"尾巴" 大多数的真核 mRNA 都有 3' 端的多 A 尾，多 A 尾大约为 200 bp。多 A 尾不是由 DNA 编码的，而是转录后在核内加上去的。受多腺苷酸聚合酶催化，该酶能识别 mRNA 的游离 3'-OH 端，并加上约 200 个腺苷酸残基。多 A 尾的功能尚未明确。有人认为这种结构能维持真核 mRNA 作为翻译模板的活性，并能稳定 mRNA 结构，保持一定的生物半衰期。

3. 剪接 真核生物的基因通常是一种断裂基因。也就是说，真核生物的结构基因通常是由几个编码区和非编码区相间隔而组成的，其中具有表达活性、能编码相应氨基酸的序列（编码区）称为外显子（exon）；无表达活性、不能编码氨基酸的序列（非编码区）称为内含子（intron）。通过转录，外显子和内含子均被转录到 hnRNA 中，此时，hnRNA 与它的 DNA 模板链等长。hnRNA 的剪接就是去除内含子，拼接外显子的过程。这一过程大致可分为两个步骤：首先是剪开内含子的 5' 端，并形成套索结构，使两个外显子相互靠拢；然后是已形成套索的

内含子被剪切下来，两个外显子拼接在一起（图 15-17）。哺乳动物细胞核内的 hnRNA 在剪接加工成 mRNA 时，有 50%～70% 的核苷酸链片段要被切除。

真核生物 mRNA 的转录后加工过程总结于图 15-18。

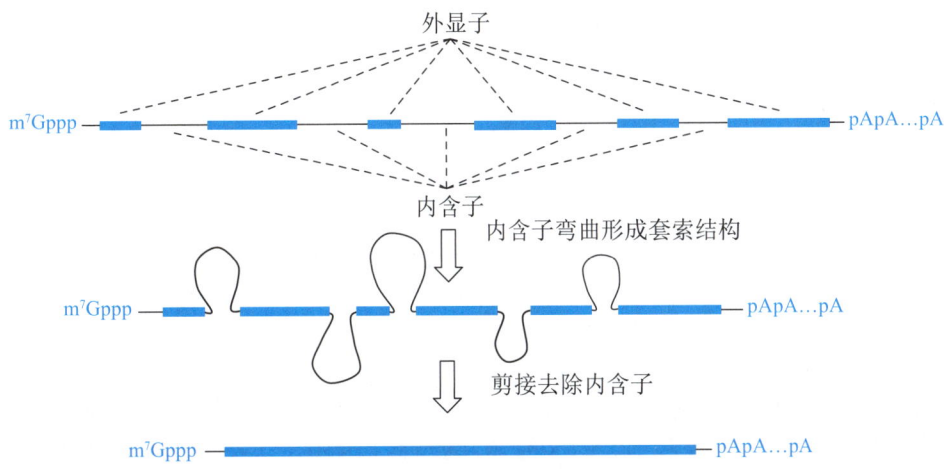

图 15-17　hnRNA 的剪接过程示意图

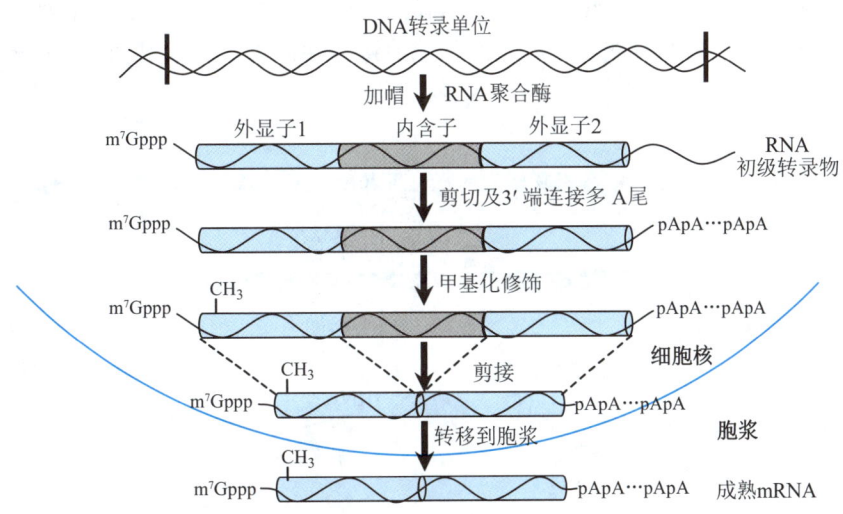

图 15-18　真核生物 mRNA 的加工过程示意图

（二）tRNA 转录后的加工

1. **剪接**　tRNA 前体的 5' 端有一个由十几个核苷酸组成的前导序列，在加工过程中由核糖核酸酶 P 剪切去除。在 tRNA 前体的反密码子环部位有插入序列，通过核酸内切酶将其切除后，再由 RNA 连接酶把两个半分子连接起来（图 15-19）。

2. **3' 端加 -CCA-OH**　tRNA 前体的 3' 端由核糖核酸酶 D 切除个别碱基后，再在核苷酸转移酶的催化下，连接上 tRNA 分子中统一的 CCA-OH 末端，形成柄部结构。

3. **碱基修饰**　在 tRNA 的加工过程中，化学修饰是非常普遍的，通过化学修饰形成 tRNA 分子中的稀有碱基，故 tRNA 分子中含有较多的稀有碱基。如嘌呤通过甲基化反应转化为甲基嘌呤；尿嘧啶通过还原反应转化为二氢尿嘧啶；腺嘌呤通过脱氨基反应转化为次黄嘌呤；尿嘧啶核苷酸通过转位反应转化为假尿嘧啶核苷酸等。

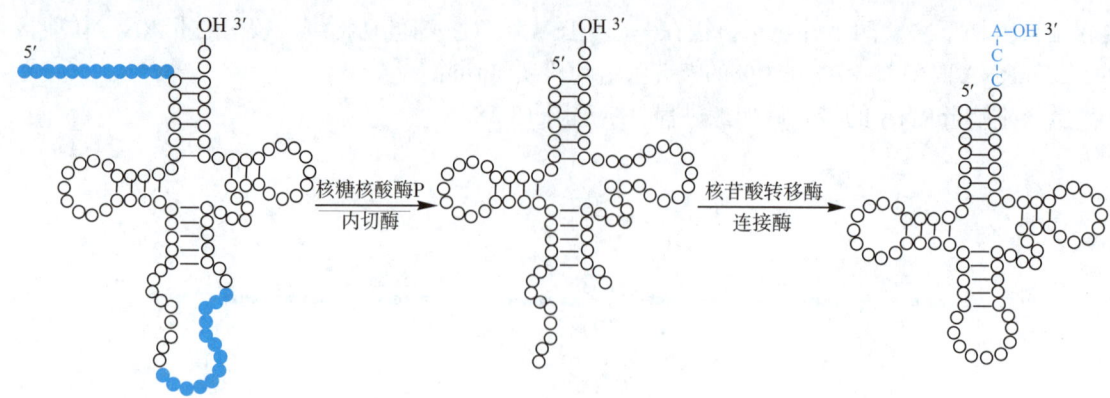

图 15-19　tRNA 的加工过程示意图

（三）rRNA 转录后的加工

真核生物细胞核内都存在一种 45S 的转录产物，它是 rRNA 前体。45S rRNA 通过自剪接的方式产生成熟的 28S、5.8S 和 18S 的 3 种 rRNA。28S rRNA、5.8S rRNA 以及由 RNA 聚合酶Ⅲ催化合成的 5S rRNA 与有关蛋白质一起组装成核糖体的 60S 大亚基；而 18S rRNA 与有关蛋白质一起组装成核糖体的 40S 小亚基（图 15-20）。然后在一系列酶的作用下组合成核蛋白体的 60S 大亚基和 40S 小亚基，并通过核孔转移到胞质中，形成蛋白质生物合成的场所。

1982 年，美国科学家 T. Cech 等人发现四膜虫编码 rRNA 前体的 DNA 序列，在没有任何蛋白质的情况下，转录出的 rRNA 前体能准确地剪接去除内含子。这种由 RNA 分子催化自身内含子剪接的过程称为自剪接。

考点提示
转录后 mRNA、tRNA、rRNA 的加工过程

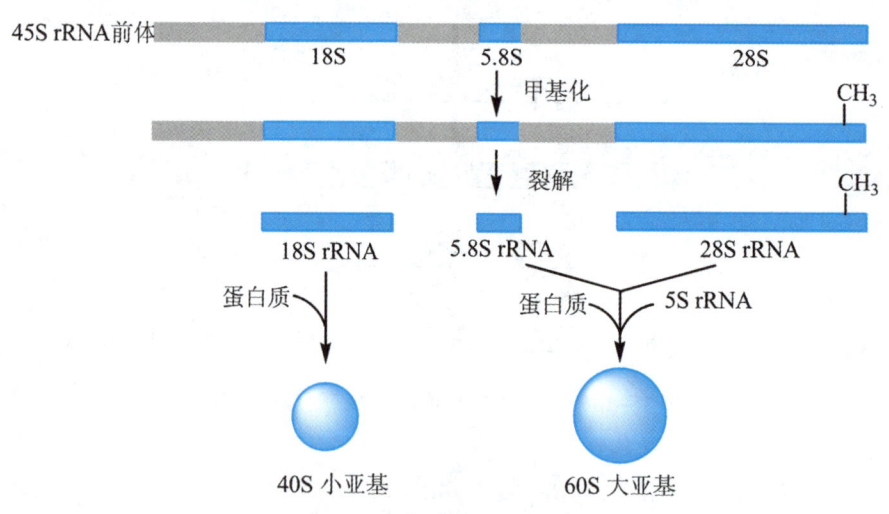

图 15-20　rRNA 加工过程示意图

第三节　蛋白质生物合成

蛋白质生物合成与核酸密切相关。蛋白质分子中的氨基酸排列顺序归根到底是由 DNA 上的基因决定的。根据遗传信息传递的中心法则，DNA 将遗传信息转录到 mRNA 分子中，mRNA 分子中 4 种核苷酸遗传信息指导多肽链的合成。因此，mRNA 中的核苷酸排列顺序和蛋白质的氨基酸排列顺序间有特殊关系，如同将一种语言翻译为另一种语言，故通常将 mRNA 分子中的

遗传信息转化成蛋白质氨基酸排列顺序的过程称为翻译（translation）。蛋白质生物合成指肽链合成的起始、延长、终止与翻译后加工和靶向输送，然后发挥着各种各样的生理功能。

一、蛋白质生物合成体系

蛋白质生物合成是一个由多种分子参加的复杂过程。除了需要 20 种氨基酸作为合成原料外，还需要成熟的 mRNA 作为模板，tRNA 作为氨基酸的"搬运工具"，核糖体作为蛋白质合成的"装配场所"。此外，多种氨基酸活化酶及蛋白质因子、供能物质和某些无机离子等也是蛋白质生物合成不可缺少的。

（一）mRNA——蛋白质生物合成的直接模板

遗传信息以核苷酸（碱基）排列的方式贮存在 DNA 分子中。DNA 的结构基因通过转录生成 mRNA 后，mRNA 就含有与结构基因相对应的碱基排列顺序。以 mRNA 为模板合成蛋白质的多肽链时，这种碱基排列顺序就转化为多肽链中氨基酸的排列顺序。研究证明，在 mRNA 分子中，每相邻的 3 个核苷酸（碱基）组成一组三联体密码，决定一种氨基酸。因此，将模板 mRNA 上 3 个相连碱基所组成的一个三联体密码称为密码子。由于 mRNA 有 A、U、G、C 4 种碱基，密码子的个数一共就有 64 个（$4^3=64$）。在 64 个密码子中，有 61 个密码子分别代表不同的氨基酸（表 15-4）。翻译时，读码从 5' 端起始密码子 AUG 开始，沿 5'→3' 的方向连续往下读，直至终止密码子（UAA、UAG、UGA）。这样，多肽链中氨基酸的排列顺序就与 mRNA 中密码子的排列顺序相对应。

表 15–4　遗传密码子表

第一个核苷酸 (5' 端)	第二个核苷酸				第三个核苷酸 (3' 端)
	U	C	A	G	
U	苯丙氨酸 苯丙氨酸 亮氨酸 亮氨酸	丝氨酸 丝氨酸 丝氨酸 丝氨酸	酪氨酸 酪氨酸 终止密码 终止密码	半胱氨酸 半胱氨酸 终止密码 色氨酸	U C A G
C	亮氨酸 亮氨酸 亮氨酸 亮氨酸	脯氨酸 脯氨酸 脯氨酸 脯氨酸	组氨酸 组氨酸 谷氨酰胺 谷氨酰胺	精氨酸 精氨酸 精氨酸 精氨酸	U C A G
A	异亮氨酸 异亮氨酸 异亮氨酸 甲硫氨酸	苏氨酸 苏氨酸 苏氨酸 苏氨酸	天冬酰胺 天冬酰胺 赖氨酸 赖氨酸	丝氨酸 丝氨酸 精氨酸 精氨酸	U C A G
G	缬氨酸 缬氨酸 缬氨酸 缬氨酸	丙氨酸 丙氨酸 丙氨酸 丙氨酸	天冬氨酸 天冬氨酸 谷氨酸 谷氨酸	甘氨酸 甘氨酸 甘氨酸 甘氨酸	U C A G

遗传密码子具有以下特点：

（1）方向性：密码子在 mRNA 中的排列具有方向性，即翻译时读码只能从 mRNA 的起始密码子开始，按 5'→3' 方向逐一阅读，直至终止密码子。这样，mRNA 阅读框架中从 5' 端到 3' 端排列的核苷酸顺序就决定了多肽链中从氨基端到羧基端的氨基酸排列顺序，即将 mRNA 的"核苷酸语言"转变为蛋白质的"氨基酸语言"。

（2）连续性：核糖体阅读 mRNA 的密码子时必须从起始密码子开始，连续翻译，不间断，直至终止密码子出现，中间没有任何核苷酸的间隔或停顿，这种现象称为密码子的连续性。

由于密码子的连续性，在开放阅读框架中如果插入或缺失 1 或 2 个碱基的基因突变，会引起 mRNA 阅读框架发生移动（称为移码），使得后续的氨基酸序列大部分被改变，编码的蛋白质丧失原有生物学功能，称为移码突变（图 15-21）。

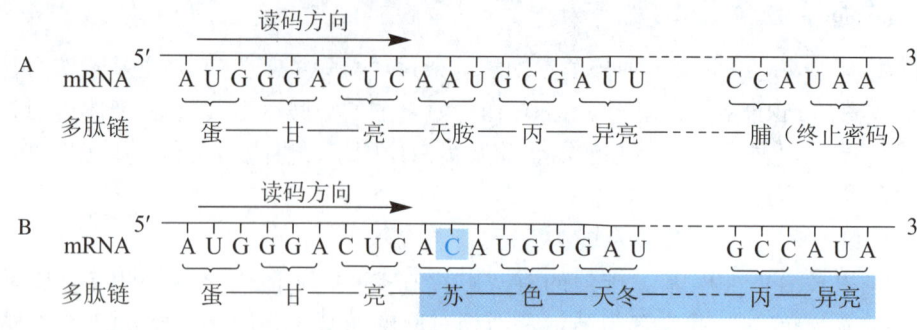

图 15-21　遗传密码的连续性与移码突变

（3）简并性：一种氨基酸可能具有两个或两个以上的密码子，这一特性称为遗传密码的简并性。从遗传密码表中可以看出，除甲硫氨酸和色氨酸外，其余的每种氨基酸均有 2~3 个甚至多达 6 个密码子。编码同一种氨基酸的各密码子称为同义密码子，如苯丙氨酸就有 UUU、UUC 两个同义密码子。遗传密码的简并性对于减少有害突变的影响具有一定的生物学意义。

（4）通用性：指从原核生物到人类，几乎都在使用同一套遗传密码，即遗传密码表中的这套通用密码基本上通用于生物界的所有物种。这表明各种生物是由同源进化而来的。但近些年来的研究也表明，在动物细胞的线粒体和植物细胞的叶绿体内所使用的遗传密码与通用密码有些差别。

（5）摆动性：通常 mRNA 的密码子与 tRNA 的反密码子以 A-U、G-C 互补关系相互辨认，但密码子第三位碱基与反密码子第一位碱基间的辨认有时不十分严格，这种现象称为遗传密码的摆动性。如 tRNA 的反密码子第一位稀有碱基次黄核苷（I），可分别与密码子第 3 位 U、C、A 配对（表 15-5）。可见密码子的特异性主要是由前两个核苷酸决定的（"三中读二"），这就意味着第三位碱基的突变往往不会影响氨基酸的翻译，从而使合成的蛋白质结构不变。

表 15-5　密码子与反密码子的摆动配对关系

tRNA 反密码子第一位碱基	I	U	G	A	C
mRNA 密码子第三位碱基	U、C、A	A、G	U、C	U	G

知识链接

遗传密码的破译

1954 年物理学家 G. Gamow 在《自然》明确提出"遗传密码"的概念。他通过数学推算，认为密码翻译时 3 个核苷酸决定 1 个氨基酸，4 种核苷酸可有 4^3 种排列组合方式，即 64 个密码子。这一伟大的猜想被 M.W. Nirenberg 等用"体外无细胞体系"的实验证实。1961 年，在莫斯科召开的国际生物化学代表大会上，M.W. Nirenberg 宣布了他们破译的第一个密码子 UUU（苯丙氨酸密码子），标志着人类破译遗传密码的开端。另外，H.G. Khorana 等采用放射性元素标记氨基酸，确定了半胱氨酸等的密码子。经过多位科学家近 5 年的共同努力，于 1966 年确定了 64 个密码子的意义。M.W. Nirenberg、H.G. Khorana 和 R.W. Holley 这三位科学家因此共同荣获 1968 年诺贝尔生理学或医学奖。

（二）tRNA——氨基酸的"搬运工具"，肽链合成的"适配器"

胞质中的氨基酸需要 tRNA 搬运到核糖体上才能合成多肽链，所以，tRNA 起着"搬运工具"的作用。除了充当"搬运工具"的角色外，tRNA 还起"适配器"的作用，即 mRNA 中密码子的排列顺序通过 tRNA "改写"成多肽链中氨基酸的排列顺序。

tRNA 分子的结构有两个关键部位，一个是氨基酸结合部位；另一个是 mRNA 结合部位。氨基酸结合部位是 tRNA 氨基酸臂的 3'-CCA-OH。在翻译开始之前的准备阶段，各种氨基酸在相应的氨酰 tRNA 合成酶催化下分别加载到各自的 tRNA 上，形成氨酰 tRNA，这一过程称为氨基酸的活化与转运。tRNA 与 mRNA 的结合部位是 tRNA 的反密码子。tRNA 的反密码子能与 mRNA 中相应的密码子互补结合，于是 tRNA 所携带的氨基酸就准确地在 mRNA 上"对号入座"，从而使肽链中氨基酸按 mRNA 规定的顺序排列起来（图 15-22）。

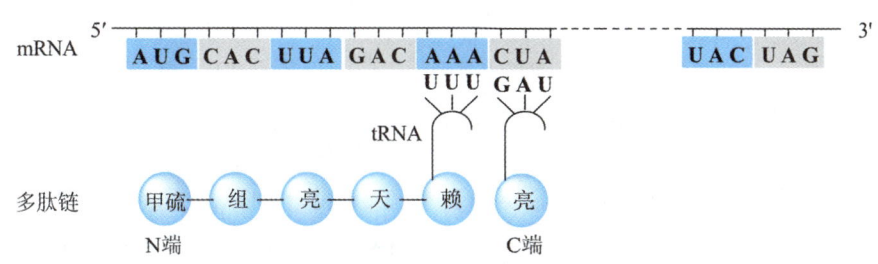

图 15-22　tRNA 的"适配器"作用

（三）核糖体——蛋白质生物合成的场所

核糖体是由 rRNA 和蛋白质所组成的复合体。参与蛋白质生物合成的各种成分最终都要在核糖体上将氨基酸合成多肽链，所以，核糖体是蛋白质生物合成的场所。核糖体有两类，一类附着于粗面内质网，参与清蛋白、胰岛素等分泌性蛋白质的合成；另一类游离于胞质，参与细胞内固有蛋白质的合成。核糖体由大、小两个亚基构成。原核细胞的大亚基（50S）由 23S、5S rRNA 和有关蛋白质组成；小亚基（30S）由 16S rRNA 和有关蛋白质组成；大、小亚基结合起来后形成 70S 的核糖体。真核细胞的大亚基（60S）由 28S、5.8S、5S rRNA 和有关蛋白质组成；小亚基（40S）由 18S rRNA 和有关蛋白质组成；大、小亚基结合起来后形成 80S 的核糖体。

核糖体的小亚基具有单独结合 mRNA 模板的能力，当大、小亚基聚合成核糖体时，大、小亚基之间具有容纳 mRNA 的部位，核糖体能沿 mRNA 向 3' 端方向移动，使遗传密码被逐个地翻译成氨基酸。核糖体的大亚基上有 3 个 tRNA 结合位点：氨酰基位（A 位）是结合各种氨酰 tRNA 的位置；肽酰基位（P 位）是结合肽酰 tRNA 的位置；排出位（E 位）是空载 tRNA 占据的位置。真核生物的核糖体上没有 E 位，空载的 tRNA 直接从 P 位脱落。转肽酶位于 P 位与 A 位之间，在转肽酶的作用下，P 位的肽酰基被转移到 A 位氨酰 tRNA 的 α-氨基上，两者之间形成肽键，这样，A 位上的氨基酸就被添加到肽链之中，于是肽链便得以延长（图 15-23）。

（四）参与蛋白质生物合成的重要酶类及蛋白质因子

1. 重要的酶类　蛋白质生物合成过程中的重要酶有：①氨酰 tRNA 合成酶，催化氨基酸的活化；②转肽酶，存在于核糖体的大亚基上，是核糖体大亚基的组成成分，它催化核糖体 P 位上的肽酰基转移至 A 位氨酰 tRNA 的 α-氨基上，使酰基与氨基结合形成肽键，它受释放因子的作用后发生别构，表现出酯酶的水解活性，使 P 位上的肽链与 tRNA 分离；③转位酶，其活性依赖于延伸因子 G，催化核糖体向 mRNA 的 3' 端移动一个密码子的距离，使下一个密码子定位于 A 位。

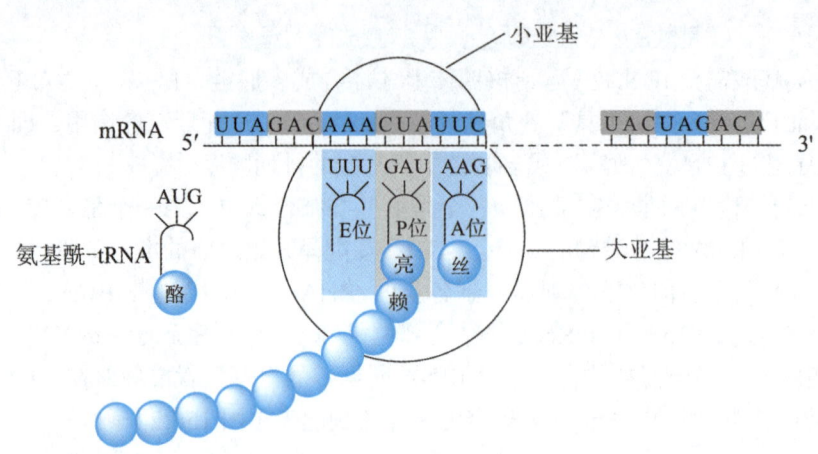

图 15-23 翻译过程中的核糖体

2. 蛋白质因子　在蛋白质生物合成的各阶段，还有很多重要的蛋白质因子参与反应。这些蛋白质因子有：①起始因子（initiation factor，IF），原核生物和真核生物的起始因子分别用 IF 和 eIF 表示；②延伸因子（elongation factor，EF），原核生物和真核生物的延伸因子分别用 EF 和 eEF 表示；③释放因子（release factor，RF），又称终止因子，原核生物和真核生物的释放因子分别用 RF 和 eRF 表示。每一种蛋白质因子都具有一定的生物学功能。原核生物中参与蛋白质生物合成的各种蛋白质因子及其生物学功能见表 15-6。

此外，参与蛋白质生物合成的还有能源物质和无机离子，参与蛋白质生物合成的能源物质有 ATP 和 GTP，无机离子主要有 Mg^{2+} 和 K^+ 等。

表 15-6　原核生物参与蛋白质生物合成的各种蛋白质因子及其生物学功能

蛋白因子	种类	生物学功能
起始因子	IF-1	占据 A 位，防止结合其他 tRNA
	IF-2	促进 fMet-tRNA^{fMet} 与小亚基结合
	IF-3	促进大、小亚基分离，提高 P 位对结合 fMet-tRNA^{fMet} 的敏感性
延伸因子	EF-Tu	促进氨基酰-tRNA 进入 A 位，结合并分解 GTP
	EF-Ts	调节亚基
	EF-G	有转位酶活性，促进 mRNA-肽酰-tRNA 由 A 位移至 P 位，促进 tRNA 卸载与释放
释放因子	RF-1	识别 UAA、UAG，诱导转肽酶变为酯酶
	RF-2	识别 UAA、UGA，诱导转肽酶变为酯酶
	RF-3	有 GTP 酶活性，能介导 RF-1 及 RF-2 与核糖体的相互作用

二、蛋白质生物合成过程

蛋白质生物合成可分为 3 个阶段：氨基酸的活化、多肽链的合成、肽链合成后的加工与修饰。

原核生物与真核生物的蛋白质合成过程中有很多区别，真核生物此过程更复杂，下面着重介绍原核生物蛋白质合成的过程。

考点提示
蛋白质生物合成的基本过程

（一）氨基酸的活化

氨基酸活化是指氨基酸与特异 tRNA 结合形成氨酰 tRNA 的过程。催化该反应的酶是氨酰 tRNA 合成酶，可特异地识别 tRNA 和氨基酸两种底物，反应不可逆，消耗 2 个高能磷酸键。

$$氨基酸 + tRNA + ATP \xrightarrow{氨酰tRNA合成酶} 氨酰 tRNA + AMP + PPi$$

tRNA 与氨基酸的结合是相对特异的，即一种氨基酸可以和 2~6 种 tRNA 特异地结合。一方面，tRNA 通过其 3' 端 CCA-OH 与氨基酸羧基以共价键结合；另一方面，通过反密码子与 mRNA 上密码子相识别，从而将所携带的氨基酸准确地运到指定的位置合成肽链。

（二）多肽链的合成

多肽链合成是指氨基酸活化后，在核糖体上缩合形成多肽链的过程。该过程包括肽链合成的起始、延长、终止阶段。

1. 起始阶段

（1）核糖体大、小亚基的分离：首先，IF-3、IF-1 与核糖体小亚基结合，促使核糖体的大、小亚基分离，以便小亚基接下来与 mRNA 及 fMet-tRNA^{fMet} 结合。

（2）mRNA 在小亚基上定位结合：各种原核生物 mRNA 起始密码子 AUG 上游 8~13 个核苷酸部位，存在一富含嘌呤碱基的序列，如 -AGGAGG-，称为 S-D 序列。在原核生物核糖体小亚基的 16S rRNA 3' 端有一富含嘧啶的序列，能与 S-D 序列配对，如 -UCCUCC-，这两段序列的碱基配对使 mRNA 与小亚基进行结合。

（3）起始 fMet-tRNA^{fMet} 的结合：翻译起始时 IF-1 占据 A 位，不与任何氨酰 tRNA 结合。当起始 fMet-tRNA^{fMet} 在 IF-2 和 GTP 参与下，形成 fMet-tRNA^{fMet}-IF2-GTP，可识别并结合 mRNA 上的起始密码子 AUG，并促进 mRNA 的起始密码子准确地就位于大亚基 P 位所对应的位置。

（4）核糖体大亚基结合：mRNA、fMet-tRNA^{fMet} 与小亚基结合后，核糖体大亚基进入，与小亚基结合。此时，与 IF-2 结合的 GTP 水解释放能量，促使 3 种 IF 相继脱落，形成由核糖体、mRNA、fMet-tRNA^{fMet} 组成的翻译起始复合物。在该起始复合物上，结合起始密码子 AUG 的 fMet-tRNA^{fMet} 占据 P 位，而 A 位空着，为延长阶段的进位做好准备（图 15-24）。

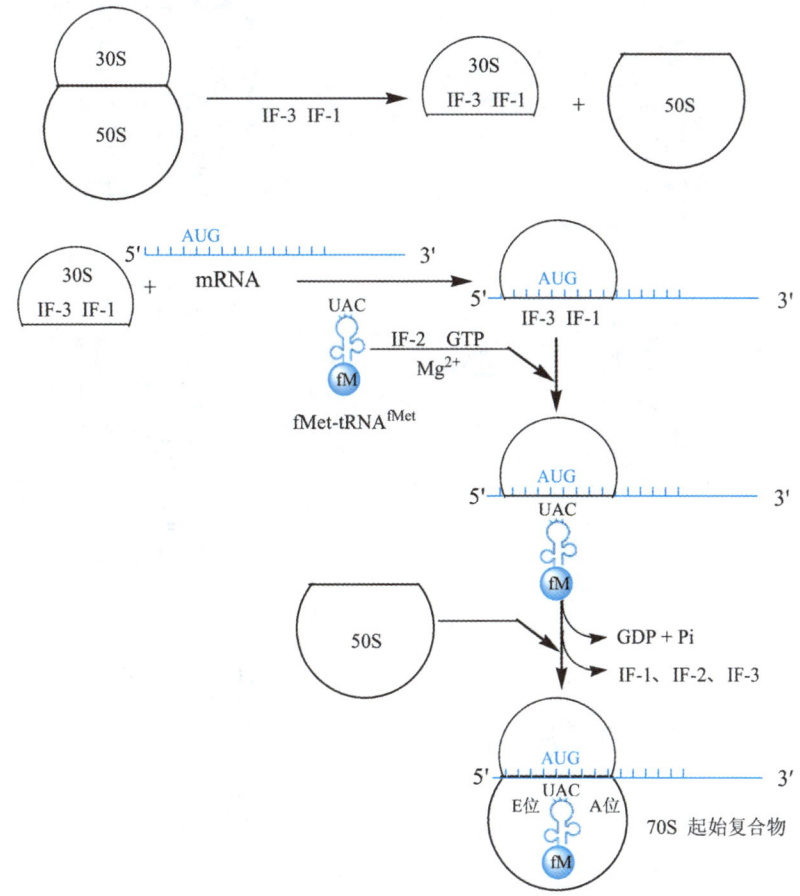

图 15-24　原核生物肽链合成的起始阶段

2. 延长阶段　延长阶段是一个循环过程，又称核糖体循环。每个循环包括进位、成肽和转位3个步骤（图15-25），每一次循环多肽链增加一个氨基酸残基。

（1）进位：又称为注册，是指一个氨酰tRNA按mRNA模板的指引进入并结合于核糖体A位的过程。进位之前，核糖体的A位是空着的。根据mRNA位于A位的密码子，具有互补反密码子的氨酰tRNA进入A位。此时密码子与反密码子配对，氨酰tRNA进入A位。进位时需要EF-Tu/Ts参与和GTP供能。

（2）成肽：在核糖体大亚基上转肽酶的催化下，P位上肽酰tRNA的肽酰基（或fMet-tRNA^{fMet}的甲酰甲硫氨酰基）转移到A位，并与A位上的氨酰tRNA的α-氨基结合形成肽键。成肽过程需要Mg^{2+}和K^+的存在。成肽后，处在核糖体A位上的肽酰tRNA的肽链中就增加一个氨基酸残基。

（3）转位：在转位酶的催化下，核糖体向mRNA的3'端移动一个密码子的距离，肽-tRNA及其相应的密码子从A移到P位，空载tRNA移至E位，A位空出，mRNA模板的下一个密码子进入A位，为另一个能与之对号入座的氨酰tRNA的进位做好准备。当下一个氨酰tRNA进入A位时，位于E位上的空载tRNA脱落。这一过程需要EF-G、Mg^{2+}参与以及GTP供能。

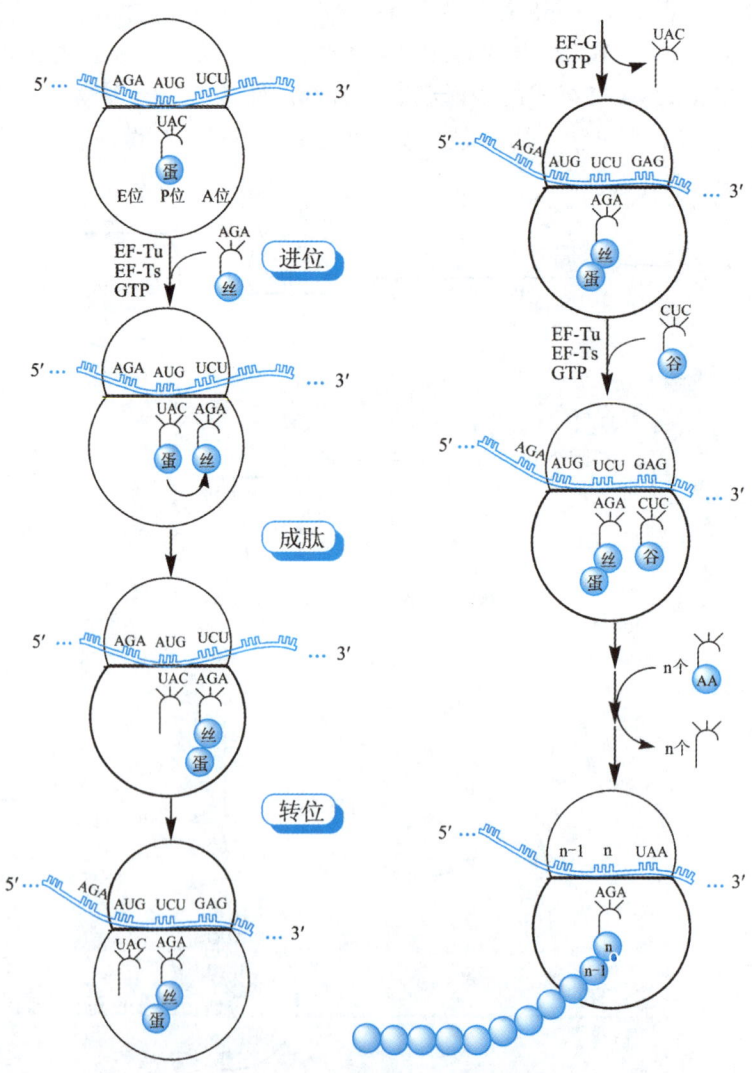

图15-25　原核生物肽链合成的延长阶段

在延长阶段，每经过一次进位 - 成肽 - 转位的循环之后，肽链中的氨基酸残基数目就增加 1 个。核糖体在 mRNA 上按 5'→3' 的方向读码，使肽链由 N 端→C 端延伸。

3. 终止阶段 如果转位后 mRNA 上的终止密码子出现在核糖体的 A 位，则各种氨酰 tRNA 都不能进位，此时能够进位的只有释放因子（RF）。RF 进位后，转肽酶的构象发生改变，它不再起转肽作用，而是表现出水解酶的活性，将 P 位上肽链与 tRNA 之间的酯键水解，从而使肽链从核糖体上脱落。随后，GTP 水解为 GDP 和 Pi，使 tRNA、mRNA 与终止因子从核糖体脱落，核糖体也在 IF-3 和 IF-1 的作用下解离成大、小亚基（图 15-26）。大、小亚基又可进入下一轮核糖体循环。

以上讨论的只是一个核糖体合成肽链的情况。实际上，在同一条 mRNA 链上依次结合了多个核糖体，排列成串珠样结构，每个核糖体各自合成一条相同的多肽链。这样，一条 mRNA 链就可以被多个核糖体翻译，使翻译的速度大大加快。这种一条 mRNA 链上依次结合多个核糖体所形成的串珠样聚合物称为多核糖体（图 15-27）。

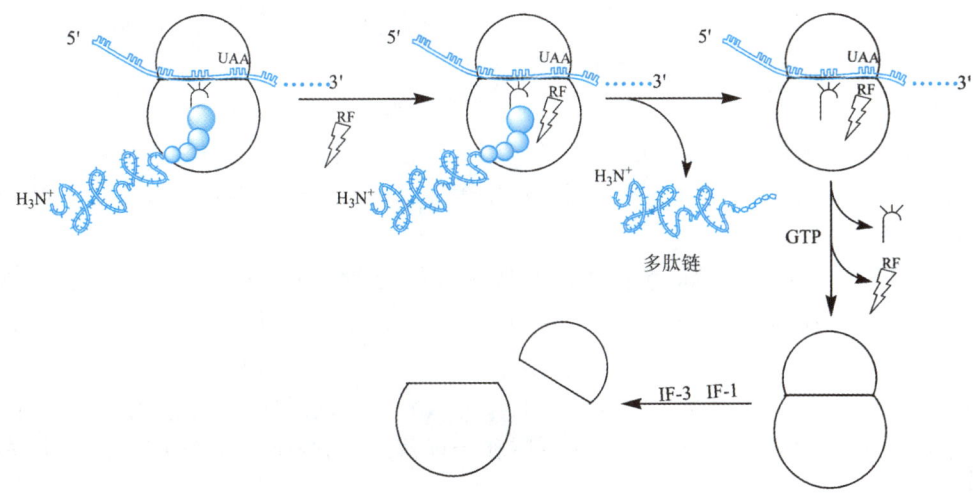

图 15-26　原核生物肽链合成的终止阶段

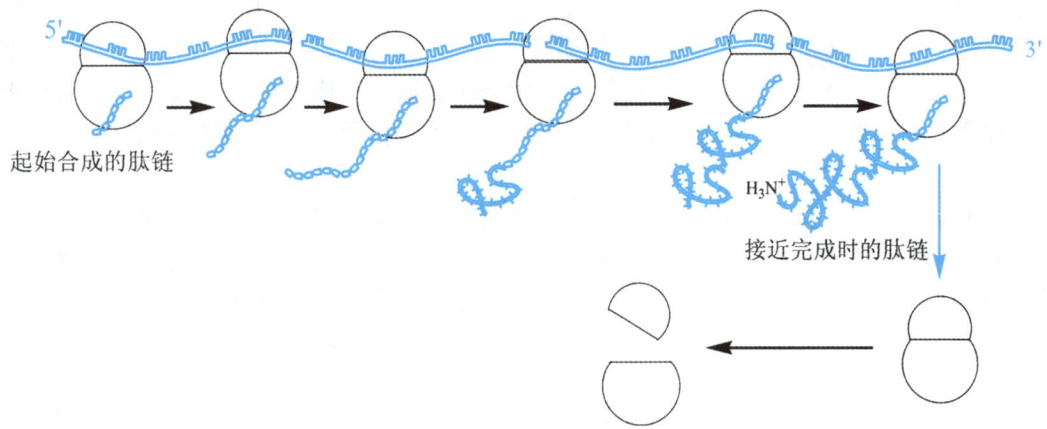

图 15-27　多核糖体循环

（三）肽链合成后的加工与修饰

新合成的多肽链不具有蛋白质的生物学活性，必须经过进一步加工与修饰才能转变为具有一定生物学活性的蛋白质，这一过程称为翻译后的加工。翻译后的加工包括多肽链折叠、肽链一级结构的修饰、空间结构的修饰等。在新合成的蛋白质中，有的保留于胞质，有的被运输到细胞器或镶嵌于细胞膜，还有的被分泌到细胞外，并通过体液运输到其发挥作用的靶细胞。

1. 多肽链折叠　新合成的多肽链需要逐步折叠形成正确的天然空间构象。细胞中大多数天然蛋白质的折叠都不是自动完成的，其折叠过程需要折叠酶（蛋白质二硫键异构酶、肽基脯氨酰基顺反异构酶等）和分子伴侣（热休克蛋白、伴侣蛋白等）参与。

分子伴侣（molecular chaperone）是蛋白质合成过程中形成特定空间结构的控制因子，在新生肽链的折叠和穿膜进入细胞器的转位过程中起关键作用。

2. 一级结构的修饰——水解去除部分肽段

（1）切除肽链 N 端的起始甲硫氨酸：新合成肽链的起始氨基酸均为甲酰甲硫氨酸（原核生物）或甲硫氨酸（真核生物）。在肽链合成之后或在肽链延长的过程中，起始甲硫氨酸就在细胞内氨基肽酶的作用下被水解而切除。

（2）切除信号肽：分泌性蛋白质合成之后将被定向地转移到特定部位发挥其功能，大多数靶向输送到溶酶体、质膜或分泌到细胞外的蛋白质，其肽链的 N 端有一段特异氨基酸序列，能引导蛋白质定向转移，这一特异氨基酸序列称为信号序列或信号肽。信号肽完成它的穿膜使命之后，即在信号肽酶的作用下被水解切除。

（3）其他形式的水解修饰：一些无活性的蛋白质前体可在特异性蛋白水解酶的作用下，去除其中某些肽段，从而使它们的分子结构发生改变，产生具有不同活性的蛋白质或多肽。如胰岛素原水解去除 C 肽生成胰岛素，鸦片促黑皮质素原水解后可生成促肾上腺皮质激素、促黑激素、内啡肽等活性物质。

3. 氨基酸残基的修饰　编码蛋白质的氨基酸只有 20 种，但蛋白质分子中有 100 多种修饰性氨基酸，修饰性氨基酸是翻译后经特异加工形成的，它们对蛋白质生物学功能的发挥至关重要。

（1）羟基化：胶原蛋白分子中含有较多的羟脯氨酸和羟赖氨酸，它们是胶原蛋白前体的赖氨酸、脯氨酸残基羟基化而成的。羟脯氨酸和羟赖氨酸是成熟胶原形成链间共价交联结构的基础。

（2）磷酸化：丝氨酸、苏氨酸和酪氨酸是一类含有羟基的氨基酸，翻译后它们的羟基可以被磷酸化。代谢途径中的某些酶蛋白通过分子中酪氨酸残基的磷酸化和去磷酸化来改变酶的活性，这些磷酸化的氨基酸往往是酶活性中心的成分。此外，氨基酸的修饰还包括氨基酸的酯化、甲基化、糖苷化等。

（3）二硫键的形成：多肽链内或链间的二硫键是在肽链合成之后，通过两个半胱氨酸残基的巯基氧化而成的。二硫键可维系和稳定蛋白质的天然构象，避免蛋白质受环境因素影响而变性。

（4）辅基的连接：蛋白质分为单纯蛋白质和结合蛋白质两大类。各种结合蛋白质在多肽链合成之后，还须进一步与相应的辅基结合，才能成为具有特定功能的天然蛋白质。能与多肽结合的辅基种类很多，常见的有色素、糖类、脂质、核酸、磷酸、金属离子等。

（5）亚基的聚合：具有四级结构的蛋白质，其分子中包含两个以上的亚基。各亚基必须通过非共价键聚合在一起后才能转变为成熟的功能蛋白质。如人血红蛋白就是由 2 个 α 亚基和 2 个 β 亚基聚合而成的四聚体（$\alpha_2\beta_2$）。亚基的聚合不一定都要等到辅基连接以后才能进行，有时，辅基的连接和亚基的聚合是可以同时进行的。

自测题

一、选择题

1. 蛋白质合成的直接模板是
   A. DNA
   B. mRNA
   C. tRNA
   D. rRNA
   E. snRNA

2. 蛋白质生物合成的起始复合物中不包含
   A. mRNA
   B. DNA
   C. 核糖体小亚基
   D. 核糖体大亚基
   E. 甲硫氨酰 tRNA

3. 与 tRNA 反密码子 CAG 配对的 mRNA 密码子是
   A. CUC
   B. CUG
   C. CTG
   D. GTC
   E. GAC

4. 下列关于核糖体组成和功能的叙述，正确的是
   A. 只含有 rRNA
   B. 有转运氨基酸的作用
   C. 由 tRNA 和蛋白质组成
   D. 遗传密码的携带者
   E. 蛋白质合成的场所

5. 蛋白质生物合成过程始于
   A. 核糖体的组装
   B. mRNA 在核糖体上的就位
   C. 氨基酸的活化
   D. 氨基酸的进位
   E. 氨基酸的合成

6. 转录过程中需要的酶是
   A. DNA 指导的 DNA 聚合酶
   B. 核酸酶
   C. RNA 指导的 RNA 聚合酶 Ⅱ
   D. DNA 指导的 RNA 聚合酶
   E. RNA 指导的 DNA 聚合酶

7. 关于 DNA 复制和转录，错误的是
   A. 复制以 DNA 两条链为模板，转录以一条链为模板
   B. 两者合成方向均为 5'→3'
   C. 复制的产物通常情况下大于转录的产物
   D. 复制和转录均需 RNA 引物
   E. DNA 聚合酶和 RNA 聚合酶都需要 Mg^{2+}

8. DNA 复制时 RNA 引物的作用是
   A. 引导 DNA 聚合酶与 mRNA 结合
   B. 提供 5'-磷酸末端
   C. 具有核酸内切酶的活性，切除错配核苷酸
   D. 诱导 mRNA 的合成
   E. 提供 3'-OH 末端，以便 dNTP 依次聚合

9. 关于遗传密码子的叙述，错误的是
   A. 一种氨基酸只有一种密码子
   B. 有些密码子不代表任何氨基酸
   C. 蛋氨酸只有一种密码子
   D. 在哺乳类动物与病毒，密码子通用
   E. 密码子沿 5'→3' 方向排列

10. 蛋白质分子中氨基酸的排列顺序决定因素是
    A. 氨基酸的种类
    B. tRNA
    C. 转肽酶
    D. 核糖体
    E. mRNA 中核苷酸的排列顺序

11. 关于蛋白质合成的叙述，错误的是
    A. 原料为 20 种编码氨基酸
    B. 氨基酸的氨基与 tRNA 的 3'-OH 连接
    C. 一种 tRNA 只能携带一种氨基酸
    D. 核糖体是蛋白质翻译的场所
    E. mRNA 是多肽链合成的直接模板

12. 模板 DNA 的序列是 5'—TGCAGT—3'，则转录出的 RNA 碱基序列是
    A. 5'—TGACGT—3'
    B. 5'—TGUCGT—3'
    C. 5'—ACGTCA—3'
    D. 5'—ACGUCA—3'
    E. 5'—ACUGCA—3'

二、名词解释

1. 中心法则
2. 半保留复制
3. 冈崎片段
4. 不对称转录
5. 密码子
6. 分子病

三、简答题

1. 列表比较复制、转录过程的异同点是什么？
2. 以 mRNA 为例，说明转录后的加工过程是什么？
3. 在蛋白质生物合成中，三种 RNA 各起什么作用？
4. 遗传密码子的特点是什么？

（刘荣相）

第十六章 细胞信号转导

第十六章数字资源

思政之光

学习目标

掌握：
信号分子、受体的概念，主要细胞信号转导途径的机制。

熟悉：
细胞通讯方式，受体的种类，受体作用的特点。

了解：
信号转导异常与疾病，细胞间信息传递异常所导致的相应疾病的发病机制。
通过介绍我国自主研制的 PD-1 单抗药物，树立自主创新意识，激发报效祖国的家国情怀。

案例导入

某患者，男性，43岁。呕吐、腹泻，排出大量水样粪便，大便每日数次至数十次。3天后入某医院，入院前2天出现乏力、头晕等症状。入院后患者神情紧张，不知所措，表现为表情呆滞、声音嘶哑、烦躁不安、眼球内陷、口渴等，且脉搏细弱、心音微弱、血压下降、呼吸短促。医护人员耐心安慰，随即进行治疗。

请分析：
1. 该患者为何出现以上症状？
2. 医护人员应该如何与患者沟通？如何治疗？

细胞信号转导（signal transduction）是指细胞通过细胞膜或细胞内受体特异性识别和接受外界信号，通过一系列有序的级联传递机制，将胞外信号转导为胞内信号，最终引起细胞应答反应（如代谢途径调节、基因表达调节、细胞骨架变化等）的过程（图 16-1）。这种有序的级联反应体系称之为细胞信号通路。

细胞信号转导机制的阐明不仅揭示了生命活动本质的复杂性和多样性，同时也有助于对某些疾病发病机制的深入研究。现已证实，细胞信号转导的异常与人类许多常见疾病相关，如肿瘤、心血管疾病、内分泌疾病以及某些感染性疾病等。因此，掌握细胞信号转导机制将为疾病治疗寻找新的药物和作用靶点提供理论线索，有助于提高临床诊疗水平。

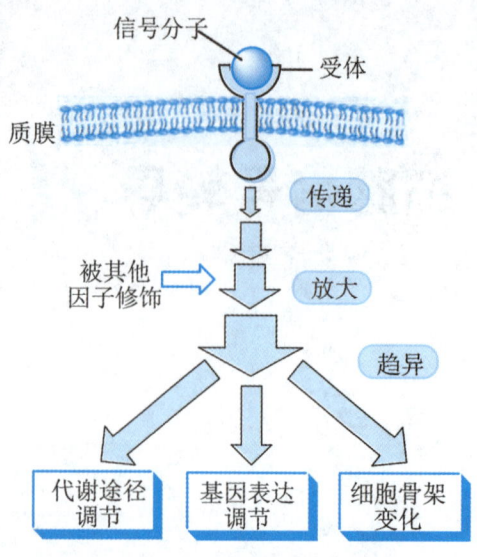

图 16-1 信号转导与细胞应答

第一节　细胞通讯与信号转导基本特征

细胞信号转导包括胞外传递、跨膜转换和胞内传递 3 个环节。信号的胞外传递又称细胞通讯（cell communication），是指一个细胞发出的信息通过介质传递到另一个细胞产生相应反应的过程。细胞通讯对于多细胞生物体的发生和组织的构建、协调细胞的功能、控制细胞的生长和分裂是必需的。

细胞通讯和细胞信号转导是机体内一部分细胞发出信号，另一部分细胞接收信号并将其转变为细胞功能变化的过程，这种生命活动过程使生物体内各种细胞在功能上协调统一，使机体在整体上对外界环境的变化发生最为适宜的反应。

一、细胞通讯方式

细胞间通讯方式中，最重要的是化学通讯。细胞之间进行信息传递的化学物质称为信号分子或信使。由信号细胞释放的信号分子，需经扩散或转运，才能到达靶细胞产生作用。细胞间基本的细胞信号通讯方式有以下几种。

1. 接触依赖型　参与此类细胞间通讯的配体和受体分别存在于两个相互作用的细胞质膜表面，细胞通过直接接触进行通讯（图 16-2A）。这种类型的细胞通讯在机体发育和免疫反应中扮演着重要角色，例如免疫细胞的相互识别。

2. 间隙连接型　细胞与细胞相互接触并在接触部位形成一个特化的孔道，称为间隙连接（图 16-2B），相邻细胞通过间隙连接可快速交换小分子信号，如 Ca^{2+}、cAMP 等，以协调细胞群对外来信号的反应，因此在发育过程中间隙连接也发挥着重要作用。特定细胞（如心肌细胞）之间快速传导电信号，对心肌细胞的同步收缩具有重要意义。

3. 内分泌型　内分泌型是最为普遍的通讯方式，信号细胞分泌的信号分子进入血液，经血液转运至全身各处的靶细胞来发挥作用（图 16-2C）。靶细胞通过其表达的特异性受体来捕获这些信号分子，不表达该受体的细胞不受该信号的影响，充分表现信号传送的准确性和目的性。在动物中，以这种方式发挥作用的信号分子称为激素，产生激素的细胞称为内分泌细胞。其作用特点是作用距离远、范围大、作用缓慢而持久。

4. 旁分泌型　旁分泌型是较常见的细胞通讯方式。其信号细胞释放的信号分子经细胞周

围的细胞外基质以局部扩散的方式作用于邻近的靶细胞,然后迅速被靶细胞接受或被酶降解(图 16-2D)。绝大部分的生长因子和细胞因子通过此方式进行传递。此外,神经递质也属于一种特殊的旁分泌信息传递方式。其作用特点是作用距离近、范围小、持续时间短、特异性高。

5. 自分泌型　信号分子由细胞分泌后,可被细胞本身的受体接收(图 16-2E)。在胚胎的发育早期,接触依赖的信号在组织形成中具有重要作用。那时血液循环尚未建立,神经系统的发育也未完成,细胞外信号的交流方式非常局限。许多生长因子以这种方式传递信号。如肿瘤细胞常产生和释放过量的生长因子,导致肿瘤细胞和邻近的非肿瘤细胞无限制的增殖。

6. 突触型　突触型是神经系统信息传递的主要方式。在神经元的信号传递中,神经细胞产生神经递质,储存于神经末梢。当有动作电位传至神经末梢时,神经递质释放入突触间隙,作用于突触后靶细胞。靶细胞上有神经递质受体可接收神经递质并引发信号转导(图 16-2F)。该途径也可被看成是一种特殊的旁分泌信息传递,其作用距离最短。

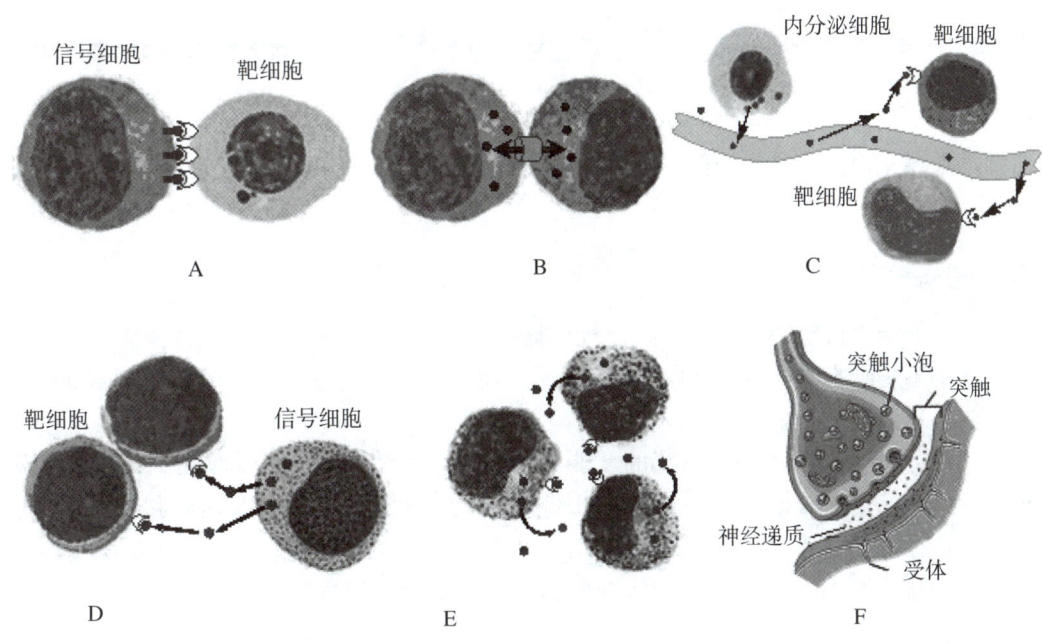

图 16-2　细胞通讯方式示意图
A.接触依赖型;B.间隙连接型;C.内分泌型;D.旁分泌型;E.自分泌型;F.突触型

对于某一特定的信号分子来说,可能通过上述某一种方式进行信息传递,但也可以同时以两种或三种方式传递信息。

二、信号转导的基本特征

细胞信号转导是多通路、多环节、多层次和高度复杂的过程。其主要特征如下。

1. 信号转导的作用机制具有专一性和相似性　虽然不同的信号转导通路有共同的信号转导分子,但不同的刺激能产生不同的应答反应,这说明细胞信号转导具有专一性。然而,面对众多纷杂的胞外信号,只通过少数几种第二信使便可介导多种多样的细胞应答反应,从而说明信号转导作用机制的相似性。

2. 信号转导过程中具有级联放大效应　细胞在对外源信号进行识别、转换和传递时,大多具有瀑布似逐级将信号加以放大的作用。在一条信号传递链上,胞外信号分子(第一信使)被细胞表面受体识别后,在细胞内产生一些分子量小而短暂存在的信号分子(第二信使),活化或改变信号转导通路的下游分子的活性。产生第二信使和信号级联反应的一个重要特征是放大原始信号，致使靶细胞产生强大的生物学效应。

3. **信号转导通路具有综合性和发散性** 不同受体能识别和结合各自特异性配体。来自各种非相关受体的信号可以在细胞内综合为激活一个共同的效应器的信号，从而引起细胞生理、生化反应和细胞行为相似的改变。另外，来自相同的配体的信号又可发散地激活各种不同的效应器，导致多样的细胞应答。

4. **信号转导通路具有通用性和多样性** 信号转导的通用性是指不同信号转导通路可介导相同的生物学效应，如趋化因子可通过不同的信号转导通路传递信号，如激活 PKA 通路、PI_3K 通路、MAPK 通路等。激活的信号转导通路虽然不同，但产生的生物学效应是相同的，即促进细胞趋化运动。而信号转导的多样性是指同一条信号转导通路可在细胞中发挥多种不同的生物学效应，如 cAMP 通路不仅可介导胞外信号对细胞的生长、分化产生效应，也可调节物质代谢和神经递质的释放。

第二节 信号分子与受体

对多细胞生物而言，细胞之间必须进行相互间的信号交流，使之形成一个功能协调和完善的生命活动整体。而细胞之间的信号交流是靠信号分子及相应的靶细胞上特异受体的结合来实现的。

一、信号分子

> **考点提示**
> 信号分子的概念与分类

信号分子是指由特定的信号源（如信号细胞）产生的，可以通过神经或体液转导等方式进行传递，作用于靶细胞并产生特异应答的一类化学物质。目前已知的信号分子有细胞间信号分子和细胞内信号分子。

细胞间信号分子是指由细胞分泌的、能调节靶细胞生命活动的化学物质，即胞外信号分子，也称为第一信使（first messenger）。细胞间信号分子的化学本质有蛋白质和肽类，如生长因子、细胞因子、胰岛素等；氨基酸及其衍生物，如甘氨酸、甲状腺素、肾上腺素等；类固醇激素，如糖皮质激素、性激素等；脂肪酸衍生物，如前列腺素；气体，如一氧化碳、一氧化氮等。

细胞内信号分子指在细胞内传递细胞调控信号的化学物质。细胞内信号分子包括无机离子，如 Ca^{2+}；糖类衍生物，如肌醇三磷酸（IP_3）；核苷酸，如 cAMP、cGMP；脂质衍生物，如二酰甘油（DAG）、花生四烯酸及其代谢产物等，通常将 Ca^{2+}、cAMP、cGMP、IP_3、DAG、花生四烯酸及其代谢产物等这类在细胞内传递信息的小分子化合物称为第二信使（second messenger）（表 16-1）。第二信使承担将细胞接受的第一信使信息转导至细胞内的任务，最终引起相应的生物效应。

表 16-1 细胞内常见的第二信使

与第二信使产生相关的酶	第二信使	第二信使激活的靶蛋白
腺苷酸环化酶（AC）	cAMP	蛋白激酶 A（PKA）
鸟苷酸环化酶（GC）	cGMP	蛋白激酶 G（PKG）
磷脂酶 C（PLC）	DAG	蛋白激酶 C（PKC）
磷脂酶 C（PLC）	IP_3	蛋白激酶 C（PKC）
磷脂酶 C（PLC）	Ca^{2+}	蛋白激酶 C、依赖钙调蛋白的蛋白激酶（CaM-PK）

信号分子根据其分泌方式和作用机制可分为以下几大类。

（一）激素

激素（hormone）是由内分泌腺或内分泌细胞合成并分泌的化学信号分子，通常借助于血液循环而传递至远处，与靶细胞的受体特异性结合，从而调节这些细胞的代谢和功能。激素的种类繁多，功能各异。按化学本质的不同分为4大类：①类固醇激素，如糖皮质激素、性激素等；②氨基酸及其衍生物，如甲状腺素、肾上腺素等；③多肽和蛋白质类，如胰岛素、胰高血糖素等；④脂肪酸衍生物类，如前列腺素等。根据物理性质不同，可将激素分为水溶性和脂溶性两大类。水溶性激素为蛋白类、肽类及氨基酸衍生物等。脂溶性激素主要包括类固醇激素和甲状腺素。

（二）神经递质和神经肽

神经递质和神经肽是神经系统的信号分子。它们由神经细胞分泌，只在突触间隙将信息传递给突触后的靶细胞。按化学本质的不同分为：①有机胺类，如多巴胺、乙酰胆碱等；②氨基酸类，如γ氨基丁酸、谷氨酸等；③神经肽类，如脑啡肽、内啡肽、强啡肽等。

（三）生长因子

生长因子（growth factor，GF）是由各种分化的组织和细胞分泌的肽类或蛋白质类胞外信号分子。生长因子主要通过旁分泌或自分泌途径发挥作用，通常只作用于邻近的靶细胞，调节靶细胞的增殖与分化，具有刺激细胞生长的作用。已发现的生长因子均为多肽类蛋白质，可分为表皮生长因子（EGF）、成纤维细胞生长因子（FGF）、血小板源性生长因子（PDGF）、神经生长因子（NGF）、肝细胞生长因子（HGF）、血管内皮生长因子（VEGF）等。

（四）细胞因子

细胞因子（cytokine）是由免疫细胞或相关细胞分泌的低分子蛋白质。作为免疫系统的信号分子，其分泌后数秒或数毫秒即被清除，仅作用于周围相邻细胞或自身细胞，参与旁分泌或自分泌细胞间通讯。细胞因子种类繁多，功能复杂，已发现的有100多种。细胞因子的分类及命名比较混乱，按产生的细胞，可将其分为单核因子、淋巴因子、巨噬细胞因子等。按结构不同，可将其分为白介素（interleukin，IL）、干扰素（interferon，IFN）、淋巴毒素（LT）、集落刺激因子（CSF）、肿瘤坏死因子（tumor necrosis factor，TNF）、转化生长因子（TGF）、趋化因子等。

（五）无机物

与细胞信号转导有关的无机物主要包括无机离子（如 Ca^{2+}）、气体分子（如 NO、CO）等，这些物质在细胞内浓度的改变也可以引发信号传递，发生特定的生理效应。

知识链接

一氧化氮（NO）

诺贝尔委员会于1998年将诺贝尔生理学或医学奖授予在一氧化氮研究上有突破性进展的Louis J.Ignarro博士。委员会发布的新闻概述了一氧化氮这一"神奇分子"的多种功能。心脏：动脉硬化症患者内皮细胞产生一氧化氮的能力下降，一氧化氮可由硝化甘油供给，当前，药物发明的重点在于应用信号分子一氧化氮的知识研制出更有效和更有选择性的治疗心脏病的药物。肺：通过吸入一氧化氮气体可以治疗重症患者，并且取得很好的效果，甚至可以挽救患者的生命。癌：白细胞利用一氧化氮不但可以杀死一系列细菌、真菌和支原体等病原体，而且对肿瘤也有对抗作用。由于一氧化氮能诱导细胞的死亡和凋亡过程，目前科学家们正在进行实验，探索一氧化氮能否用于抑制肿瘤的生长。

二、信号转导受体

受体（receptor）是指存在于靶细胞膜上或细胞内的一类能够识别和结合特异信号分子，并引发靶细胞产生特定的细胞内反应的蛋白质（糖蛋白或脂蛋白）。能与受体呈特异性结合的生物活性分子则称为配体（ligand）。细胞间信号分子就是一类最常见的配体。除此以外，某些药物、维生素和毒物也作为配体而发挥生物学作用。按照存在亚细胞部位的不同，受体分为膜受体和细胞内受体。膜受体存在于细胞质膜表面，细胞内受体存在于胞质或细胞核内。

（一）膜受体

按分子结构与功能不同，膜受体分为离子通道型受体、G蛋白偶联受体、酶联受体3类，其配体结合部位均位于质膜表面。

1. **离子通道型受体** 此型受体本身就是位于细胞膜上的一种门控离子通道，其配体主要是神经递质，主要在神经冲动的快速传递中起作用。门控离子通道受体共同特点是由均一的或非均一的亚基构成寡聚体，并由这些亚基围成一跨膜通道，故又称为环状受体。此种受体通过与配体的结合与否来控制通道的开关，选择性地允许离子出入细胞，引起细胞内某种离子浓度的改变，从而触发生理效应（图16-3）。如N型乙酰胆碱受体，其位于突触后膜上，与2分子乙酰胆碱结合后，离子通道瞬时打开，导致离子跨膜流动，引起突触后膜去极化或超极化，完成神经冲动。

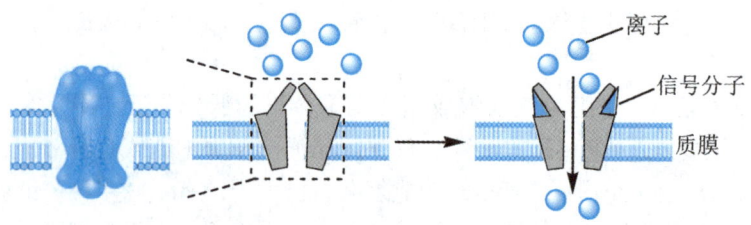

图16-3 离子通道型受体

离子通道型受体分为阳离子通道，如乙酰胆碱、谷氨酸和5-羟色胺的受体；阴离子通道（单跨膜α螺旋型受体），如甘氨酸和γ氨基丁酸的受体。

2. **G蛋白偶联受体** G蛋白偶联受体通常为单体或均一的亚基组成的寡聚体，其多肽链可分为细胞外区、跨膜区和细胞内区3部分，它们在结构上的共同特征是单一肽链往返跨膜后形成7个跨膜区段，故称为七跨膜螺旋受体或蛇形受体（图16-4）。此类受体与G蛋白（鸟嘌呤核苷酸结合蛋白质）偶联，与配体结合后通过激活所偶联的G蛋白，启动不同的信号转导

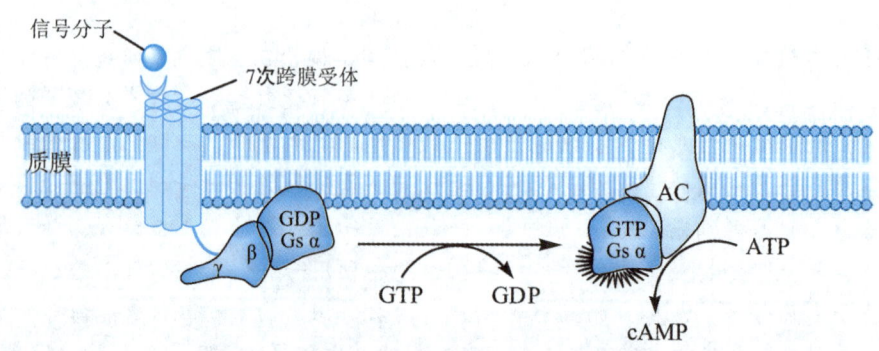

图16-4 G蛋白偶联受体结构示意图

通路并导致各种生物效应，因此又称为 G 蛋白偶联受体。G 蛋白偶联受体是迄今发现的最大的受体超家族，其成员有 1000 多个，而且数量还在增加。

G 蛋白是一类与 GTP 或 GDP 结合的、位于细胞膜胞质面的外周蛋白。G 蛋白由 α、β 和 γ 3 个亚基组成，有两种构象，一种以 αβγ 三聚体存在，并与 GDP 结合，为非活化型；另一种是 α 亚基与 GTP 结合并导致 βγ 二聚体脱落，为活化型（图 16-5）。α 亚基具有 GTP 酶活性，可将 GTP 水解为 GDP，使该亚基失活而重新与 βγ 亚基结合成为三聚体，从而终止信号转导。G 蛋白偶联受体包括多种神经递质、肽类激素和趋化因子的受体。

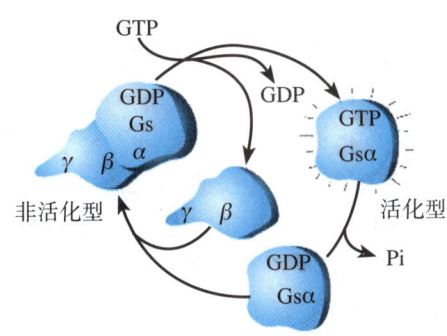

图 16-5　G 蛋白循环

研究发现，G 蛋白偶联受体只见于真核生物之中，而且参与了很多细胞信号转导过程。在这些过程中，G 蛋白偶联受体能结合细胞周围环境中的化学物质并激活细胞内的一系列信号通路，最终引起细胞状态的改变。已知的与 G 蛋白偶联受体结合的配体包括信息素、激素、神经递质、趋化因子等。这些受体可以是小分子的糖类、脂质、多肽，也可以是蛋白质等生物大分子。一些特殊的 G 蛋白偶联受体也可以被非化学性的刺激源激活，如在感光细胞中的视紫红质可以被光所激活。这类受体分布广泛，主要参与细胞物质代谢的调节和基因转录的调节。

3. 酶联受体　这类受体全部为糖蛋白，且只有一个跨膜螺旋结构，因此又称为单跨膜受体。这些受体或自身具有酶活性，或者自身没有酶活性、但与酶分子结合存在。单跨膜受体主要接受生长因子和细胞因子的信号，调节细胞内蛋白质的功能和表达水平、调节细胞增殖和分化。酶联受体主要有酪氨酸蛋白激酶受体型和非酪氨酸蛋白激酶受体型。酪氨酸蛋白激酶受体型为催化型受体（图 16-6），它们与配体结合后即可表现出酪氨酸蛋白激酶活性，既可导致受体自身磷酸化，又可催化底物蛋白的特定酪氨酸残基磷酸化，如胰岛素受体和表皮生长因子受

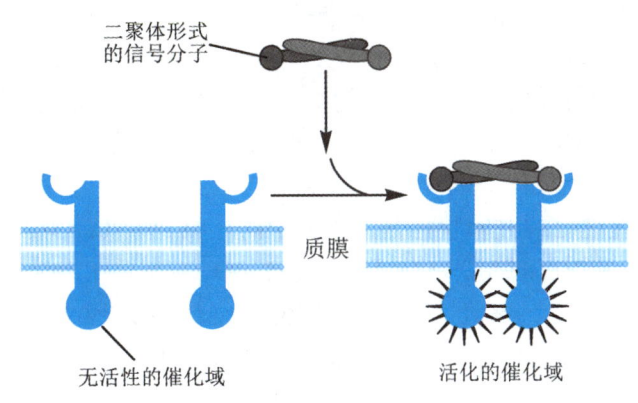

图 16-6　催化型受体

体等。非酪氨酸蛋白激酶受体型与配体结合后，可与酪氨酸蛋白激酶偶联表现出酶活性，如生长激素受体和干扰素受体等。

（二）细胞内受体

位于细胞内的受体多为转录因子，主要分布于细胞核，所以称为转录因子受体或核受体。这类受体与相应的配体结合后，能与DNA顺式作用元件结合，在转录水平调节基因表达。能与该受体结合的信号分子主要有类固醇激素、甲状腺激素等。

三、受体的作用特点

1. **高度专一性** 高度专一性指受体选择性地与特定配体结合的性质。其原因在于受体分子上存在具有一定空间构象的配体结合结构域，此结构域只能选择性地与具有特定分子结构的配体相结合。受体与配体的特异性结合保证了调控的准确性。

2. **高度亲和力** 受体与相应配体间的亲和力很强。无论是膜受体还是细胞内受体，它们与配体间的结合反应在极低的浓度下即可发生，表明二者之间存在着高度的亲和力。

3. **可逆性** 受体与配体一般以非共价键可逆地结合在一起，这些化学键的键能均较低，当生物效应发生后，两者即解离，从而导致信号转导的终止。解离后的受体可恢复到原来的状态，并被再次利用，而配体则常被立即灭活。

4. **可饱和性** 细胞表面或细胞内的特异受体数目都是有限的。随着配体浓度的增加，可使受体与配体的结合达到饱和。当全部受体被配体占据以后，达到最大生理效应，此时再增加配体的浓度，其生物学效应不再增加。

5. **可调节性** 受体的分布和数量均具有组织和细胞特异性，位于靶细胞表面或细胞内的受体数目以及受体对配体的亲和力是可以调节的。如果某种因素引起靶细胞受体数目增加和（或）对配体结合的亲和力增高，称为上调（up regulation）；反之，某种因素引起靶细胞受体数目减少和（或）对配体结合的亲和力降低，则称为下调（down regulation）。上调可增强靶细胞对信号分子的反应敏感性（超敏），而下调则降低靶细胞对信号分子的反应敏感性（脱敏）。

第三节　主要信号转导途径

胞外信号产生，作用于靶细胞并产生生理反应的一系列级联反应称为细胞信号转导途径（signal transduction pathway）。不同的信号转导途径，其信号转导机制不同，复杂程度不同，参与的信号分子也不同。下面介绍几种比较重要的途径。

一、膜受体介导的信号转导途径

膜受体介导的信号转导途径的共同特征是通过存在于细胞外的信号分子与靶细胞膜表面受体的特异结合来触发细胞内的信号转导过程，信号分子本身并不进入细胞。在这种信号转导机制中，常将在细胞外传递特异信号的信号分子称为第一信使，而将在细胞内传递特异信号的小分子物质（如cAMP、cGMP、Ca^{2+}、DAG、IP_3）及酪氨酸蛋白激酶（TPK）等称为第二信使。

（一）环核苷酸依赖的蛋白激酶信号转导途径

环核苷酸信息传递途径的共同特征是以小分子的环核苷酸（cAMP或cGMP）为第二信使，通过细胞内环核苷酸浓度的改变来进行信息传递。

1. **cAMP-蛋白激酶途径** 该信号通路以靶细胞内cAMP的产生和依赖cAMP的蛋白激酶（又称蛋白激酶A，protein kinase A，PKA）的活化为主要特征，是多种激素发挥调节作用的重要通路，其作用是调节物质代谢。这是一条经典的信号转导途径，信号分子（如胰高血糖素、肾上腺素、加压素、降钙素等）与G蛋白偶联受体相结合而激活此途径。

G蛋白有许多种（表16-2）。常见的有激动型G蛋白（Gs）、抑制性G蛋白（Gi）和磷脂酶C型G蛋白（Gq）。不同的G蛋白能特异地将受体和与之相适应的效应酶偶联起来。

表16-2　信号转导途径过程中的G蛋白

G蛋白的类型	α亚基	效应	产生的第二信使	第二信使的靶分子
Gs	αs	AC活化↑	cAMP↑	PKA活性↑
Gi	αi	AC活化↓	cAMP↓	PKA活性↓
Gq	αq	PLC活化↑	Ca^{2+}、IP_3、DAG↑	PKC活性↑
Gt	αt	cGMP-PDE活化↑	cGMP↓	Na^+通道关闭

cAMP信号转导途径的级联反应机制为：信号分子→膜受体→G蛋白→AC→cAMP→PKA→效应蛋白或酶→生物学效应（图16-7）。当胞外信号分子与靶细胞膜上的特异性G蛋白偶联受体结合后，导致受体的构象发生改变而被激活，进而引起G蛋白构象改变，G蛋白解离成α亚基和βγ亚基两部分，α亚基与1分子GTP结合转变为激活状态。活化的G蛋白能激活腺苷酸环化酶（AC），AC主要作用是催化ATP转化为cAMP，使细胞内cAMP浓度升高，从而将信号传递到细胞内。cAMP也可经磷酸二酯酶（PDE）降解成5'-AMP而失活。cAMP对细胞的调节作用是通过激活PKA系统来实现的。

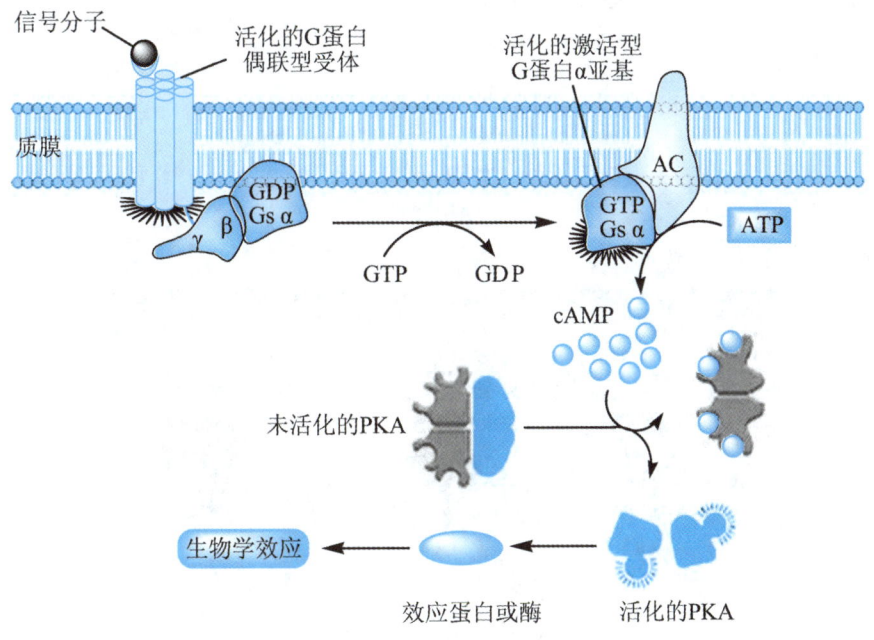

图16-7　cAMP-蛋白激酶途径示意图

PKA是一种由四聚体组成的别构酶（C_2R_2）。其中C为催化亚基，R为调节亚基。每个调节亚基上有2个cAMP结合位点，催化亚基具有催化底物蛋白质某些特定丝/苏氨酸残基磷酸化的功能。催化亚基与调节亚基相结合时，PKA呈无活性状态。当4分子cAMP与2个调节亚基结合后，调节亚基脱落，游离的催化亚基具有蛋白激酶活性（图16-8）。PKA是消耗ATP使多种蛋白质磷酸化的酶，其生理作用主要是对物质代谢、基因表达、细胞膜离子通透性以及细胞骨架蛋白功能的调节。例如胰高血糖素可通过该信息传递途径，增加细胞内cAMP而活化PKA，通过级联放大过程增加糖原分解，抑制糖原生成，进而使血糖浓度升高。

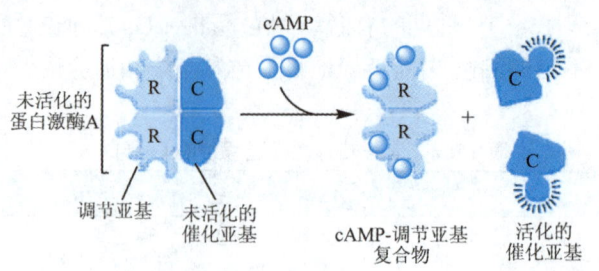

图 16-8　蛋白激酶 A 的活化

2. cGMP-蛋白激酶途径　cGMP 广泛存在于动物各组织的胞质中，由 GTP 在鸟苷酸环化酶（GC）的催化下生成，经磷酸二酯酶催化而降解。该转导途径为：信号分子→膜受体→ GC → cGMP →依赖 cGMP 的蛋白激酶 G（PKG）→效应蛋白或酶→生物学效应。GC 是单次跨膜蛋白受体，胞外段是配体结合部位，胞内段为催化结构域（图 16-9）。主要配体有心钠素（ANP）和脑钠肽（BNP）等。例如，当心脏的血流负载过大时，心房细胞分泌的 ANP 能与靶细胞膜上的受体结合，活化 GC，催化 GTP 生成 cGMP，激活 PKG，催化有关蛋白或有关酶类的丝（苏）氨酸残基磷酸化，产生生物学效应，即松弛血管平滑肌和增加尿钠，并间接影响交感神经系统和肾素 - 血管紧张素 - 醛固酮系统，从而降低血压。除了与质膜结合的 GC 外，在胞质基质中还存在可溶性的 GC，它们是 NO 或 CO 作用的靶酶，催化产生 cGMP，使 cGMP 生成增加，进一步激活 PKG，导致血管平滑肌松弛。

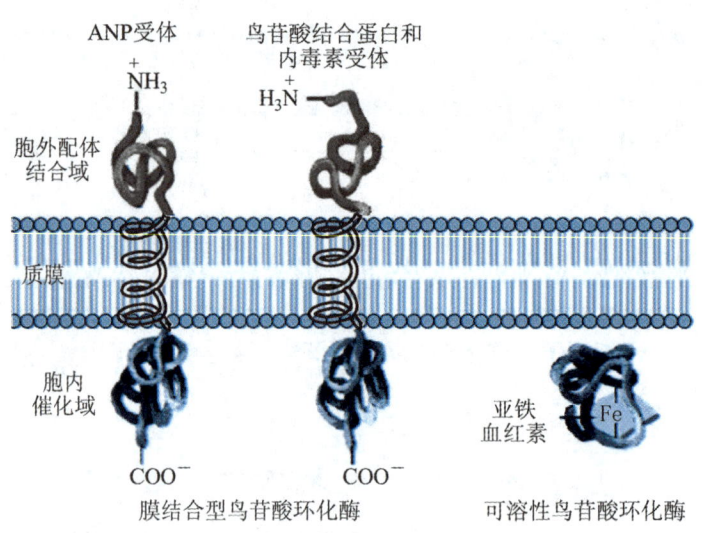

图 16-9　受体鸟苷酸环化酶

知识链接

一氧化氮（NO）在信号转导中的作用与"伟哥"的问世

R.F. Furchgott、L.J. Ignarro、F.Murad 因发现一氧化氮（NO）是机体产生的一种信号分子，获得 1998 年的诺贝尔生理学或医学奖。NO 因此而成为"明星分子"。

药物开发商辉瑞公司看到了其中的机会，想从 NO 的道路里挖点"降压药"卖，他们将目标锁定在了 cGMP 身上，开发出一种能抑制磷酸酯酶的化合物。但在临床试验时，发现该化合物在高血压患者身上几乎看不到什么降压效果，眼看数十亿美金的投入即将毁于一旦。辉瑞公司意外地发现一群阳痿患者服用这个化合物可以让他们"重振雄风"。辉瑞公司立即改变研发方向，把这个化合物做成"壮阳药"。不久，一个别名叫"伟哥"的药物畅销全球。原来，这一化合物是 5 型磷酸二酯酶的选择性抑制剂，通过抑制海绵体内分解 cGMP 的 5 型磷酸二酯酶来增强 NO 的作用，增加海绵体内 cGMP 水平，松弛平滑肌，使血液流入海绵体，通过舒张勃起组织内的血管而使阴茎勃起。

（二）通过 G 蛋白偶联受体激活脂质衍生物的信号转导途径

磷脂类化合物是构成生物膜的重要成分，由各种磷脂酶催化其水解后生成的若干衍生物，包括二酰甘油（DAG）、1,4,5-肌醇三磷酸（IP_3）、磷脂酰肌醇-3,4-双磷酸（$PI-3,4-P_2$）、磷脂酰肌醇-3,4,5-三磷酸（PIP_3）等，也是细胞信息传递的第二信使。

1. IP_3/DAG-PKC 途径　细胞外信号分子（如乙酰胆碱 M、促甲状腺素释放素、去甲肾上腺素、组胺、缓激肽、血管紧张素等）结合并激活受体后，通过特定的 Gq 蛋白激活附着于细胞膜的磷脂酰肌醇磷脂酶 C（PI-PLC），PI-PLC 使磷脂酰肌醇 4,5-双磷酸（PIP_2）裂解，产生两种第二信使：IP_3 和 DAG（图 16-10）。IP_3 生成后，从膜上扩散至胞质中，与内质网和肌浆网上受体结合，因而促进这些钙储库内的 Ca^{2+} 迅速释放，使胞质内的 Ca^{2+} 浓度升高。DAG 生成后仍留在质膜上，在磷脂酰丝氨酸和 Ca^{2+} 的配合下激活蛋白激酶 C（PKC）。

PKC 广泛地存在于机体的组织和细胞内，由一条多肽链组成，含一个催化结构域和一个调节结构域。一旦 PKC 的调节结构域与 DAG、磷脂酰丝氨酸和 Ca^{2+} 结合，便引起 PKC 构象改变而暴露出活性中心。PKC 通过对靶蛋白的磷酸化修饰而改变功能蛋白质的活性和性质，参与机体的代谢、基因表达、细胞分化和增殖等多种生理功能的调节。

2. PI_3K-PKB 途径　细胞外信号分子（如胰岛素、生长因子、细胞因子、乙酰胆碱 M、加压素等）结合并激活受体后，激活 G 蛋白，Gq 蛋白作用于非受体型酪氨酸蛋白激酶 Pyk2，而使磷脂酰肌醇-3-激酶（PI_3K）激活。PI_3K 有 α、β 和 γ 3 种同工酶，这三种同工酶的作用

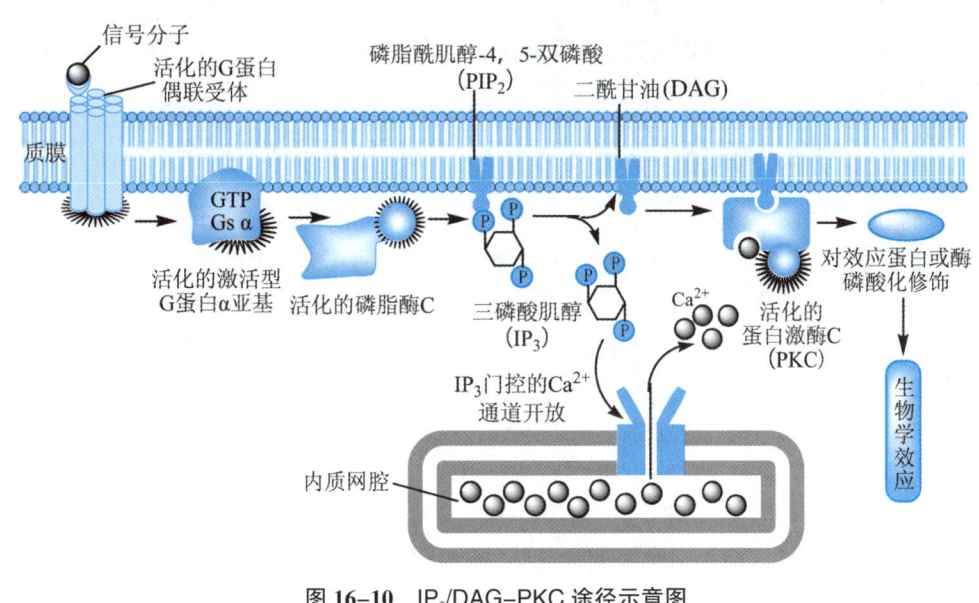

图 16-10　IP_3/DAG-PKC 途径示意图

底物不同。$PI_3K\beta$ 作用于 PI-4-P，生成 PI-3,4-P_2；而 $PI_3K\gamma$ 可作用于 PI-4-P 和 PI-4,5-P_2，生成 PI-3,4-P_2 和 PIP_3 两种第二信使。这两种第二信使均可与依赖磷脂酰肌醇的蛋白激酶（PDK）的两种同工酶（PDK1 和 PDK2）形成复合物，从而使 PDK 激活，然后催化蛋白激酶 B（PKB）的磷酸化修饰而使之激活。

PKB 是一种单体酶，可通过催化其特异的底物蛋白或酶磷酸化修饰而发挥作用。如 PKB 可使糖原合酶激酶（GSK）磷酸化，GSK 被磷酸化后降低活性，糖原合酶因磷酸化减少而活性增高，使糖原生成增加。此外，PKB 还可抑制细胞凋亡，并与葡萄糖的转运、细胞增殖分化及细胞周期调节有关。

（三）酪氨酸蛋白激酶途径

酪氨酸蛋白激酶（TPK）途径是通过信号分子激活受体型或非受体型 TPK，以 TPK 作为胞内信息传递的第二信使，催化信息传递蛋白的酪氨酸残基磷酸化，从而触发胞内一系列级联反应过程。该途径在细胞的生长、增殖、分化等过程中起重要的调节作用，并与肿瘤的发生密切相关。

1. 受体型 TPK 途径　该信号转导途径大致分 3 个阶段：受体活化、受体与激酶之间信号的偶联以及磷酸化级联反应。

（1）受体活化：信号分子与受体结合后使受体二聚体化。二聚体化受体自身磷酸化，受体胞内区羧基端酪氨酸残基磷酸化，同时酪氨酸激酶区活化。

（2）受体与激酶之间信号的偶联：激活的 TPK 把信号通过生长因子受体结合蛋白 2（Grb2）和 Ras 鸟苷酸转换因子（Sos）传递到 Ras，使 Ras 发生 GDP/GTP 的交换而被激活。

（3）磷酸化级联反应：Ras 激活以后可以启动多条信号转导通路。其中最重要的一条是促分裂原活化的蛋白激酶（MAPK）磷酸化级联反应。MAPK 是一类高度保守的癌基因产物，与细胞的增殖、分化有密切的关系。它的激活是在促分裂原活化的蛋白激酶激酶（MAPK-kinase，MAPKK）作用下完成的，而 MAPKK 的激活还需要促分裂原活化的蛋白激酶激酶激酶（MAPKK-kinase，MAPKKK），由此构成一个三级的磷酸化级联反应。最上层的 MAPKKK 由 Ras 直接激活（图 16-11）。MAPK 被激活以后，可激活下游的多种靶蛋白，包括一系列转录因子和其他蛋白激酶。MAPK 可进入细胞核内直接调节某些转录因子——DNA 复合物的活性，启动一系列早期快反应基因的表达。

2. 非受体型 TPK 途径　许多细胞因子受体自身没有激酶结构域，与细胞因子结合后，受体通过近膜区的蛋白酪氨酸激酶 JAK 的作用使信号转导及转录激活蛋白（signal transducer and activator of transcription，STAT）的酪氨酸磷酸化，磷酸化的 STAT 分子形成二聚体进入细胞核，作为转录因子影响相关基因的表达，改变细胞的增殖和分化。

二、细胞内受体介导的信号转导途径

通过细胞内受体调节的激素有糖皮质激素、盐皮质激素、雄激素、雌激素、孕激素、甲状腺素（T_3 及 T_4）和 1,25(OH)$_2$-D_3 等，上述激素除甲状腺素外均为类固醇化合物，这些化合物都是脂溶性激素。细胞内受体又可分为胞质内受体和核内受体。其中糖皮质激素的受体位于胞质中，而盐皮质激素、雄激素、雌激素、孕激素、1,25-(OH)$_2$-D_3 和甲状腺素（T_3 及 T_4）等激素受体位于细胞核内。

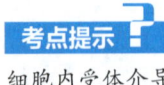
考点提示
细胞内受体介导的信号转导机制

通过细胞内受体调节的激素发挥作用时先要穿过细胞膜。糖皮质激素与特异受体结合形成糖皮质激素-受体复合物，以二聚体形式穿过核孔进入核内；盐皮质激素、雄激素、孕激素、雌激素、甲状腺素（T_3 及 T_4）和 1,25-(OH)$_2$-D_3 等类固醇激素则需要从胞质进入细胞核后与存在于核内的受体结合，激素-受体复合物作为反式作用因子与 DNA 特异基因的激素反应元件结合，从而使特异基因易于（或难于）转录。甲状腺素进入靶细胞后，能与胞内的核受体结

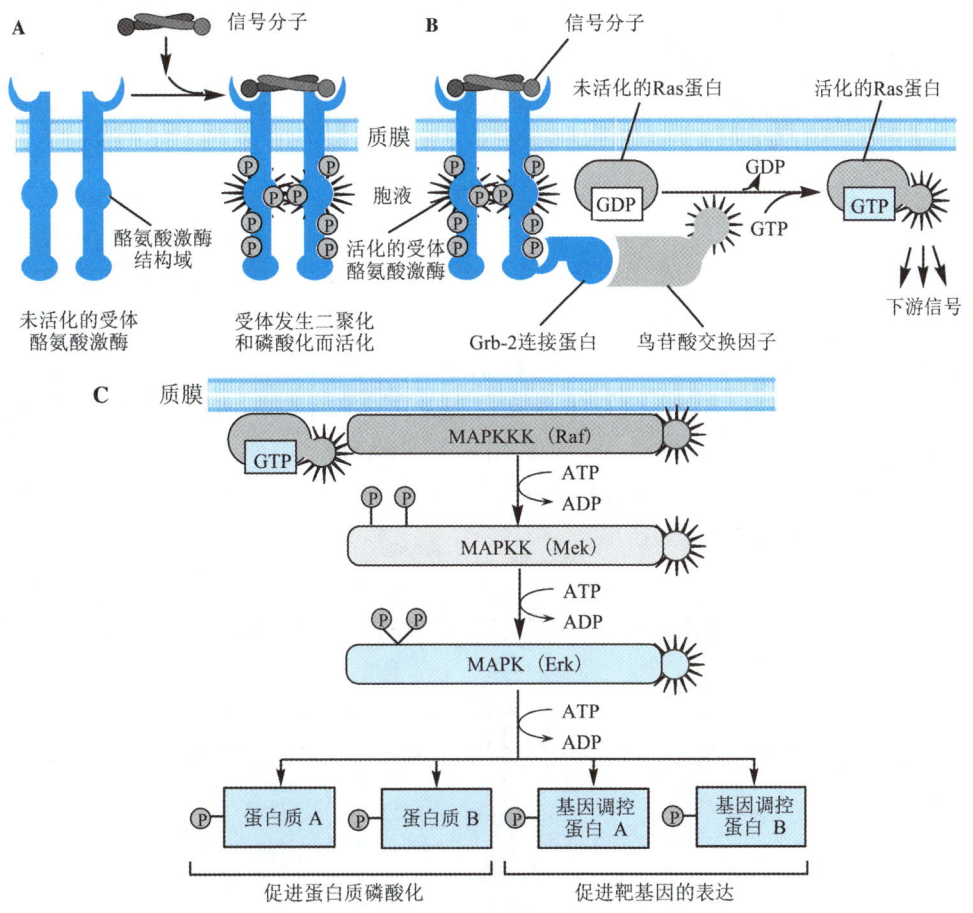

图 16-11　受体酪氨酸激酶信号途径示意图
A. 受体的活化；B. 受体与激酶之间信号的偶联；C. MAPK 级联反应

合，甲状腺素-受体复合物可与 DNA 上的甲状腺素反应元件结合，从而调节基因的表达（图 16-12）。

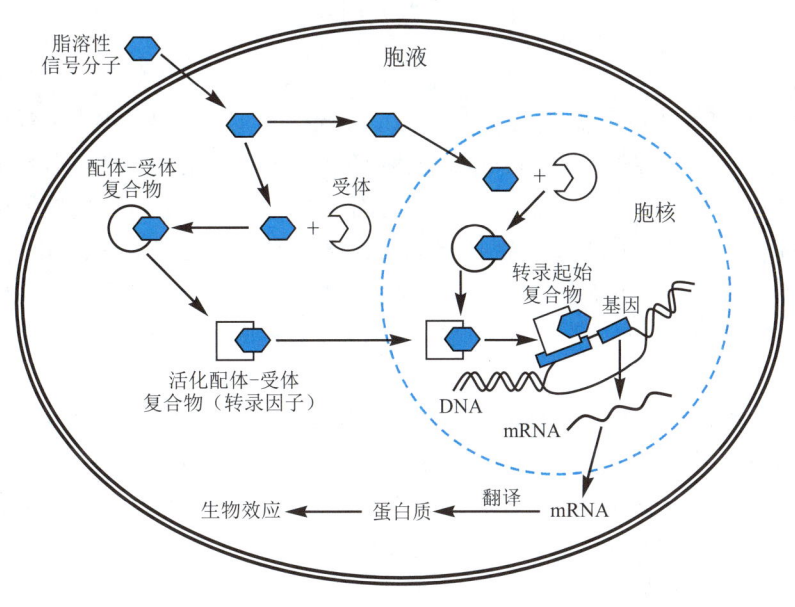

图 16-12　脂溶性激素转导途径示意图

三、信号转导异常与疾病

正常的信号转导是人体正常代谢与功能的基础，是保证细胞内物质和能量代谢正常进行的关键。如果人体内信号转导出现异常，就会导致代谢紊乱、疾病，甚至死亡。因此，深入研究信号转导的分子机制对于认识临床疾病的发生、发展、诊断及治疗都具有重要意义。

（一）G 蛋白异常与疾病

1. **霍乱**　霍乱是由霍乱弧菌引起的烈性肠道传染病。患者起病急骤，剧烈腹泻，常有严重脱水、电解质代谢紊乱和酸中毒，可因循环衰竭而死亡。霍乱弧菌通过分泌活性极强的外毒素（霍乱毒素）干扰细胞内信号转导过程。霍乱毒素选择性催化 Gsα 亚基的精氨酸 201 核糖化，此时 Gsα 仍可与 GTP 结合，但 GTP 酶活性丧失，不能将 GTP 水解成 GDP，从而使 Gsα 处于不可逆性激活状态，不断刺激 AC 催化 ATP 生成 cAMP，胞质中的 cAMP 含量可增加至正常的 100 倍以上，导致小肠上皮细胞膜蛋白构型改变，大量氯离子和水分子持续转运入肠腔，引起严重的腹泻和脱水（图 16-13）。

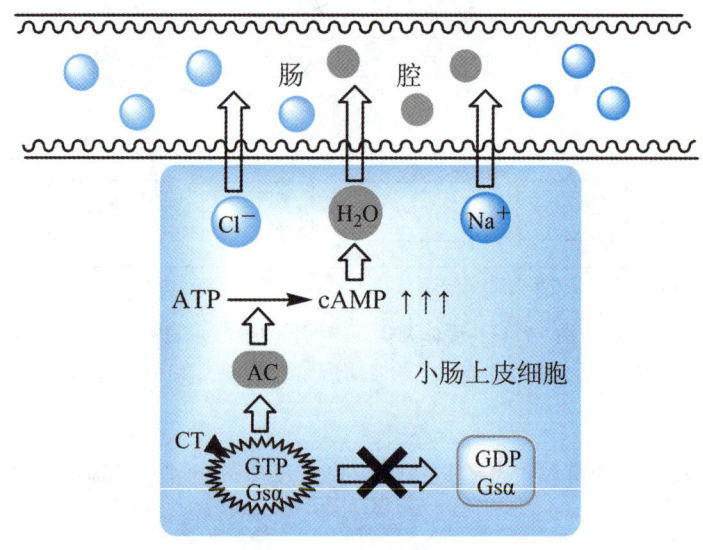

图 16-13　霍乱毒素作用机制

2. **肢端肥大症和巨人症**　促生长素（growth hormone，GH）的分泌受下丘脑促生长素释放素和生长抑素的调节，促生长素释放素经激活 Gsα 使 cAMP 增高，促进分泌 GH 的细胞增殖和分化。垂体腺瘤的患者，由于编码 Gsα 的基因突变，其特征是 Gsα 的精氨酸 201 被半胱氨酸或组氨酸取代，或谷氨酰胺 227 被精氨酸或亮氨酸取代，这些突变抑制了 GTP 酶活性，使 Gsα 处于持续激活状态，cAMP 含量增多，垂体细胞生长和分泌功能活跃。GH 的过度分泌，可刺激骨骼过度生长，在成年人引起肢端肥大症，在儿童引起巨人症。

（二）受体异常与疾病

受体病亦称受体异常症，是由于受体数量、结构或调节异常，导致受体功能异常，使之不能正常介导配体在靶细胞中应有的效应所致的疾病。

受体异常可表现为：受体下调（受体数目减少）或脱敏（对配体刺激的反应性减弱或消失）；受体上调（受体数目增加）或超敏（对配体刺激的反应过度）。受体病按病因可分为遗传性受体病和自身免疫性受体病。

1. **遗传性受体病**　遗传性受体病是由于编码受体的基因突变，导致受体缺失、减少或结构异常而引起的遗传性疾病。家族性高胆固醇血症是由于基因突变引起的 LDL 受体异常症，为常染色体显性遗传。肝细胞及肝外组织的细胞膜广泛存在 LDL 受体，它能与血浆中富含胆固醇的 LDL 颗粒相结合，并经受体介导的内吞作用进入细胞。在细胞内，受体与 LDL 解离，再回到细胞膜，而 LDL 则在溶酶体内降解并释放出胆固醇，供给细胞代谢需要并降低血浆胆固醇含量（图 16-14）。

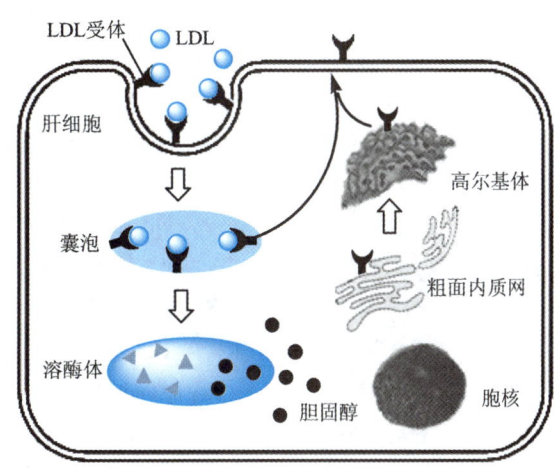

图 16-14　LDL 受体的代谢过程

遗传性受体病按受体突变的类型及分子机制分类。①受体合成障碍：最常见，约占 50%；②受体转运障碍：在内质网合成的受体前体不能正常转运至高尔基体；③受体与配体结合障碍：受体的配体结合区缺乏或变异；④受体内吞障碍：与 LDL 结合后不能内吞入细胞。

家族性高胆固醇血症的临床表现：因 LDL 受体数量减少或功能异常，对血浆 LDL 的清除能力降低，患者出生后血浆 LDL 含量高于正常，发生动脉硬化的危险性也明显升高。

2. 自身免疫性受体病　重症肌无力是一种神经肌肉间传递功能障碍的自身免疫病，主要特征为受累横纹肌稍活动后即迅速疲乏无力，经休息后肌力有程度不同的恢复。轻者仅累及眼肌，重者可波及全身肌肉，甚至因呼吸肌受累而危及生命。正常情况下，神经冲动抵达运动神经末梢时，释放乙酰胆碱（Ach），Ach 与骨骼肌的运动终板膜表面的烟碱型乙酰胆碱（n-Ach）受体结合，使受体构型改变，离子通道开放，Na^+ 内流形成动作电位，肌纤维收缩。

重症肌无力的发生机制：在患者的胸腺上皮细胞及淋巴细胞内含有一种与 n-Ach 受体结构相似的物质，可能作为自身抗原而引起胸腺产生抗 n-Ach 受体的抗体。抗 n-Ach 受体抗体通过干扰 Ach 与受体的结合，或是加速受体的内吞与破坏，最终导致运动神经末梢释放的 Ach 不能充分与运动终板上的 n-Ach 受体结合，使兴奋从神经传递到肌肉的过程发生障碍，从而影响肌肉的收缩，导致重症肌无力。

● 自测题 ●

一、选择题

1. 下列不是受体与配体结合的特点的是
   A. 高度专一性
   B. 高度亲和力
   C. 可饱和性
   D. 不可逆性
   E. 非共价键结合

2. 下列为旁分泌信息物质特点的是
   A. 持续时间长
   B. 作用距离近
   C. 效率低
   D. 不需第二信使
   E. 有特定的靶细胞
3. G 蛋白是指
   A. 蛋白激酶 A
   B. 鸟苷酸环化酶
   C. 蛋白激酶 G
   D. 腺苷酸结合蛋白
   E. 鸟苷酸结合蛋白
4. IP_3 与相应受体结合后，可使胞质内浓度升高的是
   A. K^+
   B. Na^+
   C. HCO_3^-
   D. Ca^{2+}
   E. Mg^{2+}
5. 在细胞内传递激素信息的小分子物质称为
   A. 递质
   B. 载体
   C. 第一信使
   D. 第二信使
   E. 第三信使
6. 直接影响细胞内 cAMP 含量的酶是
   A. 磷脂酶
   B. 蛋白激酶 A
   C. 蛋白激酶 G
   D. 酪氨酸蛋白激酶
   E. 腺苷酸环化酶
7. cAMP 能别构激活的是
   A. 磷脂酶
   B. 蛋白激酶 A
   C. 蛋白激酶 C
   D. 蛋白激酶 G
   E. 酪氨酸蛋白激酶
8. 以 IP_3 和 DAG 为第二信使的双信号途径是
   A. cAMP 蛋白激酶途径
   B. Ca^{2+} – 磷脂依赖性蛋白激酶途径
   C. cGMP 蛋白激酶途径
   D. 酪氨酸蛋白激酶途径
   E. 胞内受体介导的信号转导途径
9. 通过细胞内受体发挥作用的激素是
   A. 肾上腺素
   B. 甲状腺激素
   C. 胰高血糖素
   D. 胰岛素
   E. 促肾上腺皮质激素

二、名词解释

1. 信号分子
2. 受体
3. 第二信使
4. 配体

三、问答题

1. 信号转导过程中胞外信号分子和受体的分类是什么？
2. 细胞跨膜信号转导的途径有哪些？各条途径的主要特点是什么？

（贾艳梅）

自测题参考答案

第二章

一、选择题

1.E 2.D 3.B 4.D 5.C 6.D 7.A 8.A 9.D 10.C 11.C 12.C 13.D 14.E 15.E

二、名词解释

1. 肽键：组成蛋白质的基本单位为氨基酸，一个氨基酸的羧基与相邻的另一个氨基酸的氨基脱水缩合形成的化学键称为肽键(酰胺键)。

2. 蛋白质的等电点：蛋白质是两性电解质。在某一 pH 条件下，蛋白质解离成正、负离子的数量相等，净电荷为零时，此时溶液的 pH 称为该蛋白质的等电点。

3. 蛋白质的变性：蛋白质在某些理化因素作用下，次级键断裂，严格的空间结构遭到破坏，从而改变其理化性质与生物学活性，这种现象称为蛋白质的变性。

三、问答题

1.答题要点

构成人体蛋白质的氨基酸只有 20 种，但在形成一级结构时，组成肽链的氨基酸种类、各种氨基酸的数量及排列方式均可不同，因此可形成种类极其繁多的蛋白质。

2.答题要点

蛋白质一级结构是指蛋白质分子中氨基酸残基的排列顺序，也包括二硫键所在位置。维持一级结构的作用力是肽键。

蛋白质的空间结构包括二级、三级和四级结构，但并不是所有的蛋白质都有四级结构。

蛋白质二级结构是指多肽链中主链原子在各局部空间进行盘曲、折叠形成的空间结构，而不涉及各 R 侧链的空间位置。维持二级结构的主要作用力是氢键。

蛋白质三级结构是指肽链中所有原子在三维空间的排布位置，包括多肽链主链及 R 侧链构象。稳定蛋白质三级结构的化学键和作用力是各种次级键，以疏水键最为重要。

有的蛋白质由 2 条或 2 条以上的多肽链组成，每条具有独立三级结构的多肽链称为亚基。蛋白质分子中各亚基之间的空间排布和相互作用，称为蛋白质四级结构。在四级结构中，各亚基间的聚合力主要是氢键和离子键。

3.答题要点

蛋白质在某些理化因素作用下,次级键断裂,严格的空间结构遭到破坏,从而改变其理化性质与生物学活性,这种现象称为蛋白质变性。

蛋白质变性的本质是次级键(氢键、离子键、疏水键等)的破坏,也包括二硫键的断裂,只有空间构象的改变,并不涉及一级结构的变化。

蛋白质变性后,亲水程度降低,水化膜丧失,溶解度下降,黏度增加,易于沉淀,易被蛋白酶水解,丧失原有生物学活性。

第三章

一、选择题

1.D 2.C 3.B 4.E 5.D 6.D 7.B 8.E 9.C 10.A

二、名词解释

1. DNA变性:DNA变性是指在某些理化因素作用下,双螺旋DNA分子中互补碱基对之间的氢键断裂,双螺旋结构松散变成单链的过程。

2. Tm值:通常将DNA在260 nm波长处紫外吸收值的变化达到最大变化值的一半时所对应的温度,即DNA分子达到50%解链时的温度称为DNA的解链温度或熔解温度Tm。

3. 分子杂交:在核酸变性后的复性过程中,具有一定互补序列的不同DNA单链,或DNA单链与同源RNA序列,在一定条件下按碱基互补原则结合在一起,形成异源双链的过程称为分子杂交。

三、问答题

1.答题要点

(1)DNA是反向平行双链结构,螺旋表面形成大沟与小沟。

(2)反向平行的双链严格遵循碱基互补原则。

(3)由磷酸及脱氧核糖交替相连而成的亲水骨架位于螺旋的外侧,而疏水的碱基对则位于螺旋的内侧。双螺旋的直径为2.37 nm,每10.5对碱基旋转一周,旋距为3.54 nm。

(4)疏水力和氢键维系DNA双螺旋结构的稳定。

2.答题要点

细胞内主要的RNA有mRNA、tRNA、rRNA。

mRNA的主要功能:把核内DNA的碱基顺序按照碱基互补原则抄录并转移到胞质,指导蛋白质生物合成。

tRNA的主要功能:在蛋白质合成过程中作为各种氨基酸的载体,并通过反密码子与mRNA中相应的密码子互补结合,使tRNA所携带的氨基酸能够准确地在mRNA上"对号入座",从而使肽链中氨基酸按mRNA密码子的顺序排列起来。

rRNA的主要功能:和多种蛋白质合成核糖体。核糖体是细胞合成蛋白质的场所,核糖体中的rRNA和蛋白质共同为肽链合成所需要的mRNA、tRNA以及多种蛋白因子提供相互结合的位点和相互作用的空间环境。

第四章

一、选择题

1.B 2.A 3.D 4.A 5.C 6.C 7.C 8.C 9.C 10.B

二、名词解释

1. 维生素：维生素是维持机体正常生命活动所必需的一类小分子有机化合物。

2. 水溶性维生素：水溶性维生素在体内基本不能贮存，当血中浓度超过肾阈值时，可随尿排出，很少出现中毒现象。但水溶性维生素必须由膳食经常补充，机体基本不能合成。水溶性维生素包括 B 族维生素和维生素 C。B 族维生素主要是构成酶的辅酶或辅基的组成成分，参与体内物质代谢。

3. 脂溶性维生素：维生素 A、D、E、K 不溶于水，而易溶于脂质及有机溶剂，故称为脂溶性维生素。它们在食物中常与脂质共存，在肠道中随脂质一道被吸收，在血液中与脂蛋白或特异性结合蛋白结合而被运输，不能从肾排出。

三、问答题

1. 答题要点

维生素	生理功能	缺乏症
维生素 A	（1）构成视觉细胞感光物质，参与暗视觉的形成 （2）参与糖蛋白合成，维持上皮组织结构完整 （3）促进生长发育 （4）维生素 A 还具有抗氧化、抑癌作用	夜盲 眼干燥症
维生素 D	促进小肠对钙、磷的吸收，促进肾小管对钙、磷的重吸收，维持血钙、血磷的正常浓度，有利于骨的生长和钙化	儿童患佝偻病，成人患软骨症

2. 答题要点

维生素	辅酶或辅基	生理功能	缺乏症
维生素 B_1	TPP	(1)是 α-酮酸氧化脱羧酶系的辅酶 (2)是戊糖磷酸途径中转酮醇酶的辅酶 (3)可抑制胆碱酯酶的活性	脚气病
维生素 B_2	FMN 和 FAD	是黄素酶的辅基，参与体内多种氧化还原反应，起递氢体作用	唇炎、舌炎、口角炎、眼结膜炎等
维生素 PP	NAD^+ 和 $NADP^+$	(1)是多种不需氧脱氢酶的辅酶，在生物氧化过程中起递氢体作用 (2)临床用于治疗高脂血症	糙皮病
维生素 B_6	磷酸吡哆醛和磷酸吡哆胺	是转氨酶和脱羧酶的辅酶，磷酸吡哆醛是 δ-氨基-γ-酮戊酸（ALA）合酶的辅酶	无
泛酸	辅酶 A（CoA）和酰基载体蛋白质（ACP）	是酰基转移酶的辅酶，在代谢过程中起运载酰基的作用	无
生物素	生物素	是体内多种羧化酶的辅酶组分，如丙酮酸羧化酶等，参与 CO_2 的固定或羧化过程	无
叶酸	FH_4	是体内一碳单位转移酶的辅酶，是一碳单位的载体	巨幼细胞贫血
维生素 B_{12}	甲钴胺素和 5'-脱氧腺苷钴胺素	是甲基转移酶的辅酶，参与甲基的转移；是甲基丙二酰辅酶 A 变位酶的辅酶	

第五章

一、选择题

1.D 2.B 3.C 4.D 5.C 6.C 7.D 8.B 9.E

二、名词解释

1. 酶:酶是由活细胞产生的、对其特异底物具有高效催化作用的生物大分子,其化学本质大多数为蛋白质,少数为核酸。
2. 活性中心:酶分子中必需基团比较集中、具有特定空间构象、能与底物特异地结合并催化底物转变为产物的区域称为酶的活性中心。
3. 酶原:有些酶在细胞内初合成或初分泌时没有催化活性,这些无活性的酶前体,称为酶原。
4. 酶原激活:在一定条件下,无活性的酶原转变成有活性酶的过程,称为酶原激活。
5. 同工酶:同工酶是指能催化相同的化学反应,而酶蛋白的分子结构、理化性质和免疫学特性不同的一组酶。

三、问答题

1. 答题要点

概念:在一定条件下,无活性的酶原转变成有活性酶的过程,称为酶原激活。
本质:酶活性中心形成或暴露的过程。
机制:酶蛋白被水解掉一个或几个肽段,使原来被掩盖的酶活性中心暴露出来或者形成。
意义:①避免细胞本身被蛋白酶水解破坏;②保证酶原到达特定部位和环境中被激活发挥催化作用;③一种特殊的储存形式。

2. 答题要点

底物浓度、酶浓度、pH、温度、激活剂和抑制剂。

3. 答题要点

举例:如抑菌药磺胺类药物、抗肿瘤药氟尿嘧啶等都属于竞争性抑制剂。
特点:抑制剂与底物结构相似;竞争性抑制的强弱取决于抑制剂与底物的相对浓度;V_{max}不变,K_m值增大。
意义:应用于药物开发。

第六章

一、选择题

1.A 2.A 3.A 4.A 5.D 6.E 7.D 8.A 9.D 10.C 11.C 12.A 13.B 14.A 15.C

二、名词解释

1. 血糖:血液中的葡萄糖。

2. 糖异生：由非糖物质转变为葡萄糖或糖原的过程。

3. 糖酵解：葡萄糖或糖原在无氧或缺氧的条件下分解为乳酸的过程。

4. 糖的有氧氧化：葡萄糖或糖原在有氧条件下彻底氧化分解生成 CO_2 和 H_2O，并释放大量能量的过程。

5. 三羧酸循环：从乙酰辅酶 A 和草酰乙酸合成柠檬酸开始，又以草酰乙酸的再生结束。

三、问答题

1. 答题要点

　　人在剧烈运动时，对能量的需求显著增加，而能量的产生需要更多的氧。尽管机体呼吸、循环加快，但氧仍供不应求，使机体处于缺氧状态，此时肌肉中糖酵解增强，乳酸生成增多。

2. 答题要点

　　糖有氧氧化产能如下：第一阶段 5 或 7 分子 ATP；第二阶段 2×2.5=5 分子 ATP；第三阶段 2×10=20 分子 ATP，总计 30 或 32 分子 ATP。

3. 答题要点

　　①代谢部位；②反应条件；③关键酶；④ ATP 的生成方式和数量；⑤终产物；⑥生理意义。

类别	糖酵解	糖有氧氧化
代谢部位	胞质	胞质和线粒体
反应条件	供氧不足	有氧情况
关键酶	己糖激酶、磷酸果糖激酶-1、丙酮酸激酶	己糖激酶、磷酸果糖激酶-1、丙酮酸激酶、丙酮酸脱氢酶复合体、柠檬酸合成酶、异柠檬酸脱氢酶、α 酮戊二酸脱氢酶
终产物	乳酸	CO_2、H_2O
ATP 的生成方式和数量	底物磷酸化　2ATP	氧化磷酸化为主　32 或 30ATP
生理意义	①缺氧状态下供能 ②是成熟红细胞的唯一供能途径 ③是某些组织获得能量的主要方式	有氧氧化是机体获能的主要方式；三羧酸循环是糖、脂质和蛋白质彻底氧化分解的共同途径；三羧酸循环是三大物质联系的枢纽

第七章

一、选择题

1. A　2. E　3. D　4. D　5. C　6. A　7. B　8. B　9. A　10. E

二、名词解释

1. 生物氧化：生物氧化主要是指糖、脂肪和蛋白质等营养物质在体内氧化分解，生成 CO_2 和 H_2O，同时释放能量的过程。生物氧化过程中细胞要摄取 O_2 和排出 CO_2，所以生物氧化也称为组织呼吸或细胞呼吸。

2. 呼吸链：线粒体内膜上的酶和辅酶按一定的顺序排列组成的递氢或递电子体系，称为电子传递链。电子传递过程与细胞摄取氧的呼吸过程有关，故又称为呼吸链。

3. 氧化磷酸化：代谢物脱下的氢经呼吸链传递给氧生成水，同时释放能量使 ADP 磷酸化生成 ATP，这种氧化与磷酸化相偶联的过程称为氧化磷酸化。氧化磷酸化是机体内 ATP 生成的主

要方式。

4. 底物磷酸化：代谢物由于脱氢或脱水引起的分子内部能量重新分配形成高能键，所形成的高能磷酸键在酶的作用下直接转移给 ADP(或 GDP)生成 ATP(或 GTP)的方式称为底物磷酸化。

三、问答题

1. 答题要点

4 类复合体、NADH 氧化呼吸链、$FADH_2$ 氧化呼吸链。

2. 答题要点

ADP/ATP 比值、甲状腺素、解偶联剂和呼吸链抑制剂等均可影响氧化磷酸化，每种因素的影响机制需分别进行分析。

第八章

一、选择题

1. C　2. D　3. A　4. D　5. E　6. A　7. C　8. A

二、名词解释

1. 高脂蛋白血症：空腹血浆中三酰甘油(TG)或总胆固醇(TC)浓度升高，称为高脂血症。由于血脂在血浆中以脂蛋白形式运输，高脂血症也表现为不同类型脂蛋白升高，故高脂血症也称为高脂蛋白血症。

2. 脂肪动员：储存在脂肪细胞中的脂肪在脂肪酶的作用下水解为脂肪酸和甘油，并释放入血液，供给其他组织氧化利用的过程，称为脂肪动员。

3. 血脂：血浆中的脂质统称为血脂，主要由三酰甘油、磷脂、胆固醇、胆固醇酯及游离脂肪酸等脂质物质组成。

三、问答题

1. 答题要点

脂肪酸活化：在胞质中进行，消耗 2 个 ATP。

转运：在载体和酶作用下穿过线粒体内膜进入线粒体。

β 氧化：脱氢、加水、再脱氢、硫解。

乙酰辅酶 A 进入三羧酸循环、受氢体进入呼吸链：

$18 \div 2 \times 10 + (18 \div 2 - 1) \times (1.5 + 2.5) - 2 = 120$ 分子 ATP

2. 答题要点

分类：

电泳法：CM、β-Lp、preβ-Lp、α-Lp；

超速离心法：CM、VLDL、LDL、HDL。

主要功能：

CM：运输外源性三酰甘油。

VLDL：运输内源性三酰甘油。

LDL:将胆固醇从肝运出。

HDL:将胆固醇逆向转运回肝。

第九章

一、选择题

1.D 2.A 3.D 4.E 5.B 6.C 7.D 8.B 9.C 10.B

二、名词解释

1. 必需氨基酸:机体需要而不能自行合成、必须由食物供给的氨基酸称为必需氨基酸。人体内有8种必需氨基酸,它们分别是赖氨酸、色氨酸、苯丙氨酸、甲硫氨酸、苏氨酸、缬氨酸、异亮氨酸和亮氨酸。

2. 蛋白质的营养价值:蛋白质的营养价值是指食物蛋白质的利用率。蛋白质营养价值的高低主要取决于食物蛋白质中必需氨基酸的种类、数量和比例。

3. 一碳单位:某些氨基酸分解代谢过程中产生的只含有一个碳原子的有机基团,称为一碳单位。

三、问答题

1. 答题要点

   4种脱氨基方式:氧化脱氨基、转氨基、联合脱氨基和嘌呤核苷酸循环,其中最主要的方式是联合脱氨基。

2. 答题要点

   血氨来源:氨基酸的脱氨基作用及胺类分解;肠道吸收的氨;肾小管上皮细胞谷氨酰胺的水解。

   血氨去路:肝合成尿素;合成谷氨酰胺;合成非必需氨基酸;合成其他含氮化合物。

3. 答题要点

   该患者可能患有苯丙酮尿症,饮食中应严格限制苯丙氨酸的摄入。

第十章

一、选择题

1. E 2. C 3. D

二、名词解释

1. 从头合成:机体利用磷酸核糖、氨基酸、一碳单位及CO_2等简单物质为原料,经过一系列酶促反应,合成嘌呤核苷酸或嘧啶核苷酸的过程,称为从头合成。

2. 补救合成:骨髓、脑及脾等组织利用现成的嘌呤碱、嘌呤核苷或嘧啶碱、嘧啶核苷合成嘌呤核苷酸或嘧啶核苷酸,这样的合成过程称为补救合成,是次要的核苷酸合成途径。

3. 抗代谢物:有些人工合成的或天然存在的化合物的结构与生物体内的一些代谢物相似,将其引入生物体后,与生物体内的代谢物会发生拮抗作用,从而影响生物体中的正常代谢,这些化合物为抗代谢物,如嘌呤类似物 6-巯基嘌呤。

三、问答题

答题要点:缺乏次黄嘌呤鸟嘌呤磷酸核糖基转移酶。

第十一章

一、选择题

1. C 2. B 3. E 4. A 5. E 6. C 7. E 8. E 9. D 10. D

二、名词解释

1. 非蛋白质氮:非蛋白质氮(NPN)是指非蛋白含氮化合物中的氮总量,正常人血中 NPN 含量为 14.3~25.0 mmol/L。

2. 2,3-双磷酸甘油酸支路:2,3-双磷酸甘油酸(2,3-BPG)支路是指红细胞内糖酵解过程中,由 1,3-双磷酸甘油酸(1,3-BPG)经双磷酸甘油酸变位酶催化生成 2,3-BPG,再经 2,3-BPG 磷酸酶的催化转变为甘油酸-3-磷酸的侧支途径。

3. 血氧饱和度:血氧饱和度是指血氧含量占血氧容量的百分比,即血液中 HbO_2 与 Hb 总量之比。

三、问答题

1. 答题要点

使用醋酸纤维薄膜为支持物、pH 8.6 巴比妥溶液为缓冲液,分为清蛋白、α_1、α_2、β 和 γ 球蛋白。

血浆蛋白质主要功能:①维持血浆胶体渗透压和正常 pH;②运输作用;③免疫作用;④催化作用;⑤凝血与抗凝血和纤溶作用;⑥营养作用。

2. 答题要点

成熟红细胞所具有的独特细胞结构,无细胞核及线粒体,使其代谢比一般细胞单纯。葡萄糖是红细胞的主要能源物质,其中 90%~95%经糖酵解和 2,3-BPG 支路进行代谢,5%~10%通过戊糖磷酸途径进行代谢。

第十二章

一、选择题

1. C 2. A 3. E 4. A 5. A 6. D 7. A 8. E 9. D 10. B

二、名词解释

1. 生物转化:人体内的一些物质既不能作为构建组织和细胞的成分,又不能作为能源物质,甚至还可能对人体有一定的生物学效应或潜在的毒性作用,这类物质称为非营养物质。机体在排出这些物质之前,需对它们进行代谢转变,使其水溶性提高,极性增强,从而达到易于通过胆汁或尿液排出的目的,这一过程称为生物转化。

2. 激素的灭活:肝是激素灭活的主要场所。许多激素在体内发挥调节作用后,主要在肝内发生转化、降解或丧失活性,此过程称为激素的灭活。

3. 黄疸:胆红素为橙黄色的亲脂物质,可扩散进入组织造成黄染现象,这一体征称为黄疸。

三、问答题

1. 答题要点

肝是维持血糖水平相对稳定的重要器官。肝细胞内存在的葡糖-6-磷酸酶可将肝糖原分解生成的葡糖-6-磷酸直接转化成葡萄糖以补充血糖。此外,肝细胞还存在一套完整的糖异生酶系,是机体在长期饥饿状况下维持血糖相对恒定的主要途径。若肝细胞严重损伤时,易造成糖代谢紊乱。

肝在脂质代谢中占据中心地位。肝损伤时,肝分泌胆汁能力下降,可导致脂质的消化及吸收不良;同时肝是合成胆固醇的主要器官,严重肝损伤时,会影响胆固醇合成,造成血浆胆固醇、血浆胆固醇酯含量减少;肝细胞损伤引起磷脂合成障碍,导致肝内脂肪运出障碍而在肝中堆积,成为脂肪肝发生的机制之一。

肝在人体蛋白质合成、分解和氨基酸代谢中起重要作用。肝能合成凝血因子和血浆清蛋白,因此严重肝细胞损伤时,可出现凝血时间延长、出血以及水肿倾向。肝的另一重要功能是解氨毒,同时肝也是胺类物质的重要转化器官,严重肝病患者,肝解氨毒能力下降,导致血氨升高和氨中毒;芳香族胺类得不到及时清除,可通过血脑屏障进入脑组织,使大脑发生异常抑制,引发肝性脑病。

2. 答题要点

如果体内缺乏葡糖-6-磷酸脱氢酶,戊糖磷酸途径发生障碍,不能生成$NADPH+H^+$,因而GSH含量降低,对红细胞膜的保护作用减弱,导致过多的红细胞被破坏,发生溶血性贫血和溶血性黄疸。此时会出现血中未结合胆红素增加,尿中胆素原增加,粪便颜色加深。

第十三章

一、选择题

1.C 2.D 3.C 4.B 5.C 6.B 7.C 8.D 9.C 10.D

二、名词解释

体液:体液是由水、无机盐、低分子有机物和蛋白质组成,是广泛分布于细胞内、外的液体。

三、问答题

1. 答题要点

　　大面积烧伤患者体内的血钾浓度会明显升高。因为钾离子主要分布在细胞内液,当大面积烧伤时,患者体内的组织和细胞蛋白质分解旺盛,细胞内的钾离子转移到细胞外液,因此容易引起血浆中钾离子浓度升高。

2. 答题要点

　　当给患者注入胰岛素和葡萄糖时,血钾浓度会逐渐降低。因为钾离子主要分布于细胞内液,同时钾离子是细胞内糖原生成酶的激活剂,当给患者注入胰岛素和葡萄糖时,胰岛素会促使葡萄糖进入细胞合成糖原,这样会引起血浆中的钾离子转移到细胞内,血浆钾离子浓度会降低。

3. 答题要点

　　碱中毒时,Ca^{2+} 与蛋白质结合加强,血浆 Ca^{2+} 浓度降低,神经肌肉应激性增强,可发生手足抽搐。

第十四章

一、选择题

　　1. C　2. B　3. B　4. C　5. A　6. C　7. A　8. E　9. E　10. A

二、名词解释

　　1. 酸碱平衡:机体内各种组织、细胞等必须处于适宜的体液酸碱度环境中才能进行正常的生命活动。尽管体内不断地生成和从外界摄入酸性或碱性物质,但体液 pH 并不发生显著变化。这是因为机体依靠各种缓冲系统,以及肺和肾等一系列调节机制来实现体液 pH 的相对恒定,这种调节过程称为酸碱平衡。

　　2. 固定酸:糖、脂质、蛋白质在体内分解代谢过程中除生成 CO_2 外,还产生一些无机酸和有机酸,主要包括蛋白质分解代谢产生的磷酸、硫酸、尿酸;糖酵解产生的甘油酸、乳酸、丙酮酸;脂肪分解代谢产生 β 羟丁酸、乙酰乙酸等。这些酸性物质不能由肺呼出,必须经肾排出体外,故称为固定酸或非挥发性酸。

　　3. 代谢性酸中毒:由 $NaHCO_3$ 含量原发性减少而引起的酸碱平衡失调,称为代谢性酸中毒。

三、问答题

1. 答题要点

　　糖尿病时,糖氧化功能发生障碍,机体脂肪动员增强,血游离脂肪酸水平增加。脂肪酸在肝经 β 氧化合成酮体增多。酮体中 β 羟丁酸、乙酰乙酸均为强有机酸,由此固定酸排出过多,超过了肾排泄的能力,使 $NaHCO_3$ 浓度原发性降低,出现代谢性酸中毒。

2. 答题要点

　　有 3 种可能:①酸碱平衡;②存在代偿性酸中毒或碱中毒,此时经机体代偿调节,使血浆 $[HCO_3^-]/[H_2CO_3]$ 仍维持在 20/1 左右,则 pH 为正常范围;③酸中毒和碱中毒并存,相互抵消的混合型酸碱平衡失调,因 pH 变化趋向彼此相反,故暂时正常。

第十五章

一、选择题

1.B 2.B 3.B 4.E 5.B 6.D 7.D 8.E 9.A 10.E 11.B 12.E

二、名词解释

1. 中心法则：遗传信息沿复制－转录－翻译的方向进行传递的这一规律称为遗传信息传递的中心法则。

2. 半保留复制：DNA 复制时，首先是将亲代 DNA 分子两条链之间的氢键断裂，解开成两条单链，然后分别以每一条单链为模板，按照碱基互补配对原则各自合成一条新的 DNA 链，这样新合成的每个子代 DNA 分子中，一条链来自亲代 DNA，另一条链是新合成的，这种复制方式称为半保留复制。

3. 冈崎片段：由于 DNA 的解链方向与复制方向不一致，其中的随从链的复制需要待母链解出足够长度才开始形成引物，接着延长，从而形成多个新合成的不连续的 DNA 片段，这些片段称为冈崎片段。

4. 不对称转录：结构基因 DNA 不是两条链都可以转录，只有其中一条 DNA 单链可以作为模板转录，这种转录的选择性称为不对称转录。

5. 密码子：将模板 mRNA 上三个相连碱基所组成的一个三联体密码称为密码子。

6. 分子病：由于基因突变导致蛋白质一级结构的改变，进而引起生物体某些结构和功能的异常，这种疾病称为分子病。

三、简答题

1. 答题要点

	复制	转录
原料	dNTP	NTP
主要酶和因子	DNA 聚合酶、拓扑异构酶、解链酶、引发酶、连接酶、单链结合蛋白（SSB）	RNA 聚合酶、ρ 因子
模板	DNA 两条链	DNA 一条链
链的延长方向	5' 端→3' 端	5' 端→3' 端
方式	半保留复制	不对称转录
配对（信息传递）	A—T；T—A；G—C；C—G	A—U；T—A；G—C；C—G
产物	DNA	RNA

2. 答题要点

hnRNA 是 mRNA 的前体，称为核内不均一 RNA，是 mRNA 在细胞核内转录得到的前体，要成为成熟的 mRNA 必须经过加工：① 5' 加"帽"，即加一个 m^7 甲基鸟嘌呤核苷（m^7GpppN）结构，帽子结构的主要功能可能是稳定 mRNA 结构免遭核酸外切酶的攻击而降解破坏；② 3' 加"尾"，即多 A（poly A）尾，多 A 尾大约为 200 bp；③剪接，真核生物的结构基因通常是由编码区（称为外显子）与非编码区（称为内含子）间隔组成，通过转录，外显子和内含子均被转录到 hnRNA 中，此

时,hnRNA 的剪接就是去除内含子,拼接外显子的过程。经过细胞核内的加工,成熟的 mRNA 透过核孔进入到胞质中。

3.答题要点

(1)mRNA:蛋白质生物合成的直接模板。mRNA 的碱基排列顺序决定了多肽链中氨基酸的排列顺序,mRNA 分子中每相邻的三个核苷酸(碱基)组成一组三联体密码,决定一种氨基酸。

(2)tRNA:氨基酸的运载工具及蛋白质生物合成的适配器。tRNA 分子中有两个关键部位,一个是氨基酸结合部位,另一个是 mRNA 结合部位。

(3)rRNA:蛋白质生物合成的场所。核蛋白体又称核糖体,是由 rRNA 和蛋白质所组成的复合体。参与蛋白质生物合成的各种成分最终都要在核蛋白体上将氨基酸合成多肽链,所以核蛋白体是蛋白质生物合成的场所。

4.答题要点

(1)方向性:即翻译时读码只能从 mRNA 的起始密码子开始,按 5'→3' 方向逐一阅读,直至终止密码子。

(2)连续性:mRNA 序列上的各个密码子的排列是连续的,各密码子之间没有任何间隔。

(3)简并性:一种氨基酸可能具有两个或两个以上的密码子。

(4)通用性:是指从原核生物到人类,几乎都在使用同一套遗传密码。

(5)摆动性:密码子第三位碱基与反密码子第一位碱基间的辨认有时不十分严格,这种现象称为遗传密码的摆动性。

第十六章

一、选择题

1.D 2.B 3.E 4.D 5.D 6.E 7.B 8.B 9.B

二、名词解释

1.信号分子:信号分子是指由特定的信息源(如信号细胞)产生的,可以通过扩散或体液转运等方式进行运输,作用于靶细胞并产生特异应答的一类化学物质。

2.受体:受体是指存在于靶细胞膜上或细胞内能特异识别生物活性分子并与之结合,进而触发靶细胞产生特异生物学效应的一类特殊糖蛋白或脂蛋白。

3.第二信使:通常将在细胞内传递信息的小分子化合物称为第二信使。

4.配体:能与受体呈特异性结合的生物活性分子称为配体。细胞间信号分子就是一类最常见的配体。

三、问答题

1.答题要点

胞外信号分子根据其分泌方式和作用机制可分为以下几大类:

(1)激素;

(2)神经递质和神经肽;

(3)生长因子;

(4)细胞因子;

(5) 无机物。

受体按照存在亚细胞部位的不同分为膜受体和细胞内受体。膜受体存在于细胞质膜表面,细胞内受体存在于胞质或胞核内。

(1) 膜受体:按其分子结构与功能不同,分为离子通道型受体、G蛋白偶联受体、酶联受体,其配体结合部位均位于质膜表面。

(2) 细胞内受体:位于细胞内的受体多为转录因子,主要分布于胞核,所以称为转录因子受体或核受体。

2. 答题要点

细胞跨膜信号转导的途径主要分为膜受体介导的信号转导途径和细胞内受体介导的信号转导途径。

(1) 膜受体介导的信号转导途径的共同特征

1) 通过存在于细胞外的信号分子与靶细胞膜表面受体的特异结合来触发细胞内的信号转导过程,信号分子本身并不进入细胞。

2) 在这种信号转导机制中,常将在细胞外传递特异信号的信号分子称为第一信使,而将在细胞内传递特异信号的小分子物质(如 cAMP、cGMP、Ca^{2+}、DG、IP_3)及 TPK 等称为第二信使。

(2) 细胞内受体介导的信号转导途径:通过细胞内受体调节的激素有糖皮质激素、盐皮质激素、雄激素、雌激素、孕激素、甲状腺素(T_3 及 T_4)和 1, 25$(OH)_2$–D_3 等。其共同特征是:

1) 这些化合物都是脂溶性激素,发挥作用时先要穿过细胞膜进入细胞内;

2) 这些信号分子的受体均为细胞内受体。

中英文专业词汇索引

5-氟尿嘧啶（5-fluorouracil，5-FU） 163
6-巯基嘌呤（6-mercaptopurine，6-MP） 160
ATP合酶（ATP synthase） 110
cDNA文库（cDNA library） 234
DNA连接酶（DNA ligase） 228
DNA指导的DNA聚合酶（DNA-directed DNA polymerase，DDDP） 227
DNA指导的RNA聚合酶（DNA-directed RNA polymerase，DDRP） 235
Na⁺依赖型葡萄糖转运体（sodium-dependent glucose transporter，SGLT） 74
α螺旋（α-helix） 11
β胡萝卜素（β-carotene） 40
β折叠（β-pleated sheet） 12
β转角（β-turn） 13
γ氨基丁酸（γ-aminobutyric acid，GABA） 146

A

氨基酸（amino acid） 7

B

白介素（interleukin，IL） 255
白三烯（leukotriene，LT） 125
胞嘧啶（cytosine，C） 26
必需基团（essential group） 60
变性（denaturation） 19
别构酶（allosteric enzyme） 62
别构调节（allosteric regulation） 62
别嘌醇（allopurinol） 156
丙酮酸激酶（pyruvate kinase，PK） 77
补体（complement） 170

C

糙皮病（pellagra） 47
产物（product，P） 56
促红细胞生成素（erythropoietin，EPO） 176
促生长素（growth hormone，GH） 264

D

胆钙化醇（cholecalciferol） 42
胆固醇（cholesterol） 116
胆固醇酯（cholesterol ester，CE） 115
胆红素（bilirubin） 191
胆汁（bile） 188
胆汁酸（bile acid） 188
蛋白质（protein） 6
氮平衡（nitrogen balance） 137
道尔顿（Dalton） 2
等电点（isoelectric point，pI） 18
低密度脂蛋白（low density lipoprotein，LDL） 132
底物（substrate，S） 56
第二信使（second messenger） 254
动脉粥样硬化（atherosclerosis，AS） 134
多肽（polypeptide） 10

E

二级结构（secondary structure） 11

F

反密码子（anticodon） 33
泛醌（ubiquinone，UQ） 103

280

中英文专业词汇索引

泛酸（pantothenic acid） 48
非蛋白质氮（non-protein nitrogen，NPN） 166
分子伴侣（molecular chaperone） 248
分子生物学（molecular biology） 2
分子杂交（molecular hybridization） 36
辅酶A（coenzyme A，CoA） 49
辅因子（cofactor） 58
复性（renaturation） 36
复制（replication） 225

G

干扰素（interferon，IFN） 255
高密度脂蛋白（high density lipoprotein，HDL） 132
高铁血红蛋白（methemoglobin，MHb） 173
共价修饰调节（covalent modification） 62
钴胺素（cobalamin） 51
果糖-1,6-双磷酸（fructose-1,6-bisphosphate，F-1,6-P） 76
果糖-6-磷酸（fructose-6-phosphate，F-6-P） 76
过氧化氢酶（catalase） 112
过氧化物酶（peroxidase） 113

H

核苷酸（nucleotide） 26
核黄素（riboflavin） 45
核酸（nucleic acid） 25
核糖（ribose） 27
核糖核酸（ribonucleic acid，RNA） 25
核糖体（ribosome） 33
核糖体RNA（ribosomal RNA，rRNA） 32
核小体（nucleosome） 31
呼吸链（respiratory chain） 102
互补DNA（complementary DNA，cDNA） 233
黄疸（jaundice） 195
黄素蛋白（flavoprotein，FP） 103
活性中心（active center） 60

J

基因（gene） 32
基因诊断（gene diagnosis） 5
基因治疗（gene therapy） 5
基因组（genome） 32
激活剂（activator） 66

激素（hormone） 255
激素敏感性脂肪酶（hormone-sensitive lipase，HSL） 117
极低密度脂蛋白（very low density lipoprotein，VLDL） 132
己糖激酶（hexokinase，HK） 75
甲状旁腺激素（parathyroid hormone，PTH） 208
碱基（base） 26
降钙素（calcitonin，CT） 208
结构基因（structural gene） 235
结构域（structural domain） 14
解链温度或融解温度（melting temperature，T_m） 35
巨幼细胞贫血（megaloblastic anemia） 50
聚合酶链反应（polymerase chain reaction，PCR） 2

K

空间构象（conformation） 11

L

硫胺素（thiamine） 45
硫胺素焦磷酸（thiamine pyrophosphate，TPP） 45

M

麦角钙化醇（ergocalciferol） 42
酶（enzyme，E） 56
酶原（zymogen） 62
密码子（codon） 35
嘧啶（pyrimidine） 26
免疫球蛋白（immunoglobulin，Ig） 170
模体（motif） 13

N

内含子（intron） 238
内因子（intrinsic factor） 51
逆转录（reverse transcription） 226
逆转录病毒（retrovirus） 233
逆转录酶（reverse transcriptase） 233
鸟氨酸循环（ornithine cycle） 143

尿嘧啶（uracil，U） 26

P

配体（ligand） 256
嘌呤（purine） 26
苹果酸-天冬氨酸穿梭（malate-aspartate shuttle） 107
葡糖-6-磷酸（glucose-6-phosphate，G-6-P） 75
葡萄糖（glucose） 73

Q

前列腺素（prostaglandin，PG） 125
清蛋白（albumin，A） 168
球蛋白（globulin，G） 168
全酶（holoenzyme） 58

R

乳糜微粒（chylomicrons，CM） 131
朊病毒蛋白（prion protein，PrP） 17

S

三级结构（tertiary structure） 13
三联体密码（triplet code） 35
三羧酸循环（tricarboxylic acid cycle，TAC） 80
上调（up regulation） 258
生物化学（biochemistry） 1
生物素（biotin） 49
生物氧化（biological oxidation） 99
生物转化（biotransformation） 184
生育酚（tocopherol） 43
生长因子（growth factor，GF） 255
视黄醇（retinol） 40
受体（receptor） 256
四级结构（quaternary structure） 14

T

肽（peptide） 10
肽键（peptide bond） 9
糖酵解（glycolysis） 75
糖尿病（diabetes mellitus，DM） 94
糖异生作用（gluconeogenesis） 89

糖原（glycogen） 86
糖原分解（glycogenolysis） 87
糖原生成（glycogenesis） 86
同工酶（isoenzyme） 63
酮体（ketone body） 121
痛风（gout） 156
透析（dialysis） 19
脱氧核糖核酸（deoxyribonucleic acid，DNA） 25

W

外显子（exon） 238
维生素（vitamin） 39
戊糖磷酸途径（pentose phosphate pathway） 84

X

细胞色素（cytochrome，Cyt） 104
细胞通讯（cell communication） 252
细胞信号转导途径（signal transduction pathway） 258
细胞因子（cytokine） 255
下调（down regulation） 258
纤维蛋白原（fibrinogen） 168
酰基载体蛋白质（acyl carrier protein，ACP） 49
新陈代谢（metabolism） 2
信号转导（signal transduction） 251
信号转导及转录激活蛋白（signal transducer and activator of transcription，STAT） 262
信使RNA（messenger RNA，mRNA） 32
胸腺嘧啶（thymine，T） 26
血红蛋白（hemoglobin，Hb） 17，173
血浆（plasma） 165
血尿素氮（blood urea nitrogen，BUN） 166
血栓素（thromboxane，TX） 125
血液（blood） 165

Y

烟酰胺腺嘌呤二核苷酸（NAD$^+$） 47
烟酰胺腺嘌呤二核苷酸磷酸（NADP$^+$） 47
眼干燥症（xerophthalmia） 41
氧化磷酸化（oxidative phosphorylation） 109
叶酸（folic acid） 50
夜盲（night blindness） 41
依赖cAMP的蛋白激酶（又称蛋白激酶A，protein

kinase A,PKA) 258
胰岛素（insulin） 93
引发酶（primase） 228
有氧氧化（aerobic oxidation） 79

脂蛋白（lipoprotein，LP） 131
中心法则（central dogma） 226
专一性（specificity） 57
转录（transcription） 225
转移RNA（transfer RNA，tRNA） 32

Z

载脂蛋白（apolipoprotein，Apo） 131

主要参考文献

1. 张申, 黄泽智, 庄景凡. 生物化学. 3版. 北京: 北京大学医学出版社, 2015.
2. 查锡良, 药立波. 生物化学. 8版. 北京: 人民卫生出版社, 2013.
3. 周爱儒. 生物化学. 6版. 北京: 人民卫生出版社, 2005.
4. 周爱儒, 何旭辉. 医学生物化学. 3版. 北京: 北京大学医学出版社, 2008.
5. 周春燕, 药立波. 生物化学与分子生物学. 9版. 北京: 人民卫生出版社, 2018.
6. 姚泰. 生理学. 2版. 北京: 人民卫生出版社, 2005.
7. 倪菊华, 郑弋萍, 刘观昌. 医学生物化学. 4版. 北京: 北京大学医学出版社, 2014.
8. 药立波. 医学分子生物学. 3版. 北京: 人民卫生出版社, 2008.
9. 张廼蘅. 生物化学. 2版. 北京: 北京医科大学中国协和医科大学联合出版社, 2000.
10. 王建枝, 钱睿哲. 病理生理学. 9版. 北京: 人民卫生出版社, 2018.
11. 何旭辉, 吕世杰. 生物化学. 7版. 北京: 人民卫生出版社, 2014.
12. 刘煜. 生物化学图表解. 北京: 人民卫生出版社, 2008.
13. 潘文干. 生物化学. 6版. 北京: 人民卫生出版社, 2009.
14. 黄纯. 生物化学. 3版. 北京: 科学出版社, 2016.
15. 孙厚良, 徐世明. 生物化学. 武汉: 华中科技大学出版社, 2018.
16. 邱烈, 张知贵. 生物化学. 2版. 西安: 第四军医大学出版社, 2012.